楽市楽座令の研究

長澤伸樹
Nagasawa Nobuki

思文閣出版

第二章　徳川家康と小山楽市

楽市楽座令の研究

序章　楽市楽座令研究の軌跡と課題

はじめに

日本中世社会において、一五世紀末から一七世紀初頭の、いわゆる戦国・織豊期の商品流通と権力による支配のあり方をめぐっては、戦前より膨大な研究蓄積がある。

通史的な理解によれば、当該期は、室町幕府の中央集権体制と荘園制衰退による、京都・畿内へむけた求心的物流網が相対的地位を低下させ、地方ではこれに代わる形で、戦国大名による自立的な国家（領国）が形成され、権力の需要に応じた手工業製品の生産・売買が主流となる。これをうけて各地にも新たな市場が勃興し、これを結ぶ幹線道路や河川を通じて、一国ないし数郡規模で展開するローカルな物流網（地域経済圏）が構築される。いわば、京都・畿内と地方の社会変動は、まさに表裏一体の関係にあったといえる(1)。そうした中で、各地域の権力は独自の支配秩序に基づき、城下町建設や市場の保護・交通整備など数々の政策を打ち出し、広域的かつ安定的な領域支配の実現をめざしていく。

ところが以降の通史を詳細に紐解いていくと、そうした地域ごとの異なる歴史展開はあまり注視されず、畿内近国を基盤に台頭した「天下人」織田信長・豊臣秀吉を主役として、各地の流通構造が列島規模で統一再編されていく、という筋道で説明されるのが一般的である。こと中世から近世への移行段階である当該期は、信長の登場をきっかけに、中世的支配体制の終焉と、近世化への萌芽を説く傾向がつよい。

すなわち局地分散的な物流網の下で、排他的独占権を有した同業者集団である「座」が、やがて円滑な物流を阻害する要因として位置づけられるようになる。結果、その排除を求める声の高まりをうけた信長が、これらの否定・解体と物流再編の動きを加速させ、近世封建制社会成立への途を開くとするストーリーである。その中で、かかる社会的希求を実現させた代名詞として語られる政策が、日本中世における流通政策の最終形態ないし完成型とも比喩される、いわゆる「楽市楽座令」である。これまでに確認されている関連史料をまとめた表1（章末参照）から、同法令の特徴は、次のとおりに集約することができる。

まず、①「楽市」「楽座」いずれかの文言を含み（「十楽」「楽売楽買」というイレギュラーな事例もある）、②都市や市場（楽市場）を対象として、③同所における諸役免除・座否定、平和保障を認め、④新城下町の建設や荒廃した市場の復興を内容としたものが多い。

現存する史料では、⑤一六世紀初頭からの約一〇〇年間に、関東・東海・北陸・近畿地方を中心に分布し、⑥紙本・木札のいずれかを発給形態としながら、⑦現在までに二八通が確認されている。

また、かつて網野善彦氏が論じたように、法令が施行された空間は、諸役負担や中世的権威秩序である座の専売権など、あらゆる権力が及ばないアジール（聖域）であると考えられてきた。

ここから同法令は「中世商業のひとつのしめくくり」をなす「大名の流通支配実現における最終措置」として、(2)都市と商工業者の一元的支配をめざす統一政権の革新性や特異性を投影した、近世社会移行への原動力となる画期的な政策として戦前より高く評価され、今なお、日本中世流通史研究をはじめ、近世社会移行への原動力となる画期的な政策として戦前より高く評価され、今なお、日本中世流通史研究をはじめ、商業史・都市史・交通史などの関連分野でも、同法令の分析と評価は不可欠のものに位置づけられている。それは当該期を扱う概説書の中で、同法令が必ず立項されることからも明らかで、(3)かかるテーマについては一見すると、すでに論じ尽くされたかのように捉えられる向きもある。

だが、これまでの研究の多くが、いわゆる戦前以来の古典的理解を前提として構築された議論であるという点では、今なお解決すべき課題は山積しているといわざるをえない。それはすなわち、楽市楽座令を、一個の独立した法令として成立・機能するものと位置づけ、同時代における他の流通政策や交通網との関わりなど、地域経済との相関関係についてはこれを等閑視している点にある。

そのため、戦国大名による領域支配や流通政策全体の中で、法令や、そこで成立した「楽市場」という空間が、地域ごとにいかなる意義をもち、中近世移行期の社会変動にどう位置づけられるか、という点は必ずしも明らかにされていない。ゆえに結果として、いずれの研究も「自由」「理想郷」「旧態破壊」の実現、というありきたりかつ抽象的な評価に落ち着いてしまっているのが現状といえよう。

これは一つに、個別具体的な商品流通や商工業者の活動など、地域社会における物流の展開過程や経済構造の変遷を、関連文書群から中長期的に辿ることのできる事例と違い、「楽市楽座令」という政策そのものが、特定の都市や市場内部を対象に、単発的あるいは一時的なものとして実施（発給）されたことに原因があろう。かかる傾向から、近年の研究では、統一政権の性格を前提とした抽象的・画一的評価に落ち着くのではなく、また「楽市楽座令」の対象となる空間のみに着目せず、周辺地域も含めて、考古学や歴史地理学など他分野の成果を取り入れた学際的視点からこれを見直す動きが進められている。

このように同研究をめぐっては、他分野の研究進展に即した史料批判を含め、各法令や市場のあり方の根本的見直しなど、いまだ多くの課題が残されている。

本章はこうした動向を出発点として、まず戦前以来の「楽市楽座令」をめぐる研究成果を改めて振り返ることで、そこに内在する問題点を浮き彫りにしていく。そのうえで、新たな視点から研究を発展させるため、楽市楽座令研究に求められる課題とその解決方法を具体的に提示し、中近世移行期論（通史）への位置づけを見通すこととしたい。

一　楽市楽座令研究の軌跡

（1）戦前

「楽市楽座令」研究の嚆矢は、確実なものでおよそ二〇世紀初頭にまで遡る。それまで、戦国・織豊期の流通政策については、主に織田・豊臣の天下統一に至る政治過程を描く過程の中で紙幅が割かれていた。

とりわけ注目が集まったのは、彼ら統一政権により、革命的進歩を遂げたとされる交通政策、すなわち「関所撤廃」であり、これに旧態破壊と国家統一の社会的偉業という軒並み高い評価が与えられてきた(4)。ここから権力そのものについても、経済と軍務に卓越し、徹底的な実力行使のもと、新時代を切り拓いた時代の革命児と位置づけられたが、肝心の「楽市楽座令」については史実をなぞるのみで、具体的論証はほとんど行われなかった(5)。

そのため平泉澄氏は、これを「従来の説明未だ不十分」と批判したうえで、楽市は「（イ）課税免除（ロ）自由商買の二つの性質を具有する市」であり、楽座は「楽市即ち自由市場に於ける占席の自由にして、特権の拘束なきを意味する」ものとして、初めて同法令に定義づけを行った(6)。

その直後、平泉氏の指摘をうけて、近世城下町成立の視点から具体的な法令の分析を進めたのが小野晃嗣氏である。氏は、同法令が城下町における商業的要素の再編、とりわけ市場における座の撤廃と課役免除による自由商業を確立し、これを城下へ集約させるものとした。そのうえで、都市史における「楽市令」の意義にも注目し、法令が城下町建設の盛んな一六世紀に限定して現れた事実から、それが新城下建設のみを目的とした政策であり、新都市興隆の気運が「楽市令」を生み出し、近世社会形成を促したと指摘した(7)。

こうした平泉・小野両氏の研究を発展させる形で、関連史料の蒐集を通じた網羅的分析から、大名権力による領国経済の再編と、封建制支配の徹底をめざす法令として、その意義を高く評価したのが、豊田武氏による一連の研究である。

豊田氏は、「楽市」が新都市建設のほか、宿駅や港湾建設、市場再興など多様な場面にみられることに注目し、その性格も一様ではなく、時間とともに次第に変化していくものと捉えた点に特徴がある。すなわち、特定市場や都市を対象とする臨時的かつ限定的な性格（「楽市」）から、市場経済の発展を通じて、より広範で恒常的な性質を帯び、やがて複数市場を独占下に置く座そのものの撤廃を目的とした法（「楽座」）へ発展するとして、この政策的変化が信長の出現によって普遍化すると説いたのである[8]。

こうして、かつて平泉・小野両氏がその政策的意義に注目した「楽市令」は、豊田氏の研究により、新たに「楽市楽座令」という概念で捉え直されることとなった。すなわち、新都市興隆や自由商業の社会的気運を背景に誕生し、戦国大名による領国経営の展開、ひいては近世社会成立を促す、革新的な法令と位置づける豊田氏の理解は、そのまま以後の学界へと継承されていくことになる[9]。

後述するように、豊田氏のいう段階論については、なお議論の余地があるが、いずれにせよ、移行期社会における「楽市」の意義に注目し、これを本格的な議論の俎上に載せた小野氏と、豊田氏が明らかにした成果は、同研究における一つの到達点と評価して誤りなかろう。

（2）戦後

中世後期における商品経済の発展と、商工業者の自立志向の高まりに端を発する社会的現象という位置づけのもとで、「楽市楽座」のあり方を議論してきた戦前までの研究に対し、戦後は、右にみた小野・豊田両氏の成果を批判的に継承する形で進められた。

その中で、いち早く豊田氏を批判したのが脇田修氏である。氏は「楽市楽座令」を、中世商業の否定と商工業者再編による、近世封建制社会の成立を目指す流通革命と再評価し、織豊権力による政策の連続面と断絶面を明らかにした。

すなわち信長のそれは、近世への過渡期で限定的に実施される、地域の実情に左右された不徹底なもので、政策基調も座組織の温存と城下町の繁栄にあった。これを継いだ秀吉の政策は、信長が中途で終えた、座や関所の全面解体と諸役地子免除の断行を通じて「楽市楽座令」を完成させ、商工業者の一元的支配を実現した点に特徴があると指摘する。(10)

これに対し、戦国期における「百姓」と「侍」の対立構図から、楽市楽座令の政治史的意義を論じたのが、藤木久志・神田千里両氏の研究である。

まず藤木氏は、信長の流通政策は、その生涯のほとんどを費やした石山合戦を抜きに説明できないとしたうえで、美濃国加納・近江国金森「楽市楽座令」もまた、一揆の抵抗拠点である寺内の解体再編策にすぎないと捉えた。(11)これに対し、神田氏は、敵対する寺内町の簒奪を通じた、真宗門徒の広域的な連携遮断策と評価しているが、(12)いずれも寺内特権との対抗姿勢に、法令の特質と統一政権成立の画期を見出そうとする点で共通している。

次いで、商業史分野の視点から、佐々木銀弥氏が、中世の都市法・市場法という本来のあり方に着目し、ここに「楽市楽座令」の体系的な位置づけを試みている。その中では、通説のような、座商業をめぐる固定的理解を前提に、同法令を商業的要素の段階的な解体再編策と捉える理解を批判し、(13)各法令の地域差や政治的条件など、市場経済との関わりも考慮した分析が必要だとする。

そこで氏は、数ある「楽市楽座令」について、その内容から、座特権否定型・諸役免除型・折衷型の三種に類型化を試みている。さらに、中世市場法・都市法の中で、「楽市」文言をもたずとも、諸役免除条項で共通する事例（「特殊型楽市楽座令」）や、伊勢桑名の「十楽」のような自主的宣言（「在地楽市楽座令」）のように、いずれも自由通商を骨子とした法令については、すべて楽市楽座令と同一のものとみなしている(14)。

佐々木氏の研究は、「楽市楽座令」という枠組みだけではなく、広く中世の都市法・市場法という視点の中で、その意義を捉え直そうとした画期的成果と評価しうる。とくに法令の構造や地域ごとの多様性、さらには、その実効性までもが領国内においていかほどであったかについても追及すべきなどとして、佐々木氏自身への課題も含めて、じつに多くの重要な問題提起がなされたものでもあった。だが、後述するように、こうした氏の指摘はいずれも、以降一九九〇年代に至るまで、継承ないし省みられることはほとんどなかった。

その後は、権力側の視点で法令の意義を説く従来の研究と異なり、中世における市場や都市の自治・平和を根底で支えた「無縁」「公界」「楽」の原理から、その意義を問い直そうとする、網野善彦・勝俣鎮夫両氏の研究に注目が集まった。

まず網野氏は、社会史的研究の立場から、中世の「無縁所」「公界寺」が、世俗的権力の及ばないアジールとしての性格をもっていたように、伊勢桑名「十楽之津」に代表される、自治都市の自由を裏打ちする根拠となる「楽」が、諸規制からの解放をさし、これを集約した市場こそが楽市場だとする(15)。

一方、勝俣氏は、中世の市場が元来、無縁の原理を基本属性として、全国各地に普遍的に存在していたもので、楽市場もその一形態にすぎなかったと説く。そのうえで、大名権力が従来掌握しえなかった市場の本質を、安堵という形で城下町へ政策的に適用させた建前の法令が「楽市楽座令」であったとし、同法令の革新性を強調する従来の評価に修正を迫った(16)。ただし、楽市場の存在を、中世社会の中で直ちに一般化しうるかは、なお個別具体的な分析が必要で、法令が単なる安堵に留まるとした理解については批判もある。

その代表が、商業と都市発達の視点から再検討を加えた脇田晴子氏である。氏は、本来、市町内部に限定されていた楽市楽座が、やがて商品流通上における問屋支配の拡大をうけ、座的封鎖性の打破と商工業者の再編をはかる、権力主体の統制政策として分国規模で展開し、楽市場も当該期に初めて成立しえたとしている(17)。

中部よし子氏もまた、法令は一貫して都市再興や保護を目的としていたが、楽市場におけるそれは場の性質を単純に安堵したのではなく、権力側の意思のもと、一部の特権を認めただけのものであったという(18)。

その後、一九八〇年代に入り、新たな視角から研究が進展していく。その牽引役となったのが、都市史分野から同法令を分析した、小島道裕氏による一連の研究である(19)。小島氏は、制札原本を用いた史料論的考察と、歴史地理学の手法に基づく都市遺構の復元を軸に、「楽市楽座令」を都市空間の中に位置づけ、戦国・織豊期城下町の構造と変遷を明らかにした。

それによれば、戦国期城下町は、大名居館を核に、給人や直属商工業者らが居住するイエ支配が及ぶ惣構内部と、その周縁に広がり、主従制的支配の及ばない「楽」属性をもつ市町空間とが分離した、二元的構造を特徴としていたという。ところが織豊期になると、そうした「楽」属性の原理が、楽市楽座令を通じて城下に吸収・一元化され、大名居館を中核として、その同心円状に家臣・市町・商工業者居住空間が立ち並ぶ、求心的都市構造が確立すると捉えた。

そして「楽市楽座令」をめぐる小野晃嗣説を再評価し、これを戦後復興と町共同体創出を権力が推進する、時限立法的な城下町建設法と定義した。さらに、都市構造の変遷とともに、市町から都市全体に適用対象を変化させた嚆矢として、安土山下町《さんげちょう》を近世城下町の先駆けに位置づけたのである。このように、小島氏が提示した都市発展モデルとその分析手法は、これまでの研究史を大きく塗り替えた画期的成果として評価できよう。

これに続く形で、「楽市」のあり方にのみ関心を寄せる従来の視角を批判した播磨良紀氏(20)は、一方の付属物扱いである「楽座」の意義を問うことで、移行期における座政策の変遷を明らかにした。だが、「楽座」そのものに、畿内既成都市を対象とした「座破棄」（初期）と、新興都市における「諸座免除」（後期）があったとする氏の指摘は、分析の対象が豊臣期の事例に偏っているという問題点を含んだものでもある。

以上のように、「楽市楽座令」をめぐっては、一九七〇～八〇年代にかけて、多方面から研究の進展がはかられた。しかし、その多くは豊田武氏の研究の影響を強く受けたもので、同法令を、都市や流通の革命を志向する権力主体の政策的法令で、中世における流通政策の到達点、とりわけ〈座の否定・打破と戦後復興を通じた新城下町建設策〉と位置づける点に特徴がある。そのうえで、同法令を多用した織田信長に特異性・革新性や近世的端緒を求め、これを継承発展させた豊臣秀吉を、近世初期権力と定義する視角が支配的であったといえる。

これには「中世的秩序を打破し、近世への途を切り開く信長政権が、その本質として中世的な桎梏の象徴ともいうべき座を、当然撤廃・解体すべき性格をもった権力であったという理解と前提」による[21]「シェーマ先行型の史料解釈」との批判があるように[22]、その多くは、分析手法や視角は異なるものの、最終的に、中世的権威秩序をいかに否定するか、という結論に集約され、受給者側や地域経済の動向、ひいては他の流通・交通政策との具体的接点は、その多くが不明瞭なままとなっている。

このように、八〇年代以降の研究も、多くは通説をなぞるものであったが、九〇年代に至って、そうした古典的理解から脱却し、文書の発給背景や史料文言の分析に重点を置くことで、市町や商人活動など地域社会の動向から、法令や楽市場の意義を再考する研究が進められた。

その先駆けとして、①後北条・②織田の「楽市」を再検討したのが池上裕子氏である[23]。氏によれば、①は市町の住人による諸役免除・治安維持要求をうけた、大名権力による平和保障策であり、権力はこれを通じて、市町を将来的な伝馬役負担地に位置づけていったとする。また②は、市町や城下の門戸開放による振興・繁栄策で、その意図するところは、商工業機能の一極集中による前代にない特殊な都市空間創出と、政権の理想的姿を具現化する点にあったという。氏の研究は、かつて佐々木銀弥氏が指摘した「楽市」の多様なあり方を初めて具体的に抽出し、法令発給の背景にも、地域固有の社会情勢が影響したことを指摘した重要な成果といえよう。

桜井英治氏も同様の視点から、会津簗田《やなだ》の事例を通して、「楽市」を在地側の文書発給申請や新市開設をきっかけに、市場住人と外来商人の利害対立を解消し、均等な富の分配と平和保障を実現する中和策と捉えている[24]。また、安野眞幸氏は、信長による一連の流通政策（文書）と関連づけて、「楽市楽座令」が、市場内部に住人がもつ検断権・諸役徴収権の保障要求を、権力側が総括的に認めたものと再定義し、その背景に法令発給をめぐる権力と在地間の「密約」があったとして、文書受給者を自立的主体として高く評価した[25]。

これら三氏の研究はいずれも、「楽市楽座令」を権力側が市町支配のため一方的に付与した政策的法令とは捉えず、あくまで在地領主や商工業者の働きかけによって初めて創出される、市町の繁栄・紛争解決策として評価した点に特徴がある。

これに続く二〇〇〇年以降は、従来のような文献史料だけでなく、新たに考古学・歴史地理学の成果を加えた学際的視点から研究が進められていくようになる。その代表が、関連文書の再検討と、楽市場を含む都市空間構造の復元を進めた、仁木宏氏による一連の研究である。

仁木氏は、佐々木銀弥・小島道裕両氏の説を批判的に継承する立場から、「楽市」を特別視し、これを統一政権の評価へ安易に結び付けようとする従来の研究姿勢に警鐘を鳴らす。そのうえで、市場や法令全体の構造にみる「楽市」概念を再検討することで、中世における市場の多くが「楽」な売買を本質とし、史料文言のそれは、諸役免除を第一義に、自由の具体像を強調する意味合いで掲げられた程度にすぎなかったとした[26]。仁木氏の研究は、発給者の文書や地域内の都市法との対比で「楽市楽座令」の相対化をはかり、権力と市場双方における法令の意義を明らかにした貴重な成果といえよう。

このように近年は、「楽市楽座令」を従来のような画一的モデルで単純化せず、近世城下町に収斂しない大名領国の異なるあり方や、発給対象の展開過程を、受給者側の視点もふまえて地域ごとに個別に問い直す形で研究が進められている。かつて佐々木銀弥氏が提唱した問題提起に応える実証的研究は、ようやくその緒に就いたといっても過言ではないだろう。

かくして今なお、「楽市楽座令」は戦国期の領国経済を考えるうえで、その評価を避けて通ることのできないテーマであるが(27)、商職人統制をはじめ、都市・市場における個別具体的な物流支配のように、他の流通政策との関わりからみた位置づけとなると、積極的議論はあまり見られない。近年では貨幣流通史分野で、信長による撰《えり》銭《ぜに》令とあわせて若干の言及があるものの、そこでは安土城普請や朝廷・寺社への献金など、財政基盤を下支えした、権力側の卓越する経済感覚に基づく政策、という評価に落ち着いている(28)。

また、戦国期における大名領国の経済構造として、いわゆる「地域経済圏」の概念が提唱されて久しいが(29)、はたしてこうした中に楽市場がどう位置づくのか。ひいては法令そのものが、そうした地域内流通にどう働くか、という点でも明らかでない部分は多い。以上をふまえ、これまでの研究史の問題点について、節を改めてより明確化していこう。

二　楽市楽座令研究の問題点

（1）シェーマ先行による抽象論

従来の研究は、その多くが「楽市楽座令」を座商業の否定・解体と新都市建設、あるいは、楽市場を座の排他独占や諸役負担と無縁の〈理想郷〉などと定義して、十把一絡に革新性をつとに強調してきたきらいがある。その結果として、個々の法令や市場がもつ機能や特性など地域史的側面がともすれば捨象され、市場や都市を「復興」する具体的理由はおろか、権力と在地双方にとってのメリット、ひいては復興完了後の歴史展開なども、その多くは省略され、あるいは不問に付されている。

小島道裕氏の成果など都市史分野において研究は進展したが、流通史では、豊臣期における全国規模の商工業者再編と大坂・京の首都市場圏形成から、幕藩制市場構造の成立に至る流れに基軸が置かれるばかりで[30]、運輸交通や初期豪商など、各地域の商業・流通機構の変動過程で、法令や市場がもたらした意義を問い直す研究は、近世史分野も含めて管見の限りほとんど見られない。

また、小島氏が描いた歴史像も、法令は権力側の都合、すなわち新都市建設のために出されるもので、最終的には信長の入部をうけて、市町をはじめとする地域社会の様相は一変し、近世へ矛盾なく移行していくという理解に立っている。

「楽市楽座令」については、先述した無縁・自由の「楽」概念を含め、近世社会成立の必要条件として、都市史・法制史における画期性を強調する見方が根強く、近年明らかにされている戦国・織豊期城下町における都市空間（遺構）のあり方と照らし合わせた場合、個々の楽市がもつ特徴を実証面で捉えきれていない部分も指摘できる[31]。

この点については早く、法令の基軸を中世的権威体制の否定・破壊という点のみに求めるような、「固定した評価にもとづいて構築された楽市楽座論」を疑問視する向きもあり[32]、当該期の流通・商業体制のあり方そのものの再評価とも関連して、近年の研究動向や他分野の成果もふまえながら、個別の事例に即した再考が求められる。

（2）　法令単体ないし法令・楽市場のみの比較

これまでの研究は、城下町建設にむけた大名権力主体の法として、「楽市」「楽座」文言をもつ法令に逐条解釈を加え、あるいはその宛所となる市場・都市空間のみを取り上げる傾向にあり、当該文言をもたない史料との差異は捨象されてきた[33]。

また、先述のごとく、法令の施行は短期間かつ局地的ながら、発給時期には最大で約五〇年間というタイムラグがあり、宛所も市場や村、町共同体など一様ではない。にもかかわらず、先行研究が提示した歴史像を振返ってみると、法令によって対象地域が一律に成立・変化するという立場で、「楽市楽座令」のみをつなぎ合わせて跡づけた断片的なものにすぎない。さらに、都市や市場における内部構造の変遷を重視するあまり、同一地域・同時期における他の流通政策との関連づけが希薄化している。

そのため、楽市場そのものが見られない、いわゆる「楽市」に包摂されない周辺市町・交通との接点や、既存の流通機構に及ぼした具体的影響、あるいは発給者の領域支配における位置づけなど、地域史的意義が明らかでない。

いわば従来までの視点は、市場や都市の内部のみで自己完結する「点」としてのあり方を抽出したものである。だが、「楽市楽座令」が一つの場を対象としていたとしても、それが行われた場自体は、必ずしも地域経済の中で独立かつ閉鎖的に存在しえたわけではなかろう。

また、佐々木銀弥氏が明らかにしたように、戦国期には「楽市」文言を含まない都市法・市場法の発給数が圧倒的であるが、従来これらは「楽市楽座令」と直接には結びつかない存在として、別個に議論されてきた[34]。しかし、同じ社会構造を前提に成立・展開している以上、それらとの共存・連関の中で捉えない限り、法令の特質はおろか、楽市場の誕生から消滅、という展開を正しく理解したことにはならない。そうした意味で、早く自由通商や城下町建設のみに限らない、地域固有のあり方が存在する可能性を考慮し、中近世移行期の都市法や市場法全体から、楽市令の意味と比重を問うべきであるとした佐々木氏の指摘は、もっと重視されて然るべきであろう。「商工業者にとっては、よいことずくめの楽市」という、立脚する地域のあり方を軽視した評価についても、[35]とりわけ流通・交通の担い手となる商工業者の活動など、各地域固有の社会情勢や自然条件が、法令の構造を規定し、変化させる可能性をもつ、という視点のもとで再考すべきである。

（3）発給者の政治的立場に基づく評価

これまでの研究では、関連史料の豊富な統一政権の事例を積極的に取り上げる一方、他の史料は比較材料として用いられるにすぎず、法令の発給背景や楽市場の存在意義も、権力側の立場から分析される傾向が強かった。そして、そこで与えられる評価は、統一政権の誕生や近世社会成立の過程といった、移行期における画期を模索するため、発給者個人の性格や政治的立場、発給時期に引き付けて導き出されてきたものであった。[36]

それらに共通するのは、信長や秀吉ならば「〜であるはず」という、彼らの革新性や先進性を自明とした予定調和的な視角である。また、そこでは「近世」「改革」という変動の結果のみが重視され、個々の法令や市場が持つ特性はおろか、それらに包摂されない地域のあり方は問題とされない。そのため最終的な結論も、問題点の一つ目にみた抽象論に帰結するか、権力側の都合だけで一方的に実現される姿しか浮かび上がってこない。

そうした、統一政権と流通・経済の関係を無条件に高く評価する傾向は、いまだ研究史に根強く残るという。[37]しかし、このように「楽市楽座令」を、単純な市場・商人支配強化を目的とする法令と捉えることには疑義があり、それ一つをもって、既存の地域が一斉かつ同様に、近世へソフトランディングしていくとは考え難い。たとえ強大な力を有した統一政権であっても、中世の社会的慣習・慣行をまったく無視し、そこに新たな規制をただちに覆い被せることは不可能であったろう。

加えてこれまでの研究では、ともすれば「楽市楽座令」は、統一政権の事例に言及すれば事足りる、と捉える傾向があったことも事実であった。それと比較して、同じ「楽市楽座令」でも、関連史料がわずか一通にとどまる今川氏や徳川氏などのように、研究史的位置づけはおろか、中には基礎的な検討すら十分ではない事例も少なくない。そうした背景には、先述したような分析対象をめぐる研究者自身の無意識な取捨選択が働いていたことも、一因にあるのだろう。

このほかにも、近年では、たとえば関連史料の伝来経緯や「楽市楽座」文言の適用範囲をより具体的に捉えるべきとする指摘もあり(38)、問題点は多岐にわたる。

以上から導き出されるように、従来の研究は、検討対象とする地域固有のあり方や法令の限界性・時限性を無視し、一律に近世成立への接続点を探っていこうとする視点に大きな問題があったといえる。だとすれば、そこで提示されてきた歴史像は、あらゆる権力と無縁の、自由・自治を体現した理想郷とは大きく掛け離れた、周辺地域から孤立する〈異様な空間〉で、かつ自由・平等とは裏腹に、権力の都合のみに基づいた、市場・都市空間の改革や復興を目的とする法令に等しい。

しかしながら、戦国大名が法と統治権の領域において、独立かつ主権的な権力を確立したことをふまえるなら(39)ば、「楽市楽座令」の発給背景にも、そうした各領国独自の支配体制が関連していたと考えられよう。だとすれば、法令解釈や市場の機能面についても同様に、抽象的なモデルに当てはめず、地域ごとの視点で捉え直す必要があるのではないか。

三　楽市楽座令研究の課題

中世の市場が自治・慣習を前提に、権力の介入や支配を示す「法」が作成されにくい世界であったのに対し、戦国期に至り、領国支配の安定と経済基盤の一角を担う存在として、統制や保護の強化が徐々に求められるようになると、市場法は質・量ともに黄金時代を迎える。その過程で現れる「楽市楽座令」は、右の延長線上にある新しいタイプの積極的市場政策であり、中世商業の締め括りをなす、都市・流通支配の最終措置と位置づけられてきた(40)。

しかし、先述のモデルに事例を当てはめて、残存史料の絶対数や発給者の政治的立場のみから、その意義を判断する姿勢は、個々の楽市がもつ特徴を見落とすことになりかねない。都市や市場と同様、楽市の展開もまた地域や時期により、ジグザグなコースを辿ったと考えるのが自然であろう。先述した表1にみる多様なあり方はそれを示し、裏を返せば楽市とはどこにでも成立し、かつ自由に変化しうる性質を有していたと考えられる。

いずれにせよ、すべての事例に共通する特徴は、「楽市」「楽座」文言をもつことの一点のみである。だとすれば通説のように、織田氏の事例を楽市の基準や先駆と位置づける明確な根拠はそもそも存在しないことになる。かかる研究史の問題点をもとに、今後の研究に求められる視角を具体的に整理しておきたい。

(1)「楽市楽座令」「楽市場」のもつ地域的特性、その成立背景を個別具体的に探る

史料として現在確認しうる「楽市楽座令」の偏在状況(41)は、言い換えれば、地域固有の政治社会情勢に対応し、取捨選択された結果とも捉えられる。また、法令が発給された地域を取り巻く環境の中で、その存在形態や機能には差異があったと考えられ、そうした点にこそ地域的特性が如実に現れているのではないか。

史料の伝来状況にもよるが、逆に四国・中国・九州地方などその痕跡がまったく見られない、あるいは法令や楽市場を必要としない、中世的支配体制を色濃く残す地域も存在し、近世社会への移行過程はより多様であったと推察される。その限りにおいて、必要以上に「楽市楽座」という概念を特別視することは妥当とはいえない。古典的理解に捉われず、「楽市楽座令」がなぜ求められ、楽市場はいかにして成立するにいたったのかを、そうした地域ごとの政治的・社会的情勢から明らかにする必要があろう。

そこで必要なのは、仁木宏氏が採り入れた手法としての、学際的研究を通じた楽市場を取り巻く景観の復元にあると考える。(42) 仁木氏は、都市や市場のもつ個性の解明にむけ、著名な美濃国加納楽市を事例に、楽市場を含む周辺の歴史的環境と、受給者の立場をふまえ、「楽市楽座令」を含む関連文書を時系列に再整理し、これを丹念に読み直すことで、楽市場をめぐる空間復元を行った。それにより法令の発給、とりわけ「楽市」であることが受給者や在地にとって特別な意味をもつこと、すなわち楽市場が近隣の交易空間とは一線を画した場として位置づけられていたことを明らかにした。

一方、播磨国淡河《おうご》楽市については、周辺の都市法・市場法と比較して、法令の内容に大差がないことに着目し、「楽市楽座令」（「楽市」文言の付与）はもとより当該地域における文書発給の習慣になく、楽市場はあくまで権力側の政策意図が強調された空間であったとした。いずれも「楽市楽座令」や楽市場のもつ地域的特性を具体的に浮かび上がらせた成果といえる。

これまでは、池上裕子氏の研究に代表されるように、文献史料を軸に「楽市」の多様なあり方について検討が進められてきたが、今後は現地の景観復元をはじめ、近世絵図や地籍図などの分析成果と連動させ、楽市場をめぐる歴史展開をよりミクロな視点で探っていく必要がある。ここから、楽市場が立地する（しうる）環境など地域固有のあり方にも注目することで、「楽市楽座令」の展開過程をはじめ、他の流通政策とどう連関するか、ひいては楽市場という空間を支える存立基盤の実態や、「楽市」として成立する諸条件が、どこに求められるかを明らかにすることも可能となろう。

(2)「楽市楽座令」(楽市場)の展開過程、地域社会との接点を明らかにする

先行研究のように、権力にとっての法令・市場というあり方を強調するのではなく、むしろ法令発給後の展開過程を重視し、商品流通や交通に与えたインパクトなど、在地にとっての意義もふまえ、実体ある法令・市場として、地域社会の中に位置づけ直す必要がある。また、法令や市場の存在と、近世的支配体制成立との関係についても、発給者の個性に収斂させず、流通政策の一つという視点に立ち返り、法令発給前後における領域支配の展開過程に位置づけ、具体的に探っていくべきであろう。

そこで重要なのは、現地の流通・交通に携わるヒトの動きから問い直すことである。とりわけ戦国期に、市町や村落、湊津を基盤に活動を展開した中間層(土豪・有徳人)は、当該期の物流体制を探る存在として近年注目されている。彼らの活動と法令・市場の相関関係を見直すことにより、「楽市楽座令」のもつ影響力や具体的な政策効果、楽市場の機能面を抽出していくこともできるのではなかろうか。

また、法令や市場をめぐる人々の意識とその変容にも注目したい。秀吉の市場宛て制札を「人寄せのため建置候」と評価した江戸中期の町人の日記(43)などに代表されるように、「楽市楽座令」もそのすべてが、文書の発給をめぐって、権力と在地双方の間でつねに認識が一致していたわけではなかろう。

すなわち法令や市場の歴史的展開について、従来は《成立》から《消滅》の過程を辿り、楽市の集大成かつ近世的端緒として、安土山下町を位置づけることが一般的であった。しかしそれ以降、幕藩体制下の地域社会において、楽市が「歴史」としてどのように記録(認識)・評価され、特権文書として伝えられていくのかといった、

《伝承・伝来》という視点の分析はこれまでほとんどなされていない[44]。

法令や市場が、在地側にどのような政策・空間として認識され、地域社会や経済にいかなる効果を生み、近世にどう継承されていくかといった問題は、移行期社会の中に位置づけるうえでも重要であろう。こうした視点については近年ようやく、法令のほか由緒書を併用しながら、権力による市町開設をめぐる在地側の歴史意識や、土豪層による流通支配の変遷について復元する研究が進められつつある[45]。

「楽市」が地域社会に何をもたらしたかを考え、あるいは近世史の立場から法令や市場の意義を積極的に再評価する試みとしても、こうした日記や由緒書を適切な史料批判のもとで活用することは、より実体的な「楽市」の姿を浮かび上がらせるために不可欠といえるだろう。

(3)　一つの市場・史料として、都市法・市場法全体の中で相対化する

佐々木銀弥氏によれば、一六世紀における市場法は単独で機能せず、寺社や荘園宛て法令と同時並行、あるいは相互補完的に機能するものであった[46]。だとすれば、流通・交通への影響や移行期社会における特質などは、「楽市楽座令」同士を恣意的に結びつけ、これを比較検討するだけの従来の方法では、必ずしも明らかにしえないのではないか。

また、法令の構造をめぐり、「楽市」文言の有無が宛所に与える影響について、佐々木氏は「楽市の記載を欠いていても、意図するところ（諸役免除＝筆者註）が同じであれば、実質的には楽市令」とみなすとするが[47]、諸役免除の有無を「楽市楽座令」の成立（認定）条件としてよいかについては、議論を要する。

そこで注目されるのは、文書発給における「楽市」文言の有無の意義について先駆的に論じた、池上裕子氏の研究であろう。池上氏は、後北条氏による武蔵・世田谷新宿（楽市）と武蔵・弘明寺（非楽市）宛て文書の差異

をもとに、「楽市」空間として認識される条件を次のように指摘する。すなわち「〝諸役免除の場〟は非法、合法の領主権と領主権がぶつかり合う場」であり、これに対し、楽市とは「私的な領主権が法的に存在しなかった場」で「いかなる私領主権の行使も排除された場」だとして、諸役免除条項をもつ一般的な市場法（市場）と、「楽市」文言をもつ法令（楽市場）を峻別して捉えている。(48)

この点については、例えば、同一発給者（佐久間信盛）による同時期・同郡内宛て市場法として、「楽市」化を命じられた近江国金森市場と、「諸役免除」のみにとどまった野洲市場の事例もあるように、(49)今後は池上氏の指摘もふまえたうえで、法令の読み直しが必要になると考えられる。

また、織田氏の事例から、法令に多くみられる「諸役」と「免許」「免除」文言の関連性を網羅的に再検討した安野眞幸氏の成果があるように、諸役免除を楽市場の基本属性として直ちに評価せず、個々の文言や内容の差異から再検討し、「楽市」文言の有無がもつ意味を真に問うことも求められよう。

さらには、「楽市」文言をもたない都市法・市場法を、楽市場と直接結びつかない別個の存在と切り捨てず、「楽市楽座令」についても、同領域・同時期の地域経済の形成と変動を探る史料として、戦国大名の領国支配や流通政策全般における位置づけを明らかにする必要がある。

そうした差異を可視化するうえで有効な方法に、「楽市楽座令」を含めた、同時期の周辺地域における都市法・市場法の悉皆収集とデータベース化が挙げられよう。とりわけ佐々木銀弥氏(50)が「十六、七世紀の市場法と都市法全体の中で、楽市楽座令」のもっていた意味と比重について問うことは、今後の大きな課題であると展望的に指摘したように、関連史料を含めた法令全体の視覚化は重要な作業といえよう。そのうえで改めて「楽市楽座令」を含めた「どんな法令」が「どこ」に「どれだけ」「どう」残っているかを、多様な角度から捉えられるよう、発給者や地域ごとに分類したうえでの包括的な研究が必要である。

それにより地域経済の動向を具体的に辿りつつ、その中での「楽市楽座令」の相対的位置や、歴史的展開（文書様式・条項の変化など）を俯瞰することも可能になると考えられる。それはまた、戦国大名と市場・商人との相互関係をはじめ、具体的に文書発給を通じて市場にどういった手が加えられ、いかなる変化を遂げたのか。ひいては、大名権力の流通支配そのもののあり方を見直し、市場を軸に展開する物流の実態にも迫る一つの素材となりうるだろう。

対象の推移や周辺市町との相関関係、その具体的差異を論じることなく、すべてを織田氏と同じ論理で評価し、安土山下町をゴールとする単線的な視角のままでは、「楽市」の本質に迫ることはできない。共通性はもちろん、何よりそれらのもつ地域性に注目し、その実態を複眼的に見直していくことが求められるのではないだろうか。

おわりに

「楽市楽座令」と楽市場のあり方を論じるうえで、従来の成果を批判的に継承しつつ、より実証的な復元研究を進める必要があることは論を俟たない。文書史料のみを恣意的に結びつけた議論は、「楽市楽座令」のもつ歴史的性格やその特質を見誤る恐れがあり、楽市場という空間に加え、今後はそれに隣接する周辺地域の歴史展開にもアプローチし、これらを構造的に捉える広い視野が必要となる。

これまで述べてきた視角を通して、はじめて地域的特性に基づく「楽市」像が実態として浮かび上がり、「楽市楽座令」の成立から消失にいたるまでのプロセスの解明と、これを移行期の社会変動に位置づけて議論することができるといえる。それはまた、戦国大名による流通支配のあり方を見直すほか、それまで補足的扱いに終始し、あるいは十分な検討もなされなかった都市法・市場法を、移行期社会に位置づけ直し、これを永く伝えてきた地域の歴史を再評価することにもつながるのではないだろうか。

本書は以上に述べた課題をふまえ、新たな視点から「楽市楽座令」についての議論を展開すべく、次に掲げる二部構成で検討を進めていく。

まず、第Ⅰ部「戦国大名と楽市令」では、各地域の戦国大名による楽市令について、今川氏―駿河国富士大宮（第一章）、徳川氏―遠江国小山（第二章）、松永氏―大和国多聞《たもん》（第三章）、後北条氏―武蔵国世田谷、相模国荻野、武蔵国白子《しらこ》（第四章）における「楽市」の地域的様相について分析を加える。とりわけ、小山や多聞・白子については、これまでの研究で「楽市」という事実確認や史料の存在が指摘されているのみで、研究史上の位置づけを含め、その実態はほとんど明らかにされてこなかったものである。

ここではこれらの点も含め、「楽市」を各大名権力による領域支配の中に位置づけ直す[51]とともに、法令と市場の成立から消滅に至るまでの過程を、権力・在地双方の視点で辿っていく。東国・西国における「楽市」の展開と、その地域的差異を具体的に浮かび上がらせる初の試みといってよいだろう。

第Ⅱ部「織田氏と楽市令」では、これまでの「楽市楽座令」研究の中心軸であった織田氏の事例について、第Ⅰ部と同様の視点から、関連史料の全面的な再検討を加える。また、織田氏による当該政策が特別であったと評価する最大の根拠ともいうべき、中世的支配体制の否定・解体を意味する「楽座令」をめぐって、長らく通説とされてきた豊田武氏の研究成果をふりかえり、ここにその定義の再検討を行う。

終章「「楽市楽座令」再考――中近世移行期における歴史的意義をめぐって――」では、第Ⅰ部・第Ⅱ部をふまえた本書の総括として、「楽市楽座」が地域社会に何をもたらしたのか。また、近世以降のいわゆる幕藩体制下において、それが〈歴史〉〈記憶〉としてどう記録・評価され、関連史料がどのように伝来しているかに注目したものである。かかる検討を通じて、移行期の社会変動に果たしたその役割を、いま一度具体的に明らかにしていくことをめざす。

（1）佐々木銀弥「領域市場形成過程の商業政策」（『歴史公論』三巻四号、一九七七年）。
（2）佐々木銀弥「中世都市と商品流通」（朝尾直弘ほか編『岩波講座日本歴史』八・中世四、岩波書店、一九六三年）・同「楽市楽座令と座の保障安堵」（永原慶二編『戦国期の権力と社会』東京大学出版会、一九七六年。以下、佐々木Ⓐ論文）。
（3）石井寛治『日本流通史』（有斐閣、二〇〇三年）など。
（4）徳富蘇峰『近世日本国民史　織田氏時代』中篇・後篇（時事通信社、一九六三年、一九一九年初出）・同『近世日本国民史　豊臣氏時代』（時事通信社、一九六四年、一九二二年初出）、田中義成『織田時代史』（明治書院、一九二四年）・同『豊臣時代史』（明治書院、一九二五年）、花見朔巳「織田豊臣二氏の統一事業」（『岩波講座日本歴史』六・近世上、岩波書店、一九三四年）。
（5）唯一、徳富が安土山下町の楽市を「英国が香港に於ける、前露帝国が大連における如き、自由港として、一切の船舶貿易を吸収せしむ可く、計画したると同様」の政策と評価しているが、あくまで抽象的なものにすぎない（前掲註4『近世日本国民史　織田氏時代』中篇）。
（6）平泉澄「座管見」（『我が歴史観』至文堂、一九二六年）。
（7）小野晃嗣『近世城下町の研究』（法政大学出版局、一九九三年）。
（8）豊田武「近世初頭に於ける楽市楽座の意義」（『歴史学研究』二巻二号、一九三四年）・同「都市および座の発達」（『新日本史講座』中央公論社、一九四八年）・同『増訂　中世日本商業史の研究』（岩波書店、一九五二年）・同「楽市令の再吟味」（同編『近世の都市と在郷商人』巌南堂、一九七九年）。
（9）勝俣鎮夫「楽市楽座令」（『国史大辞典』一四・や―わ、吉川弘文館、一九九三年）。
（10）脇田修「信長政権の座政策」（『龍谷史壇』五六・五七合併号、一九六七年）・同「統一権力の都市・商業政策」（『近世封建制成立史論――織豊政権の分析Ⅱ――』東京大学出版会、一九七七年）・同「織豊政権の商業・都市政策」（永原慶二ほか編『戦国時代――一五五〇年から一六五〇年の社会転換――』吉川弘文館、一九七八年）。
（11）藤木久志「統一政権の成立」（朝尾直弘編『岩波講座日本歴史』九・近世一、岩波書店、一九七五年）。
（12）神田千里「石山合戦における近江一向一揆の性格」（『歴史学研究』四四八号、一九七七年）。
（13）前掲註（8）『増訂　中世日本商業史の研究』、今井林太郎「信長の出現と中世的権威の否定」（家永三郎ほか編『岩波

講座日本歴史』九・近世一、岩波書店、一九六三年）。
(14) 前掲註(2)佐々木Ⓐ論文。
(15) 網野善彦「中世都市論」（朝尾直弘ほか編『岩波講座日本歴史』七・中世三、岩波書店、一九七六年）、同『無縁・公界・楽』（平凡社、一九七八年。のち増補版、一九八七年）。
(16) 勝俣鎮夫「楽市場と楽市令」（『論集　中世の窓』吉川弘文館、一九七七年）。
(17) 脇田晴子「日本中世都市と領主権力」（『歴史学研究』四七一号、一九七九年）。
(18) 中部よし子「織田信長の城下町経営」（『ヒストリア』八二号、一九七九年）。
(19) 小島道裕「戦国期城下町の構造」（『日本史研究』二五七号、一九八四年）・同「金森寺内町について――関係史料の再検討――」（『史林』六七巻四号、一九八四年）・同「織豊期の都市法と都市遺構」（『国立歴史民俗博物館研究報告』八集、一九八五年。のち同『戦国・織豊期の都市と地域』青史出版、二〇〇五年所収）・同「戦国・織豊期の城下町――城下町における「町」の成立――」（高橋康夫ほか編『日本都市史入門Ⅱ　町』東京大学出版会、一九九〇年）・同「岐阜円徳寺所蔵の楽市令制札について」（『国立歴史民俗博物館研究報告』三五集、一九九一年）・同「戦国期城下町から織豊期城下町へ」（『年報都市史研究』一、山川出版社、一九九三年）・同「楽市令と制札」（朝尾直弘教授退官記念会編『日本国家の史的特質　近世・近代』思文閣出版、一九九五年）など。
(20) 播磨良紀「楽座と城下町」（『ヒストリア』一一三号、一九八六年）。
(21) 前掲註(2)佐々木Ⓐ論文。
(22) 宇佐見隆之「中世史における流通」（『日本中世の流通と商業』吉川弘文館、一九九九年）。
(23) 池上裕子「伝馬役と新宿」（『戦国史研究』八号、一九八四年）・同「戦国期都市・流通論の再検討」（中世東国史研究会編『中世東国史の研究』東京大学出版会、一九八八年）。
(24) 桜井英治「市と都市」（中世都市研究会編『中世都市研究』三、新人物往来社、一九九六年）・同「中世・近世の商人」「中世の商品市場」（桜井英治ほか編『新体系日本史一二　流通経済史』山川出版社、二〇〇二年）。
(25) 安野眞幸「安土山下町中宛信長朱印状」（『弘前大学教育学部紀要』九三号、二〇〇五年）・同「加納楽市令」（『同』九四号、二〇〇五年）・同「金森楽市令」（『同』九五号、二〇〇六年）・同「楽市論――なぜ信長・秀吉・家康は神に

なったのか――」（『國文学』五一巻一一号、二〇〇六年）など。また、同氏は研究史上初めて、楽市を題材とした単著を上梓しているが、あくまで信長にとっての楽市を論じたものである（同『楽市論――初期信長の流通政策――』法政大学出版局、二〇〇九年）。

(26) 仁木宏「播磨国美嚢郡淡河市庭（神戸市北区）の楽市制札をめぐる一考察」（『兵庫のしおり』七号、二〇〇五年。以下、仁木Ⓐ論文）・同「「信長の城下町」の歴史的位置」（仁木宏ほか編『信長の城下町』高志書院、二〇〇八年）・同「美濃加納楽市令の再検討」（『日本史研究』五五七号、二〇〇九年。以下、仁木Ⓑ論文）・同「書評・小島道裕著『戦国・織豊期の都市と地域』」（『史学雑誌』一一八巻一号、二〇〇九年。以下、仁木Ⓒ論文）・同「近江国石寺「楽市」の再検討」（千田嘉博ほか編『都市と城館の中世――学融合研究の試み――』高志書院、二〇一〇年。以下、仁木Ⓓ論文）。

(27) 木村茂光『日本中世の歴史一　中世社会の成り立ち』（吉川弘文館、二〇〇九年）。

(28) たとえば、川戸貴史「楽市楽座と撰銭令」（堀新編『信長公記を読む』吉川弘文館、二〇〇九年）など。

(29) 鈴木敦子「中世後期における地域経済圏の構造」（歴史学研究会編『歴史学研究別冊特集　一九八〇年度歴史学研究会大会報告』青木書店、一九八〇年）、佐々木銀弥「中世後期地域経済の形成と流通」（永原慶二ほか編『日本中世史研究の軌跡』東京大学出版会、一九八八年）。

(30) 脇田修『近世封建社会の経済構造』（御茶の水書房、一九六三年）、林玲子『近世の市場構造と流通』（吉川弘文館、二〇〇〇年）、宇佐見隆之「中世末期地域流通と商業の変容」（『日本史研究』五二三号、二〇〇六年）、斎藤善之「コメント」（同上）、本多博之「中近世移行期西国の物流」（『日本史研究』五八五号、二〇一一年）など。

(31) 前掲註(26)仁木Ⓒ論文。

(32) 前掲註(2)佐々木Ⓐ論文、池享「地域国家の分立から統一国家の確立へ」（宮地正人ほか編『新体系日本史一　国家史』山川出版社、二〇〇六年）。

(33) こうした見方は近年においても根強く残っている。たとえば、功刀俊宏「戦国期における市場政策――流通統制・楽市楽座令の検討を通じて――」（『東洋大学大学院紀要（文学（哲学））』四八集、二〇一一年）。

(34) 前掲註(2)佐々木Ⓐ論文。

(35) 杉山博『日本の歴史一一　戦国大名』（中央公論社、一九六五年）。

(36) 前掲註(11)(12)、池享「戦国期研究の成果と課題」(歴史学研究会編『現代歴史学の成果と課題Ⅱ――二　前近代の社会と国家』青木書店、一九八二年)。
(37) 早島大祐「織田信長の畿内支配――日本近世の黎明――」(『日本史研究』五六五号、二〇〇九年)。
(38) 前掲註(26)仁木Ⓑ・Ⓒ・Ⓓ論文、小島道裕「戦国期城下町と楽市令再考――仁木宏氏の批判に応えて――」(『日本史研究』五八七号、二〇一一年)。
(39) 石母田正「解説」(石井進ほか編『中世政治社会思想　上』岩波書店、一九七二年)。
(40) 佐々木銀弥「中世市場法の変遷と特質」(『中央大学文学部紀要』史学科三七号、一九九二年)。
(41) 従来こうした偏在状況はあまり重視されておらず、研究史では、地域特有の都市・商業政策のあり方や政治条件を反映した結果、と評価した佐々木銀弥氏の研究がある程度にすぎない(前掲註2佐々木Ⓐ論文)。
(42) 前掲註(26)仁木Ⓐ・Ⓑ論文。
(43)『江戸滞留日記』(三木郷土史の会編『三木市有宝蔵文書』七巻〈二〇〇一年〉所収、一三三〇号)。
(44) 中世史研究の立場から言及したものとしては、小島道裕「織豊期の都市法と都市遺構」(前掲註19)、桜井英治「中世商人の近世化と都市」(高橋康夫ほか編『日本都市史入門Ⅲ　人』東京大学出版会、一九九〇年)が管見の限りである。
(45) 原田誠司「土豪百姓の「流通」支配と「文書」・「由緒書」――近世前期東播磨の一事例――」(『史学研究』二二九号、二〇〇〇年)、河村昭一「秀吉による播磨国賀東郡社の町立て伝承について――中世末の社の空間的復元を兼ねて――」(『兵庫教育大学研究紀要』三六巻、二〇一〇年)など。
(46) 前掲註(40)。
(47) 前掲註(2)佐々木Ⓐ論文。
(48) 池上裕子「後北条領国における給人の公事賦課権――戦国期在地領主権の検討のために――」(『地方史研究』一八九号、一九八四年)。
(49) (元亀三年)七月一八日・守山美濃屋小宮山兵介宛て佐久間信盛書状(「守山甲共有文書」)、元亀三年七月一三日・野洲市場地下人中宛て佐久間信盛判物(「野洲共有文書」)。詳しくは、**本書第Ⅱ部第二章**参照。
(50) 前掲註(40)。

(51)　本書での分析にあたっては、①同時代かつ同一地域における周辺市町の存在形態を抽出するとともに、②同一権力による都市法・市場法をはじめ、商工業者への特権保障・付与や、商品流通に関する規制にかかる文書すべてを「流通・商業関係文書」という表現で一括し、①②の特徴から、法令・市場としての「楽市」を相対化していく手法を用いた。

〔付記〕　本章は、平成二五年度科学研究費補助金（特別研究員奨励費）による研究成果の一部である。

楽市楽座	配置	条数	文頭	書止	署判	形態	備考	文書群	出典
楽市	(内包)	1	—	執達如件	忠行在判・高雄在判	紙本(折紙)	案文	今堀日吉神社文書	①
楽市	(内包)	1	—	如件	(朱印)	紙本(折紙)		静岡県立中央図書館所蔵大宮司富士家文書	②
楽市	宛所	3	定	下知如件	(花押)	木札		円徳寺文書	③
楽市楽座	2条	3	定	下知如件	(花押)	木札		円徳寺文書	③
楽市	1条	3	—	如件	(朱印)	紙本		松平乗承家蔵古文書	④
楽市楽座	(内包)	1	—	恐々謹言	佐久間伊織	紙本(折紙)	写し	守山村誌	⑤
楽市楽座	1条	3	定条々	如件	(朱印)	紙本(竪紙)		善立寺文書	⑥
楽市楽座	1条	5	定	下知如件	甚九郎(花押)	紙本?	写し	守山村誌	⑦
楽座	(内包)	1	—	如件	(花押)	紙本(折紙)		橘栄一郎家文書	⑧
楽市	1条	13	定	者也	(朱印)	紙本(続紙)		近江八幡市共有文書	⑥
楽市	(内包)	5	掟	如件	(朱印)	紙本		大場信続氏所蔵文書	⑨
楽市	2条	5	掟条々	掟如件	秀吉(花押)	木札		歳田神社文書	⑩
楽市楽座	2条	3	掟	下知如件	(花押)	木札		円徳寺文書	③
楽市楽座	2条	3	掟	如件	三左衛門尉(花押)	木札		円徳寺文書	③
楽市	(内包)	3	定市法度	如件	(朱印)	木札		難波文書	⑪
楽市楽座	2条	3	定	如件	利勝御判	?	写し	城端古文書写	⑫
楽市	1条	13	定	者也	秀次(花押)	紙本(続紙)		近江八幡市共有文書	⑥
楽市	3条	5	改被仰出條々	如件	朱印?	紙本?	写し	新編武蔵国風土記稿	⑪
楽市	(内包)	1	掟	如件	(朱印)	紙本		木村文書	⑪
楽市	1条	7	定条々	者也	高次(花押)	紙本(竪紙)		近江八幡市共有文書	⑥
楽市	2条	5	掟	如件	間宮彦次郎印	紙本?	写し	養老郡誌	⑬
楽市	(内包)	1	—	如件	左衛門尉(花押)	紙本(折紙)		崇福寺文書	③
楽売楽買	1条	13	定条々	如件	忠三郎判	紙本	写し	馬見岡錦向神社文書	⑭
ラク	?	?	?	?	?	?		樫尾文書	⑮
十楽	6条	9	覚	如件	鯵坂長実・河田長親	木札?	写し	鞍馬寺文書	⑯
十楽	(内包)	1	—	者也	印	紙本?	写し	能登古文書	⑰
十楽	1条	12	—	者也	羽柴飛騨守在判	紙本?	写し	松坂権輿雑集	⑱
十楽	(内包)	1	—	者也	弾正長吉判	?	写し	日置神社文書	⑲

表1　楽市楽座令一覧

	年月日(和暦)	(西暦)	発給者	国	宛所	内容摘記
1	天文18年12月11日	1549.12.11	六角氏	近江	枝村惣中	紙商買事、石寺新市之儀者、為楽市条、不可及是非
2	永禄9年丙刁4月3日	1566.4.3	今川氏真	駿河	富士兵部少輔	富士大宮毎月六度市、一円停止諸役、為楽市可申付、幷神田橋関停止
3	永禄10年10月日	1567.10	織田信長	美濃	楽市場	当市場越居之者、分国往還不可有煩
4	永禄11年9月日	1568.9	織田信長	美濃	加納	楽市楽座之上、諸商売すへき事
5	永禄13年12月日	1570.12	徳川家康	遠江	小山新市	小山新市之事、為楽市申付之条、一切不可有諸役事
6	(元亀3年)7月18日	1572.7.18	佐久間信盛	近江	(守山美濃屋小宮山兵介ヵ)	金森市場之事、守山年寄衆令相談、急度相立様可有馳走、可為楽市楽座
7	元亀3年9月日	1572.9	織田信長	近江	金森	楽市楽座たる上ハ、諸役令免許畢
8	天正2年5月日	1574.5	佐久間信栄	近江	金森町	為楽市楽雇上、於何方茂同前之事
9	天正4年9月11日	1576.9.11	柴田勝家	越前	橘屋三郎左衛門尉	諸商売楽座仁雖申出、於軽物座唐人座者、任御朱印幷勝家一行之旨
10	天正5年6月日	1577.6	織田信長	近江	安土山下町中	当所中為楽市被仰付之上者、諸座諸役諸公事等悉免許事
11	天正6年戊寅9月29日	1578.9.29	北条氏政	武蔵	世田谷新宿	諸役一切不可有之事、為楽市定置所
12	天正7年6月28日	1579.6.28	羽柴秀吉	播磨	淡川市庭	らくいちたる上ハ、しやうはい座やくあるへからさる事
13	天正11年6月日	1583.6	池田元助	美濃	加納	楽市楽座之上、諸商売すへき事
14	天正12年7月日	1584.7	池田輝政	美濃	加納	楽市楽座之上、諸商売すへき事
15	天正13年乙酉2月27日	1585.2.27	北条氏直	相模	荻野□□	為楽市之間、於当日横合□□不可有之
16	天正13年10月9日	1585.10.9	前田利勝	越中	直海郷北野村	らく市楽座たるへき事
17	天正14年6月日	1586.6	羽柴秀次	近江	八幡山下町中	当所中為楽市申付上者、諸座諸役諸公事悉免許事
18	天正15年丁亥4月3日	1587.4.3	北条氏規ヵ	武蔵	白子郷代官百姓中	新宿見立、毎度六度楽市可取立事
19	天正17年己丑9月13日	1589.9.13	北条氏直	相模	—	当宿馬町之儀者、毎月十九日より廿五日迄一七日之間、為楽市間
20	文禄3年8月3日	1594.8.3	京極高次	近江	八幡町中	当町中楽市之上者、諸座諸役諸公事悉免許之事
21	慶長5年11月21日	1600.11.21	間宮直元	美濃	嶋田町中	楽市之事
22	慶長15年正月日	1610.1	加藤貞泰	美濃	黒野年老中	当町中地子幷諸役、五ヶ年之間免之訖、猶為楽市之上者、是又無其煩
23	天正10年12月29日	1582.12.29	蒲生氏郷	近江	(日野ヵ)	当町為楽売楽買上者、諸座諸役、一切不可有之事
24	元亀2年辛未10月28日	1571.10.28	(松永久秀)	大和	(多聞市)	タモンイチラクノトキハマエノコトク壱貫六百文、十月卅日ニサタ申ヘク候
25	(天正4年ヵ)	1576	上杉氏	越中	(放生津ヵ)	放生津市十楽之事
26	天正15年6月29日	1587.6.29	前田利家	能登	鳳至町、河井町中	当地素麺之座之事、誰にても望次第為十楽者也
27	天正16年11月晦日	1588.11.00	蒲生氏郷	伊勢	町野主水佐ほか2名	当町之儀、為十楽之上ハ、諸座諸役可為免除、但油之義各別之事
28	(年未詳)4月3日	4.3	浅野長吉	近江	今津年寄中	若州江相立入馬之儀、何も十楽ニ申付候処

出典：次頁参照。
注1：22番までは「楽市」「楽座」「楽市楽座」文言のある史料、23番以下はそれ以外の特殊例(「十楽」「楽売楽買」など)を表す。
2：「配置」は「楽市」「楽座」「楽市楽座」文言が何条目に記されているかを表す。そのほかは全て「(内包)」とした。

〔表1出典〕

①村井祐樹編『戦国遺文　佐々木六角氏編』（東京堂、二〇〇九年）
②久保田昌希・大石泰史編『戦国遺文　今川氏編』三巻（東京堂出版、二〇一二年）
③『岐阜県史』史料編　古代・中世一（岐阜県、一九六九年）
④『新編岡崎市史』六巻・古代中世・史料編（岡崎市、一九八三年）
⑤日野正教編『守山村誌』（一八八八年）
⑥『滋賀縣史』五巻・参照史料（滋賀県、一九二八年）
⑦小島道裕「金森寺内町について――関係史料の再検討――」（『史林』六七巻四号、一九八四年）
⑧『福井県史』資料編三　中・近世一（福井県、一九八二年）
⑨杉山博・下山治久編『戦国遺文　後北条氏編』三巻（東京堂出版、一九九一年）
⑩木村修二・村井良介「〈史料紹介〉淡河の羽柴秀吉制札」（『ヒストリア』一九四号、二〇〇五年）
⑪杉山博・下山治久編『戦国遺文　後北条氏編』四巻（東京堂出版、一九九二年）
⑫『大日本史料』第十一編之二十一（東京大学、一九九六年）
⑬『岐阜県史』史料編　古代・中世補遺（岐阜県、一九九九年）
⑭『近江日野の歴史』八巻・史料編（日野町、二〇一〇年）
⑮『大日本史料』十篇之七（東京大学、一九七〇年）
⑯『新潟県史』資料編四　中世二（新潟県、一九八三年）
⑰『加賀藩史料』一編（清文堂出版、一九七〇年）
⑱『校本松坂権輿雑集』（光書房、一九八〇年）
⑲『今津町史』四巻・資料（今津町、二〇〇三年）

第Ⅰ部

戦国大名と楽市令

第一章　今川氏と富士大宮楽市

はじめに

日本中世における都市・流通政策の代名詞ともいうべき「楽市令」をめぐっては、早くからその特異性に注目が集まったことで知られる。中でも戦国大名の意思に基づく革命的な都市建設法として、法令とその宛所のみを分析対象とする視角が支配的であった従来の研究に対し、一九九〇年代以降は地域社会論の視座から、在地の動向に基づき、受給者の視点で「楽市」の成立背景を問い直す研究が進められた。これをうけて近年では、都市法・市場法全体での位置づけなど、地域のあり方に即した個別事例の分析が積み重ねられ、「楽市」という概念のもつ地域性や多様性が明らかにされつつある(1)。

かかる動向をふまえ、本章では「楽市」文言を含む、永禄九年（一五六六）発給の、駿河国富士兵部少輔宛て今川氏真朱印状（以下「富士大宮楽市令」と称し、適宜「同法令」と略記）に注目したい。

【史料1】（図1）

（印文「如律令」）

①富士大宮毎月六度市之事、②押買狼藉非分等有之旨申条、自今已後之儀者、③一円停止諸役、為楽市可申付之、

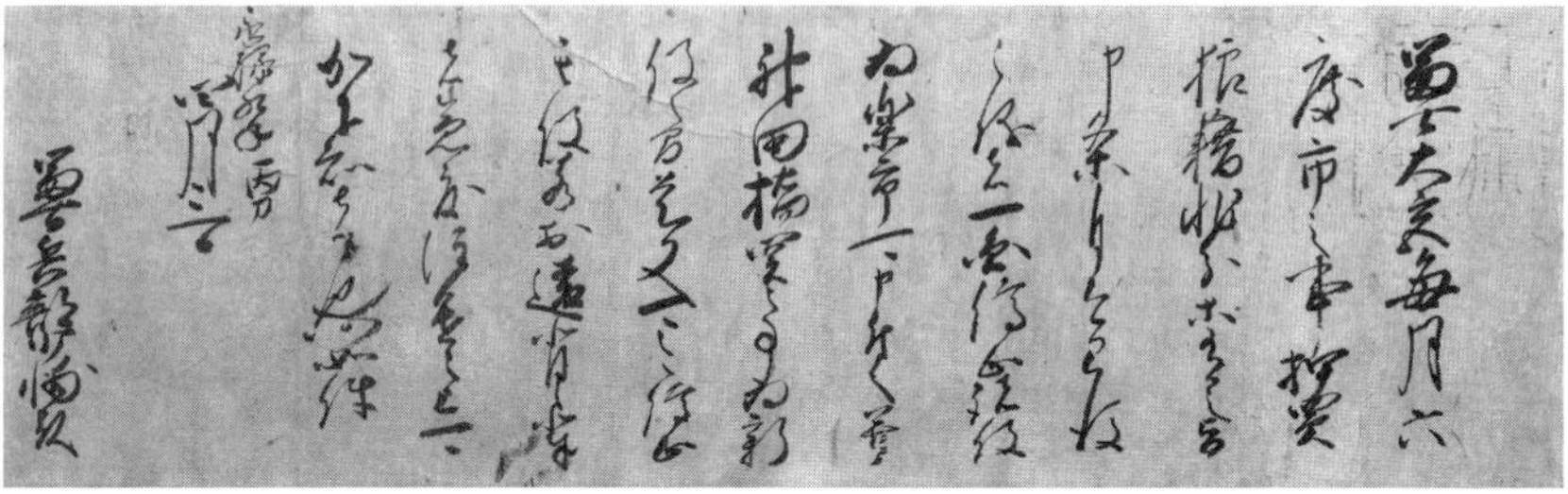

図１　富士兵部少輔宛て今川氏真朱印状（静岡県立中央図書館所蔵）

④幷神田橋関之事、⑤為新役之間、是又可令停止其役、若於違背之輩者、急度注
進之上可加下知者也、仍如件、

永禄九年丙寅

四月三日

富士兵部少輔殿(2)

同史料についてはこれまで、今川氏による領域支配の一端を解く史料として、早く戦前から自治体史等で取り上げられ、その中で、①在地領主・富士氏の富士大宮（駿河国富士郡、現・静岡県富士宮市）支配に今川氏が介入し(3)、②市場における自由商売と、新儀商人の活動促進による新たな支配体制創出をめざした法令と評価されてきた(4)。

また、③同法令が、市場への往来促進と経済振興に大きな役割を果たしたとして、戦国期には「楽市」でなければ、市場への商人誘致はおろか、領内の経済繁栄そのものが不可能であった、と捉える向きもある(5)。これらに対し、個別論者による研究は戦後以降に進展した。

④佐々木銀弥氏は、武田方の駿河侵攻に備えた軍事的要衝としての発展をめざす経済振興策と捉え(6)、⑤久保田昌希氏は、市場の混乱状態を自らの手で打開し得ない富士氏の地域支配に介入し、同所を今川方の城下町とするための法令と評価した(7)。

しかし⑥池上裕子氏は、地域固有の社会情勢から、市町の平和実現と商人参加促進を権力へ訴えた結果が「楽市」であり、同法令も受給者である富士氏が今川氏へ要求した文書だとして、⑤を批判した。[8]同じく⑦安野眞幸氏も、研究史上初めて、同法令を詳細に分析し、これを富士大宮からの今川氏権力の排除と、諸役・関役停止による在地の自由・平和獲得策と捉え、受給者である富士氏を、自立的主体として高く評価している。[9]

この他にも、富士大宮楽市令について言及した研究はいくつかあるが、[10]それらはあくまで「楽市令」の全体像を捉えるうえで史料を援用的に取り上げたものにすぎず、同法令の専論は、安野氏の成果があるのみといってよい。

以上から、富士大宮楽市令の研究をめぐる問題は、大きく次の三点に集約される。

一つ目は、限定的かつ断片的な史料解釈である。冒頭に述べた研究史の展開同様、同法令の分析視角も本史料単独か、あるいは地域的偏差を軽視した、他の楽市令との比較によるところが大きい。そのため今川氏発給文書や、同時代・同一地域における他の史料に「楽市」が現れない意味はほとんど不問に付されている。くわえて同法令が、近世における富士大宮をはじめ周辺地域にどのような影響を与えたかについても、明らかでない点は多い。そうした歴史展開や文書にみえる差異の検討抜きに、「楽市」のもつ意味は明らかにしえないだろう。

二つ目は、軍事的・宗教的側面の強調である。[11]「富士大宮」には、全国の浅間神社の総本社である本宮浅間大社（以下「浅間大社」）があり、大宮司職を務めた富士氏と富士信仰の歴史をめぐる研究の中で、同法令が補足的に用いられてきた。そのため、富士郡内における他の市町や交通とのつながり、今川氏の流通支配からみた位置づけなど、経済的側面から解明すべき課題も多い。同法令が市場法としての史料的側面をもつ以上、地域経済の動向とその関わりは無視できない問題である。

三つ目は、法令・市場のもつ地域性の捨象や、発給時期に捉われた評価である。とくに、著名な織田信長の美濃国加納楽市[12]に先行することから、同法令は「楽市令」を施行する後続の戦国大名にインパクトを与えた、今川氏の先進性を示す事例としても高く評価されてきた[13]。しかし、それはあくまで「楽市令」という枠組みの中で与えられた評価であって、これを「楽市令」全体の指標的存在として、ただちに普遍化しうるかは議論を要する。近年の研究動向に即し、周辺地域における市町や法令との関係の中で読み直すべきであろう。

また、「楽市」文言のみに引き付けた過度な評価で、「富士大宮」を理想郷のように特化する姿勢にも疑義がある。同法令は「楽市」文言を除いても、一つの市場法として十分機能する内容で、そこに富士大宮のみが「楽市」となった背景や、周辺市町との差異を問う意義が込められていると考える。

とりわけ「楽市でなければ」経済的発展はありえない、といった従来の評価は、いわば地域の実態と乖離した観念的理解に基づくもので、市場の「楽市」化による相対的地位の向上（求心的流通構造の成立）という点についても、必ずしも実証されているわけではない。同法令をめぐっては、地域の実態をふまえた再考の余地がいまだ数多く残されているといえる。

そこで本章では【史料1】を素材として、在地の視点から「楽市」を問い直した池上・安野両氏の成果に学びつつ、同時期の地域経済、ならびに今川氏による市場法を含む流通・商業関係文書の展開をふまえ、地域社会と今川氏の流通支配における富士大宮楽市令（楽市場）の相対的位置づけと、当該地域における「楽市」文言のもつ歴史的意義を再検討したい。

一　富士大宮・富士氏と市場

ここではまず、具体的な史料分析に入る前に、中世における富士大宮の性格と、その歴史的展開について押さえておこう。

（1）富士大宮の歴史と地理的環境

現代に連なる富士大宮の歴史は、大同元年（八〇六）、坂上田村麻呂が、富士山を御神体とする社殿（浅間大社）を山宮より現在の地に移築し、のち延長年間（九二三～九三一）に同社が駿河国一宮として祀られたことに始まると伝える(14)。

中世には、朝廷・幕府・守護など公武権力による崇敬のもと、社領寄進・社殿造営の手厚い保護をうけ、富士大宮一帯は富士信仰の中心地として確立する。その後、中世後期までに、全国から富士山登拝をめざして集う道《どう》者《しゃ》の往来が盛んになり、同社門前には市場や宿泊施設も設けられるなど、いわゆる門前町として発展を遂げていき、その賑わいの様子は、室町末期の富士参詣曼陀羅図(15)にも描かれている。

続く戦国期における富士大宮は、今川氏の保護をうけて繁栄した。しかし、天文六年（一五三七）以来の甲斐・武田氏との同盟関係が揺らぎ、今川義元より家督を継いだ氏真の代に至ると、武田氏はこれを事実上破棄し、永禄一一年（一五六八）末から駿河侵攻を開始する。このとき、甲斐との国境に位置した富士大宮は武田方の相次ぐ攻撃にさらされ、在地領主・富士氏は、浅間大社東の大宮城にこもって抵抗を続けるが、同一二年七月に降伏し、同所は武田方に組み込まれた。

図2　現在の中道往還（県道76号線）

地理的特質に着目すると、富士大宮は富士山南西の裾野台地に広がる。町の中心を通る「中道往還《なかみちおうかん》」は、東海道沿いの吉原宿から北へ分岐して甲斐と駿河を結び、富士登山や浅間大社参詣の道でもあった（図2）。また、富士大宮には富士山麓から南流して駿河湾へ注ぐ「潤《うる》井《い》川」と、浅間大社東の湧玉池《わくたまいけ》を水源に、町中央を南北に貫く「神田川」の二つが、交差する形で流れている点も特徴である。

（2）富士氏について

浅間大社大宮司職を歴任した富士氏[16]は、系図史料によれば、もと和邇部姓を名乗り、延暦一四年（七九五）、和邇部豊麿が富士郡大領として富士大宮に入部したことに起源をもつと伝える。間もなく浅間大社の祭祀を掌り、以後は同所を基盤に、鎌倉時代には地頭職をもつ幕府御家人としての一面も持ち合わせた。南北朝期には北朝方で「相催庶子」して「甲斐国通路」警固にあたるなど[17]、浅間大社東に構えた「大宮司館」を拠点に武力を蓄えていく[18]。

のち国人領主として成長を遂げ、戦国期には今川氏「馬廻」として被官化し、蔵入地代官を務め[19]、合戦にも従軍するなど、今川氏の駿河支配の一翼を担う存在に位置づけられていった。武田氏の駿河侵攻では、富士大宮「城代」として最後まで抗戦するが[20]、落城後は今川氏のもとを去り[21]、やがて「甲州江参上」して武田方に帰属し[22]、以降は本来の職掌である神社祭祀に従事する形で、軍事的活動は窺えなくなる。

（3）富士大宮市の構造と展開

楽市となった富士大宮市について、【史料1】に「毎月六度市」とあることから六斎市と分かるが、市場の起源や立地場所、具体的な商品流通の様相などは、一次史料を欠くため明らかでない。ここでは一九世紀成立の地誌と、明治初年ならびに大正一一年（一九二二）の絵図[23]を参考としながら、若干の検討を加えたい。

『駿河記』ほか江戸後期の地誌[24]によれば、富士大宮市は別名「神田市」とも呼ばれ、「往古神田曲輪ノアリシ頃」、すなわち中世に「毎月六度宛ノ市町建」てたことに始まると伝えられる。この時に「市人ノ所齊祀」とし

図３　福石神社（写真左に浅間大社が立地する）

て勧請された市神が、現在の「福石神社」にあたる（図３）。市場そのものがいつ頃に開かれたかは定かでないが、この福石社が浅間大社東の湧玉池に向き合う形で鎮座し、ここが富士氏居館跡の一角に相当することから、市場と領主・富士氏の関わりが想起される(25)。

中道往還沿いに目を移すと、先述の絵図では「仲宿町」「連雀町」（現・中央町）など商業関係の町名が連なる。いずれも江戸時代に成立した町と思われるが、「毎月六度市」との関連は必ずしも明らかでない。一方で明治期の絵図では、鉤《かぎ》形状に屈折した道路が描かれており、これが防御機能をもつ戦国期の枡《ます》形の名残であるとすれば、当所が富士大宮の境界にあったことを示唆しよう。

実際に、連雀町では永禄年間（一五五八～七〇）開基の寺院が数多く建ち並ぶ一方、絵図では同町を境として、その東に接する「青柳町」からは、寛永三年（一六二六）開基の寺院がみえるほか、さらに「新宿町」「東新町」といった町名が東へ向けて広がっていく。これらはいずれも江戸時代以降、富士大宮の発展に伴い、新たに成立した空間と考えられる。

次に商品流通の様相について、『駿河国新風土記』によれば「東西十四五町、戸一千アマリアリテ、昔ハ甲斐国ニ運送スル塩魚ヲ始、諸品コノ所ヨリ送リ、甲斐ヨリ出ス産物モ、ココニ到リテ商買シテ交易ノ市ヲナス」と伝える(26)。この記述が、具体的にいつのものを指すかは明らかでないが、戦国期には今川氏保護のもと、駿河湾沿いの由比《ゆい》郷神沢《ごうかんざわ》や三保《みほ》大明神社において製塩業の展開が一次史料で認められることから(27)、こうした沿岸地域の海産物などが流通していた可能性は考えられる。

さらに、天正六年（一五七八）には「大宮宿中居住之貴賤」として[28]、多様な階層身分が居住するまでに発展を遂げていき、当所を傘下とした武田氏は次の文書を発給し、新たに市場を開いている。

【史料2】

（竜朱印）
　定
富士大宮西町新市事
一、日限、朔日、六日、十一日、十六日、廿一日、廿六日たるへき事、
一、押買狼藉すへからさる事、
一、喧嘩口論いたすへからさる事、
右具在前、
天正八年庚辰
　十二月二三日　　曾禰下野守
　　　　　　　　　　奉之[29]

先述した明治期の絵図では、浅間大社の西側にあたる「新立町」（現・西町）付近で、町を南北に貫く道路が鉤形状に走る形で描かれており、右の「西町」との関連が窺える。【史料1】との相関関係は明らかでないが、武田氏の駿河侵攻で合戦の舞台となった富士大宮の再興の一助とすべく開かれたものだろうか。第一条にみえる市日は、先行する「毎月六度市」と重ならないように設定されたと考えられる。

また注目すべきは、右の法令が「楽市」文言を含まない形で発給されている点である。内容も、【史料1】が市での諸役免除や関撤廃など具体性に富むのに対し、【史料2】は市日制定と治安維持条項のみとなっている。この差異は、文書発給時における宛所のあり方が、法令の構造を左右した結果と捉えられる。すなわち「楽市」

とは、新都市建設を企図して掲げられる普遍的なものではなく、【史料１】の場合、かかる文言はあくまで、文書発給時の「富士大宮毎月六度市」という特定の空間が抱える、地域固有の問題に即して用いられたものと考えられよう。

二　富士郡における市場と交通

【史料１】で問題とされているのは、市場の治安と関（関役）のあり方である。ここでは、富士郡における市場（市場法）と関の様相について概観・比較しながら、戦国期における富士大宮市と関の実態に迫っていく。

（１）地域市場の様相

表１（五九～六〇頁参照）は、戦国期の駿河国内における市場法を含めた、今川氏発給の流通・商業関係文書の一覧である。ここからみえる傾向として、個別商人宛ての既得権益保障に関する文書が大半を占める一方、市場を宛所とした「市場法」の発給は全体の約一割に留まり、その内容も市の安堵や諸役免除が中心となっている。

このうち市立てをめぐっては、富士大宮の北西・潤井川沿いに位置する、大石寺（富士郡）に宛てた次の今川義元朱印状がある。

【史料３】（表１№19）

（印文「如律令」）
定

一、雖為大宮之役、就無前々儀者、不可及其沙汰之事、

一、門前商買之者不可有諸役事、

一、於門前前々市無之処、只今立之儀令停止之事、

右条々、為新儀之条、堅所申付也、若於違犯之輩者、依注進可加下知者也、仍如件、

天文廿四
六月七日
大石寺(30)

それによると、同寺門前では在家住人と思しき「商買之者」による商業が行われ、逆に常設でない「前々市無之」の市立ては禁じられた。ここでは大石寺の要求に即して、「前々」に則った商売のみが認められているが、一方で、今川氏自身が新たな市立てを認めた文書はわずか一通で、それも「毎年正月一七日・七月一七日両度」にのみ許可するといった、限定的な形である（No.33）。すなわち新市開設をめぐって、今川氏は否定的な立場にあったと考えられる。

また表1にみる市場法の発給状況は、言い換えれば、当該地域では古くから在地の慣習に基づいて開かれた市場が大半であることを示唆し、今川氏側も基本的にそれらを追認する立場にあったと考えられる。だとすれば、先にみた新市立ての事例が限定的である理由も、そこに求められよう。

富士大宮市については、【史料1】で市日の設定・安堵に関する記述こそないが、右をふまえれば同様に、参詣者への商売などを目的に早くから開かれており、今川氏もこれを追認していた可能性が高い(31)。

このように中世の富士郡では、中道往還沿いの寺社門前などを中心に、市場が広がっていた様子がうかがえる。

さて、そこで市場が開かれる時期（市日）としては、第一に祭礼が想起されるが、富士郡では鎌倉時代以来の「流鏑馬神事」がその一つにあたる。これは例年、米之宮《よねのみや》浅間神社（五月二日）を皮切りとして、富知六所《ふじろくしょ》浅間神社（三日）、金之宮《かんのみや》・富知《ふくち》神社（四日）といった、富士郡内の摂社を経て、五日の浅間大社まで連日開催され

る神事で、その際、門前には市場が開かれたと伝えられる[32]。

実際に、流鏑馬神事の初日にあたる米之宮では、市場が立ったことを示す「本（元）市場」の小字名が残り、富知六所の門前にも「三日市場」の小字名が残るが、本章でみる富士大宮の場合、一次史料を欠くため明確でない部分が多い。この点、五月五日の流鏑馬神事とは別に、毎年六月二八日に執り行われた御田植祭でも、市場が開かれたとする記録があるが[33]、いずれにしても推測の域を出ない。

さて、先行研究ではそうした富士大宮市の実態をめぐって、「楽市」化した事実をもとに、当所を富士郡における地域経済の「核」として捉えているが、その評価は妥当であろうか。かかる位置づけの正否をめぐっては、富士大宮と周辺市町との相互関係を明らかにする必要があろう。

（2）富士大宮と市町

先にみたように、富士郡では門前市が多く開かれていたが、とりわけ富士大宮と密接なつながりを有した地域の一つに「吉原」が挙げられる。当所は潤井川河口部に広がる湊津で、同河川に交差する東海道と、これに並行して北へ続く中道往還の分岐点に位置する交通の要地として知られ、中世には宿場町として発展した。

【史料４】（表１No.18）

一、駿河国吉原道者商人問屋之事、今度矢部将監遺跡仁相定之上者、兄弟親類其外自余之輩、雖望之不可許容、如前々不可有相違事、

一、吉原渡船之事、縦湊江雖下之、如年来可相計、是又自余之族雖令競望、不可及沙汰事、

一、立物之事、西者蒲原、東者阿野境迄、諸役等如前々令免許、并新屋敷於吉原之内、為給恩、参拾間棟別四分一共免除之、但是者自前々免許之旨申之条、所任其儀也、依今度大風雨、数通之判形失却之間、只今出之事、

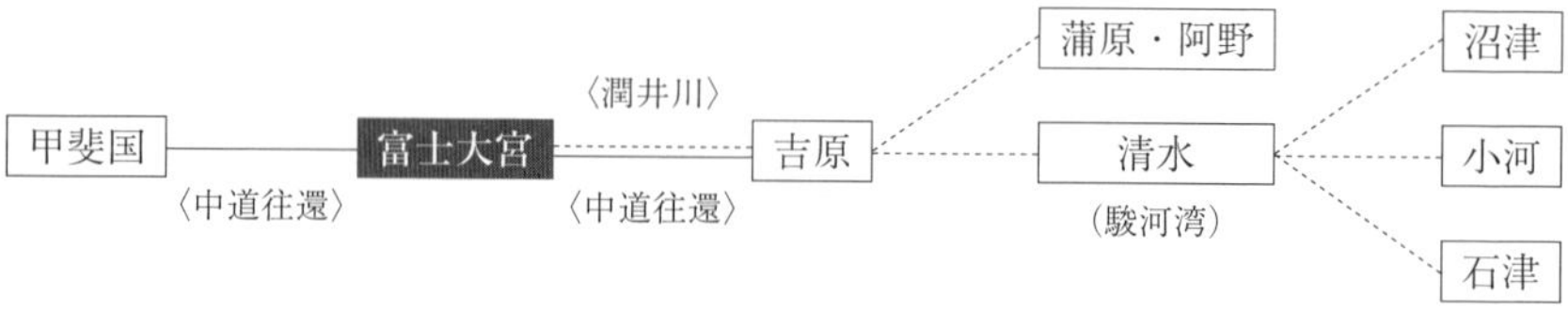

図4　駿河湾沿岸における地域経済圏
注：実線は陸路、点線は水上交通をあらわす。

付、金指福泉名職之儀者、任彼祖母一札之旨相拘、福泉廿歳之時可相渡、親類等雖成競望、不可許容事、

右条々領掌、永不可有相違者也、仍如件、

天文廿三
九月十日　　　　　　治部大輔（花押）

矢部孫三郎殿(34)

当所で活動する商人・矢部氏のもつ商売・交通上の諸特権を認めた、右の今川義元判物によれば、吉原では道者や商人向けの宿泊施設が立ち並ぶほか、蒲原《かんばら》と阿野《あの》の両湊津を範囲として、駿河湾内で「立物」を扱う漁業や「渡船」による廻船業が展開していた。とくに「道者」とあるように、同所は東海道や廻船を利用し、富士参詣を目指す人々の経由地としての機能を有し、富士大宮とも間接的に結びついていたといえる。

また、駿河湾・遠州灘沿いの湊津では、今川氏保護のもと廻船業が展開した。その一つである清水湊を拠点とする、商人・小柳津氏（中間藤次郎）宛ての文書（№24）では、彼がもつ「荷物俵物」商売用の船一艘にかかる帆役・湊役免除の対象地域として、沼津・小河・石津など駿河国内の沿岸地域と並び、「吉原」が挙げられている(35)。かかる地域は、いずれも今川氏領国下の重要な湊津として位置づけられ、小柳津氏ら商人の広域的活動を通じて結びつき、一つの経済圏を形成していたと考えられる（図4参照）。

さらに、富士大宮と吉原に関する戦国大名権力の発給文書をみると、吉原では右にみた経済的側面のほか、材木や兵糧といった軍需資材の「積置」きのほか、「船橋」が掛

けられるなど、今川・後北条・武田各氏のもと、軍事的要地としても重視された(36)。

一方の富士大宮では、武田氏の駿河侵攻時を除き、今川氏の発給文書は一貫して社領経営・神事興行が中心である。今川氏に代わり富士大宮に入った武田氏も、富士氏との姻戚関係構築や社領経営・神事興行など、宗教的側面に重きを置き(37)、流通支配については先にみた【史料２】のみとなっている。その場合、改めて【史料１】のもつ性格を、今川方の城下町化を目的とした、新たな領国支配体制確立につながる政策と評価しうるかは疑問が残る。

（３）関と関役

戦国期には、公武権力中心であった富士信仰の形態が、「富士道者参コト無限」きまでに大衆化を遂げた(38)ことで参詣者が増加し、富士山麓では宿坊の成立をはじめ、道者向けの商売や非法行為も見られるようになっていく(39)。そうした中で、駿河国内では早くから、郡境や水陸交通上の要所に複数の関が立てられた。富士山への登拝路にも「道者関」が設置されており、富士郡では、中道往還沿いの「富士上野(40)」「室六道(41)」の各関がそれにあたる。一方、中世後期には「沙汰」分として設置・役徴収を権力に認められた関(42)や、在地では新関の濫立もあった。たとえば今川氏は「渡邊将監・長井文右衛門尉号十二座之内、於厚原根原両所新関押取之由、甚以曲事(43)」として、土豪による中道往還沿いの新関設置と関役徴収を非難しているように、こうした街道往還者を対象とする新関を、在地勢力が独自に構える動きがあったことが分かる。

【史料５】（表１No.45）

（印文「如律令」）

安部湯嶋大村彦六郎扶持山中江相越米穀六拾駄之事、

右、非商買之荷物之条、諸関中役銭除之、毎年無相違可勘過之者也、仍如件、

永禄十一年
六月七日(44)

また、傍線部にあるように、今川氏は公用と「諸関中役銭」を除く条件つきで、物資の通行も保障している。右の文書は、今川氏領国下の関における役徴収の一体系を示し、その通行範囲については明らかでないものの、ここでの特権が「非商買之荷物」に限定されていることは、換言すれば商売用の物資運搬は、平時において関役徴収の対象とされたのであろう。だとすれば【史料1】の「神田橋関」も同様に、市場に来場する商人への役徴収を目的に設置されたものと考えられる。

以上、戦国期富士郡における地域経済の様相についてまとめると、寺社門前や街道沿いに開かれた市町の中で、経済的「核」に位置づけられていたのは、商人や廻船の出入りなどヒト・モノの多くが集う吉原であった。そして、市町をつなぐ交通上では随所に関が設けられており、今川氏はここを通る「商買」用物資からの役銭徴収を認める一方、新関に限ってはこれを停廃する立場を取っていた。これらをふまえたうえで、改めて富士大宮に成立した「楽市」の実態について迫っていこう。

三　富士大宮楽市の実態

ここでは、前節までの考察をうけて、【史料1】の内容を五項目（傍線部）に分けて具体的に分析しながら、当該地域における楽市（令）の発給・成立背景と、その歴史的意義について考えてみたい。

（1）「富士大宮毎月六度市之事」

先述のように、富士大宮市は御田植祭や流鏑馬などの神事に付随する形で、浅間大社門前において早く【史料1】以前から開かれており、ここでは市日も従来のものを継承（安堵）していると考えられる。文書中に市立てや市日設定に関する記述がないことも、それが今川氏による新設市場ではないことを示唆する。

（2）「押買狼藉非分等有之旨申条」

市場における非分行為の実態を訴えた（「旨申」）主体は、本文書を受給した富士氏であることは疑いなく、それは同時に富士大宮市が、在地領主・富士氏の主催によるものであったことを示唆している。また、市場がそうした混乱に陥った背景については判然としないが、甲斐との国境という立地条件に加え、富士信仰の大衆化による来場者の増加や、甲駿同盟の動揺に伴う反今川勢力の活動など、経済的・政治的要因が複雑に絡み合った結果と推察される。

（3）「一円停止諸役、為楽市可申付之」

続く本項は、前項(2)の富士氏による要求を受けて明示された今川氏側の回答で、諸役停止と「楽市」化が、(2)の解決に至る行為であったことを裏づける。文書そのものが受給者の利益に結びつくことを前提とすれば、諸役も「押買狼藉非分」同様、混乱を招く要因として富士氏に認識されており、その徴収主体は富士氏以外、おそらくは今川氏被官と考えられる(45)。

また、「楽市」として申し付ける主体が今川氏であることから、富士大宮市そのものの成立と、「楽市」化の契機は直接的には結びついていない。これに関連して勝俣鎮夫氏は、中世において無縁の原理をもつ楽市場が、市場の原初形態として、全国各地で普遍的に自生するものであると論じ、「楽市」をめぐる従来の理解に修正を迫った[46]。だが。実際にはそうした事例ばかりではなく、本章で明らかにしたように、既存の市場に対する大名権力の文書発給を通じて初めてその性格をもち、成立・実体化しうる「楽市」も存在したことになろう。すなわち本文書は、市場における平和実現（紛争解決）を望む在地領主の要求で発給されたもので、今川氏が当初から城下町化を目的に発給した法令とは言い難い。と同時に、富士大宮市が「楽市」化に至ったのも、そうした市場における役徴収と非分行為の停止に直接的契機があったと考えられる。

（4）「幷神田橋関之事」

また、市場の混乱とあわせて問題となっている神田橋関が、具体的にどこに開かれていたかは明らかでないが、富士大宮市と浅間大社参道をつなぐ、神田川と中道往還の交差地に「神田橋」が小字名として残っていることは興味深い。

かかる関役の対象については、甲斐国ほか富士大宮以北から市場へ来場する人々や、浅間大社・富士登拝へ向かう道者などが想定されるが、関そのものの設置主体は不明である。文書内容から推察するに、自己の不利益となる関を富士氏が立てたとは考え難く、富士大宮市の混乱に乗じて設置された可能性が高い。

図５　現在の浅間大社門前

（5）「為新役之間、是又可令停止其役」

しかしながら先述のように、今川氏は新関の設置を認めていない。本項の「為新役」「停止」という文言からも、「神田橋関」は今川氏が知行として商人司に与えた[47]というより、在地土豪などの第三者が新たに設けた関と考えられる。だからこそ、富士氏はその早期撤廃を訴え、今川氏もそれに応えたのであろう。

だが、富士大宮市における平和実現が目的であれば、交通政策としての④⑤は直接的には無関係な項目にも見える。それがあえて「幷」として掲げられた理由は、神田橋関が新関であることに加え、中道往還を通って市場へ来場する商人や、市場を通過して浅間大社・富士参詣に向かう道者への関役徴収が問題になっていたためと考えられる。

とりわけ関の存在は、宗教空間への来場忌避や非分行為の波及など、富士信仰そのものをも揺るがしかねない。その点からも神田橋関と関役の撤廃は、在地領主である富士氏にとって喫緊の課題であったろう。

古代より宗教を核に据え、これに大きく左右された富士大宮のもつ地域固有のあり方をふまえれば、市場とそれに隣接する浅間大社は、けっして切り離せない関係にあったと考えられる[48]。その限りにおいて、門前市の混乱や「神田橋関」の存在は、領国支配をすすめる今川氏にとっても看過できない不都合な問題であった。【史料1】における市場の平和は、そうした富士大宮の根幹にある宗教的側面への影響を考慮したもので、その平和実現が果たされねば、門前市の存立もなしえなかったと考えられる。

すなわち富士大宮楽市（令）は、富士信仰に基づく浅間大社を核とした聖なる空間の保持（回復）を第一義に展開した平和令としての意味合いをもつものであった。そこで非分停止・諸役免除・関撤廃と並び加えられた「楽市」という文言は、懸案である門前市場の平和保障、すなわち地域固有のあり方を一時的に強調するため、権力が掲げた「修辞」と捉えることができるだろう。

これ以降、平和状態としての「楽市」空間の維持には、特権文書という形で【史料1】を獲得した、市場の興行主でもある富士氏の存在が大きく関わっていたと推察される。こののち、富士大宮一帯が武田氏の支配下に組み込まれ、富士氏自身が武田方へ帰属し、神職としての立場をまっとうしていくようになると、今川氏の政策的意図に基づいて設定された時限的な「楽市」というあり方は、次第にその実体を失っていった可能性が高い。だとすれば、先にみた【史料2】新市は、衰退しつつある「毎月六度市」に対して、武田氏が設定した富士大宮の新たな物流拠点の一つであったとみることもできよう。

おわりに

最後に、駿河国内における地域経済、ならびに今川氏による流通支配の展開からみた【史料1】の位置づけと、富士大宮楽市令（楽市場）のもつ意義をまとめておきたい。

本章で明らかにしたように、【史料1】は通説にいうような新都市建設政策や、流通革命を目的としたものではなく、既存の市場における平和確立をめざした法令に等しい。すなわち文書としての発給それ自体は、池上・安野両氏が指摘するように、在地側（富士氏）の働きかけによるものと捉えて誤りないが、一方で「楽市」というあり方は、在地の求めた自由・理想を体現化したものでは必ずしもない。

そこでの「楽市」とは、あくまで「毎月六度市」という特定の空間に即して、今川氏側が保障かつ想定する平和状態を、来場者に向けてより視覚的に印象づけるためのレトリックにすぎなかった(49)。このことは、同時代かつ同一地域の中で比較するとより明らかで、隣接する六斎市（【史料2】）や、諸役免除・新儀停止といった内容で共通する市場法（【史料3】）に「楽市」文言が現れないことからも、それがきわめて限定的な表現で、法令発給にあたり、あらかじめ権力側で取捨選択がなされていたことを示唆する。

また、中世における富士大宮の実態は、富士信仰に代表される宗教的拠点として一貫しており、「楽市」化を経てもなお、経済面において、周辺市町の機能を吸収・凌駕するなど、相対的地位を向上させた様子は窺えない。

これを「楽市令」という史料的枠組みで捉え直してみると、織田氏の楽市令に特徴的な、商人・商品の通行規制条項が【史料1】には含まれていない(50)。また、播磨出兵の中で行われた羽柴秀吉による楽市令は、楽市場を物資調達拠点と位置づけ、その軍事的利用をはかるもので、同時期には、街道沿いの周辺市町における権利追認・保護や、新市開設を奨励する文書も積極的に発給している(51)。

それらと比べ、【史料1】は同じ戦時過程の楽市令でありながら、その主眼はあくまで在地領主の要求にもとづき、既存の市場を保護するためのものであって、通説のような「楽市」という文言それ自体に、富士大宮市そのものを搾取の対象とし、あるいは今川方の軍事的要衝に位置づけようとする意思を見出すことはできない(52)。

駿河国内における今川氏による流通・商業関係文書のあり方も、個別商人の既得権益保護が中心で、市場の掌握は慣習（市日・神事）に基づき、これを安堵する形に留まるなど、積極的な市立てまではみえない。それはいわば、早くから地域に根づいた商人による広域的・多面的活動を媒介に、円滑で安定した物流掌握を試みた結果であろう。そうした流通支配における当該期の今川氏の姿勢は、まさに「現状維持(53)」といってよい。

富士大宮楽市は、今川氏の文書発給を経て成立した空間で、そこでは「諸役」徴収や、非分行為をも排した平和状態が前提とされた。富士氏自身にとっては文書としての発給、すなわち自らが差配する市場の平和という結果こそが重視すべき点であり、「楽市」化そのもの（文言の付与）はあくまでも副産物にすぎなかったろう。

また「為楽市」という表現は、それが市場のあり方を示す概念の一つとして、すでに在地でも通用していたことを意味する。だとすれば【史料1】以前において、文書上に現れない形の、いわゆる勝俣氏のいう自生する「楽市」の地域的展開も想起される。

とりわけ、富士郡内の市町で富士大宮のみが「楽市」となった背景には、富士氏からの平和要求のみならず、当所の根幹ともいえる聖的空間、すなわち駿河国一宮・浅間大社の門前、という歴史的環境が大きく関わっていたと考えられる。楽市令の理解をめぐっては、発給者の立場や時代性ではなく、立脚する地域の特性こそが、法令の構造や「楽市」化を左右する最大条件で、いわば地域の中で初めて活き、完結するローカルな法令と捉え直すべきである。

本章でみた富士大宮楽市の事例は、通説にいうような座の排斥といった社会的気運に拠らず、加えて近世城下町成立に直結する発展的性格をもたない、地域固有のあり方を示したモデルといえる。一方で、吉原のように「楽市」とも間接的に結びつきながら、むしろそれ以上に地域経済の核として機能する市町が周辺に併存していたことから、少なくとも楽市令の発給や「楽市」という空間の存在自体を、地域経済の振興やその存立に不可欠な要素として、単純に捉えることはできないのではなかろうか。

「楽市」の理解をめぐっては、従来のように戦後復興からの城下町成立、という空間興隆のシェーマで一括りに論じるのではなく、異なる社会情勢をもつ在地の視点から、市場の立地環境や歴史的背景をふまえて再評価する必要があるだろう。

（1）　仁木宏「播磨国美嚢郡淡河市庭（神戸市北区）の楽市制札をめぐる一考察」（『兵庫のしおり』七号、二〇〇五年）・同「美濃加納楽市令の再検討」（『日本史研究』五五七号、二〇〇九年）・同「近江国石寺「楽市」の再検討」（千田嘉博ほか編『都市と城館の中世――学融合研究の試み――』高志書院、二〇一〇年）、拙稿「羽柴秀吉と淡河楽市」（『ヒストリア』二三二号、二〇一二年。以下、拙稿Ⓐ論文。**本書第Ⅱ部第三章**）・同「小山楽市令をめぐって」（『六軒丁中世史研究』一七号、二〇一七年。以下、拙稿Ⓑ論文。**本書第Ⅱ部第二章**）・同「松永久秀と楽市」（天野忠幸編『松永久秀――歪められた戦国の〝梟雄〟の実像――』宮帯出版社、二〇一七年。**本書第Ⅰ部第三章**）など。研究史については、拙稿「楽市楽座令研究の軌跡と課題」（『都市文化研究』一六号、二〇一四年。**本書序章**）を参照。

（2）「大宮司富士家文書」（久保田昌希・大石泰史編『戦国遺文　今川氏編』三巻〈東京堂出版、二〇一二年〉所収、二〇八一号。以下、『今』三―二〇八一のように略記）。
（3）浅間神社社務所編『浅間神社の歴史』（古今書院、一九二九年）四七一頁。
（4）『富士宮市史』上巻（富士宮市、一九七一年）四九二〜四九四頁。
（5）『静岡県史』通史編二・中世（静岡県、一九九七年）一一二七頁、一一四九頁。
（6）佐々木銀弥「楽市楽座令と座の保障安堵」（永原慶二編『戦国期の権力と社会』東京大学出版会、一九七六年）。
（7）久保田昌希「戦国大名今川氏の町支配をめぐって――駿河富士大宮と遠江見付府の場合――」（地方史研究協議会編『日本の都市と町――その歴史と現状――』雄山閣出版、一九八二年）。
（8）池上裕子「戦国期都市・流通論の再検討」（『戦国時代社会構造の研究』校倉書房、一九九九年所収、一九八八年初出）。
（9）安野眞幸「富士大宮楽市令」（『弘前大学教育学部紀要』八七号、二〇〇二年）。
（10）伊藤只人「大宮町の史的研究」（『静岡県郷土研究』二輯、一九三四年）、豊田武『増訂　中世日本商業史の研究』（岩波書店、一九五二年。のち『豊田武著作集　二巻　中世日本の商業』吉川弘文館、一九八二年）、勝俣鎮夫「楽市場と楽市令」（『論集　中世の窓』吉川弘文館、一九七七年）など。
（11）前田利久「戦国大名武田氏の富士大宮支配」（『地方史静岡』二〇号、一九九二年）。
（12）加納楽市については、**本書第Ⅱ部第一章**参照。
（13）前掲註（9）安野論文、前掲註（10）伊藤論文、富士宮市教育委員会編『村山浅間神社調査報告書』（富士宮市、二〇〇五年）。
（14）富士大宮と浅間大社については、前掲註（3）（5）ならびに『日本歴史地名大系二二　静岡県の地名』（平凡社、二〇〇〇年）参照。
（15）「富士山本宮浅間大社所蔵本」（大阪市立博物館編『社寺参詣曼陀羅』一九八七年）。
（16）富士氏については、前掲註（3）ならびに大久保俊昭「戦国大名今川氏の宗教政策――富士大宮浅間神社を中心に――」（『地方史静岡』一四号、一九八六年）参照。
（17）観応二年正月一八日・上杉憲将奉書（「大宮司富士家文書」〈『静岡県史』資料編六・中世二、静岡県、一九九二年〉

所収、四二五号。以下、『静』六―四二五のように略記）。
(18)　発掘調査で、堀と土塁で囲繞された方形居館跡（一三～一六世紀前期）が確認されている（富士宮市教育委員会編『元富士大宮司館跡』富士宮市、二〇〇〇年）。
(19)　天文元年一一月二七日・今川氏輝判物（「大宮司富士家文書」〈『今』一―四九三〉）。
(20)　永禄四年七月二〇日・今川氏真判物（「大宮司富士家文書」〈『今』三―一七二四〉）。発掘調査により、一六世紀中期の土塁・多重堀と礎石建物・虎口が確認されており、この頃までに対武田を意識した居館の城砦化がはかられた（渡井英誉「富士大宮司館・大宮城と富士浅間宮」〈小野正敏ほか編『中世の伊豆・駿河・遠江――出土遺物が語る社会――』高志書院、二〇〇五年〉）。
(21)　元亀二年一〇月二六日・今川氏真判物（「大宮司富士家文書」〈『静』八―三五八〉）。
(22)　元亀三年四月二日・武田家朱印状（「大宮司富士家文書」〈『静』八―四二二〉）。
(23)　「明治初年大宮町市街地図」（遠藤秀男編『目でみる富士宮の歴史』緑星社、一九七三年）、「富士大宮旧神職社僧屋敷趾図」（前掲註3所収）。
(24)　『駿河記』『駿河国新風土記』『駿河志料』（いずれも、浅間神社社務所編『浅間神社史料』〈名著出版、一九七四年〉所収）。
(25)　同社境内は、富士氏一族（公文家《くもん》）の所領とも伝えられ、市神は大正一一年に、中道往還沿い（現大宮町）の「神田市神社」へ勧請され、現在に至っている（富士宮市郷土史同好会編『なつかしの町名をたずねて』富士宮市教育委員会、一九九二年）。
(26)　前掲註(24)『駿河国新風土記』。
(27)　永禄四年一一月六日・今川氏真朱印状（「志田文書」〈『今』三―一七六一〉）、天正八年四月一九日・武田家朱印状写（「明治大学刑事博物館所蔵文書」〈『静』八―一三〇六〉）。
(28)　天正六年一〇月二六日・武田家朱印状（「大宮司富士家文書」〈『静』八―一一六〇〉）。
(29)　「判物証文写武田二」（『静』八―一三五五）。
(30)　「大石寺文書」（『今』二―一二一八）。

(31)「富士参詣曼陀羅図」では、浅間大社の東に、板葺・茅葺屋根の建物が八軒描かれている（前掲註15）。
(32)『富士市史』上巻（富士市、一九六九年）、『富士山本宮浅間大社流鏑馬調査報告書』（富士宮市教育委員会、二〇〇七年）。
(33)天正五年五月二一日・富士大宮御神事帳（「本宮記録」〈浅間神社社務所編『浅間文書纂』名著刊行会、一九七三年〉）。『駿河記』『駿河国新風土記』（前掲註24）では「往古六月二八日（中略）神田町ニ市立アリ」「六月二八日神田町ニ市アリ」とみえる。
(34)「矢部文書」（『今』二―一一七八）。
(35)永禄三年三月一二日・今川義元判物（「寺尾文書」〈『今』二―一五〇一〉）。
(36)永禄一一年一二月二四日・北条家朱印状（「矢部文書」〈『静』七―三五三六〉）、（永禄一三年）四月一四日・武田晴信書状写（「歴代古案四」〈『静』八―一九八〉）。
(37)天正四年一二月二八日・武田家朱印状、寛永一九年・公文富士能通家系覚書写（「公文富士氏文書」〈前掲註33『浅間文書纂』〉）。
(38)「妙法寺記」（『静』七―二八一）。
(39)「旧駿府浅間神社々家大井文書」（『静』八―八一六）、「村山浅間神社文書」（『今』二―一一四八）。
(40)「井出文書」（『今』三―一七九五）。
(41)「富知六所浅間神社文書」（『今』三―二三七〇）。
(42)「禰原関所」（「大宮司富士家文書」〈『静』六―一四四四〉）、「富士高原」（「吉野文書」〈『今』二―一四一四〉）。
(43)永禄四年八月二五日・今川氏真朱印状（「井出文書」〈『今』三―一七三六〉）。
(44)「大村文書」（『今』三―二一七九）。
(45)今川氏の命を受けた商人司・友野氏が諸役徴収をしたとする見解もあるが（前掲註9）、根拠となる史料を欠き、説得的でない。
(46)前掲註(10)勝俣論文。
(47)前掲註(9)安野論文。

(48)　須賀忠芳「会津田島にみる戦国期城下町の形成と市・宗教」（山本隆志編『日本中世政治文化論の射程』思文閣出版、二〇一二年）は、市町と宗教の関係について、中世は神仏とその信仰ネットワークを通じた空間構成や流通掌握が進められたが、近世以降はかかる宗教的権威から脱し、これを町の縁辺へ排除していくとする。

(49)　一方、軍事的緊張状態をうけ、自己の支配領域という市場のあり方を強調する目的から、戦略的に「楽市」文言が付与された事例もある（前掲註1拙稿Ⓑ論文）。

(50)　織田氏の場合、「楽市令」全八通中、六通に当該条項が含まれている（美濃―楽市場・加納、近江―金森・金森町・安土山下町中、播磨―淡河市庭）。

(51)　前掲註(1)拙稿Ⓐ論文。

(52)　桜井英治「市と都市」（中世都市研究会編『中世都市研究』三、新人物往来社、一九九六年）によれば市場に対する領主権力の干渉は、最低限ゆるやかな状態こそが、経済振興や秩序維持において最良の手段であったという。

(53)　有光友學『今川義元』（吉川弘文館、二〇〇八年）。

〔付記〕　本章は、東北史学会二〇一三年度大会（二〇一三年一〇月一三日）、大阪歴史学会中世史部会・一二月例会（同年一二月六日）での報告を基にした、平成二五・二六年度科学研究費補助金（特別研究員奨励費）による研究成果の一部である。

表1　今川氏発給文書（流通・商業関係）

	発給者	元号	年月日	宛所	内容摘記	文書群
1	今川氏親	大永	6・4・14	（欠）	駿遠津料・遠江駄口停止、他国商人被官契約停止（「今川仮名目録」第二四・二三条）	中世法制史料集
2	今川氏輝	享禄	5・8・21	江尻商人宿	江尻商人宿、毎月三度市、同上下商人宿安堵	寺尾文書
3		天文	3・7・3	（欠）	山中源三郎の大岡庄上下商人問屋職安堵	駿河志料巻九三
4	今川義元		5・10・15	江尻商人宿	江尻商人宿、毎月三度市、同上下之商人宿安堵	寺尾文書
5			9・12・13	天野与四郎	商売物押取は交名注進	天野文書
6			11・6・12	大石寺	門前入荷物の押買狼藉禁止	大石寺文書
7			11・12・16	江尻商人宿	江尻商人宿、毎月三度市、同上下商人宿安堵	寺尾文書
8			12・6・11	真継弥五郎	諸関駒口諸商売役免除	真継文書
9			13・4・27	大井掃部丞	薫皮・毛皮・滑革連雀商人・町人等、皮所持を尋ね、荷物隠匿者は押置注進	七条文書
10			18・8・24	（欠）	皮作商売定	七条文書
11			20・8・2	太田掃部丞	富士金山毎月六度の荷物五駄運送保障	竹川文書
12			20・12・晦日	大井掃部丞	毛皮薫・買皮独占権安堵	七条文書
13			21・4・26	浅間那古屋榊大夫	富士参詣道者への袈裟以下商売安堵	大井文書
14			22・2・14	友野二郎兵衛尉	友野座商売掟書	駿河志料巻七八
15			22・2・26	（欠）	分国中商売は役納入、新役納入による特権付与訴願は不許可（「今川仮名目録追加」第八条）	中世法制史料集
16			22・2・27	米屋弥九郎	遠州見付問屋・宿屋屋敷安堵	成瀬文書
17			22・5・25	大鏡坊	村山浅間社中の魚類商売禁止	村山浅間神社文書
18			23・9・10	矢部孫三郎	道者商人問屋・渡船安堵、蒲原阿野間の立物諸役免許	矢部文書
19			24・6・7	大石寺	門前商売諸役免除、前々なき門前市立て停止	大石寺文書
20			24・6・9	（欠）	村山浅間社中の魚類商売禁止	葛山文書
21		弘治	2・5・24	（欠）	〃	葛山文書
22		永禄	元・閏6・23	増善寺	油屋一人諸役免許	増善寺文書
23	今川氏		2・8・8	大井掃部丞	滑革・薫皮二五枚来年分申付	七条文書
24	今川義元		3・3・12	中間藤次郎	清水湊新船一艘の分国中湊商売・諸役免除	寺尾文書

25	今川氏真	永禄	3・4・24	丸子宿中	丸子宿伝馬掟書	逓信総合博物館所蔵文書
26			3・5・13	浅間那古屋榊大夫	富士参詣道者への袈裟以下商売安堵	奈吾屋大夫文書
27			3・5・16	(欠)	村山浅間社中の魚類商売禁止	二〇〇八年国際稀覯本フェア世界の古書・日本の古書
28			3・8・17	大石寺	門前商売諸役免除、前々なき門前市立て停止	判物証文写今川四
29			3・9・15	中間藤二郎	帆役湊役出入役免許	寺尾文書
30			3・9・22	米屋弥九郎・奈良二郎左衛門尉	遠州見付問屋・宿屋屋敷安堵	成瀬文書
31			3・11・22	林次郎兵衛	酒役諸商売役免除	林文書
32			3・12・24	林際寺方丈	商売商人役免許	臨済寺文書
33			4・6・1	清水寺衆徒中	年二度の新町立てにおける商人商売役免除	清水寺文書
34			4・8・2	友野次郎右兵衛尉	木綿役徴収・二五反納入、酒役免許、胡麻油商売役徴収	判物証文写今川一
35			4・8・6	中河大工五郎左衛門尉	駿遠諸役・関渡免許安堵	駿河志料巻七八駿府御器屋町某氏所蔵文書
36			4・11・6	志多平二衛門尉	塩役免除	志田文書
37			4・11・28	松木与三左衛門	蔵役・酒役・商売役・伝馬免許、京上下荷物三駄関役停止	矢入文書
38			5・1・11	興津摂津守	浜野浦繋留船一艘湊諸役・船役免許	興津文書
39			5・4・11	弥八郎	商売五〇貫文免除	渡井文書
40			6・閏12・20	肥後守	去年以来の商売新役停止	駿河志料巻七八友野文書
41			8・7・3	松木与三左衛門尉	蔵役・酒役・商売役・伝馬免許、京上下荷物三駄関役停止	矢入文書
42			9・4・3	富士兵部少輔	富士大宮毎月六度市「楽市」	大宮司富士家文書
43			9・10・26	今宿商人等	米商売は米座差配、他国商人は従来通り今宿寄宿	判物証文写今川一
44			10・6・1	(欠)	村山浅間社中の魚類商売禁止	村山浅間神社文書
45			11・6・7	(欠)	公用の大村彦六郎荷物米穀六〇駄通行保障	大村文書
46			11・9・14	瀬戸方久	新城取立てにつき、商売役免許	瀬戸文書
47			11・9・—	(欠)	人岡庄上下商人道者問屋、船出入商人支配安堵	駿河志料巻九三沼津駅家文書
48			12・6・24	嶋田甚大夫	分国中商売役免除	本多氏古文書等一

注：『静岡県史』資料編七・八（中世三・四）、『戦国遺文　今川氏編』より作成。網かけ　　は市場法を表す。

第二章　徳川家康と小山楽市

はじめに

戦国期の都市・流通政策を代表する「楽市令」については、これまで様々な分野から研究が積み重ねられ、中でも豊田武・小島道裕両氏の成果は一つの到達点を示すものとして、今なお大きな影響力をもっている(1)。史料に目を移すと、織田信長が近江・安土山下町に発した楽市令などは、城下(惣構内)に広がる給人居住区域と、その周縁に独立して存在する無縁――非主従制的空間――の楽市場を統合した、一元的な都市構造を確立する革命的法令として高く評価され、その知名度もきわめて高い。

ところが、それとは対照的に、信長と軍事同盟を結び、東海地方に勢力を有した徳川家康による楽市令については、具体的な分析はおろか、その存在すらあまり知られていない。その背景には一つに、徳川氏の都市・流通支配をめぐる研究潮流が影響していると考えられる。

すなわち、これまでの研究では、豊臣政権の支配体制を継承し、家康が政治権力としての画期を迎える関ヶ原合戦後、ないし幕藩体制成立期の動向に着目したものが主流で、それ以前(戦国期)の様相については積極的な分析がなく、早くから研究の立ち遅れが指摘されていた(2)。

こうした状況から脱する一つの転機となったのが、一九八〇年代における『新編岡崎市史』の刊行であろう(3)。

ここで収集された史料をもとに、岡崎在城時代の家康による都市・流通支配をめぐる研究が飛躍的に前進し、三河国内における経済基盤の確保と富国強兵へ向けた、市場開設・物流掌握の実態が明らかとなった(4)。また、戦国期伊勢・三河湾における海上交通と、当該地域に存立基盤を置く廻船商人の活動形態を分析した、永原慶二・綿貫友子両氏の成果(5)をもとに、駿河・遠江両国における伝馬や水運などの研究も進められるようになった(6)。しかしながら、遠江領有段階における家康の流通支配の実態については、いまだ不明な点も多い。

もう一つの要因は、楽市令研究の致命的弱点ともいうべき、古典的な視角に求められる。これまでの研究では残存史料の多い織田(7)・豊臣(8)・後北条の事例を積極的に取り上げる一方、他の史料については、楽市の全体像や統一政権の革新性を評価するための比較材料という位置づけしか与えられず、その内容は詳細に論じられてこなかった。これは徳川氏に限らず、同じく楽市令が一通のみ確認される、今川氏(9)や松永氏(10)の事例にも共通した問題となっている。

では、本稿で取り上げる家康の楽市令について、実際の史料をみてみよう。

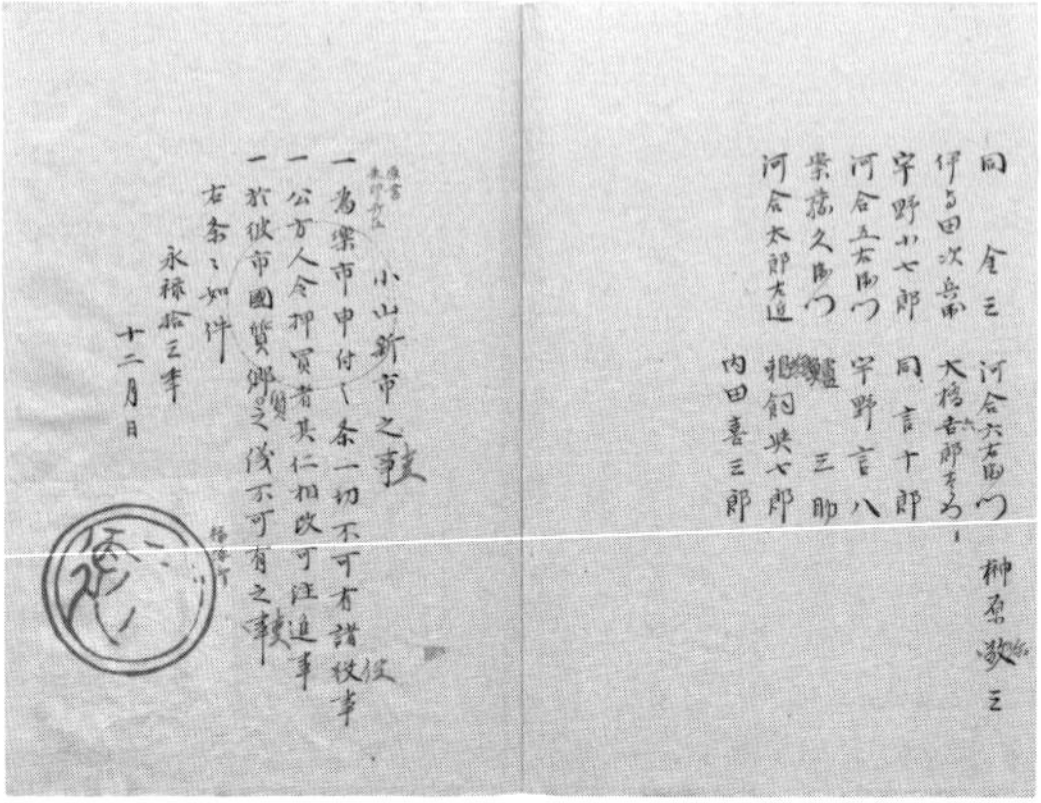

図1　徳川家康朱印状写(国立公文書館所蔵)

【史料1】徳川家康朱印状(11)

(印文「福徳」)(朱印)　小山新市之事

一、為楽市申付之条、一切不可有諸役事、

一、公方人令押買者、其仁相改可注進事、

一、於彼市国質郷質之儀、不可有之事、

右条々、如件、

永禄拾三季
十二月　日

同史料はこれまで三河国碧海郡《あおみ》「小山《おやま》」（現・愛知県刈谷市小山町）における新市場を、家康が保護・「楽市」とし、城下町化をはかった都市法として評価されてきたものである。[12] ただしそれは、領国内における新市保護策の一つ、という漠然とした解釈と史料の部分的援用が中心であって、法令（市場）の展開や非楽市との相関関係、ないし楽市令全体での位置づけまでは触れられていない。

その後、目立った研究の進展はなかったが、近年、新行紀一氏の研究によって、宛所の地名比定について修正がなされた。[13] 氏によれば、①【史料1】段階の「三河国碧海郡小山《おやま》」は、信長方の国衆・水野信元の所領であり、当該地域に徳川氏の新市開設や、城下町形成の痕跡・伝承はみられない。②宛所の「小山」では【史料1】直前、武田方が家康領国侵攻にむけて砦を築城しており、かつここでいう「小山」とは、【史料1】を含む文書群を伝える家康庶流・大給《おぎゅう》氏の知行地である「遠江国榛原郡小山《こやま》」をさす。③地名比定の誤りは、遠江「小山」の地名が近世に消滅したため生じたもの、という。以上の指摘はあくまで、地名比定の修正に主眼を置いたものであり、【史料1】の条文解釈や家康の流通支配に関する研究は、新行氏自身「今後の課題」として論じ残している。[14]

また、楽市令研究に即していえば、地域社会論が隆盛した九〇年代以降、在地の視点からその意義が問い直され、近年では、個々の社会情勢や歴史環境をふまえ、（楽市でない）同時代の市場法や周辺市町との比較から、これまで捨象されてきた「楽市」の地域的特性が明らかにされつつある。ここから【史料1】の評価をめぐって、次の二点が課題となろう。

第一は、戦国期、とりわけ遠江領有段階における家康の流通支配のあり方についてである。[15] 先行研究では、三河一国時代から一貫して、領国内の市町・物流掌握に積極的であったとする評価と、遠江進出を経て初めて、段階的ながら今川氏支配体制の継承・再編に着手し始めていくとする、相反した評価がある。[16] かかる問題をめぐっては、商職人の既得権益保障や交通支配に関する文書が多く残されている一方、市場法の数はごくわずか、という史料的制約が前提にあるが、【史料1】の位置づけを考えるうえで、改めて当該期における流通支配の実態を検討しておく必要があろう。

もう一つは、楽市と地域市場との相関関係である。先述したように、これまでの研究は小山新市のみの分析に留まり、同時期・同一地域に並存する他の市町との具体的差異や、楽市が地域社会の中でどのような役割を担っていたかは明確にされてこなかった。すなわち、従来の楽市令研究のような逐条解釈に留まらず、【史料1】が当該期の遠江国内で唯一の「楽市」であることの意味や、家康発給の市場法に特徴的な、「新市」支配に関する内容との関連性についても問うことが、楽市の成立過程や相対的位置づけを解くうえで、不可欠の視点と考えられる。

本章では、これらの問題意識をもとに、①小山とその周辺地域をめぐる歴史的展開、②戦国期地域権力としての徳川氏の流通支配の実態、③ならびに遠江国内における地域市場の存在形態に着目しながら、小山楽市（令）のもつ歴史的意義の再評価を試みたい。

一　小山と大給松平氏

（1）　戦国期小山をめぐる歴史

【史料1】「小山《こやま》」は、駿河との国境にあたる遠江国榛原《はいばら》郡（静岡県榛原郡吉田町）に属し、駿河湾へ注ぐ大井川の河口右岸、牧之原台地の東端にある河岸段丘上に展開したことで知られる。[17] 中世における小山の歴史については、良質な史料を欠くため明らかでなく、[18] 具体的な動向がつかめるのは戦国期以降である。

すなわち永禄一一年（一五六八）一二月、今川氏領国の「大炊河切」二分支配の盟約に基づき、武田信玄と徳川家康は、それぞれ駿河・遠江へと侵攻を開始する。この時、武田氏は駿河侵攻に付随して、大井川沿いにあたる「山崎」（現・小山城址―榛原郡吉田町片岡）の地に砦を築いたとされ、ここに当該地域をめぐる武田・徳川両氏の攻防が始まる。

同一二年一〇月、遠江進出を果たした家康は、大給真乗《さねのり》へ榛原郡の内二〇〇〇貫文をあてがい、当該地域の実務支配を担わせたのち、翌一三年四月には、大給氏を先鋒として砦を包囲・占領した。こうして同所が徳川氏の支配下に入ったのも束の間、翌年、武田氏は二五〇〇の兵を率いて砦を奪還すると、馬場信房の手で縄張を拡張し、三重堀と土塁を備えた「小山城」と改め、大熊備前守長秀を入れ置いた。

遠江侵攻の橋頭《きょうとう》堡《ほ》とされた、かかる砦の構築と築城の意義をめぐって、八巻孝夫氏は①大井川渡河点の確保、②遠江侵略への軍事・兵站基地、③地域支配の拠点、④内陸の街道掌握、というねらいがあったとする(19)。一次史料をみると「諏方・小山・高天神之用心簡要候、令堅固候之様肝煎尤候(20)」とあることから、諏訪原・高天神《たかてんじん》両城と並び立つ、遠江国内における武田方の主城クラスに位置づけられていたことは間違いない。

また、小山築城ののち、武田氏は元亀四年（一五七三）一〇月、伊勢海賊・小浜景隆へ「任兼約」せ、駿・遠両国内に三〇〇〇貫文をあてがっている(21)。かかる所領のうち「下吉田之郷岡部石見分五百貫文」ほか、総知行高の四割相当が「遠州大井河近辺」に含まれるなど、徳川領国侵攻へむけた意図的な配置がなされている(22)。小浜氏自身も、小山城麓の臨済宗・能満寺に対し、諸役免除・寺領安堵、ならびに「下吉田□郷諸末庵」を寄進するなど(23)、実務支配を着実に進め、大井川を含む当該地域が、武田氏の要衝に位置づけられていった。

その後、長篠合戦による武田氏の勢力衰退をうけて、攻勢に出た家康は天正三年（一五七五）八月、諏訪原城を落とし、その勢いで小山城にも攻め掛かり、これを包囲した。とりわけ、大井川と東海道に隣接し、兵站基地としても機能した諏訪原の落城は、武田氏に大きな打撃を与えた。そのため、武田方は残る高天神・小山両城の防備を固めるなどして持ちこたえ、両軍の間には目立った動きのないまま、大井川周辺では膠着状態が続く[24]。

しかし同九年三月、前年からの徳川氏による包囲をうけて高天神城が陥落すると、相良《さがら》・滝堺《たきさかい》などの支城も次々と落ちていく。そして翌一〇年二月、残る小山でも籠城する軍勢が「小山ヲすて」[25]たことで、当所はついに徳川方の手に還り、ここに遠江国内での武田方拠点は消滅した。なお、小山城は奪還後も利用されることなく、間もなく廃城になったという[26]。

（2）大給氏の所領と性格

松平氏庶流・大給氏は、三河国加茂郡大給郷（現・愛知県豊田市大内町）を本貫地とし、【史料1】を受給した真乗は、五代目にあたる。家康の遠江進出では、今川氏真のこもる掛川城攻めに加わり、同城代・石川家成に属し、間もなく「懸川番手」として詰めた[27]。武田氏が山崎砦（小山城）を構えると、家康より先鋒として同砦攻略を命じられ、この間に、掛川城攻略の軍功とあわせて、榛原郡の内二〇〇〇貫文を加増されている。

【史料2】徳川家康判物写[28]

今度於榛原郡宛行知行之事、

一、吉永　一、西島　一、さいたま　一、殿窪

一、ほしくほ　一、柏原

並山川・舟市

已上弐千貫文

右、領掌永不可有相違、縦雖有横妨人申事、於令知行領中は、一切許容有間敷者也、仍如件、

永禄十二年己巳年《ママ》
十二月十三日　　　　　　　　家康判
松平左近丞殿

ここにみえる「吉永」以下は、いずれも大井川下流域に展開した地域であることから、その給付には、徳川氏の政策的意図が含まれていたと考えられる。

ところが、天正四年（一五七六）一二月に作成された大給氏の年貢指出《さしだし》をみると、「弐千貫文　小山はい原郡之内にて被下　只今ハ所務無御座候」(29)として、かかる所領はすでに有名無実化している。さらに同一八年二月、嫡子・家乗《いえのり》の代に至り、その知行地は本貫である三河国加茂郡、ならびに額田郡一帯に集中し、榛原郡を含む遠江国内の所領は一切みられなくなる(30)。実際に天正一〇年の小山城奪還後、まもなく真乗は没し、徳川方が新たに小山を拠点とした形跡もうかがえない。これはすなわち【史料2】の給付そのものが、武田氏の遠江侵攻に備えた「一時的」(31)かつ戦略的な措置であったことを示唆しよう。

このように「小山」をめぐり、徳川・武田両氏の間で争奪戦が繰り広げられた背景には、当該地域が領域支配（境目）の要として、とりわけ駿河湾沿いの水運を扼《やく》する重要な経済基盤に位置づけられていたためと考えられる。【史料1】はこうした情勢をふまえ、在地領主である真乗へ発給されたことになる。

二　戦国期徳川氏の流通支配と市場

（1）　戦国期徳川氏の流通支配

先述したように、徳川氏の流通支配をめぐる研究は、一七世紀以降の事例に分析が集中し、戦国期段階、とりわけ遠江領有段階における実態については、分析が不十分であるといわざるをえない。そうした中で近年、本多隆成氏が関連文書を整理したうえで、戦国期における流通・商業支配の実態について触れている[32]。氏によると、家康は領国支配拡大にともない、交通・渡船整備や職人宛ての発給文書を充実させるなど、市町支配や職人の保護・統制を積極的に推し進めていったという。

ただし、そこでの【史料1】の位置づけはあくまで、遠江国内における新市興隆策の一環という評価に留まり、流通・商業関連文書の一覧についても若干の過不足があるなど、検討の余地を残している。そこで改めて、筆者が整理し直した表1（章末八四～八八頁）をもとに考察を加えたい。

まず、ここからうかがえる特徴の一つとして、新市・新町の興隆が挙げられる。

【史料3】松平家康判物写[33]（表1No.4）

（三河国額田郡）
根石原新市之事、三ヶ年之内諸役令免除、但於三ヶ年過者、自余之如市致諸役、彼市場住宅之輩者、縦借銭借物等雖有之、三ヶ年之間不可沙汰之、彼市場之事、毎事左近左衛門ニ申付之上者、永不可有相違者也、仍而如件、

権現様
御諱御書判

永禄九丙寅年
正月九日
本多左近左衛門殿

例えば、家康はこの文書で、根石原《ねいしばら》新市の開設に伴い、①三年間のみ諸役免除に加え、②市場居住者には同一期限内での徳政も認めている。ここで注目すべきは①について、期限経過後は「自余之如市致諸役」とする点であり、換言すれば、徳川領国内における市場では本来、諸役徴収が普遍的に行われていたことを示唆する。このことは、遠江国内でも同様であったとみられる。

【史料4】徳川家康朱印状[34]（表1No.59）

遠州志都呂（敷知郡）致在留瀬戸之者等、於御分国中、焼物商売之役等、被成御免許之処、不可有相違候旨、被　仰出候者也、仍如件、

天正十六

後五月十四日（印文「福徳」）

瀬戸者等　　浅井雁兵衛

ここでは、浜松城に程近い「志都呂」に居住する瀬戸物商人に対し、商売役免除を認めている。逆をいえば、それ以外の地域（市場）で活動する場合、諸役が賦課されるものであったと推察される(35)。また、早く一五世紀末より「富貴にして人多き湊」(36)のごとく栄え、永禄七年（一五六四）の三河一向一揆で退転した本宗寺寺内町（現岡崎市）の後身として、家康は同地へ新たに新市を開き、その興隆をはかっている。

【史料５】徳川家康判物写(37)（表１No.16）

土呂（三河国額田郡）八町新市之事、永可相計之、毎事憲法可申付者也、仍如件、

元亀四年

九月廿三日　　御判

上林越前殿

このほかにも、遠江領有をめぐって、武田方の諏訪原城（榛原郡、現島田市）を落としたのち、同城付近へ「市場」を立てたり(38)、吉村（引佐《いなさ》郡、現浜松市）では「新町居住」の奨励に加え、「吉村郷田畠荒地」の開作を条件に、年貢の有免も認めている（No.51・52）。

このように家康は、居住の奨励や、期限ないし条件つきの課役免除特権を与えるなどして、領国内における市町の積極的な開発・振興をはかっている。右にみた市町はいずれも、中小河川や街道沿いの要衝に位置すること

から、かかる政策は、物流掌握と技術力集約による、拠点創出を意識したものと評価できる。

戦国期における家康の流通・商業支配の第二の特徴は、在地領主による市町の代官支配である。ここでは【史料3・5】宛所にみえる「本多左近左衛門」「上林越前」や、遠江・吉村の「中村与太夫」（№51～53・68～70・72～75・77）がそれにあたる。彼らは徳川氏より「毎事」代官を「申付」られる形で市町を差配しており、その多くが市場や「市升《いちます》」を知行としていた点も注目される。

たとえば、三河の有力国衆である牧野氏・西郷氏はともに、その知行地に「五拾弐貫七百文　豊河市場」「榛原郡之内（中略）七拾五俵　此代参拾九貫三百七拾五文　市場」として、市場を含んでいたことが知られる(39)。先述した中村氏も、吉村新町の差配に加え、市日における「市升取」を特権として認められ、代々安堵されている（№52・53・68ほか）(40)。

家康はこのようにして、市場・市升を得分（知行地）とする在地領主を、同所の代官として据え置く形で、領国内の市町を間接的に掌握していった。そうした在地領主のあり方は、まさに市場を領知し、その興行を差配する「所の目代」に相当するものといえるだろう(41)。

第三は、遠江進出以降に顕著となる、渡船・廻船業との関わりである。その一例として、天竜川や浜名湖で船渡しを営む「天竜池田」「馬籠」「今切新居」船守らの諸役を免除し、「地形於可然地」での就航と、夏秋の分国中勧進を認めたほか、彼ら船頭に対する往来人の「打擲」行為を禁ずるなど、手厚い保護を加えている（№17・18・20・22・23）。さらに、廻船業を営む平野氏へ、「三遠両国中諸湊諸浦」への着岸と商売を認め、上下船役を免除するなど（№25）、当該期における家康が、駿河湾・遠州灘一帯の水上交通、ならびに湊津の掌握に積極的に乗り出していく様子がうかがえる。

一方の陸上交通では、近世宿駅制度を形作った、慶長年間以降の伝馬定書と比べると、当該期の発給文書は伝馬手形に限られる。そのため、今川氏の伝馬制度を踏襲する形で、この段階において新たな規定は設けられなかったとみられる。(42)

以上、戦国期徳川氏の流通支配について、その特徴をまとめると次のようになろう。まず、①領国内における交通の要衝に新市・新町を開き、期限ないし条件つきの特権付与を認め、同所への居住や周辺地域の開発を促すなど、空間興隆がはかられた。②そうして開かれた市町では、在地領主が代官として配置され、間接的支配が行われた。また、③元亀年間以降、家康は遠江国内において、水上交通を経済基盤とする渡船・廻船業の商売保護や、湊津の掌握を積極的に進めた。中でも遠江進出以降、それら交通網の体系的支配が顕著となる背景には、物資流通の安定化のみならず、以降本格化する、武田氏の出兵に備えた足固めが必要であったためと考えられる。

(2)　遠江国内の地域市場

表2（章末八九～九〇頁）は、戦国期遠江国内における市場の概要をまとめたものである。ここから、同国内では「小山」の属する榛原郡を含め、同一郡内に複数の定期市が、おおむね日付をずらす形で開かれていたことが分かる。ところが、家康発給文書をみると、【史料1】段階の市場法は他にみられず、具体的な政策の内容は明らかでない。一方で、武田氏は遠江侵攻を進めるかたわら、いくつかの市場法を発給している。

【史料6】　武田家朱印状(43)

（懸紙ウハ書）
「奥山右馬助殿
同右近丞《ママ》殿　」

定

（遠江国榛原郡）
於上長尾郷、如前々立市、諸人之私用等可被相弁者也、仍如件、

天正二甲戌
十一月廿一日（朱印）　　土屋右衛門尉
　　　　　　　　　　　　　奉之
奥山右馬助殿
同左近丞殿

右はその一つで、大井川右岸・上長尾（榛原郡、現川根本町）における市立てを「如前々」く安堵した文書である。他にも、大井川左岸に開かれた「鬼岩寺門前」市場（駿河国志太《しだ》郡、現藤枝市）を再興させるなど(44)、武田氏は、今川氏領国以来の経済基盤であった、大井川流域における市場の掌握を進めている。かかる傾向は、新市・新町の興隆に積極的であった徳川氏の流通支配と、対をなすものと考えられ、【史料6】と同じ境目に位置する「小山新市」の位置づけも、こうした視点をふまえて再考する必要があろう。

三　小山楽市をめぐって

（1）小山楽市令の解釈

前章をうけて、【史料1】の具体的分析に入りたい。

まず、所付の「小山新市」とは、榛原郡を知行地とした大給氏直轄の新市場をさし、文書自体も、代官の立場としてこれを主催する大給氏に手交されたものと考えられる。なお、中世における小山新市の立地と開催日については、具体的に比定しうる史料を欠くため、詳らかでない(45)。

一方、肝心の条文について、その内容は至ってシンプルである。まず第一条から、同市場を「楽市」として「中付」＝成立させる主体（決定権）が徳川氏にあることが分かる。こうした「楽市」の成立をめぐって、勝俣鎮夫氏は、反世俗権力と平和のアジールを貫く楽市場が、中世社会において普遍的に存在していたとする画期的な解釈を提示した[46]。ただし、氏の理解は織田氏（信長）の事例のみに立脚したものであり、楽市場を自生する普遍的な存在として一般化しうるかは、なお検討の余地がある。

この点について、すでに前章などで論じたように、大名権力の文書発給や取捨選択に応じて、初めてその性格を付与され、実体として成立する「楽市」も存在したことが明らかとなっている[47]。本章でみる小山も、新市開設とあわせて「楽市」が設定されていることから、【史料1】以前より、自生していた楽市場とは評価しえないだろう。

また、小山では「一切不可有諸役」として、あらゆる諸役免除が認められている。これは、先述した【史料3】根石原新市ほか、徳川領国内の新市で「自余之如市」諸役徴収がなされていた点と対照的で、小山「楽市」のもつ特徴を端的に示したものといえよう。

続く第二・三条では、市場における「公方人」の押買や、質取り行為が禁じられている。ここでの「公方人」は、家康被官をさすものと考えられ[48]、おそらく物資獲得のために来場したのだろう。これらはいずれも、「楽市」の多くに共通し、市場における平和空間の確保と、商人来場を促す下地となるものである。

(2)　小山楽市の実態

第一条の諸役免除以外で、小山新市の特質を示すものが「楽市」であることは言を俟たない。家康発給の市場法を通覧すると、【史料3・5】の根石原・土呂《とろ》のほか、吉村など、同じ新市・新町の開設・興隆をはかる内容であっても、「楽市」文言は現れず、意図的に使い分けがなされていることが分かる。言い換えれば、そこには小山新市のみが「楽市」となりえた（あえて文言を付す、ないし「楽市」化せざるをえない）背景が存在していると考えられる。

そこでまず想定されるのが、市場内における混乱である。今川氏の富士大宮「楽市」は、既存の六斎市における「押買狼藉非分」と「一円」諸役徴収、新関設置を背景とし、これらの停止と市場の平和を求めた在地領主の訴えをうけ、文書発給を通じて成立（「申付」）させたもので、かかる文言は、いわば今川氏が想定・策定する、平和状態をさすレトリックとして現れていた(49)。

対して【史料1】にみる「押買」「国質郷質」は、市の展開や商業活動を阻害する行為ではあるが、これらは小山新市開設にあたり、あらかじめ掲げられたものであろう。また、徳川領国内では、根石原新市のように、一定期間ながら諸役を免除された市場があることからも、諸役免除条項の存在を「楽市」の特質（成立条件）とみなす佐々木銀弥氏の見解は成り立たない(50)。

もう一つは、美濃・加納市場や播磨・淡河市場の「楽市」に代表される、天災や戦乱からの復興があげられよう。徳川氏の場合、次の史料が示唆的である。

【史料7】本多康重印判状(51)（表1№76）

今度町中江水入候付而、新市を立させ申候、就其竹木塩市日ほか共、其町へ免し候間、売買可在之候、右之趣、相違有間敷者也、

慶長拾四年
酉九月十七日　（印）
田町中（三河国額田郡岡崎）

ここでは、水害からの町復興にあたり、新市の開設と、竹木・塩の売買が認められているが、やはり「楽市」文言は掲げられていない。だとすれば、小山新市と「楽市」の成立も、地域復興とは異なるもう一つの背景を想定する必要があろう。

すでにみたように、徳川領国内の市町では、「市場住宅」「在留」「新町居住」などを条件として、さまざまな特権が与えられていた。ところが、【史料1】ではそうした条文は一切掲げておらず、その内容は禁制にも等しい。また、同時期の遠江国内における流通・交通支配では、家康の居城・浜松城周辺における交通整備に重点が置かれ、小山を含む大井川流域では、先述した諏訪原城周辺における「市場普請」がなされた程度である[52]。

分国内における「自余之如市」と比べると、諸役免除特権をもつ小山新市が、相対的に一線を画した存在であったことは間違いないだろう。だが、右に指摘した点をふまえるならば、少なくとも「楽市」とは、求心性の付与や中長期的な拠点創出、いわゆる城下町建設を目的としたものとは捉えられない。

小山での市立てと、同市場のみが「楽市」となりえた背景には、【史料1】発給段階における地域固有のあり方が大きく影響していたと考えられる。それこそが、駿河との国境という地理的条件と、当該地域の領有をめぐる武田氏との攻防、という不安定な情勢に他ならないだろう。境目地域が軍事的最前線に相当することから、武田軍の動向を把握するうえでも、家康にとって当所の確保は喫緊の課題であったと考えられる。

すなわち小山新市は、武田氏による遠江侵攻への備えとして、大井川流域における経済基盤確保の足がかりとなるもので、そこでの「楽市」化とは、徳川氏の支配領域であることを視覚的にも強調させる、対抗措置として設定されたもの考えられる。とりわけ「楽市」文言の付与は、諸役免除特権とあわせ、外来商人に対して、周辺市町と明確に異なる空間であることを喧伝する役割も果たしたであろう。

このように「楽市」とは、他の市町にはない差異・特徴を端的に示すものであるが、実体としては、大名権力の政策的意図に基づいて設定され、初めて成立しえたと考えられる。だとすれば「楽市」というあり方を従来のように、自生する地方市場の掌握や、都市建設を目的としながら、織田信長の出現をもって普遍化する政策などとして、一括りに論じることはできないといえよう。

おわりに

最後に、小山新市をめぐる楽市令と楽市場の歴史的意義について、本章で明らかにしてきた点をまとめたい。

永禄一一年、遠江進出を果たした家康はまもなく、大井川流域の領有をめぐり、武田氏との間で緊張状態に突入していく。そこで両氏による攻防の中心に位置づけられたのが、駿遠の国境に面した「小山」であった。家康は早く、大給氏を在地領主として配置し、当該地域の支配を担わせており、これをふまえて発せられたのが【史料1】である。そこで行われた新市の開設と「楽市」化は、次のように理解できる。

すなわち小山新市は、分国内の「自余之如市」にはみられない、一切の諸役免除と平和状態が保障された唯一の空間で、大井川流域における経済基盤の確保をはかるために開かれたものであった。一方で、同市場における「楽市」化は、徳川氏の支配領域であることを可視化させるために、権力の政策的意図に基づいて設定されたものであった。そこでの「楽市」は言い換えれば、先述した小山新市のもつ固有の地理的・政治的背景をうけて成立したともいえる。右はいずれも、武田氏の遠江侵攻に備えた、一時的かつ戦略的措置としての意味をもち、通説にいうような、都市建設や分国内における新市保護政策という評価は妥当でない。

小山を含めた「楽市」の多くは、市場が立脚する地域固有のあり方や、それを領知する在地領主が抱えた政治・軍事・経済上のさまざまな問題に、権力が呼応して成立するもので、それゆえに性格や史的展開も多様であったと考えられる。

図2　現在、小山城址で開かれている「小山城楽市」(フリーマーケット)

大名権力の発給文書の中で、「楽市」という文言がきわめて限られて現れるのも、それが、市場の支配・復興を進めるうえで、絶対的かつ普遍的なものではなかったことを示唆する。突き詰めていえば、「楽市」とは、対象となる場に文書発給を通じて「申付」け、成立させる必要があるか否かを、権力が判断し決定づける性質を多分に有していたと考えられる。現存する関連文書も、偶然の産物と捉えるよりは、発給者である権力の取捨選択が働いた結果とみた方が、蓋然性は高いのではないだろうか。

本章で明らかにした「楽市」の実態は、あくまで一事例にすぎず、推測に頼る面も大きい。加えて、それが近世以降にどうつながり、変容していくのかという点など、多くの課題を残している。中近世移行期における「楽市」の全体像を明らかにするためには、右のほか、戦国期における都市法・市場法全体の中から、その相対的位置を問い直すことが求められよう。

（1）豊田武『増訂　中世日本商業史の研究』（岩波書店、一九五二年）、小島道裕「戦国期城下町の構造」（『日本史研究』二五七号、一九八四年）・同『戦国・織豊期の都市と地域』（青史出版、二〇〇五年）。以下、「楽市」をめぐる研究史と課題については、拙稿「楽市楽座令研究の軌跡と課題」（『都市文化研究』一六号、二〇一四年。本書序章）参照。

（2）中部よし子『近世都市の成立と構造』（新生社、一九六七年）。

（3）『新編岡崎市史』二巻・中世・本文編（新編岡崎市史編さん委員会、一九八九年）。

（4）煎本増夫『幕藩体制成立史の研究』（雄山閣、一九七九年）・同『戦国時代の徳川氏』（新人物往来社、一九九八年）、中野和之「戦国期三河本願寺門徒団における「一向一揆」」（『仏教史研究』一九・二〇号、いずれも一九八四年）、本多隆成「三・遠領有期の農村支配」（『初期徳川氏の農村支配』吉川弘文館、二〇〇六年）・同『定本　徳川家康』（吉川弘文館、二〇一〇年）。

（5）永原慶二「戦国期伊勢・三河湾地域の物資流通構造」（『戦国期の政治経済構造』岩波書店、一九九七年。一九九五年初出）、綿貫友子『中世東国の太平洋海運』（東京大学出版会、一九九八年）。

（6）山本邦一「戦国期遠江・駿河における城郭と流通」（『地方史研究』三三三、二〇〇六年）、曽根勇二『秀吉・家康政権の政治経済構造』（校倉書房、二〇〇八年）。渡辺和敏「経済政策」（藤野保ほか編『徳川家康事典』新人物往来社、一九九〇年）は、徳川氏の交通政策を、幕藩制社会成立の方向性を決定づけた画期と評価する。

（7）**本書第Ⅱ部**参照。

（8）**本書第Ⅰ部第四章**参照。

（9）拙稿「富士大宮楽市令の再検討」（『年報中世史研究』四一号、二〇一六年。以下、拙稿Ⓐ。**本書第Ⅰ部第一章**）。

（10）拙稿「松永久秀と楽市」（天野忠幸編『松永久秀――歪められた戦国の〝梟雄〟の実像――』宮帯出版社、二〇一七年。以下、拙稿Ⓑ。**本書第Ⅰ部第三章**）。

（11）「松平乗承家蔵古文書」（『新編岡崎市史』六巻・古代中世・史料編〈新編岡崎市史編さん委員会、一九八三年〉所収、一〇号）。以下、同書からの引用については、「松平乗承家蔵古文書」一〇号のように文書群名・文書番号のみを記す。

（12）前掲註（1）豊田著書、中村孝也『徳川家康文書の研究』上巻（日本学術振興会、一九五八年）、前掲註（2）中部著書、佐々木銀弥「楽市楽座令と座の保障安堵」（永原慶二編『戦国期の権力と社会』東京大学出版会、一九七六年）。

（13）新行紀一「小山新市は遠江である」（『戦国史研究』四三号、二〇〇二年）。

（14）新行氏の成果をうけて、以降は「遠江国小山新市」として史料紹介がなされているが、いずれも事実確認のみに留まり、その内容を詳細に論じた研究は、管見の限りみられない（前掲註4本多著書、安野眞幸『楽市論――初期信長の流通政策――』〈法政大学出版局、二〇〇九年〉、功刀俊宏「戦国期における市場政策――流通統制・楽市楽座令の検討を通じて――」〈『東洋大学大学院紀要（文学（哲学））』四八、二〇一一年〉、柴裕之「戦国大名徳川氏の徳政令」〈久保田昌希編『松平家忠日記と戦国社会』岩田書院、二〇一一年〉など）。本稿では新行氏の指摘をもとに、具体的検討を加えていく。

（15）前掲註（4）。

（16）前掲註（2）（3）、前掲註（6）山本論文。

（17）以下、小山をめぐる歴史については『静岡県吉田町史』上巻（吉田町教育委員会、一九八五年）、『静岡県榛原町史』

上巻（榛原町史編纂委員会、一九八五年）、『大井川町史』上巻（大井川町、一九八四年）、『島田市史』上巻（島田市役所、一九七八年）参照。

(18) 早く文治二年（一一八六）四月、小山朝光が砦を築き、永禄三年（一五六〇）には、今川氏家臣である井伊肥後守が知行したともいわれるが、伝承の域を出ない（高橋惣三郎「小山城(上)」〈『広報よしだ』二六〇号、一九八一年〉、桐田栄『遠州小山城史考』〈私家版、一九八八年〉）。

(19) 八巻孝夫「武田氏の遠江侵略と大井川城塞群」（『中世城郭研究』二号、一九八八年）。

(20) 天正三年七月五日・武田勝頼書状（「孕石文書」〈『静岡県史』資料編八・中世四所収、九一二号。以下、『静』八―九一二のように略記〉）。

(21) 元亀三年一二月一九日・武田晴信判物（「小浜文書」〈『静』八―五六三〉）、元亀四年一〇月一日・武田勝頼判物（「小浜文書」〈『静』八―六七九〉）。

(22) 『静岡県史』通史編二・中世（静岡県、一九九七年）、小川雄「武田氏の海上軍事」（柴辻俊六編『戦国大名武田氏の役と家臣』岩田書院、二〇一一年）。

(23) 天正二年六月一日・小浜景隆書下写（「能満寺文書」〈『静』八―七六一〉）など。

(24) （天正三年）九月二一日・武田勝頼感状写（「岡部文書」〈『静』八―九二二〉）など。

(25) 『家忠日記』天正一〇年二月一七日条（『静』八―一四九〇）。

(26) 『甲陽軍鑑』によると「小山を攻落給へば、高天神（中略）たゞとりになさるべく」として、当該期の小山城が、徳川・武田両氏の攻防を大きく左右する役割を担っていたことを物語る。これは天正九年の高天神城包囲に際し、籠城する武田軍が、矢文で「最前者滝坂を相副、只今ハ小山をそへ、高天神共三ヶ所」を差し出すことを条件に、降伏を申し出たことからもうかがえる（「水野文書」〈『静』八―一三七〇〉）。

(27) 「松平乗承家蔵古文書」五号。

(28) 「松平乗承家蔵古文書」七号。

(29) 「松平乗承家蔵古文書」一三号。

(30) 「松平乗承家蔵古文書」三八号。

(31)　前掲註(4)本多論文。
(32)　前掲註(4)本多論文・同著書。
(33)　「譜牒余録巻三三」(『愛知県史』資料編一一・織豊一所収、四六九号。以下、『愛知』一一四六九のように略記)。
(34)　「加藤文書」(『静』八一一九七四)。
(35)　この他にも「鍛冶番匠諸職人門次人足」役が申し付けられた三河・土呂や(「譜牒余録巻三六」〈『愛知』一一九四二〉)、「町中諸役」が賦課された遠江・吉村などがある(「中村文書」〈『静岡県史料』二輯、臨川書店、一九九四年〉)。
(36)　『信長公記』巻一四・高天神干殺し歴々討死の事。
(37)　「譜牒余録巻三六」(『愛知』一一九一一)。
(38)　『家忠日記』天正六年九月四日条(『静』八一一一五一)。
(39)　永禄九年五月九日・松平家康判物(「徳川恒孝氏所蔵文書」〈『愛知』一一四九五〉)、永禄一二年八月二一日・鳥居忠吉等連署状写(「記録御用所本古文書十一」〈『静』八一七九〉)。なお、松平清康(家康伯父)の譜代家臣である大久保忠茂も戦功褒賞として、所領の代わりに「御分国之内の市之升」を所望したと伝えられる(『三河物語』〈『日本思想大系』二六、岩波書店、一九七四年〉)。
(40)　このほか、同氏は吉村湊の船役徴収や、荒地開発・年貢米徴収も認められ、こうした特権をもとに、近世には気賀(吉村)宿の本陣職を務めている。
(41)　小島道裕「楽市令と制札」(朝尾直弘教授退官記念会編『日本国家の史的特質　近世・近代』思文閣出版、一九九五年)。
(42)　前掲註(6)山本論文。
(43)　「奥山文書」(『静』八一八四一)。
(44)　元亀三年二月二三日・武田家朱印状(「孕石文書」〈『静』八一三九五〉)。
(45)　遠江国地誌『遠淡海地志』(天保五年＝一八三四年成立)によれば、川尻村(現榛原郡吉田町川尻)の項に「小地名小山町　十二月廿六日　市立」として、市場が開かれていたとある(山中真喜夫編『遠淡海地誌』私家版、一九九一年。表2№1参照)。また、天和三年(一六八三)「亥之年川尻村可納御年貢割付之事」には「小山町上下」の地名がみえ

〈「川尻公民館所蔵文書」〈『静岡県吉田町史資料』七集、一九八八年〉〉、現在も湯日川《ゆい》を挟んだ、小山城址南東の対岸〈榛原郡吉田町川尻〉に「町上」「町下」の小字名が残っている。ここから、「小山町」の起源を、小山新市に求めることも不可能ではないが、【史料1】以降の展開と、近世における小山町の成立過程が明確でないため、その相関関係については、なお推測の域を出ない。

なお、天保九年（一八三八）成立の「天保国絵図」には、「川尻村之内小山町」の名がみえ、地名としての消滅はこれ以降、幕末から明治初期にかけてとみられる。この点、正徳二年（一七一二）成立の「小山町由緒書」（「坂本雄司氏所蔵文書」〈『静』資料編近世二―四〇一〉）には、次のようにある（傍線等筆者）。

小山町由緒書

一、遠州榛原郡之内小山町与申者、先年御殿付之町、御　公儀様ゟ御立被被遊候者、権現公様与信玄様与御取合之砌、諸事町御役御肴御馬草糠藁御役等相勤申候御事、

一、百三十二年以前午ノ年草切始リ、我等共植松ニ罷有候処ニ、三年過申ノ年、山内対馬守様掛川を御拝領被遊候刻、御竿我等共ニ銘々請、高四拾石余屋敷野田共ニ御年貢御役等相勤、其目録之控御座候御事、

一、百二十四年以前寅ノ年　権現公様小田原御陣御立被為遊候時、前々之ことく御肴諸事御馬之大豆糠藁相川迄運ヒ、御役等相勤申候、為御褒美商人拾弐座御役等御免被為下置候、其上浦々之魚買上ケ被為仰付、役下唯今迄浦々之魚買上ケ仕候儀、難有奉存御事、

一、百十九年以前未ノ年、同郡之内河尻村ニ山内対馬守様御見立ニ而、御茶屋御殿御立被為成候時、我等共植松町ゟ河尻村迄一里余之間御引越、町屋御立被遊候刻五年罷有、御役等相勤申候御事、

一、百十五年以亥ノ年、並村上吉田村江右之御殿御引越被為成候時、又家等共をも引被為越、其後百十年以前辰ノ年、伊奈備前守様御検地被遊候時、我等共屋鋪銘々三拾壱軒御竿を請、拾弐石余ニ而十六年御年貢御役等相勤申候、則辰ノ水帳控御座候御事、

一、百年以前寅ノ年、上吉田村ニ而者下海道筋上リ候与被為遊御意、只今罷有候町江御見立之、前々之ことく町割被為仰付、田中ゟ相良迄御馬継之御役相勤申候御事、

正徳二年

辰十一月

だが、ここに記された「小山町」の歴史は、【史料1】「小山新市」とは、そのルーツを若干異にするようである。以下、概要を掲げていく（丸数字は一つ書きに対応）。

①「我等」は、家康と信玄の「取合」（遠江侵攻）の際に、居住する町（植松）の御役を務めてきたが、②まもなく山内一豊が掛川を居城（榛原郡を拝領）とし、それ以来「高四拾石」余の屋敷年貢を納入してきた。③その後、小田原征伐に出陣中の家康の下へ、従前通り町役を相良まで運び務め、その報酬として「商人拾弐座」役以下を免除された。④文禄四年（一五九五）には、山内一豊が川尻へ「御茶屋御殿」を建立するに伴い、「我等」も「植松町」から「河尻村」へと移住し、ここに町屋を建てて、役務めをはたした。のち、⑤慶長四年（一五九九）、茶屋御殿を上吉田村へ移転することとなり、「我等」も移住し、同九年（一六〇四）の伊奈忠次による検地を経て、「三拾壱軒」「拾弐石」余の年貢を納めることとなった。⑥同一九年には、上吉田村ではなく、現在の場所（川尻）に従来通りの町割りを命ぜられ、以来、田中―相良間の伝馬役を務めるに至ったという。

以上のうち、④傍線部にみえる「河尻村」での町立て（川尻町）は、先述した川尻（榛原郡吉田町）に残る小字名「町上」「町下」と一致することからも、ここで町立てが行われた可能性はきわめて高い。

ここでの由緒書の要点は、それまで「植松町」に居住し、「諸事町御役」以下を務めてきた「我等」が、山内一豊の差配で川尻へ移住し、新たに町立てを行い、現在の「小山町」にいたったという事実にあろう。

すなわち、近世「小山町」とは、川尻での町立てに起源をもつもので、【史料1】「小山新市」の発展の延長線上に置くことはできない。おそらく本章でみた楽市場そのものは、武田方との「取合」が落着する天正一〇年頃を境として、町場に発展することなく、その役目を終えて廃絶した可能性が高いのではないか。

(46)　勝俣鎮夫「楽市場と楽市令」（『論集　中世の窓』吉川弘文館、一九七七年）。
(47)　拙稿「羽柴秀吉と淡河楽市」（『ヒストリア』二三二号、二〇一二年。**本書第Ⅱ部第三章**）、前掲註(9)(10)。
(48)　徳川氏が任命した商人司に比定する説（前掲註14安野著書）もあるが、確かな史料からは確認できない。
(49)　前掲註(9)。
(50)　前掲註(12)佐々木論文。

(51)「龍城神社文書」一一号。

(52) 同じ「楽市」である美濃加納や近江金森では、「当市場越居之者」「往還之荷物当町江可着」といった居住奨励や、物流規制に関する条文が盛り込まれている（本書第Ⅱ部第一章・第二章参照）。また、淡河では「楽市」と並行し、新市の開設や既存市場の安堵、さらには敵方市場の破壊・接収といった、市場掌握をめぐる積極的な政策が展開されていた（前掲註47）。

〔付記〕本章は、東北学院大学中世史研究会大会（二〇一四年一二月六日）、静岡県地域史研究会（二〇一五年一二月一二日）での報告を基にした、平成二六年度科学研究費補助金（特別研究員奨励費）による研究成果の一部である。

表1　戦国期徳川氏の流通・商業関係文書一覧

	発給者	元号	年月日	国	宛所	摘記	出典	居城
1	松平家康	永禄	4・閏3・25	三河	阿佐見金七郎	徳政免除、浦部代官所・蔵役安堵	譜牒余録巻二九	岡崎
2			7・7・20		河合勘解由左衛門尉	徳政末代免除	美和町歴史民俗資料館所蔵文書	
3			7・11・―		舟□□□左衛門	奥郡における船大工職安堵	都築文書	
4			9・1・9		本多左近左衛門	根石原新市における三年間の諸役免除、市場居住者には三年間の徳政、同市場は左近左衛門の差配	譜牒余録巻三三	
5			9・9・―		大田六左衛門	三河国内における関役免許	太田嘉郎氏所蔵文書	
6	本多作左衛門ほか二名		11・12・―	遠江	―	押買、追立夫・伝馬禁止	一智公御世紀一	
7			12・3・7				譜牒余録後編巻八	
8	徳川家康		12・閏5・―		舞坂	舞坂郷における伝馬について、押立夫・押立伝馬禁止	堀江文書	
9			12・7・―		見付升取かた	枡座一二人の他は競望あるとも不可、座役は未年(元亀二年)より設定、家康出陣時以外は伝馬免許、米座の物資差配安堵	中村文書	
10			13・12・―		―	小山新市は楽市として申付、諸役免除、家康被官による押買は注進のこと、彼市における質取禁止	松平乗承家蔵古文書	浜松
11		元亀	2・6・―		―	見付問屋役安堵	成瀬文書	
12			2・9・3	三河	高野山仙昌院　小林三郎左衛門尉	菅沼常陸介・同半五郎知行地の境目産出の鉛について諸役免許、また分国中で銀鉛産出の折は大工職申付	清水文書	
13			2・11・6	遠江	久次見土佐守	遠江国中の諸浦における船一艘の諸役免許	久住文書	
14			2・―・―	三河	三河国岡崎浜嶋新七	山海の雑物駒爪安堵、押し通る者は曲事	三河州寺社御朱印御墨印除地等写所収文書	
15			3・4	遠江	上村清兵衛	見付国府の宿屋敷一間・酒役免許	百合叢志一	

16			4・9・23	三河	上林越前	土呂八町新市の差配申付	譜牒余録巻三六
17		天正	元・11・11	遠江	船守中	(豊田郡天竜池田の渡船は)川上川下いずれの知行・地形でも適切な箇所に通行のこと、棟別三五間・十二座役免除？　分国中における夏秋の勧進安堵、昼夜奉公につき諸役免許	大庭文書
18						(敷智郡馬籠の渡船は)川上川下いずれの知行・地形でも適切な箇所に通行のこと、棟別二四間・十二座役免除？　分国中における夏秋の勧進安堵、昼夜奉公につき諸役免許	水野文書
19			2・3・12	三河	上林	土呂郷中の鍛冶・番匠・諸職人へ門次人足を用次第申付、難渋の場合は成敗	譜牒余録巻三六
20			2・12・28	遠江	船守中	(浜名郡今切新居の渡船は)先規の通り船賃・四分一・浜船二艘船別銭・十二座役免除、分国中勧進許可、東西いずれの知行・地形でも適切な箇所に通行のこと、昼夜奉公につき諸役免許	新居関所史料館所蔵文書
21			3・1・17	三河	岡崎塩商人中	塩座設置、船荷・歩荷は通過禁止、支障ある所での売買停止	小野家所蔵文書
22			3・2・16	遠江	船守中	馬籠渡船の上下往来につき、船遅延など難渋をかけ、船頭へ打擲に及ぶ者は軽重を問わず成敗	水野文書
23			3・2・16			池田渡船の上下往来につき、船遅延など難渋をかけ、船頭へ打擲に及ぶ者は軽重を問わず成敗	大庭文書
24			3・11・7		五官唐人五官	浜松屋敷・分国中における商売荷物・渡海諸役免許	古簡編年四
25			5・2・18		平野孫八郎	三・遠両国中の諸湊・諸浦における廻船一艘の着岸・商売許可、上下船役免許	多田厚隆氏所蔵文書
26			5・11・7		鑪太郎兵へ	三・遠両国中の徳政免除、商売蔵屋安堵	譜牒余録後編二五
27	某		5・12・27		森市場	押買狼藉・借銭借米郷質禁止、山中百姓出入安堵	森町史編さん室所蔵写真
28	徳川家康		7・3・21	三河	—	土呂茶につき、出家・土呂の者は従来通り手伝い、茶園は無沙汰なきこと	譜牒余録巻三六

29		8・2・晦日	遠江	孫尉・弥人夫	分国中加嶋一類諸役免許、筏下し安堵	田代文書
30		8・3・13	遠江	—	遠江浜松庄大工職を五郎太郎へ安堵	御庫本古文書纂二
31		9・11・8	三・遠	—	皆川広照使者のため、三・遠宿中は伝馬七疋供出のこと	皆川文書
32		9・11・12	遠江	浜松宿中	皆川広照使者のため、伝馬六疋供出のこと	
武田氏滅亡						
33	酒井忠次	10・3・25	駿河	山中新三郎	大岡庄上下問屋安堵	駿河志料巻九三沼津駅家所蔵文書
34	徳川家康	10・4・29	三・遠	遠・三宿中	伝馬一疋供出のこと	参州寺社古文書
35	本多重次	10・6・5	駿河	—	江尻宿問屋安堵	寺尾文書
36	徳川家康	10・8・23	伊勢	安倍善九	三遠駿国中湊出入諸役免除	角屋文書
37		10・11・28	駿河	金堀共等	分国中山金・河金・柴原諸役免許	大石為一家所蔵文書
38		11・閏1・19		上井出宿中百姓等	駿河富士郡上井出宿中の棟別諸役免許、ただし斎藤半兵衛知行地につき、伝馬役二六疋分は懈怠なく勤めること	村山浅間神社文書
39		11・5・3		金山二十二人衆	郷次普請役免許	竹川文書
40		11・10・5		蒲原伝馬人等	蒲原伝馬屋敷三六間棟別諸役免許	草谷文書
41	名倉若狭ほか二名	11・10・7		石切市右衛門	坂下村石切屋敷二間分安堵、四分一人足役免除、駿河国中の石切大工申付	青木文書
42	牧野康成	11・10・23		矢部清三郎	吉原湊渡船修理につき、牧野康成知行中における勧進安堵	矢部文書
43	松平康次	11・10・24			吉原湊渡船修理につき、沼津知行分内における勧進安堵	
44	松平清宗	11・11・26		矢部	吉原渡船修理につき、知行分一升勧進安堵	
45	徳川家康	12・3・1	三河	念誓	茶壷進上神妙につき、蔵役酒役そのほか諸役免許	三河州寺社御朱印御墨印除地等写
46		12・3・25	尾張	加藤隼人佐	商売につき徳政・年季・要脚・国役免許	西加藤家文書
47		12・3・25	尾張	加藤図書助	商売につき徳政・年季・要脚・国役免許	加藤文書
48	松平康次	12・12・28	駿河	矢部清三郎	伝馬屋敷・舟越屋敷安堵	矢部文書

49	徳川家康	15・1・15	遠江	かな屋七郎左衛門	駿遠両国鋳物師惣大工職安堵、小工・鋳物師・商人・炭竈五口諸役免許	山田文書	駿府
50		15・2・20	駿河	百姓廿二人中	駿河国富士郡厚原・久弐郷における田畠開発次第二年間年貢免除、新宿出来次第二年間諸役免許	植松文書	
51	本多重次	15・2・22	遠江	中村与太夫	吉村新町居住の者は代官・中村与太夫の意見次第	中村文書	
52		15・6・1		新宿与太夫	吉村郷田畠荒地は見立て次第、作人申付		
53		15・6・1		中村与太夫	吉村湊へ入る船役は、大小問わず見立て次第徴収		
54	小栗吉忠	15・11・11		大工七郎左衛門	金屋・藤枝・江尻・沼津における吹屋人足役免除	山田文書	
55	徳川家康	15・11・28	遠・駿	遠・駿宿中	中泉より駿府まで人足一人供出のこと	記録御用所本古文書一二	
56		16・1・26	三河	浜島新七郎	岡崎商人問屋営業安堵、役儀は見付・浜松に准ず	小野家所蔵文書	
57		16・2・3	三・遠・駿	右宿中	駿府より岡崎まで伝馬一疋供出のこと	竜海院文書	
58		16・3・28			駿府より岡崎まで伝馬四疋供出のこと	集古文書所収高野山高室院文書	
59		16・閏5・14	遠江	瀬戸者等	遠江志都呂に在留する瀬戸者は、分国中の焼物商売役免許	加藤文書	
60		16・閏5・20	遠・駿	右之宿中	金屋より駿府まで伝馬一疋供出のこと		
61	本多忠勝	16・閏5・—	駿河	梅嶋村金堀	御定法	秋山文書	
62	徳川家康	16・12・—		駿甲信宿々	伝馬三〇疋供出のこと	歴代古案六	
63		17・2・10	三・遠・駿	右宿中	駿府より岡崎まで伝馬一疋供出のこと	参州岡崎領古文書	
64		17・7・18	駿河		甲府より駿府まで伝馬一疋供出のこと	甲斐史料集成三	
65		17・10・24	三・遠・駿		駿府より岡崎まで伝馬一疋供出のこと	参州岡崎領古文書	
66		17・11・27	駿河		駿府より三嶋まで伝馬二疋供出のこと	真継文書	

67			18・2・4	遠・駿		駿府より浜松まで伝馬一疋供出のこと	記録御用所本古文書一二	
68	祐斎・落合助右衛門		18・11・29	遠江	中村与太夫	新宿市日升取は中村与太夫に付与	中村文書	江戸
69	浅井五郎右衛門尉	文禄	2・6・17					
70	長谷川番右衛門尉		4・9・12					
71	伊奈忠次	慶長	5・12・6	三河	五井赤坂両宿	赤坂・五井両宿へ伝馬二五疋ずつ申付	御油区有文書	
72	小嶺藤右衛門		6・6・4	遠江	中村与太夫	吉村新宿は前々通り申付、升取三石も同前	中村文書	
73			6・11・9		気賀村町中・与太夫	気賀町中諸役申付		
74	岡五郎助・森右之助		8・11・22		気賀与太夫	三河国より気賀への塩留、毎日の塩売買は浜松から流通する塩を扱うこと		
75	石川半三郎		(9)・8・12	遠江	町与太夫	年貢納入催促、市日商売掟(心安き商売、押買狼藉停止)	中村文書	
76	本多康重		14・9・17	三河	田町中	町中水損につき市立て、塩・竹木売買許可	龍城神社文書	駿府
77	梅原吉家	?	年未詳10・21	遠江	中村与太夫	吉村新宿は前々通り申付、市升取も同前	中村文書	

注：中村孝也『徳川家康文書の研究』『静岡県史』『静岡県史料』『岡崎市史』より作成。網かけ▒は市場法を表す。

表2　戦国期遠江国における地域市場

	郡	市場名	市日	種類	適記	出典
1	榛原	小山	12／26？	？	「小山新市」 「小山町、十二月廿六日、市立」	史料一 地誌
2	榛原	上長尾	21？	？	「上長尾郷、如前々市」	史料六
3	榛原	？	？	？	「市場」(西郷左衛門佐知行地)	永禄一二年八月二一日鳥居忠吉等連署状写
4	榛原	牧野	？	？	「牧野市場普請候」	『家忠日記』天正六年九月四日条
5	榛原	(相良)	12／28	？	「市場町(中略)毎十二月二十八日市立」	地誌
6	周智	森	3・9・13・19・23・29 (12／27)	六斎	「森市場」 「在大田川西邊、市場連尺之朱符存」 「市日　三日　九日　十三日　十九日　廿三日　二十九日　但十二月八廿七日立ツ」	天正五年一二月二七日某禁制 風土記 地誌
7	周智	(水窪)	2・6・12・16・22・26	六斎	「市場の事、当村之内水久保二日、六日、十二日、十六日、二二日、二六日一月に六日市日に而」 「連市肆、信濃国通路之宿所」 「水久保野原成所、町に取立、永禄七甲子年撰吉凶を町割相定、月に六度の市を立」	享保一二年領家村差出帳 風土記 米山家記録
8	周智	宇苅	1・5・11・15・21・25	六斎	「昔為市」「宇苅市場」 「市日　朔日市　五日　十一日　十五日　廿一日　廿五日」	風土記 地誌
9	周智	飯田	？	？	「昔為市所、在飯田市場宇苅市場、二所肆相連」	風土記

10	引佐	(吉村)	1?・2?・11?・12?・21?・22?	六斎ヵ	「市升」「気賀村市ば之与太夫との」「わりのことく市を立可申」	年未詳一〇月二一日梅原吉家書下、天正一八年一一月二九日祐斎等連署書状、慶長九年五月二四日野末理兵衛手形
11	引佐	(金指)	3・8・13・18・23・28	六斎	「三八為市、即五日市場也」	風土記
					「市日　三日　八日　十三日　十八日　廿三日　廿八日」	地誌
12	山名	河合	?	?	「われわれハ河合市場へ陣替候」「われわれハ河合市場迄越候」	『家忠日記』天正七年四月二八日、一一月一二日条
13	山名	小口	?	?	「本字虎口、岡山城道為市」	風土記
14	長上	(頭陀寺)	?	?	「頭陀寺領之事(中略)於遠江国長上郡河匂荘恩地・門前廻市場」	慶長八年九月一五日徳川家康朱印状写
					「旧名市場」「天正年間移于市場、今号頭陀寺村也」	風土記
15	長上	笠井	1・5・10・15・20・25	六斎	「為市」	風土記
					「毎月市日、五日、十日、十五日、廿日、廿五日、朔日」	地誌
16	豊田	(二俣)	2・7・12・17・22・27	六斎	「笹岡城之時為市乎」	風土記
					「毎月市日　二日　七日　十二日　十七日　廿二日　廿七日」	地誌
17	敷知	(浜松)	?	?	「天正五年墾新城、同六年成矣、移神社、連肆市」	風土記
					「追手御門之筋塩町ニ毎月塩市立申候」	『浜松御在城記』

注1：名称不詳の市場名は、便宜上(　)付きで表記。
2：風土記……『遠江国風土記伝』(寛政元年～一一年。本章では岡部譲校閲『遠江国風土記伝』〈谷島屋書店、一九〇〇年〉を使用)。
3：地誌……『遠淡海地誌』(天保五年。本章では山中真喜夫編『遠淡海地誌』〈私家版、一九九一年〉を使用)。

第三章　松永久秀と楽市

はじめに

永禄二年（一五五九）八月、三好長慶の命をうけて大和国へ侵攻した松永久秀は、信貴山城《しぎさん》（現奈良県生駒郡平群町《へぐり》）を拠点に、筒井氏・十市氏《とおち》ら反三好を掲げる国人と戦いを繰り広げ、まもなく「南都眉間寺」のもとへ、新たに多聞山城《たもんやま》（現奈良市）を築いた。当所は中世都市・奈良をはじめ、東大寺・興福寺などの有力寺院を眼下に置く、郊外北部の独立丘陵上に位置している。これ以降、同城はのちに大和一国を領する久秀にとっての重要な、政治的かつ軍事的拠点としての機能を果たしていく(1)。

このとき、城下では新たにいくつかの市場が開かれ、のち元亀二年（一五七一）、久秀はここに「楽市令」（以下、適宜「同法令」と略記）を発したといわれている。だがもとより、久秀の流通支配をめぐっては関連する史料が乏しいという問題点があり、豊富な研究蓄積を有する多聞山城と比べ、城下町経営のあり方については、これまで具体的に論じられてこなかった(2)。

同法令についても後述するように、他の戦国大名による楽市令と同じく、都市興隆策という漠然とした評価が与えられているのみで、これまで詳細な検討はほとんどなされていない。そのため、研究史的位置づけはおろか、多聞山城下における「楽市」の実態についても、明らかでないというのが現状である。

一部の研究では、こうした久秀の流通・都市政策を、織田信長の動向と結びつけて、その先進的な側面を捉えようとする向きもあるが(3)、この点についても、久秀自身の発給文書や、大和国内の政治情勢という視点に絞って再検討する必要があろう。

楽市令をめぐる研究に限っていえば、中世的権威の否定・破壊をめざす、信長ら統一政権による〈革命的法令〉や、近世城下町成立に連なる〈新都市建設法〉といった戦前以来の評価は、地域社会論の視点から見直しが進んでいる。すなわち現在では、なぜ「楽市令」が出され、また「楽市」という空間が、どのようにして成立し、地域経済にどう影響したか。その意義を、個々の地理環境や時代背景に即して、同時代かつ同一地域の文書や、隣接する都市・市場との相関関係から解く段階にある(4)。

松永久秀については近年、在地相論の裁許取次や幕府・朝廷との関わりなど、その政治的役割が具体的に解明されつつあるが(5)、経済的側面からみた動向、すなわち本章で問題とする楽市令が、多聞山城下はもちろんのこと、久秀の領国経営にいかなる影響をもたらしたかを、改めて考えてみる価値は十分にあるといえよう。それはまた、戦国期の奈良における市場経済の様相を明らかにするのみならず、久秀による流通・都市政策の意義を問い直す作業にもつながるものと考える。本章では限られた史料をもとに、久秀による流通支配の実態をはじめ、多聞山城下における楽市のあり方について迫ってみたい。

一　久秀の流通支配と市場

(1)　奈良における市場の様相

永禄一〇年(一五六七)四月、河内国方面を押さえる信貴山城から、多聞山城へと移った久秀は、対立する三好三人衆を大和国内から退けると、翌年一〇月、足利義昭を奉じて上洛した織田信長のもとを訪れ、ここで改めて「和州一国ハ久秀可為進退」(6)として、大和一国の支配を委ねられた。
久秀が政務を執った拠点である多聞山城については、先述したように、構造(縄張り)や歴史的位置づけなど、文献と考古の両分野で多くの研究成果が積み重ねられており、その立地条件や棟上げの時期から、京都へ続く幹線道路の確保を目的として築かれたことが明らかにされている。(7)また同城は、旧勢力である興福寺に代わり、上位権力を志向する久秀の象徴的存在ともいわれている。(8)一方で、その城下に開かれたとする市場については、興福寺側の記録にみえる次の記事が、その実態をつかむうえで唯一の史料となっている。

【史料1】

法蓮郷ニ多聞山ヨリ市ヲ可立之由沙汰在之　(永禄一二・一〇・二九)

【史料2】

近日北里ニ多聞山ヨリ市ヲ可立之通也ト云々　(永禄一二・一一・四)

【史料3】

多聞之うら新市をうら方より来ヤキ畢、十五けんはかりヤキヌ　(『尋憲記』元亀元年九月一八日条)(9)

久秀以前の大和国における市場については、早く都市としての奈良の変遷を体系的に論じた、永島福太郎氏による一連の研究がある。(10)それによると、中世の奈良では①北市(弘安三年=一二八〇、現北市町)、②南市(正応三年=一二九〇、現紀寺町)、③中市(応永二一年=一四一四、現南中町)の三つの定期市が鼎立し、それぞれ市日を一日ずらす形で、連日の賑わいをみせたという。だが、これらはいずれも時代の変遷と興福寺の衰退に伴い、一六世紀初頭までに一旦消滅している。
その後、戦国期に入り、興福寺六方衆が④南市(天文元年=一五三二、現南市町)を、興福寺学侶が春日社神供料の調達を名目とする⑤高天《たかま》市(同二年=一五三三、現高天市町)をそれぞれ新たに開くが、永島氏によれば、両市場はまもなく常設店舗化し、町場を構えたという。⑤については、商売区域の設定や平和条項など、市開設の際に掲げられたとおぼしき掟書が残されている[11]。また、同じ頃に国人である筒井氏も「奈良地下置諸課役等不可申懸」として、この新市を保護する旨の文書（市場法）を発給している[12]。このほか、戦国期の奈良には「今在家店屋」（永禄一〇・一一・二三）「今在家市」（永禄一〇・一二・六）なども記録上にみえる。【史料1】以下の市場は、これらと併存する形で開かれたのだろう。

また、新市の立地をめぐって、【史料1】が法蓮町（奈良市）に比定されている一方、残る二つの市については、なお具体的な地名を明らかにしえない。

【史料2】に関していえば、興福寺方の主催する高天市が「於北里」（三条通の北側）に開かれていたことをふまえれば[13]、「北里」新市もこれに隣接していたものと考えられる。

一方、【史料3】「多聞之うら新市」は、多聞山城下の郊外に開かれた市、あるいは法蓮や北里の市を表した別称の可能性もあるが、関連史料を欠くため、詳細は分からない。いずれにせよ、東大寺や興福寺周辺にあった従来の定期市と比較し、このとき新たに開かれた市場は、そのほとんどが多聞山城の麓に密集するように展開していたと考えられる。

（2）　久秀の都市・流通支配と市場

そこで問題となるのが、そうした新市が多聞山城下に相次いで開かれた意味と、それをうけた久秀による城下町経営の実態である。

近年の研究によると、畿内近国ではそもそも領主権力が都市支配に消極的であったという。たとえば久秀が仕えた三好氏は、みずからの意思で城下町をもたず、大阪湾の物流に求心力をもつ法華宗寺院や、その檀那である有力商人の保護を通じて、既存の港湾都市や流通・交通網を掌握し、これらを経済基盤とした(14)。

一方、久秀自身による都市・流通支配には、織田信長の政治動向が大きく影響を与えたと考えられている。三好長慶が拠点とした河内・飯盛山城《いいもりやま》（現四条畷市・大東市）や摂津・芥川山城《あくたがわやま》（現高槻市）、あるいは久秀が当初配された摂津・滝山城（現神戸市中央区）や信貴山城などでは、明確な城下集落の形成や市立てが行われていない(15)。

これに対し、信長の入洛後になると、既存の町場包摂から、新たな市立てによる独自の城下町建設が志向されるようになることから、多聞山城下は、主家である三好氏を凌ぐ久秀の自立性を初めて体現したものといわれる(16)。だが、従来のように、久秀による都市形成の画期や、多聞山城下の展開を、織田権力との関係のみで説明するのはいささか無理があろう。天野忠幸氏は、久秀による大和支配の目的が、三好氏による畿内支配の拡大、とりわけ町を基盤とする公権力としての確立をめざす点にあるとし、久秀は大和国内における領主編成や所領給付、相論裁許の文書発給を通じて、自立性を獲得していったとする(17)。

市立てのねらいについては、城下繁栄を目的とする先行研究の理解におおむね従う(18)。その際、多聞山入城から市立てまで、二年もの歳月を要した背景が明らかでないものの、より具体的には奈良市中における既存の市場とあわせて、さらなる地域経済の振興を意図したものと考えられる。

また、多聞山城では、国人から集めた人質の生活を賄うための食糧や、籠城に備えた燃料材などの搬入（永禄九・九・二四など）が、早く【史料1】以前から頻繁に行われており(19)、これらの多くは城下の市場で購入したものと考えられる。

だとすれば、城下に新しく開かれたこれらの市場は経済発展の要であり、かつ久秀自身の大和一国支配の拠点を維持するうえでも不可欠なものだったろう。そんな久秀の流通支配に対する姿勢を、彼の発給文書を通してさ

表1　松永久秀発給文書(流通・商業関係)

	元号	年月日	宛所	内容摘記	文書群
1	天文	9・12・27	椥井甚左衛門尉	買得地安堵	椥井文書
2	天文	(20)・4・28	柴木商人中	長坂口柴公事役銭につき、釜殿人左衛門五郎無沙汰は言語道断、先々通り納めさせ、難渋の場合は商売停止のこと	塚本文書
3	天文	21・12・15	当座中	御服座衣更について糾明を遂げ、役銭徴収のこと	駿河志料巻九三
4	永禄	4・12・—	—	八幡宮勤仕の神役は神物につき、大山崎徳政停止	離宮八幡宮文書
5	永禄	5・8・—	—	徳政令	享禄天文之記
6	年未詳	7・10	宇治田原諸侍衆	土石札による通行妨害は停止のこと	天理図書館所蔵文書

注：『戦国遺文　三好氏編』より作成。

らに探ってみたい。

(3)　久秀発給文書からみた流通支配

久秀の発給文書をめぐっては、早く今谷明氏による研究がある[20]。その後、金松誠・天野忠幸両氏の調査研究をうけて、これまでに三好氏被官としては最大の発給数である、計一二二通が確認されている[21]。

それによると、京都の寺社宛て文書や、摂津・山城国内で裁許取次を行った相論関係の文書が大多数である。これらは大和支配を担った後も継続的に発給がみられ、三好一族の長老・三好長逸とともに、早くから三好権力の中枢として政務全般を主導した傍証となろう。

一方、大和国内に関する文書は六〇通ほどで、その大半は興福寺・法隆寺・春日社といった有力寺院や、柳生氏・鷹山氏ら国人など限られた相手へ宛てたもので、発給範囲も奈良周辺に集中する。

このうち、流通支配に関する文書のみを抽出すると「六通」[22]で(表1)、市場法とよべる史料は実質一通もみられない。ただし、それはあくまで史料の残存状況によるもので、久秀が流通支配にまったく関心をもたなかったとか、市場法を一通も発給しなかったという訳ではけっしてないだろう。

たとえば【史料１】で、記主である多聞院英俊は、法蓮郷における市立てについての「沙汰」が多聞山城から「在之」と述べている。ここでいう「沙汰」とは、すなわち市日・治安維持などを定めた市場法をさすものだろうか。法蓮郷での新市開設にあたって、領主である久秀から、制札などの文書発給（「沙汰在之」）が行われた可能性は十分に考えられる。それはまた【史料２】北里新市の場合も同様であったろう。

市場法以外では、奈良市中と寺社における「乱妨停止」を命ずる戦時禁制が多聞山城から出され、住民は「先代未聞ノ事、右往左往之処各々安堵」したとする記録がある（永禄一一・九・二六）。そのほか、永禄五年八月には「和州惣国幷木津狛加茂瓶原和束」へ大規模な徳政令を出している[23]（表１No.５）。これは、興福寺ら有力寺社との貸借関係を破棄したもので、政治的・軍事的象徴である多聞山築城とならび、大和における領主権力の交代と、久秀による支配の正当性を決定づけた政策といわれる[24]。

また、奈良と京都を結ぶ幹線道路をめぐって、在地住民による路次の妨害行為を停止させるなど[25]（No.６）、大和支配を進める久秀は広く国内外にわたって、流通・交通の掌握とその管理維持に意欲的であったと考えられる。史料的制約からこの問題はなお後考を期す必要があるが、従来のように、大和国における久秀の支配が不安定かつ限定的であった、と評価することには慎重でありたい。

二　「タモンイチラクノトキ」をめぐって

（１）史料の内容

さて、本章で問題とする、久秀の楽市令は具体的にいかなるものか。改めて史料を紹介しておこう。

【史料4】

「片原山預リ状《（端裏書）》　坂衆　元亀二辛未十月廿八日」

アツカリ《（預）》申スカタワラヤマ《（片原山）》ノコト ヒカシハ、ミナミハタヲカキル、ニシ、キタハヒラノ、ミチヲカキル、

合壱所者、

右クタン《（件）》御ヤマ《（山）》ワ、トウタ井シリヤウ《（東大寺領）》タクノ御ヤマニテ、ムカシ《（昔）》ヨリ、一エン《（円）》ノ御チキヤウ《（知行）》ニテ、サラ《（更）》ニヨ《（世）》ノカマ《（構）》イナシ、センヒヤクシヤウ《（先百姓）》ステ《（捨）》イ《（ママ）》ニヨツテ、コノハウ《（方）》ヘアツカリ申候、御チシ《（地子）》ハタウ子ン《（当年）》ワ十合八斗、ラ井子ン《（来年）》申ノトシ《（年）》ヨリハ、十合壱石ツ、サタ《（沙汰）》可申候、モシタモンイチ《（多聞市）》ラク《（楽）》ノトキ《（時）》ハ、マエ《（前）》ノコトク壱貫六百文、十月卅日ニサタ申へク候、コレハヤマノフン《（分）》ノ御チシニテ候、モシマタコノヤマノウチ《（内）》ニ、チシノナルタカキナント候ハ、、ソレハヘチ《（別）》ニ御チシサタ可申候、タ《（他）》ナントヒラキ《（開）》候トモ、ソレモサウタウ《（相当）》ノ御チシ、キヨ井《（御意）》ヲエ《（得）》、サタ可申候、コノテウ《（状）》モシサウ井《（相違）》ノキ候ハ、、ナントキ《（何時）》ナリトモメシアケ《（召上）》ラルへク候、ソノトキマシノ申コトアルヘカラス候、仍セウモン《（請文）》クタンノコトシ《（如件）》、

元亀二年辛未十月廿八日

サカシュウ

タウニン（花押）　ツク（花押）　五郎（花押）

四郎三郎（花押）　スケ二郎（略押）　二郎二郎（略押）

又四郎（略押）　（花押）シン二郎　十郎（略押）

フチイシ（略押）　太郎（略押）(26)

楽市令は早く戦前より、信長や豊臣秀吉らによる事例を中心に、近世社会移行の原動力となる、その革新的なあり方を評価する視点で研究が進められてきた。その中で、楽市令の網羅的収集に基づき、はじめて【史料4】を取り上げた豊田武氏は、同法令を多聞山市の楽市化と商人の招致に伴う、城下町建設策と解釈した(27)。

ただし、氏の研究はあくまで楽市令の全体像を捉えるうえで、史料を部分的に取り上げたものであった。そのため以降の研究は、豊田氏の評価を踏襲するか、多聞山城下の市場が「楽市楽座」であった、という事実関係を指摘しているにすぎない(28)。

また、端裏書などからも分かるように、そもそも右の史料は久秀の発給文書ではなく、掟書の形式をもった市場法でもない。厳密には、土地の管理を委任された者（「タウニン」以下一一名）が、その旨を後日の請文（「セウモン」）として、所有者（東大寺）へ提出した「預状」に分類される。にもかかわらず、従来は「タモンイチラクノトキ」という一文のみから、久秀が多聞山城下に楽市令を出したものと理解されてきたのである。

ここから、本史料をめぐる問題は次の二点に集約される。一つは、楽市（令）のあり方についてである。史料上に「モシ」と付されていることから、そもそも「タモンイチラクノトキ」が、楽市化したことをさすとただちに捉えてよいかは疑問が残る。また、先行研究の多くは、楽市令の施行先（宛所）を【史料１】の法蓮郷に比定するが、その根拠までは明示していない。しかし、同時期の奈良では、先述した「北里」や「多聞之うら新市」、あるいは高天市や南市などの存在も無視しえないはずである。この問題については、楽市令が実際に出されたかという点も含めて再検討すべきといえよう。

もう一つは、多聞山城下における市場経済との関連である。史料では「タモンイチ」が「ラク」となった場合、地子納入を米から「マエノコトク」銭で行うとある。すなわちこの一文は、楽市令が地域経済に及ぼす具体的影響を示した、数少ない史料としても注目される。だが、これまでは楽市化の背景を、大和支配の基盤確立をめざす久秀方の都合によるものとして解釈し、在地の視点は省みられていない。たとえそれが従来指摘されるように、久秀が信貴山城へ退くまでの時限的な政策だったとしても、当該期の市場や商品流通の動向に即して、「タモンイチ」が「ラク」となることの意味をもう一度考えねばなるまい。

（2）奈良における取引手段の変化

この点について、一六世紀末の奈良における貨幣流通の実態を分析した、浦長瀬隆氏の研究に注目したい[29]。それによると、奈良ではおよそ永禄一二年から、市場での商品売買や不動産取引が、従来の「銭」から新たに「米」でなされるようになったという。かかる変化は、年貢公事納入（銭納→米納）や貸借関係（銭による債務を米で返済）にも及び、京都や河内国、近江国菅浦（現滋賀県長浜市）でも同様の変化がみられた。たとえば、次の史料がある。

【史料5】

（端裏書）「癸酉引頭銭幷威儀供銭定置状」

引頭銭同威儀供銭定置事、

右、雖為壱貫文宛、近年者、料足世上於都鄙一円遣取無之候之間、向後者、八木寺升六斗宛可上置者也、仍為集儀定置之処如件、追而申候、自然時分ニ依テ料足被遣候者、又料足可被上置候者也、

元亀四年癸酉七月二日

山本坊

年預
東之坊[30]

河内国観心寺（現河内長野市）における「引頭銭同威儀供銭」納入について、従来は例年「壱貫文宛」で寺へ納められたが、近年は市中における銭使用がなくなったため、今後は「八木寺升」で納めるとある。ここから市場経済における米使用への移行は、いわば当該期の畿内近国に共通した社会的動向と捉えられ[31]、浦長瀬氏はその背景に、悪銭通用を強制した撰銭令の発布をみる。

奈良では、早く永禄八年に「近般以之外精銭之間、制札分、卅之定之」として（永禄八・一二・二五）、同一〇年にも「銭定在之、札打之」とする撰銭令が出ている（同一〇・正・一一）。また同一二年三月には、米による売買禁止と銭（悪銭）取引を命じる「精銭追加条々」が、京都や八幡捴《（総）》郷（京都府八幡市）へ出されている(32)。これをうけ、同様の「織田弾正忠銭定ノ制札」が奈良市中にも掲げられたが（同一二・三・二四）、いずれも「物別ノ売買一向不成」（同八・一二・二五）・「諸商売事悉皆以米被遣之（中略）此一儀不限此津、近国此通」（「学侶引付之写」元亀元年一一月二二日条(33)）という状況であった。

つまり、領主権力の意に反して、市場では悪銭使用を忌避する傾向は変わらず、古代以来の公納物であり、かつ商品としての価値ももつ「米」の使用が促されていったことが分かる。

かかる状況をふまえれば、同じころ開かれた多聞山城下の新市でも、米による売買が主流となっていたことは想像に難くない。興福寺一乗院坊官の日記によれば、

【史料6】『二条宴乗記』(34)

新市へ参、蛤をかい　（永禄一三年三月二三日条）

新市にて鮒共、八木三升ニとらせ　（元亀二年三月一一日条）

昨日新市にて、タぬき一疋、八木一斗七升五合ニカハセ申候　（元亀二年一一月晦日条）

などとあり、同市場における米使用や商品流通の実態を知る手がかりとしても興味深い。

（3）史料の解釈

以上をふまえ、【史料4】について傍線部等を中心に読み解いていこう。それによると、片原山は昔より東大寺の一円知行地で、このたび同寺より山地を預かった「タウニン」らは、ここから徴収した地子について、当年

は「十合八斗」、来年以降は「十合壱石」ずつの米で納めるが（傍線部）、もし「タモンイチラクノトキ」を迎えれば、これらは「マエノコトク」銭納で行うとする（波線部）。

まず、「タモンイチ」については多聞山（城下）の市場、というニュアンスで、先行研究がいうような特定の市場をさすものではないだろう。そして「マエノコトク」という表現から、多聞山城下における市場経済が本来、銭取引を基本としており、地子納入も銭で行われていたと分かる。これが悪銭流通の増加と撰銭令の発布を背景として、およそ永禄一二年ごろを境に、米による現物納へと切り替わっていったとみられる。そこで現れる「ラクノトキ」という状態については、あくまで仮定（「モシ」）であり、少なくとも【史料4】発給段階までにおいて、「タモンイチ」の「ラク」は実現していないと考えられる。

そのうえで、波線部は次のように解釈できる。すなわち「ラクノトキ」を迎えれば、「タモンイチ」では、それまでの中心的な取引手段である米を売ることでも、以前と同じ地子納入方法に見合うだけの銭を得られる状況が生じる。「ラク」（楽）とは、そうした米取引を凌ぐほどの、市場経済に不足する銭の使用や流通量の増加、ならびに商人の市場参入を促すあり方と考えられる。換言すればそうでない限り、「タウニン」たちは、銭の獲得はおろか商売もままならず、従来通り米納を選択せざるをえない、ということになるだろう。

ところがこの後、興福寺や法隆寺でも悪銭による取引を忌避し、年貢公事を現物の米で確保する動きがみられるなど[34]、市場経済では米の使用がさらに加速していく。

（4）「ラクノトキ」とは何か

それでは「ラクノトキ」に至る歴史的背景をどう理解すべきか。また、久秀による楽市令は施行されなかったのか。最後にこの問題を在地の視点、および他地域における楽市令との関連から明らかにしたい。

久秀の入部以降、多聞山周辺では、対立する三好三人衆らとの攻防や東大寺大仏殿の炎上、さらには「多聞山足軽衆」による殺害行為や、往来における荷物の剝取も頻発するなど治安が悪化し、市中は否応なく緊張状態に置かれていた（永禄九・二・二一。同一一・五・一。同一一・六・一二）。加えて、久秀が多聞山へ拠点を移した永禄一〇年の奈良では旱魃がおこり、同一二年には一年を通して大風雨の被害にも見舞われている[35]。

かかる状況は、多聞山城下にも影響したことは想像に難くなく、一国支配を担う久秀にとっても、眼下に広がる市中の混乱はけっして無視しえなかったはずである。だとすれば【史料1】以下にみる新市は、そうした地域の復興も視野に入れて立てられたとも考えられるのではないか。

同じ「楽市」についていえば、【史料4】の前後に、美濃国加納（永禄一一年、現岐阜県岐阜市）、遠江国小山（元亀元年、現静岡県榛原郡吉田町）、近江国金森（元亀三年、現滋賀県守山市）で法令が確認される[36]。だが、その内容はいずれも、市場の保護や特定商品の流通統制などに特化したローカルなもので、これらが遠く大和国、ましてや久秀の政策にまで直接影響を与えたとは考え難い。だとすれば、そこで「ラクノトキ」が引き合いに出された決定的な要因はより身近な、大和国内の社会情勢に他ならない。

それこそが元亀二年八月、国人・筒井順慶との辰市（現奈良市）合戦による、久秀方の敗北であろう。当時の記録では「当国初而是程討取事無之」と表現されたように（元亀二・八・四）、同合戦は、奈良市中をさらなる不安と混乱に陥れたと考えられる。久秀自身も筒井氏の攻撃に備え、多聞山城に籠って「奈良中人夫」役を賦課するなど、軍需物資調達に奔走した（『二条宴乗記』元亀二年八月八日条）。

また、浦長瀬氏の研究によると、奈良では元亀二年のみ一時的ながら、銭による取引が米取引を上回る現象が見られるという。この背景には「ラク」による経済効果（銭使用・流通の促進）も想起されるが、同氏によれば右の現象は【史料4】以前、同年六月にのみみられる傾向であるから、「ラク」との直接的な因果関係はないと判断できる。だとすれば、むしろ「近年不覚洪水」（元亀二・六・一三）・「三十年此方之大雨」（『尋憲記』元亀二年六月一三日条）による「当年作毛遅々」「方々米無之」状態（元亀二・八・二〇）のため、銭を使用せざるをえなくなったというのが実情だろう。

結果的にこうした社会情勢が後押しする形で、平和秩序の確立はもちろん、市場経済ではとくに、従来のような銭（精銭）による商品取引と、流通拡大を促す環境への転換が求められるようになった。【史料4】にみる「ラクノトキ」はかかる状況をうけたものと考えられよう。このとき地子納入を請け負う「タウニン」らにすれば、たとえ悪銭であっても、米ではなく銭での支払いこそが、もっとも合理的かつ望ましい方法だったともいえる。

では、そうした市場における「ラクノトキ」を取り決めるのは誰か。かつて勝俣鎮夫氏は、「楽市」が中世社会において自生した地方市場ほんらいのあり方であり、数ある楽市令は、そうした市場の普遍的な特性を、権力が安堵包摂するための建前にすぎなかったと指摘した[37]。

しかし、駿河・富士大宮（現静岡県富士宮市）[38]や遠江・小山[39]のように、権力の文書発給を通じて初めて「楽市」として成立した市場もあるように、ひとくちに「楽市」といっても、それはすべてが普遍的かつ恒久的なものではなく、同じ市場でも「ラクノトキ」とそうでない時が存在したと考えられる。すなわちそこでは、各地域を取り巻く社会情勢に応じて、必要な時にのみ「ラク」（楽）というあり方が特定の市場にあてはめられて「楽市」が成立する、という姿が想定されるのである。

本章でみる「タモンイチ」の場合、それが最終的に「ラク」として設定され、あるいは法令が実際に施行されるかは、領主権力である久秀自身の判断に委ねられていたのではないだろうか。ただし、関連する史料を欠くためこれ以上確かなことは分からない。先述のように、奈良市中ではこれ以降、米が取引手段としての比重をいっそう高めていくことから、「ラク」はこの時を限りとして、あるいは実現しえぬまま終わった可能性もあるが、いずれにせよ推論の域を出ない。

周知のように、このあと久秀は信長から離反するが、天正元年（一五七三）一二月、信長に降ると同時に、自身は信貴山城へと退いていく。多聞山城は信長方に接収され、明智光秀・柴田勝家らが城番として入るが、これ以後の新市を含む城下の展開については明らかでない。推測を逞しくすれば、おそらく久秀が多聞山を離れ、まもなく城が破却されるのと軌を一にするように、次第に衰退していったのではなかろうか。

おわりに

以上、本章では、多聞山城下における市立てと楽市政策の実態について検討を加えた。推測に頼る部分も多いが、久秀による城下町経営の一端は明らかにしえたと考える。

すなわち、多聞山城下における新市開設は、さらなる地域経済の活性化を担うものと位置づけられ、それは久秀自身の領国支配をも支える物流拠点としても機能していった。ところがその後、奈良市中では相次ぐ天災から、中心的な取引手段である米が慢性的に不足する状況に陥り、市場経済は銭による支払いを余儀なくされた。こうした状況をうけ、「タモンイチ」を活動基盤とする人々の間では、旧態への復帰、すなわち従来のような銭による取引や流通量の増加が期待されるようになり、これを実現させる市場経済のあり方こそが、本稿でみた在地の望む「ラクノトキ」であったと結論づけられる。ただ、この点については推測の域に留まるものでもあり、今後さらなる検証が必要となろう。

また、久秀の流通支配がもつ意義については、「楽市」の問題に留まらず、より広く大和国内に展開する地域市場や交通網との関連から、改めて考察していかねばならない。そのうえで、流通・外交の中枢機能を、既存の自治都市である堺に担わせた三好長慶との政策的差異をなお明らかにする必要があるが、いずれも今後の課題である。

（1）福島克彦「大和多聞城と松永・織豊権力」（『城郭研究室年報』一一、二〇〇二年。以下、福島Ⓐ論文）・同「松永久秀と大和多聞城」（大和郡山市教育委員会・城郭談話会編『筒井城総合調査報告書』二〇〇四年。以下、福島Ⓑ論文）、木戸雅寿「織田信長と大和」・髙田徹「松永久秀の居城」（いずれも、大和中世考古学研究会・織豊期城郭研究会編『織豊系城郭の成立と大和』二〇〇六年）。
（2）前掲註（1）髙田論文。
（3）安国陽子「戦国期大和の権力と在地構造——興福寺荘園支配の崩壊過程——」（『日本史研究』三四一号、一九九一年）、福島Ⓐ論文。
（4）拙稿「楽市楽座令研究の軌跡と課題」（『都市文化研究』一六、二〇一四年。本書序章）。
（5）村井祐樹「松永弾正再考」（『遥かなる中世』二一、二〇〇六年）、田中信司「松永久秀と京都政局」（『青山史学』二六号、二〇〇八年）など。
（6）『多聞院日記』永禄一一年一〇月五日条（以下、同史料からの引用は、永禄一一・一〇・五のように年月日のみ略記）。
（7）福島Ⓐ論文。研究史については、下高大輔「多聞城に関する基礎的整理」（前掲註1『織豊系城郭の成立と大和』）に詳しい。
（8）前掲註（3）安国論文。
（9）『大日本史料』第一〇篇之五。
（10）永島福太郎「中世奈良の三市」（『ヒストリア』三号、一九五二年）・同「中世奈良の市場〔沿革編〕（上）」（『日本歴史』一〇一号、一九五六年）・同「中世奈良の市場〔沿革編〕（下）」（『日本歴史』一〇二号、一九五七年）・同『奈良』（吉川弘文館、一九六三年。以下、永島Ⓐ書）。
（11）春日神社社務所編『春日神社文書』一巻（春日神社社務所、一九二八年）所収、三六六号。

(12)『同右』五六・五八号。
(13)前掲註(11)、福島Ａ論文、永島Ａ書。
(14)天野忠幸『戦国期三好政権の研究』(清文堂出版、二〇一〇年)。
(15)福島克彦「城郭研究からみた山科寺内町」(山科本願寺・寺内町研究会編『戦国の寺・城・まち』法藏館、一九九八年)、天野忠幸「松永久秀と滝山城」(『歴史と神戸』二八九、二〇一一年)、須藤茂樹「飯盛山城と三好長慶の支配体制」(今谷明・天野忠幸監修『三好長慶』宮帯出版社、二〇一三年)。
(16)福島Ａ論文、金松誠「松永久秀について」(前掲註1『織豊系城郭の成立と大和』)。
(17)天野忠幸「三好氏の畿内支配とその構造」(『ヒストリア』一九八号、二〇〇六年。以下、天野Ａ論文)。
(18)永島Ａ書、『奈良市史』通史二(吉川弘文館、一九九四年)。
(19)福島Ｂ論文。
(20)今谷明「室町幕府最末期の京都支配――文書発給を通じて見た三好政権――」(『史林』五八巻三号、一九七五年。のち「三好・松永政権小考」と改題し、同『室町幕府解体過程の研究』〈岩波書店、一九八五年〉に再録)。
(21)前掲註(16)金松論文、天野忠幸編『戦国遺文　三好氏編』一～三巻(東京堂出版、二〇一三～二〇一五年)。内訳は、金松氏の「一三七通」と、天野氏が新たに採録した「七十五通」である。
(22)天文九年十二月二十七日付奉書(「棰井文書」〈『戦国遺文　三好氏編』一巻所収、一四二号〉。以下、同書からの引用は『三好』一―一四二のように略記)、天文二十年卯月二十八日付書状(「塚本文書」〈『三好』一―三〇七〉)、天文二十一年十二月十五日付書状写(「狩野亨吉氏蒐集文書」〈『三好』一―三四九〉)、永禄四年十二月日付書下(「離宮八幡宮文書」〈『三好』一―七九六〉)、永禄五年八月日付定書写(「享禄天文之記」〈『三好』二―八四八〉)、年未詳七月十日付書状(「天理図書館所蔵文書」〈『三好』三―一七七三〉)。
(23)「享禄天文之記」(同右)。
(24)松永英也「永禄五年の徳政令にみる松永久秀の大和国支配」(『戦国史研究』五四号、二〇〇七年)。
(25)天野Ａ論文。
(26)「樫尾文書」(『大日本史料』第一〇篇之七)。

(27) 豊田武『増訂　中世日本商業史の研究』(岩波書店、一九五二年)。なお、熊田亨氏(同『楽市楽座の誕生』岩波出版サービスセンター、二〇〇二年)によれば、一九四七年の東京大学における近世商業史の講義で、豊田氏が史料を紹介したのが最初であるという。

(28) 小島道裕「戦国期城下町の構造」(『日本史研究』二五七号、一九八四年)、朝倉弘『奈良県史』一一巻(名著出版、一九九三年)、福島Ⓐ論文。

(29) 浦長瀬隆『中近世日本貨幣流通史――取引手段の変化と要因――』(勁草書房、二〇〇一年)。以下、浦長瀬氏の理解はいずれも同書による。

(30) 『大日本古文書　観心寺文書』五三六号。

(31) 能登国でも「一切万物米ニ売買」され、こうした状態は「天下此□□」であったという(石川県立図書館加能史料編纂室「永光寺所蔵永光寺年代記について」〈『加能史料研究』二、一九八六年〉)。

(32) 「京都上京文書」「石清水文書」(佐藤進一・百瀬今朝雄編『中世法制史料集』五巻・武家家法Ⅲ、岩波書店、二〇〇一年)。

(33) 『大日本史料』第一〇編之五。

(34) 『二条宴乗記』(『天理図書館報　ビブリア』五三・五四、一九七三年)。

(35) 脇田修『近世封建制成立史論――織豊政権の分析Ⅱ――』(東京大学出版会、一九七七年)。

(36) 藤木久志編『日本中世気象災害史年表稿』(高志書院、二〇〇七年)。

(37) 本書第Ⅰ部第二章、第Ⅱ部第一章・第二章参照。

(38) 勝俣鎮夫「楽市場と楽市令」(『論集　中世の窓』吉川弘文館、一九七七年)。

(39) 本書第Ⅰ部第一章。

(40) 本書第Ⅰ部第二章。

第四章　後北条領国における楽市――世田谷・荻野《おぎの》・白子《しらこ》――

はじめに

俗に「関東の覇者」と評される戦国大名権力・後北条氏をめぐる研究は、戦前より多くの成果があり、本章の視点となる都市・流通支配に絞ってみても、その数は枚挙にいとまがない。中でも、後北条領国における城下町と六斎市の広がりや、著名な伝馬制度の成立と展開などを論じた、豊田武・杉山博・中丸和伯・相田二郎・下山治久氏らの研究は、その先駆けといえよう(1)。

その中で、戦国期都市・流通支配の最終段階と位置づけられてきたのが、中世的権威の否定や新都市興隆をめざす画期的政策としてのいわゆる「楽市令」である。後北条氏にもいくつかの関連史料があるが、先行研究ではいかなる評価が与えられてきただろうか。

古くは戦前に、先述した豊田武氏が他大名の事例とあわせて、自由商業を希求する社会的潮流から生じた、城下町を核とする領国経済の繁栄・復興策と解釈し(2)、以後はこの豊田説を柱に研究が進んだ。そうした中で、「楽市」の成立や権力との相関関係を全面的に見直す画期となったのが、一九七〇～八〇年代における、勝俣鎮夫(3)・小島道裕(4)両氏の研究である。

ともに「楽市」の通説的理解に修正を迫るものとして注目されたが、実際には残存史料のもっとも豊富な織田氏の「楽市」（加納・安土）をもとに構築された議論が中心で、ここに、両者自身が明確に言及していない後北条氏の事例を同様に当てはめるには、なお検討を要する。

また、豊田氏の網羅的研究も法令の一部分を援用的に取り上げ、これを他地域の事例と繋ぎ合わせた論が中心である。そこには、都市・流通の統一的編成と近世社会成立の前提として、権力による政策的法令たる楽市令が当然に行われるべき、という通念が顕在し、その限りにおいて、従来画期とされた右の理解はいずれも多くの問題をはらんでいた。

以降の研究もこれを顧みることなく、その多くは法令単体から、他大名と同じ目的である新城下建設や市場振興、あるいは領国内商業の統一的把握による富国強兵、といった漠然とした解釈を導き出しているにすぎない(5)。そこで、九〇年代初頭にかけて隆盛した地域社会論の流れを取り入れ、そうした古典的視角を克服する立場で分析を加えたのが池上裕子氏である(6)。

氏はまず、従来の研究が、強固な都市・流通支配を推し進める大名権力という固定観に縛られた結果、彼らの政策の前に否定・淘汰された市町の動向や、在地領主・商職人の存在、ないしその支配過程で生じたであろう矛盾や抵抗の実態が考慮されていないことを問題視する。そのうえで、制札発給における在地の働きかけを明らかにした峰岸純夫氏の研究(7)をもとに、各地域を広範囲に結びつける役割を担った宿や市場に注目し、いわゆる「下からの論理」で、楽市令を含めた後北条氏の流通・商業関係文書を読み直した。

それによれば後北条領国、とりわけ他国へ戦線を拡大する天正年間の武蔵国では、①権力による恒常的かつ安定した伝馬役負担地（軍事拠点）の創出と、②在地における荒地・旧耕地の開発が、至上命題として絶えず計画されていたとする。そこで①の実現をはかるため、権力は在地の要請（②）を認める代わりに、開発行為の拠点となる「新宿」を設置し、将来的に伝馬役徴発が可能な市町＝「宿」へと発展させるため、さらに六斎市を併設した。これをうけて市町化と地域開発を推進する、権力と在地の共同利害が一致した場である「新宿」に、六斎市への来場・集住を促す目的から、諸役免除・平和保障としての「楽市」が成立するという。

池上氏によると、そうした門戸開放策（文書）としての楽市令は、在地側のアプローチを経て発せられるもので、楽市場も、宿発展をめざす権力の存在と文書発給によって、初めて創り出されるものであったという。かかる一連の研究は、「楽市」の解釈をめぐって、それが権力による市場の支配・統一化のため一方的に成立するものでなく、その背景に、地域固有の社会情勢（後北条領国でいえば、積極的な地域開発と、開発主導者たる在地領主層の取り組み）が前提にあることを初めて指摘した、画期的成果といえる。(8) 以後、とりわけ後北条氏による「楽市」をめぐっては、池上氏の研究を通説と位置づける形で研究が進められた。だが、そうした氏の解釈にも問題がなかった訳ではない。

まず、後北条氏の「楽市」史料を改めて紹介すると、①武蔵・世田谷新宿（天正六年）、②相模・荻野（新宿）（天正一三・一七年）、③武蔵・白子新宿（天正一五年）の三ヵ所宛て計四例となる。このうち自治体史等を除くと、従来の研究で取り上げられてきたのは①か②が大半で、池上氏の議論も①を中心に組み立てられており、②③は事実関係の確認や補足的位置づけに留まる程度である。池上氏の解釈によれば、後北条領国の「楽市」は、伝馬役徴発という長期的展望に基づき、在地の開発要求を政策的に取り入れた「新宿」立てとセットで成立するものであったことになる。

確かに、①～③の「楽市」いずれもが「新宿」を対象とする、他大名の事例にはない特徴をもつ点では、後北条氏特有の用法といえるかもしれない。ところが、同領国下の新宿では他にも、同じように地域開発や六斎市を伴う事例があり、中には「楽市」にはない諸特権を認められた新宿なども存在した。にもかかわらず、池上氏の研究では、①～③のみが「楽市」となった理由や、同じ「新宿」に宛てた法令でありながら、その内容（政策面）に差異が生じた背景までは触れられていない。

この点は他の先行研究も同様（史料ごとの研究史については後述）で、本拠・小田原と、江戸・小机《こづくえ》・鉢形など各地の支城を結ぶ要衝としての「楽市」化、という評価があるのみで、同じ支城間に位置した他の新宿（非「楽市」空間）と比べて、具体的にどう異なるのかは必ずしも明らかでない。

また、右に関連して、池上氏は「楽市」の成立と展開を、後北条領国における交通体系の整備・拡充、すなわち伝馬宿の早期成熟を目的としたもの、という政策的側面で評価するが、①〜③はいずれも文書の内容や発給時期、受給者の立場が一様でない。文書が対象となる地域、とりわけ受給者の利益に結びつくことを前提とするならば、はたしてかかる視角のみから、後北条氏による「楽市」すべてを、同一の背景や志向をもつ政策と単純に評価しうるのか、疑問なしとしない。

近年の研究では、そうした「楽市」の成立背景や、そのあり方は地域ごとに異なっていたともいわれ、序章で指摘したように、右に述べた問題については地域史の視点から、個々の場がもつ特質――発給段階の社会情勢や歴史的環境――に照らし合わせ、周辺市町（宿）やそこに発給された法令との比較をもって、それぞれがどのような意義をもつのかを評価する必要がある。

すなわち、後北条氏の「楽市」が、新宿の設置・発展のみに現れる限定的な用法だと仮定しても、それがもたらす意義や文言付与の背景については、伝馬宿（役）の創出というゴールへ単線的に結びつけて理解するのではなく、地域差という制約を考慮したうえで、近世への展望もふまえて、個別に検証し直す余地が残されている。

かかる問題意識をもとに、本章では、後北条領国下の「楽市」をめぐる池上氏の理解を批判的に論じる立場から、①〜③にみる「楽市」が、それぞれ地域の中でどのように成立・展開し、近世へと変容していくのか、その実証的研究を試みるものである。

一　世田谷新宿

後北条領国における「楽市」として最初に確認されるのが、天正六年（一五七八）発給の武蔵国・世田谷新宿宛て北条氏政掟書である。

【史料１】（表１No.24）

掟

一、市之日一ヶ月

　　一日　六日　十一日

　　十六日　廿一日　廿六日

一、押買狼藉堅令停止事、

一、国質郷質不可取之事、

一、喧嘩口論令停止事、

一、諸役一切不可有之事、

　已上、

右、為楽市定置所、如件、

天正六年戊寅（虎朱印）九月廿九日　山角上野介　奉之

世田谷

新宿[9]

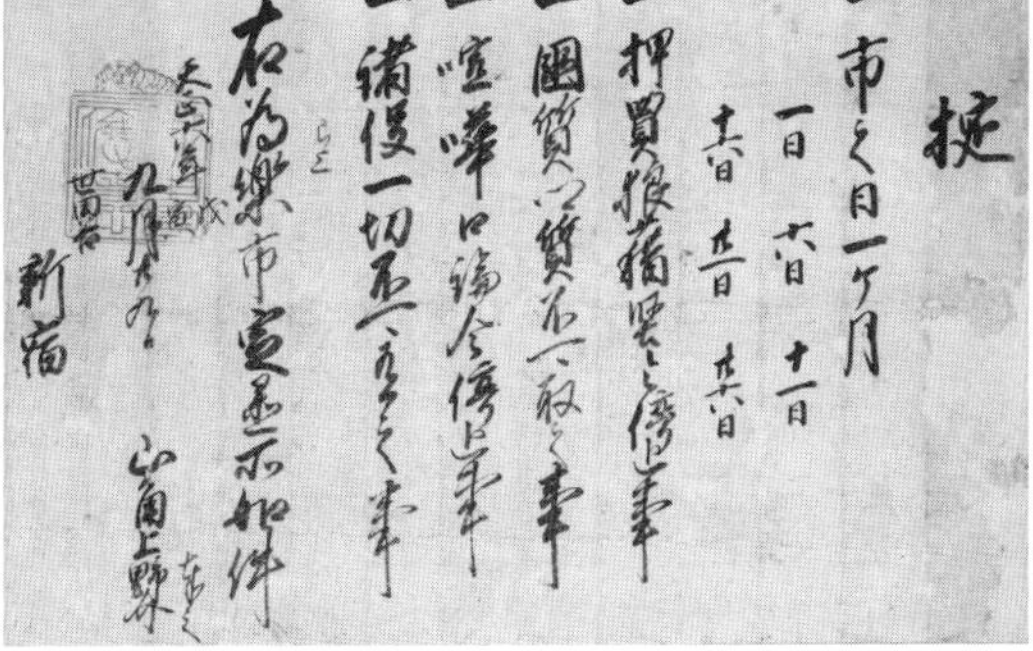
掟
一市之日一ヶ月
一日　六日　十一日
十六日　廿一日　廿六日
一押買狼藉堅令停止事
一国質郷質不可取之事
一喧嘩口論令停止事
一諸役一切不可有之事
右為楽市定置所如件
天正六年戊寅　九月廿九日　山角上野介　奉之
世田谷
新宿

図１　世田谷新宿宛て北条氏政掟書
（世田谷区立郷土資料館保管）

現代に連なる歳末の伝統行事、いわゆる世田谷ボロ市の起源を示す史料としても有名である。先行研究では先述したように、後北条氏の「楽市」の中でもっとも研究蓄積が豊富で、そこではおおむね、領国内拠点（交通の要衝）として、六斎市の保護育成と特権付与を通じた、商人来場・物流促進と城下町化をはかる興隆策、という評価がある。ただし、いずれも「楽市」化の事実に重点を置き、それが後北条氏の流通支配の中でどのように位置づけられ、近世へと結びつくのかは明らかでない(10)。

史料的側面でみると、伝馬による貨客運送を定めた「伝馬掟書」とは厳密に異なり、むしろ市日の設定や質取停止など、平和保障をはかる「市場法」としての性格が強い。その中ではたして同史料のみをもって、右の「楽市」を、池上氏のいう伝馬宿創出の延長線上に置くことができるのか。この点については宛所（受給者）の性格に加え、当該期における後北条氏権力の流通支配（発給文書）との相関関係にも注意しつつ、世田谷という地域史の展開に即して厳密に解釈する必要があろう。

（1）　中世における世田谷と吉良氏

「世田谷」（現世田谷区）は、武蔵国荏原《えばら》郡に属し、多摩川の浸食で形成された扇状地（武蔵野台地）と、同河川沿いの沖積平野にまたがる形で展開した(11)。当所では江戸を起点に、渡船場である二子《ふたご》の渡しで多摩川を越え、相模国・厚木を経て、足柄峠から駿河国へ抜ける矢倉沢往還《やぐらさわおうかん》（大山道《おおやまみち》）が走り、東海道に次ぐ主要路として、近世には同街道沿いに人馬継立《つぎたて》の宿や関所も設けられている。また、多摩川では物資運搬や合戦・軍勢活動も盛んであったことから、河川沿いでは灌漑による新田開発が行われ、中世に数多くの郷村が成立した。その一つである世田谷の歴史でもっとも注目されるのが、室町期以来、当所を領有した吉良氏（世田谷吉良氏）との関係であろう(12)。

武家の名門・清和源氏足利氏の庶流である吉良氏は、三河国幡豆《はず》郡吉良荘（現愛知県西尾市）を出自とし、南北朝期に足利義継の曾孫・吉良貞家が、奥州探題として陸奥国へ下向して勢力を伸ばすが（奥州吉良氏）、観応の擾乱を経て衰退すると、貞家息・治家へと代替わりし、間もなく関東へと引き揚げて鎌倉公方に仕えた。

この前後にあたる永和二年（一三七六）、治家は「世田谷郷内上弦巻半分」を鶴岡八幡宮へ寄進している[13]。これが吉良氏と世田谷との関係を伝える（世田谷吉良氏の）初見史料で、応永三三年（一四二六）には「世田谷吉良殿[14]」との記述もみえるように、少なくとも一五世紀初頭までに、世田谷が吉良氏の所領として組み込まれたと考えられる。

この頃に、治家が小字「元宿」の地（現世田谷区役所付近）に居館・世田谷城を構えたとも伝えられ、江戸湾沿岸の「蒔田」（武蔵国久良岐《くらき》郡、現横浜市[15]）とあわせ、まもなく南武蔵地域一帯を支配する有力領主へと成長した。

また、吉良氏はこの間、扇谷上杉氏被官の太田道灌に与していたが[16]、一六世紀初頭における後北条氏の南関東進出および当主・氏綱による江戸城攻撃と前後して、扇谷上杉から新たに後北条氏へと接近し、天文八年（一五三九）までに、吉良頼貞（のち頼康と改名）が北条氏綱女《うじつなのむすめ》を室に迎え入れ、後北条氏と姻戚関係を結んだ。

この時の吉良氏（頼康）の所領と立場について、『小田原衆所領役帳』では「蒔田領ニ付而着当以下迄無役」（蒔田領については、軍役である着当以下も免除）とされている[17]。荻野三七彦[18]・黒田基樹両氏[19]によれば、発給文書では後北条氏虎印と同規模の朱印を用い、他の国衆と異なる「吉良殿様」「吉良殿[20]」といった尊称や、後北条氏より高い書札礼に示されるごとく、吉良氏は引き続き、足利家一門という高い家格と権威のもと、後北条氏からも独立した権力（「国中国」）として、別格の扱いを受けていたという[21]。

こうした姻戚関係による後北条氏のうしろだてをもとに、戦国期の吉良氏は、上小田中《かみこだなか》（現川崎市）・品川

（現品川区）・芝（現港区）といった、多摩川・江戸湾沿岸に散在する水陸交通の要地にも、所領支配を拡充させていく。

このような後北条・吉良両氏の関係に大きな変化が生じたのが、永禄四年（一五六一）、頼康養嗣子となった遠江堀越六郎二男・氏朝（氏康甥）の家督継承である。彼の吉良氏入嗣と、氏康女との婚姻に伴い、当該期には従来と異なり、吉良氏領内・家臣へ宛てた、後北条氏による公事賦課・恩賞宛行の文書発給が行われるなど、吉良氏のもつ領主権力としての側面は次第に損なわれ、後北条領国に編入されたといわれる[22]。

間もなく小田原を拠点として、江戸城など各地の支城を結びつける交通路と沿線の宿駅が設けられていき、世田谷では「元宿」に替わる要衝として、南側の矢倉沢往還寄りに新たな中心集落とすべく形成されたのが【史料1】「新宿」であったといわれる。

その後、小田原合戦において、「せたかいの郷十二ヶ村」宛て秀吉禁制[23]が下されたのと前後して、世田谷城は廃城となり、氏朝は上総国・生実《おゆみ》へと逃れた。後北条氏滅亡により、新たに徳川家康が関東へ入国すると、隠居した氏朝に代わって、嫡男・頼久が家康の下に仕えることとなり、以後、吉良氏は「蒔田」へ改姓し、上総国長柄郡寺崎村一〇〇〇石余を知行地として近世を生き残る。

（2）　大場氏と世田谷市

①大場氏の性格

【史料1】原本を含む「大場家文書」を伝える大場氏[24]は、系図等によれば、桓武平氏・大場景親の末裔と伝えられる。同家はもと三河国幡豆郡に住し、鎌倉公方・足利持氏の代から吉良氏に仕えた重臣であり、世田谷では「元宿」付近に居を構え（＝世田谷大場氏）、越後守信久・外記房勝父子の代にあたる【史料1】前後に、矢倉沢往還沿いの小字「上町」（現代官屋敷付近）へと移り住み、小田原開城後は、世田谷新宿に土着して帰農したという。

江戸時代に入り、寛永一〇年（一六三三）、井伊家江戸賄料として、世田谷が彦根藩領に組み込まれると、房勝息・盛長と従弟・市之丞吉隆が、年貢収納や治安維持を務める世田谷領一五ヵ村の在郷代官に取り立てられ、以後は代官屋敷において、明治維新まで同職を代々世襲したと伝えられる。

そのうえで、世田谷に宛てた【史料1】掟書が、権力による一方的付与、あるいは在地が要求したものかは明らかでない。だが、こうした歴史的前提をふまえるならば、文書の伝来経緯から、少なくとも先述の秀吉禁制とあわせ、戦国・織豊期における世田谷の平和・特権付与に関する文書を代々伝える大場氏は、いわば当該地域の管理統制を担う代官的存在――小島道裕氏のいう「所の目代」――に相当する人物と位置づけられる(25)。【史料1】も宛所こそ「世田谷新宿」になっているが、実際には、そうした市町振興を差配する大場氏が獲得主体となって、文書を受給した可能性が高い。近世における代官職の任命も、そうした経緯をふまえてのものだろう。

このように、中世における世田谷の歴史的展開をめぐっては、後北条氏のみならず、在地領主である吉良氏（代官・大場氏）との関係抜きには正しく評価しえない。

②世田谷市の歴史的展開

一方、中世の世田谷市場(26)については、一八世紀末に記された江戸近郊の地誌『四神地名録(27)』によると、「世田ヶ谷の地は吉良うしの時は城下の市中にて、荏原郡多摩郡のうちにては第一の交易所にて、商人も数多有りて、はんじやふの所」と伝え、同じく江戸後期の地誌である『新編武蔵風土記稿(28)』にも、「昔吉良氏の盛なりし頃、城下町なりしゆへ、駅家なとも有しかは（中略）、古は毎月一六の日に市ありしよし、荏原郡多摩郡の内にては第一の交易の所なりしかは、商人も多く集りてことに賑へり」とある。

図2　ボロ市通りの景観(旧矢倉沢往還)

【史料1】以前の世田谷市の様相については、同時代史料に乏しいため、必ずしも明らかではないが、古くは鎌倉街道の宿駅であったともいわれるように[29]、少なくとも領主である吉良氏のもと、早くより駅家として市場が開かれるなど、世田谷城下（元宿）が一定程度繁栄していたことは間違いなかろう。【史料1】第一条をふまえれば、『風土記稿』にいうような、数郡にまたがる中心的な交易空間という記述は（いくばくかの誇張もあろうが）、当所に新宿が開かれ、町場的な様相を呈する戦国期以降の実態をさすと考えられる。

その後、近世に入り、江戸を中心とする街道整備と商業圏の拡大から、旧往還筋にあたる矢倉沢往還と世田谷の重要性は次第に失われ、六斎市は月一度の開催から、江戸中期頃までに、近郊の農村を対象とした年一度（一二月一五日）の歳末市へと、その規模を縮小していったと伝えられる。

これらをもとに次項では、後北条領国における宿・市場の存在形態と、武蔵国内の後北条・吉良両氏による流通支配の展開について概観し、世田谷新宿における「楽市」の実態へと迫っていこう。

（3）後北条・吉良氏の流通支配と宿・市場

①宿・市場の存在形態

ここではまず、後北条領国内に広がる宿と市場のあり方について検討しておく。

表1（章末一六五～一六九頁）は、後北条領国内で確認される宿（新宿）の概要をまとめたものである。ここ

から全四一例中（一つの宿に関する残存史料が複数ある場合は、代表的なものをいくつか掲げるに留めた）、天正年間においては三一例（うち新宿一七例）、そのうち世田谷のある武蔵国内だけでみると一六例（うち新宿九例）が認められることから、当該期に集中して、多くの宿が各地に形成された様子がうかがえる。

池上裕子氏は、こうした新宿立てをめぐる背景を、地域開発と伝馬役徴収（伝馬負担地創出）の観点で位置づけ、新宿にみえる諸役免除などの特権は、町場としての発展と、商人の集住促進をはかる目的で付与されたものと説く。換言すれば、そうした諸特権は恒常的なものではなく、権力側の目的である伝馬宿成立の実現をもって破棄される可能性があったことになる。そこで、史料上から宿に含まれる特権のあり方を詳しくみると、次のような特徴が指摘できる。

まず、①「諸役免除」は、期限や移住などの条件つき（No.６・18・19）の場合が多いものの、新宿では【史料１】を含めてわずか三例（No.24・35・37）に留まり、むしろ市場が開かれていても、押買狼藉停止などの平和保障のみで、諸役免除までは認められていないケースが多い（No.３・９・26・28・29など）。これは当該条項が、新宿の発展や「楽市」にとって不可欠な、かつ普遍的に付与される特権では必ずしもなかったことを示唆する。

②逆にそれを上回る形で、宿・新宿の如何を問わず多く認められるのが、守護使入部や役賦課を排する権利をさす「不入」である。新宿自らが「不入輿申」して、役賦課を免れようとした例があるように、「楽市」以上に事例の豊富な不入は、宿の成立と展開においてもっとも重要な、在地側が強く求める特権の一つであったと考えられる。しかし、「不入之儀申上候、従亥年巳年まて七年相定」「奉公役厳密可走廻候」や「子年より未之年迄八年、可為諸不入事」などとして、多くは一定の条件や期限が定められており、この点は伝馬宿創出という目的が背景にあるとした、池上氏の指摘を裏づけるものといえよう(30)。

地域開発の拠点という新宿の性格(31)については、表１−２（一六七〜一六九頁）をみると、荒地・荒野などの文言を含む、明らかな開発行為を前提とした（ないし伴う）ものはわずか五例（№25・27・30・34・35）で、「楽市」においては後述する白子郷のみなど非常に限定的である。たとえば天正八年（一五八〇）の【史料2】（№25）では明確に、新宿立ての目的を「古河関宿」間における往復路（としての中継拠点）を確保するためと述べ、周辺での「芝原」以下の開発は、あくまで二次行為として生じるもので、新宿立てをはかる後北条氏側の意図と直接紐づくものではない。

【史料2】（表1№25）

古河・関宿為往復、小手指原ニ新宿被立置候、芝原之儀者、誰人之知行成与云共、開次第可為当作人儘之旨、御国法也、然小手指之者開候内、催促之族有之者、為先此證文可申披候、重而及挨拶ニも付而者、可為曲事、強義之催促致者有之者、為先此證文、宿中出合相押、瀧山江可申越者也、仍如件、

（天正八年）八月二日　　氏照（花押）

小手指
町人衆中[32]

このように、新宿立てはそのすべてが、開発拠点というあり方に収斂されるものではなく、権力の軍事行動に伴う交通の要衝の確保を第一として設定される場合も存在した[33]。

一方で、そうした新宿と密接に結びつき、後北条領国において頻出する特徴をもつのが、新宿設置に際し、自由商業や商人集住の促進を目的として意図的に立てられたといわれる、市場（六斎市）の存在である。

この理解については、必ずしも新宿で市立ては企図されていないとする批判[34]もあり、実際に「上小田中」門前市場[35]（表3№6）や、上総の「八幡之郷」新市[36]（表2№36）などのように、後北条領国内の市場すべてが宿と結びついて成立したわけでないことは明白である。

だが、後掲の表1-2（一六七～一六九頁）からも、商人来場や商取引の保護、「楽市」などの条項が数多く散見される新宿では、その成立と展開において、市場の存立が重要なものであったことは間違いない。なお、豊田武氏によると、武蔵国内では七十余の市場があったといわれるが、[37]【史料1】と同じ荏原郡において、残存する同時代史料で確認される市場は、世田谷を除き、品川の「二日市」「五日市」[38]と、後述する上小田中門前市場のみである。

では、こうした国内の各地に広がる宿（新宿）や市場において、後北条・吉良両氏は具体的にどのような政策を展開していたのか。

②後北条・吉良氏の流通支配

ここでは【史料1】に関わって、主に武蔵国内の宿・市場における両氏の流通政策について、市場法を含む流通・商業関係文書をまとめた表2（一七〇～一七四頁）、表3（一七五～一七七頁）をもとに、その特徴や共通点・差異に注目したい。まず、後北条氏の代表的な法令をみてみよう。

(1)後北条氏（表2）

【史料3】（表2No.7）

関戸郷自前之市之日定之事、

一ヶ月　三日　九日　十三日　十九日　廿三日　廿九日、

一、伝馬之事、一日ニ三疋定畢、御出馬之砌者、十疋可立之、但自当年来年中如此、自寅年如前々可致之事、

一、濁酒役幷塩あい物役、御赦免之事、

已上、

右、定所如件、

（虎朱印）
甲子
九月廿日(39)

【史料4】（表2 No.18）

就致詫言、定之事、

一、如何様之借銭借米致之候共、市之日来候商人ニ、其催促不可申懸、若非分ニ致無沙汰候者、可致披露、不可其儀、荷馬以下為所当取候仁ハ、市之横合候間、可為越度事、
一、濁酒致売買家へ罷越、致慮外、或（ママ）其所召取、可致披露事、
一、市之日少之買物為持来、為所用宿中之下人、或押立儀、近頃曲子細ニ候、両所へ走廻、引掛一向不可入事、
一、自宿中陣夫三疋三人、陣着計可申付候事、
一、飛脚之儀、尤指置候、難去時分者、町人之中へ相頼可申付事、
一、ぬり物役幷炭役之義、宿中之者ニ計者、尤指置候事、

以上六ヶ條

右、押買狼藉之儀者、何方も御法度、更侘言迄も無之候、何之足軽小者中間ニ候共、不致思慮可致披露、任法度、則可申付候、仍如件、

元亀二年辛未六月十日

本郷町人(40)

後北条氏直轄領である関戸（多摩郡）は武蔵南部、鎌倉街道上と多摩川の渡河点に位置し、渡し場や関所が置かれた水陸交通上の要衝として知られる。永禄七年（一五六四）に出された【史料3】は、そこに以前より開か

れていた市場を安堵し、伝馬役の員数と商売役免除を定めたものである。

松山本郷（比企郡）は、後北条・上田両氏のもと、河越・鉢形・岩付など周辺の支城を結ぶ、比企郡の中枢として栄えた地域で、元亀二年（一五七一）の【史料4】では在地からの「詫言」＝申請に基づき、松山城下の本郷における市場の平和保障や、徳政がはかられている。また、本郷の南・小畔《こあぜ》川沿いに位置する高萩新宿（高麗郡）でも市が立てられ、天正一一年（一五八三）には、【史料5】「為新宿間」として不入権が付与されている。

【史料5】（表2No.40）

定市法度　　高萩新宿

二日　　七日　　十二日

十七日　　廿二日　　廿七日

一、押買狼藉・喧嘩口論、堅令停止事、

一、国質・郷質不可取事、

付、市之日借銭借米、不可催促事、

一、為新宿間、一切可為不入、但、於他郷前々役致来者、其所を明、当宿へ来而有之者、不可置、若置候者、

可勤其役事、

已上、

右、定所如件、

（虎朱印）

天正十一年癸未十二月十日

山角上野介□（殿）(41)

このように武蔵国内では、後北条氏差配のもと、交通の要衝にあたる地域を中心に市場（宿）が広がっていた。そこでは新たに市日が定められ、押買狼藉・質取の禁止を通じた平和保障や諸役免除などを特権として、その繁栄がはかられている。[42]

こうした後北条氏発給の市場法について、その条文に注目すると、そこには【史料1】と共通する要素が数多く認められることが分かる。とりわけ【史料5】の構造は、【史料1】と同一であるといっても過言ではなかろう。

ところが、右に掲げた【史料3〜5】いずれにも「楽市」の文言はみえず、むしろその中には「為新宿間」を理由として、【史料4・5】の「市之日借銭借米」破棄などのように、【史料1】にはない特権を認められた市場もある。このことから、新宿・市場といった同じ交易空間であっても、実際にそこへ出される法令の内容には、地域や時期に応じて差別化（文言の使い分け）がなされていたと推測される。

だとすればそうした差異、すなわち【史料1】のみが「楽市」化にいたった理由についても、世田谷という地域固有の特質や、文書発給段階における、後北条・吉良両氏の領域支配のあり方に左右された結果と考えるべきではないだろうか。[43]

(2)吉良氏（表3、一七五〜一七七頁）

【史料6】（表3№6）

上小田中市場より泉澤寺堀際まて、為寺門前、此内住居輩、於何事諸役公事勧進以下、一向不可有之間、有望輩越居市場、可令繁昌者也、為後日證状如件、

天文十九年庚戌九月十六日　　頼康（花押）

寶林山
泉澤寺

侍者中[44]

右は吉良氏発給の市場法として天文一九年（一五五〇）に出された、現存するもので最初期かつ唯一の文書である。そこでは、上小田中（荏原郡）の市場から泉澤寺《せんたくじ》堀際《ほりぎわ》までを「門前」として、諸役以下の免除を認め、希望者には同市場への移住を奨励し、さらなる繁栄をはかった。吉良氏菩提寺である泉澤寺は【史料6】の前年に焼失し、翌年に吉良氏保護のもと、多摩郡烏山から多摩川南岸の上小田中へ移転・土地を寄進されており[45]、かかる市場振興も、同寺の再興を促すことが前提にあるといえよう。さらに、天正一六年（一五八八）には芝（現港区）の百姓に対し、新宿立てと不入権の付与を認めている。

【史料7】（表3№34）

制札

右柴村新宿為不入立之候間、若横合非分有之ニ付而者、可遂披露由、被仰出者也、仍而如件、

戊子
七月廿四日（印文「諸願成就皆令満足候」）　江戸近江守
奉之

柴村
百姓中[46]

江戸湾に面した当所では船持ちが集い、吉良氏領（「蒔田御領」）となった一六世紀半以来、「船橋舟」賦課による軍事的要地と位置づけられ[47]、ここでの新宿立ても、そうした交通上の要地という地理的特性を意識したものであろう。

このように、吉良氏の政策もまた、交通の要衝における市場振興・新宿設置を中心として展開したものである。ただ、同じ吉良氏領に位置する【史料1】世田谷と共通する内容を多分に含むものの、【史料6・7】いずれに

も「楽市」文言は現れてこない。

これは吉良氏があえて用いなかったのか、あるいは、後北条氏のみにしか設定できない理由があったのかは定かでない。ひとまずここでは、後北条氏に限らず吉良氏も自らの領内において、市場法発給や新宿立ての保障、あるいは諸役免除を設定しうる立場にあったことを確認しておきたい。こうした分析を前提としながら、次に【史料1】の具体的検討へと入っていこう。

（4）世田谷新宿「楽市令」をめぐって

いわゆる六斎市の開催日を定めた【史料1】の第一条は、同一郡内に展開した品川宿の「二日市」「五日市」と重ならないよう、意図的に分けて設定されたものだろう。かかる市日はおそらく、矢倉沢往還沿いへの拠点移動にあたり、【史料3】関戸郷「自前之市之日定之事」のように、世田谷城下（「元宿」）に旧来から開かれていた市場の開催日を、そのまま新市へとスライド（継承）したものである可能性が高い。

続く第二・三・四条は市場の治安維持をはかるもので、【史料4】の「押買狼藉之儀者、何方も御法度」に通ずる条文といえる。

第五条の諸役免除について、池上裕子氏は、新しい支配を展開しようとする後北条氏と特別に結びついた寺社・給人のみに付与される特権であり、新宿においては根幹となる伝馬役はなお賦課され続けたという(48)。ただし表2から、武蔵国内の市町・寺社や商工業者などにも幅広く認められていることがわかり、諸役免除はことさら特別なものとも言いがたい。なお、「楽市」をもつ事例に限れば、【史料1】世田谷新宿以外ではわずかに、後述する白子郷新宿が「五年荒野、七年荒野」と一時的に認められた程度で、附則条件をもたない「一切」の諸役免除は、世田谷新宿のみの特権といえる。

これは、楽市令の多くにみられる諸役免除をメルクマールに、「楽市」文言をもたずとも、諸役免除条項さえ備えていれば、都市法・市場法はすべて、実質的に楽市令と同義だとする佐々木銀弥氏の指摘[49]とも関わる問題である。

戦国期における都市・市場の多くが諸役免除を認められていたことは疑いないが、一方で後述する荻野新宿のように、「楽市」であっても諸役免除が認められていないケースも存在した。このことは「楽市」の成立と展開において、諸役免除が必須ではなかったことを意味し、当該条項の有無だけをもって楽市令のあり方は解けないことになろう。

「諸役一切」という表現に示されるごとく、少なくとも世田谷新宿に限っては、池上氏のいう伝馬役を含めて、あらゆる役が恒常的に免除されたとみてよいだろう。「楽市」化ゆえの諸役免除というより、むしろかかる特権は世田谷という地域性、とりわけそれまで後北条氏から「無役」とされてきた吉良氏領のあり方に基づく、旧来の権利安堵に相当するものと考えられる[50]。

こうした内容で構成される【史料1】であるが、先述のように「楽市」という特異な文言を除けば、法令の構造は当該期に普遍的な市場法と大差なく、【史料5】高萩新宿宛ての文書とほぼ同一といってよい。だとすれば他の新宿にあるような、不入や徳政をもたない世田谷新宿は、一見するとそれほど優遇されていないようにも映る[51]。

そこで注目される「楽市」文言のあり方が、流通統制や商人の来場促進など、経済振興を企図するものだとすれば、吉良氏も領域支配の中で積極的に採用したに違いない。だが先述したように、その前後において、領内の市場に宛てた吉良氏発給文書のいずれにも、そうした文言が現れてこないのは、裏を返せば、これを用いる慣習（必要性）がそもそも存在しなかったためではないだろうか。

すなわち【史料1】それ自体が在地側の要求に応じたものだとしても、「楽市」文言については文書発給にあたり、後北条氏側が何らかの必要上、意図的に持ち込んだ概念といわざるをえない。ではなぜ、後北条氏は世田谷新宿を「楽市」とする必要があったのか。

谷口雄太氏は【史料1】を「後北条氏領全体の経済政策」と評価する(52)が、だとすれば、同時期の武蔵国内に点在する他の新宿や市町も、すべて「楽市」となって然るべきであろう。だが、実際にそうなっていないのは、後北条氏にとって世田谷新宿のみを「楽市」とする（「楽市」としなければならない）目的、いわゆるローカルな問題が背景に存在したためであり、【史料1】の意義を単純に全体化して捉えることは妥当でない。

池上裕子氏は、天正年間の戦線拡大に伴い、兵站基地としての新宿設置の需要が高まったとして、「楽市」の成立背景も、軍事面で新宿興隆をはかるためと位置づけた。このほか先学の多くも、小田原と支城間を結ぶ軍事拠点化としての「楽市」を説く傾向にあるが、はたして世田谷新宿にそうした要素は想定できるのか。

この時、当主である氏政は、佐竹・宇都宮・結城ら反後北条方の諸将攻略のため、北関東へたびたび侵攻し、【史料1】の前月には、上杉氏家督争いの最中にある弟・上杉景虎支援のため、上野へ出陣している。しかし、世田谷では、戦乱など地域の存立に直接関わる軍事的緊張状態は認められない。また先述のように、街道沿いや水陸交通の結節点における新宿・六斎市の開設が、武蔵国内各地で散見されるように、とりわけ北関東との境目（前線）にない当該期の南武蔵地域において、世田谷新宿の成立はともかく、「楽市」化までを同一の観点で評価することは難しいだろう。

【史料1】の意図するところは、六斎市の規定とその平和保障にあることは疑いない。通説のように、文書が受給者側の利益に結びつくとすれば、【史料1】は吉良氏拠点である世田谷城下（「元宿」）から、矢倉沢往還沿いに新たな拠点（「新宿」）を開こうとする後北条氏に対し、吉良氏側が働きかけて獲得した文書に相当する。

すなわち、市立てと平和保障・諸役免除はいずれも、領主・吉良氏ないし世田谷の代官支配にあたる大場氏ら在地の要求にもとづくものであると考えられる。これに対し、同市場を「為楽市定置」くとする一文は、在地の要求をうけた後北条氏側のねらいを端的に示したものといえよう。

より具体的にいえば、旧街道沿いに広がる世田谷は、足利氏御一家としての高い家格・権威をもつ吉良氏の支配領域という点に加え、蒔田・芝・品川など江戸湾岸の要地とも結びつく吉良氏の地域的ネットワークの中枢として、後北条氏の関東支配とその安定化において欠くべからざる場であったと考えられる。(53)

掟書中に記された「楽市」文言は、そうした他の新宿と異なる地域的特質をもつ世田谷を、単なる交通上の要衝に位置づけるだけでなく、平和領域かつ後北条氏の庇護下にあることを強調し、これを視覚的に認識させるためのものと考えられる。それはまた後北条氏自身にとって、吉良氏（所領）存続をはかる保護策としてのアピールとなり、周辺の交易空間との差異を明確化し、引き続き世田谷地域のもつ優位性を担保するうえでも有効な手段であったろう。

このようにして用いられた「楽市」という概念は、他の新宿や市場と異なるあり方を喧伝し、これを可視化するための修辞であるといえる。と同時に、空間としては、右に述べたような大名権力の政策的意図に基づいて設定され（「定置」）ることで、初めて成立しうるものであったと考えられる。(54)

その後、先述したように、小田原合戦による後北条氏滅亡をうけて、世田谷市はその機能を衰退させていく。近世に入り、江戸を核とする商業圏の成立から「商人の分は江戸へ所をかへし故に、今のことき辺鄙の僻地」(55)（商人たちは江戸へ活動拠点を移し、今はこのような僻地）となり、やがて「年に一度つゝ」(56)の歳市へと落ち着いていった。かかる世田谷市の歴史の中で、【史料１】と「楽市」ははたしてどのように伝えられていたであろうか。

享和元年（一八〇一）、大場家十代・弥十郎によって編まれた歴史書『世田谷勤事録』[57]によれば、【史料1】は「世田谷上下宿市町免許、従往昔持伝書、御朱印之免許」として、「上下宿」（矢倉沢往還沿い）における市立てを認められた文書、と評されている。また同じく、天保五年（一八三四）、大場家と世田谷領の歴史を記した『公私世田谷年代記』[58]でも、同文書は「世田谷新宿江月次一六之市町免許御書付」とあり、後北条氏から与えられた市立て免許状と位置づけられている。

このように、世田谷市を差配する代官の諸記録において、【史料1】が「北条家より下せし免状」[59]とする共通の理解のもと、連綿と語り継がれているのに対し、他の市町にないプライオリティである「楽市」については、一切触れられていない。これは【史料1】発給以来、市立てを後北条氏に認められたという事実こそが、世田谷市と在地にとってもっとも価値を有する「特権」として永く認識されていたためと考えられる。

一方で、掟書に対する評価が一貫して「免許御書付」といった表現に止まり、「楽市」に関する記述がみられないのは、それが【史料1】発給段階における大名権力の政治理念に基づくもの、すなわち領域支配の安定化をはかろうとする、後北条氏の政策意図によって持ち込まれた概念であったためであろう。

右に挙げた記録についても、【史料1】から二〇〇年余り後に成立した時間差を考慮する必要はあるが、「楽市」とは、多分に大名権力の裁量によって成立する強い時代性をもつもので、世田谷では市の盛衰と軌を一にする形で、発給者である後北条氏の滅亡とともに、その意義を失っていったと考えられる。それゆえに近世にいたっては、世田谷市の由緒を説くうえで、不可欠の特権として認識されなかったと考えられる。

二　荻野新宿

後北条氏による「楽市」政策の二例目は、天正一三年（一五八五）発給の、相模国・荻野新宿宛て北条氏直制札である。

【史料8】（表1№29、図3）

定市法度　　荻野□□（新宿）

四日　九日　十四日

十九日　廿四日　廿九日

已上、

一、押買狼藉之事、

一、借銭借米之事、

一、喧嘩口論之事、

已上、

右、為楽市間、於当日横合□□（非分）不可有之、幷郡代觸口之綺一□□（切不）可有之、

若於違犯之共輩者、則□□（可遂）披露者也、仍如件、

天正十三年乙酉　二月廿七日（虎朱印）

松田兵衛大夫[60]　　宗□□□（甫奉之）

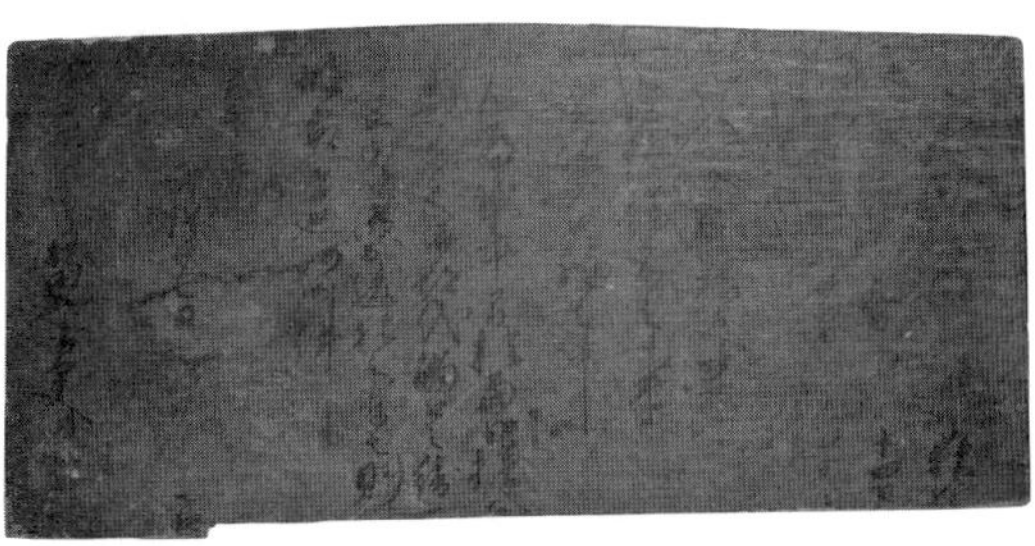

図3　荻野新宿宛て北条氏直制札
（難波武平氏所蔵、厚木市教育委員会提供）

同史料の位置づけについて、自治体史等では、後北条氏主導のもと諸役免除・自由通商を主とする新市が開かれ、宛所にある松田氏がこれを差配したとする理解が一般的である[61]。

一方、個別論者では早く、土豪排除による商品流通の一元的支配策と捉えた豊田武[62]・中丸和伯両氏[63]や、商人誘致による甲州方面への前線基地化を意図するとした佐々木銀弥氏などの研究がある[64]。

これに対し、現存する制札原本の形態分析から解釈を試みたのが、小島道裕氏である[65]。氏によれば、制札には柱や屋根を取り付けた跡はないものの、底部に残る複数の釘穴や焦げついた表面の変色状態から、実際に長期間屋外に掲示されており、下部にみえる欠損も、固定された底部を取り外す際に割れて生じた痕跡であるという。また、捺印された朱印の色が明瞭に残ることからも、右の掟書が紙から写し取ったものではなく、当初より板に書かれた状態で発給されたとする。そのうえで同制札は【史料1】と異なり、法令を受け取るべき住民や都市共同体の存在しない場に、大名権力自らが直営の市立てを行い、その振興をはかるためのものとした。

以上から【史料1】と同様、先行研究では事実関係の確認を中心に、荻野新宿を軍事的要衝に位置づけようとする後北条氏の立場から、史料解釈を試みたものが大半といえる。唯一、池上裕子氏は【史料1】と同様、制札は在地（松田氏）からの要求をうけて発給されたものと評価するが、内容に関する具体的な分析は行っていない[66]。

そのため当該期の相模国内で、なぜ荻野新宿のみを「楽市」とする必要があり、類似する立地条件をもつ他の宿・市町と比較した場合、経済面で具体的にどう異なるのか、あるいは在地の視点から、「楽市」がどのような意義をもち、近世社会にどのような影響を与えたかなどは明らかにされていない。このように世田谷新宿の事例と比べ、同史料をめぐる研究はやや停滞しているといってよいだろう。以下、ここでは前節と同様の研究視角に基づきながら、荻野新宿「楽市」の地域史的意義を明らかにしていく。

（1）荻野について

①荻野の歴史的展開と松田氏

「荻野」（現神奈川県厚木市[67]）は相模国中郡《なか》にあり、中世には荻野郷に属した。同郷は慶長八年（一六〇三）の検地を経て、上荻野・中荻野・下荻野の三ヵ村に分かれており、【史料8】所付にある「荻野新宿」は、このう

図４　現在の大山道(県道63号線)

ちの下荻野村に開かれたものである。

地理的特質に目を向けると、荻野台地と中津山地裾野に続く丘陵部からなり、南には荻野川が流れる。また集落の中央には、荻野川に沿って厚木宿と甲斐国都留《つる》郡を東西に結ぶ「甲州道」と、当麻《たいま》宿から相模川を渡り、伊勢原へ抜ける「大山道」が交差することから、中近世を通じ、交通の要所としても発展した。

一次史料をみると、早く観応三年（一三五二）の足利尊氏禁制写に「覚園寺領相模国毛利庄内妻田、散田、荻野郷」という記載があるのを初見とし(68)、以後、南北朝・室町期を通じ、覚園寺領としてその名が現れる(69)。

戦国時代になると、永禄二年（一五五九）作成の『小田原衆所領役帳』に「松田助六郎、一、買得　百七拾七貫弐百七拾壱文　中郡荻野郷、元田中知行、此内百十四貫百五拾壱文　壬寅検地増分(70)」とあり、一六世紀半ばまでに、北条家御馬廻《うままわり》衆である松田助六郎（康長）の知行地に組み込まれた。以後、松田氏は同郷を本拠として、「兵衛大夫」の官途を名乗っており、宛所となっている【史料８】も在地領主の立場で受給した文書といえよう。こうして当該期の荻野は、重臣・松田氏による支配のもと、永禄一二年（一五六九）の三増峠《みませとうげ》合戦では、武田軍追撃のため小田原を発した氏康・氏政父子が、荻野まで出馬したとも伝えられるなど、後北条領国の拠点として繁栄した。

康長は【史料８】ののち、東海道の要衝である伊豆国・山中城の普請に携わり、同城の守備にあたっているが(71)、秀吉の関東進攻が始まった天正一八年三月、豊臣秀次を総大将とする軍勢の包囲をうけて討ち死にし、代わって直長（康長嫡男）が遺跡《ゆいせき》を継いだ(72)。

この間、荻野には秀吉禁制[73]が下され、直長は小田原開城後、徳川家康に旗本として仕え、文禄四年（一五九五）に荻野郷二三〇石を与えられている[74]。近世に入ると、荻野は享保年間まで幕府領として、以降は大久保氏の所領（荻野山中藩）となっていく。

②荻野市と馬市

交通の要衝に立地する荻野市について、【史料8】以前の様相は史料を欠き、明らかでない。山本隆志氏は、鎌倉幕府法の「傍例」としてみえる、荻野での馬取引をめぐる記述をもとに、早く鎌倉期からその地理的特質により、甲州方面の良馬を扱う市場が開かれていた可能性を指摘する[75]。

また、荻野郷下古沢の本照寺に伝来する永禄九年（一五六六）の鰐口《わにぐち》と、妙元寺（中郡）に伝わる同一三年鋳造の鐘鼓《しょうこ》に、それぞれ「小合大工清次」「大工荻野邑藤原弘定」の名が、下荻野の小字名とともに見えることから[76]、【史料8】以前より、同郷が鋳物師の活動地としての性格を備えていたことも分かる。先述した地理的特質をふまえれば、荻野郷が早くから経済的繁栄の途を歩んでいたことは間違いなく、街道を往来する人馬や物資の集散から、市場そのものも戦国期までに開かれていた可能性が高い。

その後、天正一七年（一五八九）の北条氏直掟書によれば、荻野では【史料8】の六斎市のほか、

【史料9】（表1No.29）

□□《一、於》当宿馬町□□□《之儀者》、□□《毎月》十九日より廿五日迄一□□□□《七日之間》、如前々無相違可立之、為□□《楽市》間、自何方来者ニ候共、横合非分一切不可有之、就中□□《押買》狼藉喧嘩口論、堅令停□□《止候》、□《若》至于違犯之族者、即可遂□《披》露、可処厳科旨、被□□□《仰付者》也、仍如件、

天正十七年己丑九月十三日（虎朱印）

奉行
大道寺代
山上強右衛門尉(77)

として、毎月一九日から二五日の間に、馬市も開かれたようである。(78)欠損が著しいが、幸いにも同掟書には全文を記した写し（木札）(79)が存在し、ここから同文書が「楽市」文言をもつ楽市令であることが分かる。

さて、かかる写しは、江戸時代に荻野宿の庄屋を勤めた難波家に【史料8】とともに伝来したものであるが、本来、手元に残るはずの正文でなく、同文書の写しだけが難波家に伝来した理由については明らかでない。このほか同家には、近世の荻野市に関する文書も数多く残され、『新編相模国風土記稿』によれば、下荻野村には新宿と並び、「高札場」が設けられていたとあり(80)、【史料8】もここに掛けられていたと考えられる。

なお、近世初期における荻野市の様相は史料を欠くが、江戸時代中期にあたる正徳三年（一七一三）の下荻野村地方三役願書(81)によれば、五〇年余り前（寛文年間頃ヵ）に生じた村の火災で、家財や商売道具をすべて焼失して以来、荻野市は「中絶仕候」状態で、村中も「別而困窮申」状態にあったという。そこで改めて、先規の通り「賑のため」市立て（再興）を幕府代官へ申し出て、翌年これを了承されている(82)。しかして、矢倉沢往還沿いにある厚木宿の隆盛に伴い、荻野市はふたたび衰微の一途を辿り、幕末の頃には一二月二九日のみ開催の「暮市」へと変貌していったと伝えられる(83)。

さて、こうした由緒をもつ荻野市であるが、先行研究では【史料8】「荻野新宿」と【史料9】「当宿馬町」は同一の市町として比定されている。はたしてその理解は妥当であろうか。【史料9】には「如前々無相違可立」とあり、掟書以前より馬市が開かれていたことは間違いなく、あるいは荻野市が「楽市」をうけて次第に町場化を遂げたものである可能性も十分に考えられる。

だが、先述した正徳年間の願書に立ち返ると、そこでは荻野市再興にあたり、村方が「北条家ゟ建候朱印高札、今以所持仕候由ニ而指出」として、幕府へ提出した制札写しは【史料8】であって、【史料9】は現れてこない。このことは、馬市（中荻野）と荻野新宿（下荻野）の六斎市がそれぞれ別個の由緒をもって成立・展開し、その管轄主体も異なっていたためと考えられる。

だとすれば、荻野では戦国期において、甲州道に沿って宿場町が南北（近世の中荻野・下荻野両村に相当）に広がり、そこへ二度にわたり「楽市」が設定されていたことになる。[84] これは荻野という地域のあり方と、「楽市」成立との関係を考えるうえでも、重要なポイントとなるだろう。

(2) 相模国における流通支配の展開

前節と同様、ここでは主に相模国内に広がる宿と市場のあり方を検討し、ここに後北条氏がどのようなアプローチを展開したかを辿っていく。

①宿・市場をめぐる問題

交通の要地に開かれたとされる宿（新宿）について、表1（一六五〜一六九頁）より、相模国内における事例を取り上げると、宿・二例（No.1・4）、新宿・五例（No.23・29・33・40・41）となる。新宿が若干上回るものの、事例の顕著な武蔵国と比べて、その数はさほど多くない。対して、新宿の成立が天正年間以降に集中するのは、やはり武蔵国と同様の背景によるものであろうか。

一方、市場の様相について、豊田武・杉山博・阿部浩一氏らの研究[85]によれば、宿と同様、交通上の要地において開催日をずらしつつ、数キロ間隔ごとに六斎市が開設され、中郡では相模川沿いに、荻野・座間・当麻・厚木・伊勢原の五ヵ所による市場圏が形成されたという。[86] ただし、右の理解は、近世の地誌である『新編相模国風土記稿』にみえる市の所伝をすべてそのまま中世段階に遡らせたもので、後北条氏による市立ての実態については再考の余地がある。

実際に一次史料から、相模国内で市場など交易空間の存在が確かめられるのは、荻野を除けば、先述した宿（新宿）のうち、①「たいまの宿」「当麻道者坊」「商人問屋」が置かれた当麻宿（№1）、②「こき商売」「鰢買」のある畑宿（№4）、③「鋳物師商売」「問屋」「奈良塗師」「大工」を抱えた小田原城下（№23）で、このほか④『小田原衆所領役帳』のうち玉縄《たまなわ》城主・北条綱成の所領にみえる「村岡市場」[87]、⑤「田原村氏直様以来の罷立市御座候」の由緒をもつ田原「十日市場」[88]がわずかにみえる程度である。ただし、いずれも幹線路上に位置する地域にあることをふまえれば、この他にも文書自体は現存しないものの、同じような市場が幹線路を通じて小田原へ結びつく形で、各地に立てられていたことが推測される。

②市場法からみた後北条の流通支配

このような市場について、先行研究では武蔵国と同様その多くが、後北条氏による支配の展開と軌を一にしながら、分国経済の統一をめざすための六斎市として、印判状をもって意図的に開かれ、後北条氏権力の強化にも寄与したとされる[89]。

だが、そうした理解は「楽市」の有無といった差異を問題視せず、個々の市場がもつ性格や成立背景を捨象したもので、後北条氏による管理統制の実態も十分明らかにされているとは言いがたい。そこで相模国内の市町・商工業者に宛てた、流通・商業関係文書の一覧である表4（一七八～一八一頁）に注目したい。

ここから明らかなように、市日規定や、市場内での非分行為停止を定めた市場法の発給は、先述した「楽市」文言を含む荻野の二例のみに留まり（№33・38）、武蔵国と比べてその少なさが際立つ。史料の残存状況という問題も視野に入れるべきではあるが、こうした文書発給事情は一つに、相模国内における市場の多くが、旧来から法として成文化されない慣習のもとで存在し、後北条氏側もそうした従来のあり方を追認する立場を原則としていたためと考えられる。だとすれば、そうした慣習から逸脱するかのように、あえて新市という形で開設し、市日設定や治安維持条項を掟として掲げ、これを「楽市」と定めるにいたった背景には、当該市場にそれらと異なる役割を付加しようとする、後北条氏権力による政策意図があったと考えられよう。

一方で表4から、個々の商職人に対する権利付与・追認や、物資調達などの御用奉仕を命じた文書が大多数を占めていることも分かる。このことは後北条氏の流通支配の根幹が、要地における新市の開設以上に、むしろ戦国期に顕著な、複数の地域を商圏とした商工業者の積極的掌握にあったとみられ、こうした特徴は今川氏や六角氏などとも共通する。(90)

以上をもとに、荻野新宿「楽市」がどのような意義をもつのか、【史料8】の分析を通じて明らかにしていこう。

(3)　荻野新宿と「楽市」

【史料1】と同様、内容はいたって簡潔で、法令の構造自体は【史料5】とほぼ同一である。その冒頭では、四・九開催の市日が定められ、市場内における押買狼藉等の停止と、借銭借米（の徴収）が免除された。ここでの市日規定は世田谷同様、旧来から開かれた市場の市日を踏襲したものであろう。そして文末では同市場を「楽市」とし、市日においては非分行為のほか、「郡代觸口」(91)といった、後北条氏公認のもと公事収取に携わる定使の介入（公事賦課）も、これを一切禁ずるとする。

池上裕子氏によると、後北条領国では郡代・觸口《ふれくち》の恣意的な公事賦課と、百姓による抵抗が各地で根強く存在し、これを排除するために在地で求められたのが「不入」であったという。(92)この指摘に基づくと、市日における郡代らの介入（「綺」）を禁じた【史料8】は、荻野市場へ不入権が付与されたことを意味しよう。このことは、諸役免除条項をもたない荻野にとっても、他の宿と同様、その成立と展開において「不入」の確保が重要な課題であったことを示している。

しかし、換言すれば、市日「当日」以外での「郡代觸口」による公事収取は、なお行われたものとも考えられ、これは「不入」が絶対的かつ永続的なものではなく、一定条件下での役負担義務を一時的に免れる権利にすぎなかったとした池上氏の指摘に符合する。

こうしてみると、かかる一文は、先にみた【史料5】第三条「為新宿間、一切可為不入」と等しい。だとすれば荻野と高萩は、宿としてはほぼ同様の実態をもつものと考えられ、唯一の差異は、それが「楽市」であるか否かに集約されることになる。

ここで初めて「楽市」の特異性を指摘できるが、こうした差異は先述のように、個々の市場が立脚する地域のあり方に基づくもので、具体的には文書発給段階における、領主や地域が抱えた政治・経済上の問題に対応した結果と考えられる。では、後北条氏が荻野に「楽市」を設定するにいたった最大の要因と、その意図するところはなにか。

先行研究では、武田氏滅亡後の甲州に対する最前線基地として、その経済的補強・支援の意味が込められていたとする(93)。荻野の地理的特質をふまえると、他国との攻防に関わる戦略的要素も一概には否定できないが、軍事的・経済的強化をはかるとすれば、武田氏滅亡直後に設定されても良いはずである。

【史料8】段階の後北条氏は、壬生・宇都宮・真田ら反後北条勢の攻略にむけ、下野・上野など北関東方面への軍事行動を活発化させ、国内では毎年恒例の小田原「大普請」につき、中郡へも人足を賦課している(94)。ここで荻野にも鋳物師などの動員が求められた可能性はあるものの、反後北条勢力の侵攻や軍備の拡充といった状況までは認められない。だとすれば、あえて当該期に「楽市」化がなされた理由を、市場外部にあたる他国との軍事的緊張状態のみに求めることは説得的といえない。

近年の研究によれば、後北条氏は伝馬制に加え、海上輸送システムである浦伝《うらづたい》制により、陸海の物資運搬体制を整えつつ、交通上の要地である「宿」で、軍事行動や他国との緊張状態下に、臨時の関として往来の荷物改めや通行規制（道留）を行ったという(95)。

【史料10】

如斯可見分之者也、此外の荷物者、関所の法度ニ載之者也、如其可致之、仍如件、

（虎朱印）
大永五年乙酉十二月十四日（「調」朱印）
関所(96)

後北条氏被官として、当麻宿の問屋を務めた関山家に伝わる右の朱印状断簡では、具体的内容は不明ながら、「関所の法度」として、当麻宿で往来荷物の検分が実施されていたことが分かる。甲州方面へ続く交通の要地にある荻野への新宿立ても、伝馬負担のみならず、こうした役割を有事に担うことも求められた可能性がある。ただし、そうした軍備拡充や防衛に不可欠な要地だとしても、市場内の安寧が保たれなければ、物資獲得に必要な商人の活動保障も、彼らの来場促進もなしえなかったに違いない。掟書が市場内部の動向に対応した内容をもつことを鑑みれば、その中に含まれる「楽市」（文言としての使用背景）も、対象となる市場のあり方に即して理解すべきであろう。

【史料8】一つ書きにみえる非分停止の規定に加え、当該市場での「於当日横合」「郡代觸口之綺」は一切不可と念を押すように、戦国期の荻野では各地から様々な物資が集うほどの賑わいをみせつつも、これを求めて来場する人々の不法行為が、市場の平和を脅かす要因として、次第に問題視されるようになっていたと考えられる。

【史料8】はこれらの行為を強制的に排除し、市場内における平和とその維持を目的とした文書と評価しうる。そのうえで掲げられた「楽市」とは、なによりそうした主旨をふまえ、市場の平和をことさらに強調し、かかる状態を担保するための文言といえよう。

文書が木札の形態で発給されていることも、明らかに不特定多数の来場者に向けて発信するため、当初から屋外への掲示を意図したものと考えて間違いなく、「楽市」という表現は、そうした人々へ視覚的に訴える装置としても効果を発揮したと考えられる。

すなわち、本文書は第一義的に、荻野に新宿を設置しようとする後北条氏(97)に対し、旧来通りの市日安堵と、押買や喧嘩口論の停止など荻野市場における平和保障を強く求めた、在地領主・松田氏の申請に応じて発給されたものと考えられる。それは、市日における「自何方来者」への「横合非分」や争論を禁じるとした、荻野馬町の場合も同様であったろう。

【史料9】馬市は、伝馬宿としての発展に伴い、目的地へ向かうための宿泊・中継地としてだけでなく、新たに商品としての馬を求めて来場する人々の需要に応えるべく、【史料8】以降に成立したものと考えられる。つまるところ【史料9】も、旧来からの市場の平和と、市日安堵を求める在地の要求で発給されたものといえ、そこでの「楽市」による馬市保護の喧伝は、後北条氏自身にとっても、宿に必要な伝馬を維持するうえで有効な手段となったであろう。

【史料8】「楽市」をめぐってはこれまで、秀吉の関東出陣を目前に控えた、軍馬補強を目的とするものと理解されてきた。だがそれは結果論にすぎず、当所から軍備拡充のため自発的に発したとは考えがたい。文書そのものが在地の要求に応じて発給されるもので、ここに荻野の立地条件を合わせ見れば、そのねらいは当時、秀吉ら「京勢催動之由(98)」に揺れる国内の混乱に伴い、市町の来場者による非分行為を早急に鎮めることにあったと考えられる。後北条氏にとって必要な軍需物資の調達も、右の実現なしには不可能であったろう。「楽市」とは、そうした権力と在地の利害が合致した場として、とりわけ市の平和を強く求める後者からの突き上げによって、初めて成立条件が整うものであった。

池上裕子氏は、「楽市」とは領主権の存在しない、地域開発者保護のためにのみ成立し、いかなる私領主権行使も排除された諸役免除の場であって、領主権の存在する給人・寺社領には設定（文言として付与）されないとした。しかし、これまで述べてきた【史料8】の内容と荻野新宿のあり方から、その理解は必ずしも当てはまらないだろう。

宛所の松田氏は先述したように、永禄年間の買得以降、荻野郷を知行する在地領主であり、【史料8】以前より、同市場を支配していたと考えられる。【史料8】に諸役免除条項がみえないことや、市日「当日」以外での郡代・觸口による公事徴収の可能性に加え、大名権力が政策的意図をもって設定した「楽市」に、領主権排除としてのあり方を見出すことはできない。

（4）荻野「楽市」と由緒

先述のように、荻野市はその後、近世に入りいったん「中絶」状態となるが、正徳四年（一七一四）にその再興がなされ、これ以降、荻野市の由緒を記した記録も数多く認められるようになる。では、それらの中で「楽市」にはどのような評価が与えられているだろうか。

①法界寺阿弥陀如来縁起（慶安二年＝一六四九）(99)

（前文略）爰氏直公天正十三乙酉年有由、同国愛甲郡下荻野創新宿、定民屋（下略）

②下荻野村宿市場再興願（正徳三年一一月）(100)

一、相州愛甲郡下荻野村之儀者、甲州筋往還之宿ニ御座候付、往古北條様御料之節より市立仕候処ニ、五拾ケ年程以前村中出火ニ付、商物幷道具家財焼失、已後市中絶仕候、依之、段々村中別而及困窮申ニ付、此度先年之通り、市之儀取立申度奉願候、則　北條様御朱印御家老松田兵衛太夫殿より被下置、爾今所持仕候、尤近村障りニ茂毛頭不罷成、構無御座候間、御慈悲を以、先年之通り市取立申様ニ被　仰付下候ハヽ、難有可奉存候、以上、

則御朱印高札写奉懸御目ニ候、已上（下略）

③代官小林又左衛門勘定所宛市場再興窺書（正徳三年一一月）(101)

一、拙者御代官所相州愛甲郡下荻野村百姓奉願候者、往古北条家領国之節、右村者松田兵衛太夫知行ニ而有之候処、天正拾三年、所之者共市町興行仕度旨相願候得者、則北条家ゟ免許候而市立来り候処、五拾年以前、荻野村出火之節、町並家不残類焼、夫ゟ段々市間遠罷成候（下略）

④下荻野村々明細帳（宝暦一〇年＝一七六〇）(102)

一、当村市日御座候、先年之市札之御朱印、虎之御札ニ而所持仕候

⑤下荻野村地誌御用御調書上帳（文政九年＝一八二六）(103)

一、市四日　九日　十四日　十九日　廿四日　廿九日　下荻野村新宿

但し暮市少々ツヽ立申候、

天正十三年乙酉二月廿七日

松田兵衛大夫様ゟ市札法度書被下置候（下略）

⑥新編相模国風土記稿（天保一二年＝一八四一）(104)

（前文略）天正十三年二月北條氏市場の制札を出し、時の地頭松田右（ママ）兵衛大夫康長に下知す（下略）、

これらによると、【史料8】は、市興行を望む在地に（③）、後北条氏より領主・松田康長を介して下された市日「免許」の「市札」であって（②④⑤⑥）、新宿立ては「由」ある後北条氏側が主導したものであることが明確に示されている（①）。しかし、そこに含まれた「楽市」という語については、早く一七世紀半ばの段階で、由緒からは抜け落ちてしまっている。

これは在地の強い要求に応えて「北條様」が下した文書を、今にいたりなお所持しているという点こそが主張すべき論点であったことに関係しよう。しかしながら、「楽市」は在地が希求する内容とは別の論理、すなわち新宿創設を第一に図ろうとする後北条氏側の理念から、その課題実現と伝馬確保の安定化をはかる時限立法として掲げられたため、市場そのものの由緒や特権を保障する根拠としては有効性をもたず、いち早く記憶からその姿を消したと考えられる。

三　白子新宿

世田谷・荻野と並び、後北条氏による「楽市」政策の舞台となったのが、次に掲げる武蔵国・白子郷である。

【史料11】（表1No.34）

改被仰出條々、

一、当郷田畑指置、他郷寸歩之処不可出作事、

一、不作之田畠甲乙之所見届、五年荒野、七年荒野に、代官一札を以可相聞（開）事、

一、当郷儀者、自先代不入之儀、至里（于）当代猶不入御證文、従御公儀可申請間、新宿見立、毎度六度楽市可取立事、

一、白子郷百姓何方令居住共、任御国法、代官百姓ニ申理、急度可召返事、

一、御大途御證文幷此方證文無之、誰人用所申付共、（可脱カ）不走廻事、
右條々、違犯之輩有之付而者、注交名可遂披露者也、仍如件、
天正十五丁亥年
四月三日
白子郷代官(105)
百姓中

写しにつき誤字などもあるが、発給年やその内容から、発給者は北条氏規《うじのり》と考えられている。

同史料と「楽市」をめぐっては、先代の由緒に基づく新宿立て・楽市化を後北条氏が命じたもの、ないし江戸・河越を結ぶ街道上の要衝とすべく、その統制支配をはかるものとして理解されている(106)。いずれも、文書を通じて「仰出」す後北条氏主体の政策的法令と位置づけるが、議論の中心は地域開発にかかる第二条や、不入権のみえる第三条にあって、世田谷・荻野の事例と比べると、研究はごくわずかにすぎない。

なお、戦国期の白子郷をめぐっては関連文書もいくつか残っており、こうした史料もふまえたうえで、改めて法令全体をどう解釈し、後北条氏による国家意思の発動過程に位置づけられるかが一つの課題となろう。また、注目すべきは「楽市」文言に加え、後北条氏による国家意思の発動形態として特徴的な「国法」文言が、同一文書内（第四条）で併用されていることである。これをどのように理解すべきであろうか。

本節ではこれらの点を含め、前節までに設定した研究視角をもとに、なぜ当該期の白子郷に「楽市」が必要とされたのか、その背景と、「楽市」化がもたらす意義を考えてみたい。

（1）　白子と庄《しょう》氏

「白子」（現埼玉県和光市(107)）は武蔵国新座《にいくら》郡の内で、荒川左岸の武蔵野台地の突端に展開した。当所は、江戸と

河越を結ぶ幹線道（近世の河越街道の前身）の中間点に位置し、これと荒川支流の白子川が交差する水陸交通の要地にあることから、江戸時代には河越街道の宿場町として栄えた。

中世においては、『梅花無尽蔵』長享二年（一四八八）八月一四日条を史料上の初見とし、記主である禅僧・万里集九《ばんりしゅうく》が、江戸から河越へ向かう道中に「此夕宿白子里」で一泊しており[108]、早くから宿駅としての機能を備えていたと考えられる。

続く戦国期にはその地勢から、永正元年（一五〇四）九月、上杉顕定が江戸城攻撃のため「陣白子」したほか[109]、大永五年（一五二五）八月には、北条氏綱と上杉朝興《ともおき》の両軍が「武州白子原」で合戦を繰り広げるなど[110]、軍勢の往来・滞留を伴う要衝としても位置づけられていく。

図5　河越街道と街並み

その後、永禄二年（一五五九）作成の『小田原衆所領役帳』に、北条綱成《つなしげ》の所領として「五拾貫文　白子」がみえるのを始め[111]、次いで元亀二年（一五七一）には「白子郷段銭・棟別」の蔵納法を定めた朱印状が下され[112]、この時までに北条家蔵入地となり、在地土豪である北条氏規家臣の庄氏が小代官として置かれた。

この庄氏は[113]、武蔵七党の一つ・児玉党一族である庄家広の後裔と伝えられ、早くは文安六年（一四四九）、白子郷に隣接する、鹿王院領・赤塚郷（豊島郡、現板橋区）の用水を、「庄加賀入道善寿」なる人物が新儀を構えて押領したとある[114]。また、中世後期頃と推定される武蔵国檀那書立[115]には、豊島郡・多摩郡・足立郡の名主層とあわせ、「しらこ庄賀□助」「庄中務丞」の名もみえるなど、一五世紀頃までに白子郷の有力名主として台頭し、後北条氏の関東進出に伴い、被官化をはたしたと考えられている。

こうして直轄領化した白子に【史料11】が出されるが、まもなく後北条氏滅亡をうけて家康が関東へ入国すると、天正一九年（一五九一）一一月、同地はかつて伊賀越えに功のあった「伊賀衆」二〇〇人の知行分とされ[116]、のち元禄四年（一六九一）の白子村年貢割付では幕領との相給となっている[117]。

あわせて近世には、江戸と関東各地を結ぶ街道筋の整備が進み、白子は戦国期における宿駅機能を引き継ぎ、江戸へ向かう人馬・荷物が行き来する河越街道「往還継立」の宿場町として、五・一〇日の六斎市とともに賑わったという。

（2）　白子新宿と楽市

武蔵国内における後北条氏の流通支配と、宿・市場のあり方については、第一節で詳述した。すなわち天正年間以降、後北条氏の領域支配に即して幹線道路沿いへの新宿設置が盛んとなり、同時に新宿をはじめ交通の要衝に、平和保障や諸役免除特権をもつ定期市場も数多く立てられていく。この点をふまえ、【史料11】を改めて再検討してみよう。

第一・二条は、田畠の開削を規定したもので、白子郷の田畠をさしおいたまま、たとえ近くであろうと他郷への出作はこれを禁じる。不作分については耕作者を見極め、五年ないし七年の荒野とし、代官の一札（文書）を通じてその開削を許可するとした。永禄年中と推定される次の文書では、白子上郷の百姓らが、日損風損による不作のため、年貢減免の「御侘言」を述べていたことが知られる。

【史料12】

白子上郷之百姓衆、貴所頼入、日損風損之侘言申候、自最様候、無御差置候へ者、其方御越御侘言ニ付而、
百姓宿（衆）如申候、九松七之介五人之年貢所給、右之御給御扶持銭を以ゆるし申候、扨又、修理大炊助両人之者、

巳年之年貢過分ニ引を以て、内々利足致算用、さいそく可申候へ共、貴所様へ侘言被成候間、是をもゆるし申候、雖然、後日與三郎大炊助両人之者者、我等ニ少も無沙汰申付候而ハ、自是算用次第ニ取可申候、無沙汰無之候ハヽ、郷中走廻候付而者、如申是相違有間敷候、為後日證文一札進候者也、仍如件、

猶、よき時分ニ、成地福寺越候間、同三人申候、以上、

二月十七日　　小出出雲守（花押）

高麗丹波守殿参[118]

また、天正一五年（一五八七）から【史料11】段階にかけては、きたる秀吉の関東出陣に備えた、小田原城普請人足や臨時の兵役負担が、「惣並」「御国御用」として各直轄地へ賦課されていた時期にあり、中には過重な役負担に「致退転」す郷村も現れた[119]。

こうした状況から察するに、当該期の白子郷では百姓が年貢納入を忌避し、土地を放棄して「他郷」へ出作したまま、逃散・移住する事態が深刻化していたと考えられる。そこで人口流出を防ぐ対策として、期限つきながらも「荒野」指定による役免除を条件とした土地開発が奨励されたのだろう。このことは、武蔵国内でも「荒野之地ニ而知行開次第其者ニ被下置」とする村山宿（多摩郡）[120]や、荒川沿いの「あらくニ開候原、何方之牢人、何者も開く人、永代知行ニ可被下」とした荒川宿（榛沢郡）[121]の事例があるように、白子でも同じく開発次第、その土地は知行分として耕作者に与えられたと考えられる。

第四条はこれに関わって、他郷などいずれに居住（逃亡？）している場合でも、白子郷の百姓については「御国法」に任せて、確実に白子郷へ連れ戻すよう命じたものである。いずれの条文も、蔵入地からの年貢納入とその安定化をはかろうと努める、権力側の積極的姿勢をうかがうことができよう。

第三条では、白子郷が「先代」（氏康・氏政ヵ）以来の「不入」の地であることを再確認したうえで、あらた

めて当代＝氏直の代でも同様に、公儀より不入（安堵）の証文を発給するので、当所では新宿を開き、六斎の楽市を立てるよう命じている。第五条は、当主・氏直と「此方」（氏規ヵ）の証文発給なしに賦課された公事については、いかなる者の命でも従わぬよう定めたものである。

以上から明らかなように、本掟書の主旨は、蔵入地である白子郷における田畠の耕作者を確保・維持するとともに、欠落者の召還や新田開発を奨励することにあり、その実現のために、時限的な諸役免除や不入安堵とあわせて、新宿と市立てが別途企図されたものと考えられる。

なお、本掟書は『新編武蔵風土記稿』によると、後北条氏被官・庄氏の一族とされる橋戸村（新座郡、白子の隣村）「庄忠右衛門」の家に、先述した元亀二年の北条家朱印状や【史料12】など、移行期の白子郷に関わる文書とともに伝来したものという[122]。この点を勘案すれば、【史料11】宛所のうち、「代官」は白子郷小代官を務めた庄氏をさすとみられ、実際に文書それ自体も、新宿・市立てを差配する同氏に手交されたものだろう。それゆえ近世にいたり、そうした中世以来の名主（土豪）の系譜を引く、忠右衛門家のもとに特権文書という形で一括して伝来したと考えられる。

そうした中で、江戸時代における白子市は、元禄年間に起きた火災の影響で「休市」状態となったが、安永四年（一七七五）、百姓より「村方相続」のため「往古ゟ月ニ六度之市相立来」るようにとする願書をもって再興がはかられ、近代まで賑わったと伝わる[123]。しかし、そこで「楽市」がどのように認識されていたかは、『新編武蔵風土記稿』白子宿の項に、【史料11】を「証」とする市が「今も毎月五十日の日」に立つとあるのみで、具体的なところは分からない。

本掟書のもう一つの特徴は、「楽市」と「国法」という二つの文言が併記されていることである。

（3）「国法」と「楽市」

戦国大名領国における「国法」のあり方をめぐっては、早く勝俣鎮夫氏の研究[124]で、国家存亡の危機とその保護のため、全国民に対して（国家防衛という）役義務を強制しうる、絶対的権力の発動形態として現れるものと理解されてきた。これについて近年、久保健一郎氏は、永禄から天正年間の後北条氏発給文書にみえる「国法」の事例を悉皆収集し、その用法と特徴を再検討した[125]。

それによると、「国法」を含む文書（全二三例）は、後北条氏権力の確立に伴い、当主ほか一族を発給者として、領国内の経済問題およびその現実的危機に関わる局面で、あらかじめこれを回避し、あるいはその状況を打開する際に明示される「強制力・権原」をさすとする。具体的には年貢・公事（経済基盤）の納法を指定し、これを確保するための切り札に相当し、それゆえ年貢・公事の直接の納入負担者である百姓や、これを支配する領主・代官が適用対象であったという。直轄地からの年貢確保にむけ、逃亡した百姓を召還する論理として掲げられた【史料11】の「国法」は、まさにその典型例といえるだろう。

切迫した状況からの回復という視点でいえば、久保氏の指摘は、地域存亡に関わる災害からの復興や、排他的独占権の排除による自由市場の確立という通説的理解のある、楽市令にも少なからず通ずるものと考えられる。ではたして、「楽市」文言にそうした経済基盤確保としての意味合いや、危機対処をはかるための強制力は内包されているだろうか。

後北条氏による「楽市」の初見である【史料1】では、関東支配において不可欠な、足利氏御一家という高い家格・権威にある吉良氏と、同氏のもつ水陸交通の要地を結ぶ地域ネットワークの中枢にある世田谷について、平和領域かつ自らの庇護下にあることを、アピールしようとする後北条氏の意思が含まれたものである。

続く【史料8・9】の「楽市」は、旧市日安堵と平和を求める在地側の要請に基づき、非分行為や「郡代觸口之綺」の一切が及ばない平和領域にあることを（木札による発給形態とあわせて）来場者へ視覚的に訴えかける効果をもつもので、その背景には、交通の要地における新宿の設置から、有事における関の機能や伝馬役徴発の安定化へとつなげようとする、後北条氏側の意図があった。

本節でみた【史料11】の場合、先代以来の特権安堵の見返りとして、新宿とともに六斎市の開設が求められている。そこでの「楽市」とは、通説にいう新宿創設を直接の目的としたものではなく、あくまで逃亡した百姓の召還と、新田開発奨励を通じた安定的な年貢の確保という掟書発給の主旨に基づき、これを実現させるために掲げられた補足条項にすぎない。

このように、文言の使用頻度はきわめて低く、一族の多くが使用した「国法」と比べ、「楽市」はそのほとんどを当主が用いるという点でも大きく異なる。[126]また、史料中に文言が登場するのは天正年間、すなわち北関東方面への戦線拡大や秀吉による関東侵攻など、いずれも国内が緊張状態に置かれた時期にあたり、領国支配の展開過程と軌を一にして、その使用が意識されるようになったものと考えられる。

ただし、後北条氏が意図的に導入し（当てはめ）た理念であるとしても、経済基盤確保の「強制力」として通用するには、当該文言があらかじめ、対象となる地域にも根ざしていなければならなかったはずである。[127]だが、もとよりそうした文言を用いる慣習が地域に存在しなかったように、「楽市」の付与だけをもって、ただちになんらかの負担を強いる「権原」として機能するとは到底考えがたい。

文書の受給者こそ、在地領主や代官・百姓など一様でないが、「楽市」とはその言葉通り、市場のあり方になんらかの変化をもたらす表現であることは間違いない。だが一般的に、市町における非分行為停止や諸役免除を認めた内容の文書の多くが、「楽市」文言をもたなかったように、単純に在地の要求に応じて、保護や振興を目的とした市場法（禁制）を発給するのであれば、「楽市」文言は絶対に必要という訳ではなかったのだろう。実例としての少なさは、これを無闇に乱発できない（しない）要因が背後にあったためで、後北条氏は文言の使用にかなり慎重な姿勢を貫いていたと考えられる。

だとすればその取捨選択が迫られる、ないし使用しなければならない局面こそ、後北条氏側の都合、すなわち要衝や直轄地など、後北条家当主の領域支配になんらかの間接的影響を及ぼすと懸念される（一般的な禁制発給では解決困難な）存立問題が現実に浮上し、そこへ早急の修正対応が必要と判断されたときではなかろうか。

その意味するところは、経済基盤の確保を在地に強いる権原というよりも、むしろ平和領域や優位性（プラス面）を、より強固にし、かつ視覚へ訴えるために掲げられた修辞であり、その限りにおいて、頻出する「国法」と比べて、法的な強制力や絶対性をもつものではなかったとみられる。そうした状態を示すうえで当主が用いる「楽市」文言とは、後北条氏家中にとってみれば、いわば地域秩序の共有化をはかる識別記号のようなものに近かったと考えられるのである。

おわりに

後北条氏権力による「楽市」をめぐって、市場法の構造と流通支配のあり方に注目しながら、その成立過程と歴史的意義を再検討したが、これまで述べてきた私見はいずれも、新宿開設や領主権の有無に引きつけて「楽市」を捉えようとする、池上裕子氏の解釈に疑問を投げかける形となった。

最後に、積極的かつ重点的な市場支配を展開した、松山本郷（比企郡）の国衆・上田氏[128]の事例について、比較検討も含めて若干触れておきたい。

河越や鉢形などを結ぶ街道沿いに位置した松山本郷は、早く関東進出をはかる後北条氏の拠点として町場の整備が進められた。そのかたわら、まもなく当所の支配を委ねられた上田氏（長則・憲定兄弟）は以後、本郷町人へ宛てて、城下（本郷市場）への商取引の一本化や、松山領以外の市場への商品移出を禁ずるなど、より強固な法令を重ねて発給した。

【史料13】（表2No.43）

制札

一、喧嘩口論幷押買狼藉可□(令カ)停止事、
一、当市之日、諸色他所へ出事、相違有間敷候、但兵糧竹木ハ堅出間敷事、
一、於当市商売之物、諸色共ニ役有之間敷事、
一、当市へ来者、借銭借米不可致、催促殊質取致間敷事、
一、市之日、商人中ニ而如何様之問答有之共、奉公人一言も不可綺、町人さはきたるへき事、
右條々、新市庭之事ニ候間、断而可申付候、若背此旨者有之者、代官幷町人衆より、早々可致披露者也、仍如件、

戊
二月晦日　　憲定（花押）
本郷新市場(129)

その一つである天正一四年の制札【史料13】では、本郷に新しく開かれた「新市庭」という理由から、市日での諸役免除や来場者への徳政を認めつつ、兵糧竹木など軍需物資の荷留を命じた。これらの規定はとりもなおさず、領内における市場経済の中枢という本郷市場のプライオリティを明確化させ、有事の物資徴発に充てるための富国強兵・経済基盤確保策と評価して良いだろう。

また、その内容は先の【史料4】とも類似し、楽市令といってもなんら遜色ない構造である。だが、そこには吉良氏の事例と同様、「楽市」文言は一切用いられていない。こうしてみると、市場法それ自体は、吉良氏や上田氏など国衆も独自に発給しているが、「楽市」文言に限っては、後北条家のみにしか設定できない（しない）背景が存在したと考えた方が蓋然性は高いのではないか。

世田谷・荻野・白子の事例だけに注目すれば、一見すると「楽市」化の契機は、新宿の成立・興隆に求められるようにも映る。だが、法令の構造そのものは、同時期における他の市町や宿・郷村に出された掟書と大きく変わるものではない。

そうした数ある法令の中で、唯一の差異ともいうべき「楽市」文言は、他の宿と異なるあり方を可視化するうえで施された線引きに等しく、具体的には、発給者である後北条氏自らの領域支配の安定化に寄与するために掲げられた、平和状態の積極的表現であった。

そこでは、既存ないし新興といった場の性格は無関係で、「楽市」とはあくまでも、平和保障を求める在地の要求に基づき、そこへ自らの利害関係に影響が及ぶと判断された場合にのみ引き合いに出される、後北条氏側の都合を優先した政治理念であったといえるだろう。「楽市」とはいつ・どこにでも当てはめられる性格を有しつつ、実際に文言が法令の中に付け加えられ、空間として成立するか否かは、もとより後北条家の裁量によって決定づけられるものであったと考えられる。

楽市令発給以前における同一地域内の市場法に、「楽市」文言が一切認められないのも、そうした概念を用いる慣習が存在しなかったためで、後北条氏はそこへ意図的にこの文言を持ち込むことで、市町が直面する課題解決を第一としつつ、自らの領域支配の安定化に向けた道筋を模索しようとしたのだろう。

（1）豊田武『増訂　中世日本商業史の研究』（岩波書店、一九五二年）、杉山博「六斎市の展開」（『戦国大名後北条氏の研究』名著出版、一九八二年）、中丸和伯「後北条氏の発展と商業」（『歴史学研究』二二九号、一九五九年）、相田二郎『中世の関所』（吉川弘文館、一九八三年復刊、一九四三年初版）、下山治久「後北条氏の伝馬制度」（『年報後北条氏研究』創刊号、一九七二年）。

（2）前掲註（1）豊田著書。

（3）勝俣鎮夫「楽市場と楽市令」（『論集　中世の窓』吉川弘文館、一九七七年）。

（4）小島道裕「戦国期城下町の構造」（『日本史研究』二五七号、一九八四年）。

（5）勝俣・小島両氏のほか、「楽市」研究の問題点については、拙稿「楽市楽座令研究の軌跡と課題」（『都市文化研究』一六号、二〇一四年。**本書序章**）参照。

（6）池上裕子「伝馬役と新宿」（『戦国史研究』八号、一九八四年。以下、池上Ⓐ論文）・同「戦国期都市・流通論の再検討」（中世東国史研究会編『中世東国史の研究』東京大学出版会、一九八八年。以下、池上Ⓑ論文）・同「後北条領国における給人の公事賦課権――戦国期在地領主権の検討のために――」（『地方史研究』一八九号、一九八四年。以下、池上Ⓒ論文）。いずれも、のち同『戦国時代社会構造の研究』（校倉書房、一九九九年）に再録。以下、断らない限り「楽市」をめぐる池上氏の理解はこれらによる。

（7）峰岸純夫「網野善彦氏『無縁・公界・楽』によせて（一）」（『人民の歴史学』六〇号、一九七九年）・同「戦国時代の制札」（駒澤大学『史学論集』二三号、一九九三年）。のち、両論文とも改題のうえ、同『中世災害・戦乱の社会史』（吉川弘文館、二〇〇一年）に再録。

（8）かかる視点は、桜井英治氏・安野眞幸氏の研究にも継承された。桜井英治「市と都市」（中世都市研究会編『中世都市研究』三、新人物往来社、一九九六年）、安野眞幸『楽市論――初期信長の流通政策――』（法政大学出版局、二〇〇九年）。

なお、池上氏自身はとくに言及していないが、氏の研究成果は、「楽市」に内在するであろう地域差や政治的条件をふまえ、その成立過程を個別に問うべきとした、佐々木銀弥氏の問題提起（同「楽市楽座令と座の保障安堵」〈永原慶二編『戦国期の権力と社会』東京大学出版会、一九七六年〉）に応えたものといえよう。

（9）「大場家文書」（杉山博・下山治久編『戦国遺文　後北条氏編』三巻〈東京堂出版、一九九二年〉所収、二〇二四号。以下『北条』三―二〇二四のように略記）。
（10）小野晃嗣『近世城下町の研究』（法政大学出版局、一九九三年）、渡辺一郎「世田谷新宿楽市設置の史的意義」（『世田谷』一号、一九五一年）、前掲註（1）豊田著書・杉山論文・中丸論文、前掲註（6）池上Ⓐ論文、前掲註（8）佐々木論文、竹内秀雄「世田谷のボロ市」（『世界』二〇七、一九六三年）、藤木久志「大名領国の経済構造」（『戦国社会史論――日本中世国家の解体――』東京大学出版会、一九七四年所収。一九六五年初出）、荻野三七彦編著『吉良氏の研究』（名著出版、一九七五年）、小島道裕「楽市令と制札」（朝尾直弘教授退官記念会編『日本国家の史的特質　近世・近代』思文閣出版、一九九五年）、前掲註（8）安野著書、長沢利明「世田谷のボロ市の発達史と現況」（『国立歴史民俗博物館研究報告』一四五集、二〇〇八年）、谷口雄太「武蔵吉良氏の歴史的位置――古河公方足利氏、後北条氏との関係を中心に――」（『千葉史学』五七号、二〇一〇年。以下、谷口Ⓐ論文）などがある。
自治体史等については、『世田谷区史』（東京都世田谷区、一九五一年）、『新修世田谷区史』（同上、一九六二年）、『解説・図表・索引付世田谷区史年表稿』（同上、一九七五年）、『大場家と代官屋敷』（世田谷区立郷土資料館、一九九四年）、『ボロ市の歴史』（同上、二〇一一年）、『世田谷の歴史と文化』（同上、二〇一四年）、『ボロ市のあゆみ』（せたがやボロ市保存会、二〇一四年）などがある。
（11）世田谷の歴史については、前掲註（10）『世田谷区史』『新修世田谷区史』『世田谷の歴史と文化』ならびに、『日本歴史地名大系　一三・東京都の地名』（平凡社、二〇〇二年）参照。
（12）吉良氏については、前掲註（10）荻野著書ならびに、下山治久「吉良氏研究の成果と課題」（前掲註10荻野著書所収）、黒田基樹「北条宗哲と吉良氏朝」（『戦国大名領国の支配構造』岩田書院、一九九七年。一九九二年初出）、谷口Ⓐ論文・同「武蔵吉良氏の散在所領と関係地域――品川、大井との関係をめぐって――」（『品川歴史館紀要』二四、二〇〇九年。以下、谷口Ⓑ論文）、『蒔田の吉良氏――戦国まぼろしの蒔田城と姫君――』（横浜市歴史博物館、二〇一四年）参照。
（13）「鶴岡八幡宮文書」（『世田谷区史料』二集、東京都世田谷区、一九五九年、二号）。
（14）『私安抄』（同右）。

(15)『梅花無尽蔵』第二七言絶句には「成高、俗蒔田御所号」とある（同右）。
(16)「太田道灌状」には「吉良殿様御事、自最初江戸城御籠、以彼下知城中者共動、数ヶ度合戦得勝利候」とある（「松平文庫所蔵文書」〈『新編埼玉県史』資料編五・中世一・古文書一、埼玉県、一九八二年〉所収、一〇〇三号）。
(17)佐脇栄智校注『戦国遺文後北条氏別巻　小田原衆所領役帳』（東京堂出版、一九九八年）「関兵部丞」項。
(18)前掲註(10)荻野著書。
(19)前掲註(12)黒田論文。
(20)『快元僧都記』天文二年閏五月一二日条・同八年六月七日条（『北条』補遺編、東京堂出版、二〇〇〇年）。
(21)頼康は天文一五年頃に「左兵衛佐」の官途を名乗り、同一八年に頼貞から「頼康」と名を改めた。谷口雄太氏によれば、後北条氏は自らの権力基盤強化と、関東支配の正当性を担保する存在として、足利氏御一家の吉良氏を一時的に擁立し、その権威づけとして、古河公方代々の官途である「左兵衛佐」を名のらせたとする（前掲註10谷口Ⓐ論文）。
(22)氏朝の家督継承について、吉良氏権力への強権的介入とその否定・簒奪であるとする従来の評価に対し、谷口雄太氏は、足利一門という代替不可の家格と、交通の要衝を結ぶ広域の地域ネットワークを有する吉良氏の立場を、後北条氏自らの領域支配に利用するためであり、氏朝以降も吉良氏の権力・権威はなお存続していたと説く（同右）。
(23)天正一八年四月・豊臣秀吉禁制（「大場家文書」前掲註13・一五四号）。
(24)大場家については、前掲註(10)『大場家と代官屋敷』『世田谷の歴史と文化』ならびに、『都指定有形文化財　世田谷代官大場家文書目録』（世田谷区立郷土資料館、一九七八年）、『重要文化財　大場家住宅調査報告書』（世田谷区教育委員会、一九八五年）参照。
(25)前掲註(10)小島論文。
(26)世田谷市の歴史については、前掲註(10)竹内論文・『ボロ市の歴史』・『世田谷の歴史と文化』・『ボロ市のあゆみ』参照。
(27)『世田谷地誌集』（世田谷区立郷土資料館、一九八五年）。
(28)蘆田伊人編集校訂・根本誠二補訂『新編武蔵風土記稿』二巻（雄山閣、一九九六年）。
(29)『世田谷の地名』（東京都世田谷区教育委員会、一九八四年）二七八頁。

(30) 池上氏は別稿において、諸役免許は、後北条氏と特別に結びついた者のみが得られる一切の負担免除をさすのに対し、これを容易に得られない在地・寺社が強く求めたものが、虎印判以外での役負担免除を意味する「不入」で、後北条氏側にとっては将来的に破棄することが前提にあったという（同「後北条領の公事について」〈『歴史学研究』五二三、一九八三年〉）。臼井進氏も、後北条氏による不入権の中には、のちに破棄され、あるいは陣夫役などの公事が状況に応じ（「但」とし）て課される事例が存在したと指摘する（同「戦国大名後北条氏の不入権について」〈『史叢』七六、二〇〇七年〉）。

(31) 新宿のあり方を、開発主導者の居住・宿泊地として位置づけ直すべきとする則竹雄一氏の批判もあるが、池上氏の理解と大きく異なるものではない（則竹雄一「戦国期における「開発」について――後北条領国を中心に――」〈『戦国大名領国の権力構造』吉川弘文館、二〇〇五年所収。一九九〇年初出〉）。

(32) 「渡邊利夫氏所蔵文書」（『北条』三―二二八五）。

(33) 池上氏は【史料1】をもとに、地域開発の拠点としての新宿、という議論を展開しているにもかかわらず、別稿でまとめた後北条領国「開発関係史料一覧」に同史料は掲げていないため、矛盾が生じている（同「戦国時代の武蔵における開発」〈地方史研究協議会編『「開発」と地域民衆』雄山閣出版、一九九一年〉）。なお、宿では軍勢の陣取りや合戦も行われるなど、戦略上の拠点として、軍事面からもその掌握が重視されていたことが分かる（表1№2・11）。

(34) 前掲註(31)則竹論文。

(35) 天文一九年九月一六日・吉良頼康判物（「泉澤寺文書」〈『北条』一―三八五〉）。

(36) 天正九年七月五日・某朱印状（「飯香岡八幡宮文書」〈『北条』三―二二五一〉）。

(37) 前掲註(1)豊田著書。

(38) 天正二〇年三月一一日・沢次郎右衛門寺領打渡状（「武州文書」東京大学史料編纂所データベース）。

(39) 「武州文書所収多摩郡源左衛門所蔵文書」（『北条』一―八六六）。

(40) 「新編武蔵国風土記稿比企郡十」（『北条』二―一四八九）。

(41) 「新編武蔵国風土記稿高麗郡八」（『北条』三―二五八八）。

(42) 【史料4】に「押買狼藉之儀者、何方も御法度」（傍点筆者）とあることから、後北条領国下の町場では一貫して、押買狼藉が厳しく取り締まられていたと考えられる。
(43) 後述する荻野新宿宛て文書は、債務破棄条項をもち、諸役免除条項がみえないなど、同じ「楽市」でも【史料１】と内容が微妙に異なっている。これは、楽市令が対象となる地域によって、多様な構造をもっていたことの証左といえよう。
(44) 前掲註(35)。
(45) 天文一八年九月・吉良頼康判物（「泉澤寺文書」〈『北条』一―三五七〉）。
(46) 「芝大神宮文書」（『北条』四―三三五二）。
(47) （天正一五年）六月二九日・北条家朱印状写（「武州文書所収府内源五郎所蔵文書」〈『北条』五―三八〇四〉）。
(48) 前掲註(30)池上論文。
(49) 前掲註(8)佐々木論文。
(50) 氏朝の家督継承以降、後北条氏からの役賦課は、蒔田・柴に対する「江城御用之時」（永禄七年二月一九日・北条家制札〈「泉澤寺文書」『北条』一―八四二〉と、「船橋舟」（前掲註47）の二例のみであり、これら有事を除けば吉良氏はなお、基本的に役負担義務を免除されていたと考えられる。
(51) 楽市令の多くにみえる債務破棄条項が同史料に含まれないのは、当該期の吉良氏が領主権力としてなお顕在で、その債権保護をはかる必要があったためと考えられる。
(52) 前掲註(10)谷口Ⓐ論文。
(53) 前掲註(12)谷口Ⓑ論文。
(54) ただし、そうしたローカルともいうべき平和秩序を広く共有化するためには、その前提として「楽市」という概念そのものが、文書発給以前から在地にも浸透していなければならないはずである。
(55) 前掲註(27)。
(56) 前掲註(28)。
(57) 渡部一郎校訂『彦根藩世田谷代官勤事録』（吉川弘文館、一九六一年）。
(58) 『世田谷区史料』一集（東京都世田谷区、一九五八年）。
(59) 前掲註(28)。

(60)「難波文書」(『北条』四―二七八四)。なお、欠字部分の比定については、小島道裕氏の制札復元研究を参照(前掲註10論文ならびに、同「広場と制札――現存の中世制札から――」〈『国立歴史民俗博物館研究報告』六七集、一九九六年〉)。

(61)『神奈川県史』通史編一(神奈川県、一九八一年)、『厚木市史』中世資料編(厚木市、一九八九年)、『同』中世通史編(厚木市、一九九九年)、『厚木市史史料集(六)中世文書編』(厚木市役所、一九七四年)、厚木市史編纂委員会『厚木中世史話』(厚木市、一九七一年)、『文化財散策ガイドあつぎ』(厚木市教育委員会、一九九九年)、『南足柄市史』別冊一・松田氏関係文書集(南足柄市、一九九一年)。

(62)前掲註(1)豊田著書、同「楽市令の再吟味」(同編『近世の都市と在郷商人』厳南堂、一九七九年)。

(63)前掲註(1)中丸論文。

(64)前掲註(8)佐々木論文。

(65)前掲註(10)(60)小島論文。

(66)前掲註(6)池上Ⓑ論文。

(67)厚木の歴史については、前掲註(61)『厚木市史』中世通史編ならびに、厚木市文化財調査報告書第三六集『厚木の地名』(厚木市教育委員会、一九九六年)、『日本歴史地名大系一四　神奈川県の地名』(平凡社、一九八四年)参照。

(68)「相州文書所収鎌倉郡覚園寺文書」(『神奈川県史』資料編三・古代中世三上所収、四一六七号)。

(69)至徳三年六月一五日・官宣旨(「覚園寺文書」〈『同右』、五〇〇八号〉)、文安五年一一月二一日・細川勝元奉書写(「相州文書所収鎌倉郡覚園寺文書」〈『同右』資料編三・古代中世三下所収、六〇七二号〉)など。

(70)前掲註(17)「松田助六郎」項。

(71)天正一五年一一月八日・北条家朱印状(「森六夫氏所蔵文書」〈『北条』四―三二二五〉)、(天正一八年)三月二一日・松田康長書状(「箱根神社文書」〈『北条』五―三六九一〉)。

(72)天正一八年四月一七日・北条氏直判物写(「古文書九」〈『北条』五―三七一二〉)。

(73)前掲註(61)『厚木市史』中世資料編所収、四八八号。

(74)「松田氏系譜」(『厚木市史』近世資料編(五)村落三〈厚木市、二〇〇九年〉所収、一〇八六号)。

(75)　山本隆志「鎌倉時代の宿と馬市・馬喰」(『年報日本史叢』筑波大学歴史・人類学系、一九九九年)。

(76)　前掲註(61)『厚木市史』中世資料編所収、「金工品」項一九号・二〇号。

(77)　「木村文書」(『北条』四―三四九五)。

(78)　『新編相模国風土記稿』愛甲郡「中荻野村」項によれば、小字「馬場村」において、古く馬市が開催されたと言い、【史料9】の馬市も同所で開かれていたとする。山本隆志氏が想定した鎌倉期の馬市もこれに相当するものだろうか。なお、中荻野地区には現在も、甲州道沿いにあたる地域に、「馬場」「馬場下」が小字名として残っている(蘆田伊人編集校訂『新編相模国風土記稿』雄山閣、一九八五年)。

(79)　「難波文書」(『北条』四―三四九六)。

(80)　前掲註(78)。

(81)　「難波文書」(『厚木市史』近世資料編(五)村落三所収、一二六五号)。

(82)　同右(同右、一二六七号)。この時、幕府代官が作成した市場法度では【史料8】同様の市日規定と非分行為の停止に加え、新たに「遊女かけま等の類」「博奕賭の諸勝負」の遊興や、「あやつりかふき相撲」興行が禁じられている(同右、一二六八号)。

(83)　同右(同右、一一九五号)。

(84)　同一地域へ複数回「楽市」が設定された事例としては他に、織田氏による加納・金森の「楽市」が知られる(**第Ⅱ部第一章・第二章**参照)。

(85)　前掲註(1)豊田著書・杉山論文、阿部浩一「戦国期東国の問屋と水陸交通」(『年報都市史研究』四、山川出版社、一九九六年)。

(86)　阿部浩一氏はこれらに加え、下糟谷《しもかすや》・田原・原宿を挙げ、より南北に広がる広範な市場圏を想定している(同右)。

(87)　前掲註(17)「左衛門大夫」(北条綱成)項。

(88)　延宝八年二月・波多野村五兵衛訴状(「秦野市教育委員会所蔵文書」〈『神奈川県史』資料編六・近世三、神奈川県、一九七三年〉所収、二三三三号)。

(89)　前掲註(1)杉山論文・中丸論文、註(61)『神奈川県史』通史編一。

(90) 本書第Ⅰ部第一章・第Ⅱ部第二章参照。
(91) 「郡代觸口」については、前掲註(30)池上論文ならびに、浅倉直美「後北条領国における触口と定使」(『戦国史研究』二八号、一九九四年)参照。
(92) 前掲註(30)池上論文。
(93) 前掲註(1)豊田著書、註(8)佐々木論文、註(10)小野著書。
(94) 天正一三年三月七日・北条家朱印状(「明治大学刑事博物館所蔵瀬戸文書」〈『北条』四―二七八六〉)。
(95) 黒田基樹「北条氏の陸上交通政策」(『馬の博物館研究紀要』一八号、二〇一二年)。
(96) 「関山文書」(『北条』一―七六)。
(97) 慶安二年(一六四九)の『法界寺阿弥陀如来縁起』には「爰氏直公天正一三乙酉年有由、同国愛甲郡下荻野創新宿、定民屋」とある(「法界寺文書」〈『厚木市史』近世資料編(一)社寺所収、三九〇号〉)。
(98) 天正一六年正月一四日・北条家朱印状写(「森六夫氏所蔵文書」〈『北条』四―三二七〇〉)。
(99) 前掲註(97)。
(100) 前掲註(81)。
(101) 前掲註(82)。
(102) 「難波文書」(『厚木市史』近世資料編(五)村落三所収、一一九三号)。
(103) 前掲註(83)。
(104) 前掲註(78)。
(105) 「新編武蔵国風土記稿新座郡六」(『北条』四―三〇七七)。
(106) 前掲註(1)豊田著書、註(6)池上Ⓒ論文、『和光市史』通史編・上巻(和光市、一九八七年)、『図説和光市の歴史』(和光市、一九八〇年)、『新座市史』一巻　自然・考古古代中世資料編(新座市、一九八四年)、『新座市史』五巻・通史編(新座市、一九八七年)、『志木市史』中世資料編(志木市、一九八六年)。
(107) 白子の歴史については、前掲註(106)『和光市史』通史編ならびに、『日本歴史地名大系一一　埼玉県の地名』(平凡社、一九九三年)参照。

(108) 前掲註(106)『新座市史』一巻所収、一八二号。
(109) 同右、一八八号。
(110) 同右、一九五号。
(111) 元亀二年八月一九日・北条家朱印状写（「新編武蔵国風土記稿新座郡六」〈『北条』二―一五〇六〉）。
(112) 前掲註(17)「左衛門大夫」（北条綱成）項。
(113) 庄氏については、前掲註(106)『和光市史』通史編・『図説和光市の歴史』参照。
(114) 文安六年三月九日・室町幕府将軍家御教書（『和光市史』史料編一・自然原始古代中世近世所収、一五号）。
(115) 年月日不詳・武蔵国檀那書立（「熊野那智大社文書」〈『同右』、五四〇頁〉）。
(116) 慶安年間・武蔵田園簿（「東京都立公文書館蔵文書」〈『新座市史』第二巻・近世資料編所収、二号〉）、寛延四年五月・伊賀者永代地方目録（「富澤家文書」〈『和光市史』史料編・近世二所収、五号〉）。
(117) 元禄四年一一月・白子村年貢割付（「富澤家文書」〈『和光市史』史料編・近世二所収、二一号〉）。
(118) 「新編武蔵国風土記稿新座郡六」（『北条』五―四一〇〇）。
(119) 天正一五年四月一三日・北条氏規朱印状（「横須賀市立図書館所蔵永嶋文書」〈『北条』四―三〇八一〉）。
(120) 天正一〇年一二月二七日・北条氏照朱印状（「小坂文書」〈『北条』三―二四五八〉）。
(121) 天正一六年八月一五日・北条氏邦検地書出（「持田文書」〈『北条』四―三三五九〉）。
(122) 蘆田伊人編集校訂・根本誠二補訂『新編武蔵風土記稿』七巻（雄山閣、一九五七年）。
(123) 安永四年三月・白子村市復活願書（「富澤家文書」〈『和光市史』史料編・近世二所収、一三七号〉）。
(124) 勝俣鎮夫「戦国法」（『岩波講座　日本歴史』八・中世四、岩波書店、一九七六年）。
(125) 久保健一郎「後北条氏における公儀と国家」（原題「公儀としての戦国大名」〈『歴史評論』五二三号、一九九三年〉および「後北条氏における公儀の構造」〈『日本歴史』五七四号、一九九六年〉。のち同『戦国大名と公儀』〈校倉書房、二〇〇一年〉所収）。
(126) 近年、とみに指摘されているように、織田権力の場合、秀吉・勝家ら重臣も「楽市」を含む文書を単独で発給しており、楽市令は従来いわれるような信長の専売特許というわけではなかった（拙稿「信長の流通・都市政策は独自のものか」（日本史史料研究会編『信長研究の最前線　ここまでわかった「革新者」の実像』洋泉社、二〇一四年））。

(127)　周知のように、天文一八年（一五四九）四月に起こった関東一円の大地震で、後北条領国は全域において、不作・飢饉と「国中諸郡就退転」の事態を招き、当主・氏康は郷村における「公事赦免」や徳政を認める復興策を実施した。だが、領国の存亡を左右する時期であるにも関わらず、この時も「楽市」文言は文書の中で一切掲げられていない。ちなみに、現存最古の楽市令として有名な、石寺新市宛て六角氏奉行人連署奉書が出されたのも同年一二月である。関東における被害が、遠く近江（西国）にまで影響したとは考え難いが、少なくともそうした情報などは、六角氏のもとにも届いていたものと思われる。地域権力が安定した領域支配の実現を目指そうとしたとすれば、「楽市」という概念の成立背景を考えるうえでも、大規模な戦災からの復興という視点は重要なポイントとなろう。

(128)　上田氏については、藤木久志「東松山と上田氏」（『東松山の歴史』上巻、東松山市、一九八五年）に詳しい。

(129)　「武州文書所収比企郡要助所蔵文書」（『北条』四―一九一四）。

表1　後北条氏領国内の宿

表1－1　宿

	宿名	国	発給者	元号	年月日	宛所	摘記	楽市	市場	開発	不入	諸役	伝馬	出典
1	当麻	相模	伊勢宗瑞	永正	15・2・3	当麻宿	禁制							関山文書
			北条家	大永	4・4・10	たいまの宿	玉縄・小田原と石戸・毛呂の往復につき、虎印判なき伝馬押立て禁止						○	
2	芝原	武蔵	北条氏綱	天文	(2)・8・19	重田甚九郎	一七日夜、扇谷上杉方の江戸侵攻につき、芝原宿にて一戦あり							須藤幷重田文書
3	関戸		松田盛秀		24・1・11	有山源右衛門尉	本日より関戸宿商人問屋申付け、伝馬以下無沙汰なきこと		○				○	杉田文書
4	畑	相模	北条家	弘治	2・3・19	畑宿源左衛門・九郎左衛門・孫右衛門	退転につき、地頭代官合器商売役・鱈買銭・宿中諸役免除		○			○		相州文書所収足柄下郡仁兵衛所蔵文書
5	某	武蔵	大道寺周勝	永禄	4・4・晦	清田内蔵助	宿来場の商人へ問屋申付けのこと		○					浄光寺文書
6	小前田		北条氏邦		10・11・1	大森越前守・長谷部兵庫助	御前田について来年より六年間荒野と定め、地下人を集めて田畠開発のこと、宿中は諸役不入			○	○	○		町田愛二氏所蔵長谷部文書
7	吉川	下総	梁田家	天正	3・3・15	戸張将監	吉川宿不入申上につき、今年より巳年まで七年間不入と定む				○			戸張文書
			梁田持助		3・3・15	戸張将監	吉川宿詫言申上、筑後代々恩賞として下賜につき、厳密に奉公役馳走のこと				○			戸張文書
8	網代		北条家		5・閏7・1	網代宿・台宿町人衆中	船橋山王山南構堀について、半分ずつ馳走のこと							下総旧事三
9	関		北条氏政		15・7・6	関宿町人中	関宿に愛宕堂建立につき、八月二四日に市立て許可、宿中不入		○		○			

10	台			天正	17・4・27	寺嶋大学助・大谷内匠助	台宿町人と定める上は、来月二〇日までに網代から台宿へ移住のこと						
11	瀧山	武蔵	北条氏邦	天正	8・閏3・4	土方弥八郎	瀧山宿に陣取り、触れ次第、夜中を問わず出撃のこと、宿不在は過失						土方文書
12	古河	下総	北条家	天正	10・3・19	豊前左衛門佐	古河宿中代官を申付け、法度以下は贔屓偏頗なく馳走のこと						豊前氏古文書抄※1
13	上	上野	北条氏邦	天正	11・6・4	上宿町人衆中	警固・防火掟						福田寿郎氏所蔵文書
14	江戸	武蔵	北条家	天正	12・3・21	江戸宿小代官百姓中	正木棟別麦年貢のうち二八俵を、四月二八日を期限に小田原の吉田・西澤方へ届けること						武州文書所収府内五三郎所蔵文書
15	新町	上野	北条家	天正	13・閏8・22	長尾新五郎	新町宿禁制						鈴木幸八氏所蔵長尾文書
16	本郷	武蔵	上田長則	天正	(6)・8・16	松山根小屋足かる衆・本郷宿中	毛呂陣中より兵糧・馬飼料の買い付け希望があっても、一駄一俵たりとも応じず、根小屋足軽衆は見回りを厳重にすること、陣衆へは一切売却禁止		○				武州文書所収比企郡要助所蔵文書
			上田長則	天正	10・8・16	本郷宿町人衆	山之根その他の者について、他郷市への商品出荷は曲事、違反者は厳しく荷留の上、応じない場合は打ち殺すこと、荷留の品は町人衆へ預ける		○				松村文書
			上田憲定	天正	13・11・14	岩崎対馬守・池谷肥前守・大畠備前守	本郷元宿地形詰まりにつき、新市場開設、三人へ問屋申付け		○				田島文書
17	品川	武蔵	北条氏照	天正	11・4・11	中嶋三右衛門尉・宇田川石見守・鳥海和泉守・宇田川出雲守・百姓中	品川南北宿より百姓地への欠落者あるにつき難渋、町人が百姓となるのは曲事ゆえ、町人は百姓地へ、百姓は町人中へ入らぬこと		○				立石知満氏所蔵文書

18	井草		北条氏房		15・6・16	伊達與兵衛	井草宿市日設定、三年間不入として諸役免除		○		○	○		武州文書所収比企郡助太郎所蔵文書※2
			北条氏房		16・7・3	井草宿百姓中	公役銭三〇〇文を九月一五日を期限として立川・深井へ納入のこと、期限超過は過失							
			細谷資満	年未詳	11・晦	井草宿中	直判なき宿中への課役には従わないこと、荒地は代官不入とし、宿中も同前							
19	荒川郷		北条氏邦	天正	16・8・15	荒川之郷持田四郎左衛門尉	荒地開発者は牢人でも永代知行許可、荒川郷宿への移住者は不入として永代諸役免除、前々より勤仕の役は荒川・多田澤両村にて負担のこと			○	○	○		持田文書
20	一本木		北条家		18・2・14	上田掃部助	上田掃部助知行・戸森郷百姓深谷兵庫による、一本木宿への年貢引負逃亡につき、国法として領主代官に断り、召還のこと							大口文書
21	猿橋	下野	北条氏直	年未詳	7・27	山口	猿橋宿へ佐野衆進軍ののち合戦に及ぶ							古今感状集※3

※1：四九三七号　※2：四二二五号　※3：三九六〇号。

表1-2　新宿

	宿名	国	発給者	元号	年月日	宛所	摘記	楽市	市場	開発	不入	諸役	伝馬	出典
22	葛西	下総	北条家	永禄	11・8・8	葛西新宿	一日につき四疋ずつ伝馬供出のこと						○	早稲田大学図書館所蔵遠山文書
23	小田原	相模	北条家		12・7・20	新宿鋳物師二郎左衛門	分国中における鋳物商売保護							相州文書所収足柄下郡次郎右衛門所蔵文書
24	世田谷	武蔵	北条氏政	天正	6・9・29	世田谷新宿	市日設定、押買狼藉質取喧嘩口論停止、諸役免除、楽市	○	○			○		大場代官屋敷保存会所蔵大場文書

25	小手指	下総	北条氏照	天正(8)・8・2	小手指町人衆中	古河・関宿往還のため小手指原に新宿設置、芝原は誰の知行地でも、開削次第当作人のものとする国法ゆえ、小手指の開発について、催促の者あらば、まずこの証文を開示のこと			○				渡邊利夫氏所蔵文書
26	某	武蔵	成田氏長	天正8・12・12	(欠)	熊谷町の木綿売買宿は、長野喜三方にて差配のこと		○					長野文書
27	村山	武蔵	北条氏照	天正10・12・27	宮谷衆中小坂新兵衛	荒野は開発次第、知行地として下賜、早々に宿を立て不入と定めるので、他所へ移住する(した)者については召し返し、安心して不入の地へ移り住むこと			○	○			小坂文書
28	高萩	武蔵	北条家	天正11・11・10	山角上野介	高萩新宿市日設定、押買狼藉質取喧嘩口論停止、市日徳政、新宿につき不入、ただし他郷で前々から役勤仕ある者を置く場合はその役を務めさせること		○		○			新編武蔵国風土記稿高麗郡八
29	荻野	相模	北条氏直	天正13・2・27	松田兵衛大夫	荻野新宿市日設定、押買狼藉借銭借米喧嘩口論停止、楽市	○	○					難波文書
				天正17・9・13	大道寺代・山上強右衛門尉	荻野新宿馬町について、一九日より二五日まで安堵、楽市につき横合非分・押買狼藉喧嘩口論停止	○	○					木村文書
30	正戒塚	武蔵	松田憲秀	天正13・3・24	有山源衛門	関戸郷中河原のうち正戒塚へ有山氏により新宿設置、近辺の荒地開発申し出につき、七年荒野に定む			○				杉田勇氏所蔵有山文書
31	市場	伊豆	北条家	天正14・12・25	東紺屋津田	市場新宿・土棚新宿・三嶋新宿ほか在所、不入と号し紺屋役無沙汰につき曲事				○			新編相模国風土記稿足柄下郡五
32	三嶋	伊豆											
33	土棚	相模											

34	白子郷	武蔵	北条氏規		15・4・3	白子郷代官百姓中	当郷田畠を差し置いての他郷出作不可、不作の田畠については見届け、五～七年荒野と定む、先代より不入の地につき、当代の証文を申請するので、新宿を見立て六斎の楽市を立てること、他所へ移住した当郷百姓は国法に任せて召し返すこと	○	○	○	○			新編武蔵国風土記稿新座郡六
35	赤岩	下総	梁田助縄		16・2・3	（欠）	赤岩新宿において押買狼藉質取・諸役津料停止、市日に兵糧五升供出のこと、未年まで八年間不入、荒地は未年まで広野とすること		○	○	○	○		渡邊信次郎氏所蔵文書
36	柴村	武蔵	吉良家		16・7・24	柴村百姓中	柴村新宿立て・不入権許可				○			芝大神宮文書
37	長手郷	上野	北条家		17・6・1	桜井肥前守	私領長手郷新宿諸役免除につき、似合の百姓を指し置くこと、横合狼藉停止					○		櫻井文書
38	根岸	武蔵	原兵庫助		（17）・10・23	（欠）	根岸・靏間両新宿立てにつき、訴状							藤波文書
39	鶴間													
40	植木	相模	北条家		17・12・晦	須藤惣左衛門尉	植木新宿内匠より大筒一挺供出							相州古文書所収足柄下郡次郎右衛門所蔵文書
41	菱沼郷		北条氏隆	年未詳	4・5	左衛門大夫	新田日向守知行地のうち菱沼郷新宿を不入とする				○			岡本貞休氏所蔵文書※4

注1：『戦国遺文　後北条氏編』より作成。※4：四〇五五号。
2：太線……は街道沿いに「新宿」の設置が盛んとなるボーダーライン（天正年間～）をさす。

表2　武蔵国における後北条氏発給の流通・商業関係文書

	発給者	元号	年月日	宛所	摘記	宿	諸役	不入	出典
1	吉良頼康	天文	19・9・16	泉澤寺侍者中	上小田中市場より泉澤寺堀際まで門前として、居住者は諸役公事勧進以下免除、市場居住希望者は繁昌のこと		○		泉澤寺文書
2	北条家		22・3・18	高山彦五郎	六斎市日（四・九）における押買狼藉喧嘩口論は停止				高山茂氏所蔵文書
3	北条家		23・7・12	柴金曾木船持中	船方中法度（船売・家屋敷売却は曲事、欠落者は何方居住とも召還のこと、公事退転なく勤仕のこと）				武州文書所収府内源五郎所蔵文書
4	松田盛秀		24・1・11	有山源右衛門尉	本日より関戸宿商人問屋申付け、伝馬以下無沙汰なきこと				杉田文書
5	北条家	永禄	4・1・21	栗原彦兵衛	御家中炭焼司任命、炭窯を作り毎月炭上納のこと、諸役免除		○		新編武蔵国風土記稿多摩郡一四
6			5・6・4	平井郷伝馬奉行	伝馬掟書				田中芳重氏所蔵文書
7	北条家		7・9・20	―	関戸郷旧市日定（三・九開催、伝馬は一日に三疋ずつ、出馬の際は一〇疋供出のこと、濁酒役・塩合物役免除）		○		武州文書所収多摩郡源左衛門所蔵文書
8	北条家		7・11・7	柴舟持中	船方中は公方御用以外について、郡代・地頭の命令であっても諸役免除		○		武州文書所収府内源五郎所蔵文書
9	北条氏邦		8・2・11	長吏太郎左衛門	鉢形領内における砥商売の独占権安堵				平井文書
10	北条氏照		8・4・28	柏原鍛冶新井新左衛門尉	二〇間棟別銭・二〇間不入とし、年二〇丁ずつ鑓を打ち進上のこと			○	新井文書
11	成田氏長		8・5・―	―	藤田のうち甘粕商人長谷部源三郎について、五疋五駄安堵				町田愛二氏所蔵長谷部文書
12	北条家		9・4・3	金澤鍛冶	伊藤新左衛門船の修復として五日間細工に従事のこと				武州文書所収久良岐郡作兵衛所蔵文書
13	北条氏規		10・2・23	野中修理亮	金沢・神奈川津における鋳物師商売安堵				上総国古文書
14	北条家		10・6・15	興津・櫻井	品川にて米一五貫文分を五日間の間に購入のこと	○			中山福太郎氏所蔵潮田文書

15			10・7・19	愛洲兵部少輔	鍛冶番匠急御用につき伝馬朱印を遣わし、浦賀・大草左近大夫の許へ二〇日までに無沙汰なく到着のこと				武州文書所収久良岐郡作兵衛所蔵文書
16			10・10・2	弘明寺	参詣者非分・喧嘩口論・押買狼藉・諸商売物役・竹木伐採停止		○		弘明寺文書
17	北条氏邦		11・12・6	定峯谷炭焼中觸口	炭焼諸役・関津料木口免除		○		齋藤文書
18	北条家	元亀	2・6・10	本郷町人	市来場の商人へ借銭借米催促不可、濁酒売買の家に対する慮外は召し取り注進のこと、市日における荷物運搬として宿中への下人行使・押立は曲事、陣夫役は三疋三人、飛脚・ぬり物役・炭役は指し置く		○		新編武蔵国風土記稿比企郡一〇
19	上田長則		4・4・5	本郷町人岩崎与三郎	望み通り一五年間、伝馬諸公事免除・兵糧一駄往復安堵		○		新編武蔵国風土記稿比企郡一〇
20	北条氏邦		2・3・20	逸見与一郎	籠城継続が可能となるよう、兵糧は市町で購入すること				逸見文書
21	北条氏邦		2・9・1	齋藤八右衛門	炭一三〇俵を毎年調進のこと				齋藤文書
22	北条氏照		2・12・21	落合八郎左衛門尉	年中納物・棟別・横合非分赦免				新編武蔵国風土記稿多摩郡一四
23	北条家		4・5・22	勝田大炊助	岩付領における連雀公事棟別免許				勝田文書
24	上田長則	天正	4・9・24	本郷町人	高坂筋よりの駄賃・上下宿ならびに三間裏屋敷安堵、竹木伐採は郷切に留めること、伝馬は一〇里ないし一～二疋の急用を除き、遠方で馬数がいる場合は前日までに通達、押買狼藉禁止				武州文書所収比企郡要助所蔵文書
25	北条氏邦		5・4・29	長吏太郎左衛門	西上野より供給の砥石について、長吏惣右衛門へ二〇疋分の過書発給と販売を保障、大途ならびに氏邦への御用を務めること				平井文書
26	北条氏邦		6・4・15	長吏惣衛門	先の印判状をもって一ヶ月二〇疋分の砥石商売許可、人見の長吏太郎左衛門とは懇切の上、ともに御用に尽くすこと				武州文書所収榛澤郡長吏半右衛門所蔵文書

27	上田長則	天正	6・8・16	松山根小屋足かる衆・本郷宿中	毛呂陣中より兵糧・馬飼料の買い付け希望があっても、一駄一俵たりとも応じず、根小屋足軽衆は見回りを厳重にすること、陣衆へは一切売却禁止	○			武州文書所収比企郡要助所蔵文書
28	北条氏政		6・9・29	世田谷新宿	市日設定、押買狼藉質取喧嘩口論停止、諸役免除、楽市	○	○		大場代官屋敷保存会所蔵大場文書
29	上田長則		6・12	正木	番匠大工について今後は正木次郎左衛門と名乗ること				正木益一氏所蔵文書
30			6・12	小室	番匠勘解由について今後は小室と名乗ること				武蔵古文書
31	北条氏照		7・6・6	新井新左衛門・同半四郎・同九郎左衛門・同郷右衛門・岡五郎右衛門・豊田・入子	一年につき鑓三〇丁進上のところ九年未進、成敗のところ今回のみ用捨とし、未進文二七〇丁のうち半分の一三五丁を一一月一〇日までに納めること、かかる役上納を命じる上は、国役は別途課さないが、大途御用など拠所ない場合は無沙汰なく納めること				新井文書
32			8・5・27	田島治郎左衛門尉	見棚役・棟別銭三間分・六日普請人足免除につき、扇の地骨は如在なく馳走のこと		○		新編武蔵国風土記稿一〇九多摩郡
33	北条氏邦		8・12・1	長谷部備前守	塩荷物差し押さえについて、鉢形領栗崎・五十子・仁手・今井・宮古嶋・金窪では許可、深谷領榛澤・沓掛・阿那志・十條では禁止				長谷部文書
34	成田氏長		8・12・12	—	熊谷町の木綿売買宿は、長野喜三方にて差配のこと				長野文書
35			8・12・15	長野喜三	熊谷町にて小間物店は上下中通に設けること				長野文書
36	某		9・7・5	—	八幡郷守護不入とし、新市立てについて押買狼藉停止、近郷にて徴収の未進役は八幡中で策謀すべからず、郷中商人諸役免除		○	○	飯香岡八幡宮文書
37	上田長則		9・9・晦	岡部越中守・本郷町人中	山之根ほか松山領内にて他領商人との取引につき、本郷市を経ずに隠れ忍ぶ商売は売り手曲事、買い手は他領を除き、松山領内の者は一類成敗、万一他領へ流出する荷物がある場合は本郷町人と談合の上、在所で荷留のこと				武州文書所収比企郡要助所蔵文書

38		天正	10・8・16	本郷宿町人衆	山之根その他の者について、他郷市への商品出荷は曲事、違反者は厳しく荷留の上、応じない場合は打ち殺すこと、荷留の品は町人衆へ預ける	○			松村文書
39	北条氏邦		11・6・4	上宿商人中衆	警固・防火掟				福田寿郎氏所蔵文書
40	北条家		11・11・10	山角上野介	高萩新宿市日設定、押買狼藉質取喧嘩口論停止、市日徳政、新宿につき不入、ただし他郷で前々から役勤仕ある者を置く場合はその役を務めさせること	○		○	新編武蔵国風土記稿高麗郡八
41	北条氏勝		12・9	野中遠江	前代以来の被官につき、鋳物商売として久良岐郡中の湊へ入津許可				上総国古文書
42	松田憲秀		13・3・24	有山源衛門	関戸郷中河原のうち正戒塚へ有山氏により新宿設置、近辺の荒地開発申し出につき、七年荒野に定む	○	○		杉田勇氏所蔵有山文書
43	上田憲定		14・2・晦	本郷新市場	喧嘩口論押買狼藉、市場外への兵糧竹木搬出停止、商売役停止、徳政、市日における商人中の問答は全て町人が裁くこと		○		武州文書所収比企郡要助所蔵文書
44	北条氏邦		14・3・15	あら川持田四郎左衛門・同源三郎	郷中における質取・喧嘩停止、人身売買は禁止とし、万一売買した場合には、觸口に申告の上おこなうこと、博打博奕する場合は目安を作成のこと				持田文書
45	北条氏規		15・4・3	白子郷代官百姓中	当郷田畠を差し置いての他郷出作不可、不作の田畠については見届け、五～七年荒野と定む、先代より不入の地につき、当代の証文を申請するので、新宿を見立て六斎の楽市を立てること、他所へ移住した当郷百姓は国法に任せて召し返すこと	○	○	○	新編武蔵国風土記稿新座郡六
46	北条氏房		15・6・16	伊達與兵衛	井草宿市日設定、三年間不入として諸役免除	○	○	○	武州文書所収比企郡助太郎所蔵文書
47	北条家		(15)・6・29	江戸刑部少輔	前々の通り遅々なく船橋用の柴船六艘提供のこと				武州文書所収府内源五郎所蔵文書※1
48	北条氏房		15・7・11	鋳物師	安堵証文				武州文書所収埼玉郡名主伴蔵所蔵文書

49	北条家	天正	15・12・12	蒔田御領分芝村舟持中	先般證文の通り芝村船役安堵				武州文書所収府内源五郎所蔵文書
50	北条氏房		16・7・3	井草宿百姓中	公役銭三〇〇文を九月一五日を期限として立川・深井へ納入のこと、期限超過は過失				武州文書所収比企郡助太郎所蔵文書
51	吉良家		16・7・24	柴村百姓中	柴村新宿立て・不入権許可	○		○	芝大神宮文書
52	北条氏邦		16・8・15	荒川之郷持田四郎左衛門尉	荒地開発者は牢人でも永代知行許可、荒川郷宿への移住者は不入として永代諸役免除、前々より勤仕の役は荒川・多田澤両村にて負担のこと	○	○	○	持田文書
53			16・8・19	井上織部助・吉田代官町人衆中	麦大豆穀物は秩父谷中にて、五盃入升を用い、一〇〇文につき二斗五升以外での売却は禁止、年貢物以外の穀物は鉢形へ出さないこと				武州文書所収秩父郡名主織兵衛所蔵文書
54	北条家		17・9・23	伊丹源六郎・同三河守	浅草町禁制				武州文書所収府内梅園院文書
55	上田憲定		18・3・11	本郷町人衆・新宿本宿共	火急につき、町人衆・わきの者までも、小旗・鉄砲・弓鑓支度のうえ尽力し、松山城へ籠城のこと				松村文書
56	北条氏邦	年未詳	5・9	長裏《(ママ)》物右衛門	鉢形帰城ののち糾明を遂ぐまで、藤田御領内における砥役徴収許可				武州文書所収榛澤郡長吏半右衛門所蔵文書※2
57	細谷資満		11・晦	井草宿中	直判なき宿中への課役には従わないこと、荒地は代官不入とし、宿中も同前	○		○	武州文書所収比企郡助太郎所蔵文書※3
58	北条氏繁		—	勝田佐渡守	当町における連雀公事棟別免許				勝田文書※4

注：『戦国遺文　後北条氏編』より作成。網かけ　　は市場法を表す。※1：三八〇四号　※2：三九八一号　※3：四二二五号　※4：二〇〇一号。

表３　世田谷吉良氏発給文書

	発給者	元号	年月日	宛所	摘記	出典
1	吉良家奉行人	天文	11・11・10	寶生寺	寶生寺門前塩潟公事免除	武州文書所収久良岐郡寶生寺文書
2	吉良頼貞		17・9・20	碑文谷法花寺	寺家諸役諸公事以下免除	新編武蔵国風土記稿所収荏原郡法華寺文書
3	吉良頼康		18・9・―	当家徘徊諸人中	当寺は吉良家菩提所につき、寺家再興のため、品川大吉寺長老在誉上人・江戸周防守の有志をうけ、上小田中へ寺地を移すこととし、再建費用は当家家中・地下人より捻出のうえ、寺僧番匠奉行方へ施入のこと	泉澤寺文書
4			19・2・―	泉澤寺方丈侍者中	寺家再興祝辞、寺家領として吉沢の地を寄進	
6	吉良頼康		19・9・16	寶林寺泉澤寺侍者中	上小田中市場より泉澤寺堀際まで門前として、居住者は諸役公事勧進以下免除、市場居住希望者は繁昌のこと	泉澤寺文書
7	吉良頼康		20・7・1	寿楽齋	芳窪について、衾村東岡寺領中伴左衛門押領のため、改めて寺家へ寄進	東光寺文書
8			20・12・7	太平清九郎	世田谷郷内等々力村・小山郷を給分として付与、開役以下については綺なきこと、山野開発も一任	大平文書
9					小山・等々力開発につき、園城寺召し抱えの者を置くこと	
10			21・2・―	（誓音寺）	世田谷郷内満願寺再興につき、山屋敷・同手作分田畠を寄進	満願寺文書
11			21・3・27	太平清九郎	小山・等々力の山野境界について、他郷との境を検分のうえ、開発のこと	大平文書
12			22・5・―		旋澤の内、船橋谷・板橋分・つるさし在家・かち山谷山・ちう次郎右衛門分・八幡免を山野として給与、諸公事諸役免除	
13			23・2・―	満願寺	満願寺再興につき永代諸役免除	新編武蔵国風土記稿

14		天文	23・4・―		世田谷の内、満願寺分諸役公事免除	満願寺文書
15			25・1・23	泉澤浄寺方丈侍者中	世田谷郷旋澤村の内、寺家分の泉澤寺旧地・民部谷を、先約の通り同寺へ寄進し、諸役公事免除	泉澤寺文書
16			25・1・27	太平清九郎	江戸周防守父子の寄子組み換えと太平氏への付属	大平文書
17	吉良家	弘治	2・10・―	泉澤浄寺侍者中	旋澤村寺領・民部谷について来春より諸役公事免除、欠落百姓は召還の上、当年分の年貢は寺納すること	泉澤寺文書
18			2・12・18	太平	大蔵村・石井戸新開・芝村・髙田分・坂戸河原・熊澤分年貢、満願寺納入銭請取	大平文書
19	吉良頼康		2・12・21	東岡寺	天文七年寄進の衾村内南在家一貫五〇〇文安堵	武州文書所収荏原郡東光寺所蔵文書
20			3・2・7	太平勢九郎	大蔵村給与	大平文書
21	吉良家	永禄	元・―・―	泉澤寺	寺家用の萱取得保障	泉澤寺文書
22			2・9・23	東岡寺	衾村の内、やはた在家二間・増戸屋敷二間、都合四間棟別役永代免除	東光寺文書
23	吉良頼康・吉良氏朝		3・12・26	東岡寺七ヶ寺	深大寺・満願寺・泉澤寺・東岡寺・大徳寺・勝国寺・浄徳院に対する、江戸・大平・高橋・周防・中地以下からの綺不可	新編武蔵国風土記稿所収荏原郡東光寺所蔵文書
24	吉良氏朝		4・2・―	江戸彦五郎	所領安堵、以後も粉骨忠節のこと	江戸文書
26	吉良家	元亀	4・10・18	浄徳庵	観音立願のため仏供免田五〇〇疋寄進	常徳院文書
27	吉良氏朝		4・10・18	浄徳院	観音のため仏供免田寄進	
28	吉良家	天正	7・11・27	塩野庄左衛門尉・新井帯刀・小林源左衛門尉・新井九郎左衛門尉	大井郷塩野死去につき、新井氏の新名主任命へ四人百姓異議につき撤回、四名のもとで新たに名主を命じ、郷中差配のこと	新井喜久治氏所蔵文書
29			11・2・13	法花寺衆徒中	寺家中人足供出・竹木伐採・栗柿樹木取停止	法華寺文書
30	吉良氏朝		(13)・6・18	阿久澤能登守	由良方と浅原・吉田・堤井領をめぐる争いにつき、太途より本領支配委任につき本望	阿久澤文書

31			13・11・10	周防上野介	若林分望みに任せ給与	宮崎文書
32	吉良家		13・11・17	武蔵国ひものや郷中法華寺諸末寺	碑文谷法花寺門前屋敷、法界塚原七町四方は不入、竹木植栽の上、畠以下開発のこと	法華寺文書
33	吉良氏朝		(16)・1・5	御隠居	改年御慶	諸州古文書三下
34	吉良家		16・7・24	柴村百姓中	柴村新宿立て・不入権許可	芝大神宮文書
35	吉良氏広		18・1・17	江戸摂津守	下田城加勢命令、諸役不入として沼部の地給与を約束	江戸文書
36	吉良頼貞	年未詳	9・―	東岡寺監座	東岡寺領内に山野荒地多数のため、百姓に開発させれば綺なし	新編武蔵国風土記稿所収荏原郡東光寺所蔵文書※1
37				方丈衣鉢侍者禅師	当寺は吉良治家建立の地として代々崇敬につき、寺中門前所領・山野竹木以下の綺なし	
38	吉良頼康		2・19	寶林山泉澤浄寺侍者中	鎌倉光明寺への一月二五日・三月一四日・盂蘭盆会・祖先年忌における志物施入について、北条氏康からの内儀にもとづき、今年から泉澤寺へ一月二五日以下の施入を行う	泉澤寺文書※2
39			7・9	太平清九郎	日夜奉公につき大慶満足、似合の刀下賜	大平文書※3
40			9・15	泉澤浄寺侍者中	阿弥陀三尊像・撰銭三双寄進、一六日晴天であれば開眼供養依頼	泉澤寺文書※4
41			―・―	鶴岡宮相承院	同寺を吉良家祈願所とし、年一度の御供として五〇〇文進上	相承院文書※5
42				寶林山泉澤浄寺侍者中	代々木村・宝伝寺浄土僧を泉澤寺門徒付属とし、宜しく取り計らうこと	泉澤寺文書※6
43	吉良氏朝		8・5	(欠)	若子元服につき遊山興行	世田谷領古文書※7
44			11・16	佐藤図書助	先例に任せ、図書助へ御師安堵	世田谷徴古録※8
45			―・―	山角上野介	幸田・江雪斎をもって北条氏政への取成しを依頼	荻野文書※9

注：荻野三七彦『吉良氏の研究』(『戦国遺文　後北条氏編』)より作成。網かけ▒は市場法を表す。※1：七三五・七三六号　※2：七三二号　※3：七三三号　※4：七三四号　※5：七三七号　※6：七三八号　※7：四一一四号　※8：四一一五号　※9：四七七七・四九八五号。

表4　相模国における後北条氏発給の流通・商業関係文書

	発給者	元号	年月日	宛所	摘記	出典
1	伊勢宗瑞	永正	15・2・3	当麻宿	禁制	関山文書
2	北条家	大永	4・4・10	たいまの宿	玉縄・小田原と石戸・毛呂の往復につき、虎印判なき伝馬押立て禁止	
3			5・12・14	関所	関所法度の通り荷物検分のこと	
4		天文	5・8・27	関山弥五郎	一ヶ月間、塩荷二駄分過書	
5		弘治	2・3・19	畑宿源左衛門・九郎左衛門・孫右衛門	地頭代官合器商売役・鱈買銭・宿中諸役免除	相州文書所収足柄下郡仁兵衛所蔵文書
6	石巻家貞		2・3・19	畑宿源左衛門・九郎左衛門・孫右衛門	畑宿人退転につき、三ヶ条の一つ書きをもって諸役免除、合器の分国中商売許可	相州文書所収足柄下郡仁兵衛所蔵文書
7	北条家	永禄	4・閏3・28	藤澤木工助	藤澤における新儀商売申し出につき、塩合物役二年間免除、酒役は永代免除	森文書
8			5・3・23	中郡皮作触頭彦右衛門	皮作退転につき徳政実施、早々立ち帰り御用の時は皮調進のこと	浦島文書
9			7・5・22	革作觸頭彦右衛門	具足用なめし皮八枚調進の上、晦日に持参のこと	
10			7・11・10	岩・眞名鶴小代官百姓中	岩・真名鶴からの魚・鮑・海老売買は精銭にて取り扱いのこと	眞鶴町所蔵文書
11			8・3・26	皮作五郎右衛門・三郎右衛門・彦右衛門	西郡中郡において、皮作以外の者が皮剝ぎをした場合は見合にて取り押さえ、披露すること	浦島文書
12			8・3・26	皮作彦右衛門・中郡皮作中	いため皮七枚・なめし皮六枚・よこぬい皮二枚、来月中に左近士七郎兵衛へ渡し、代物を受け取ること	
13	北条氏照		8・12・3	座間鈐□□□□	棟別銭諸役免除、公方御用として無沙汰なく毎年鑓二丁ずつ進上のこと	鈴木文書
14	北条氏規		10・3・25	田津舟持助右衛門	かつら網舟一艘諸役免除	横須賀市立図書館所蔵永嶋文書

15	北条氏康		11・9・5	石切左衛門五郎・同善左衛門	善左衛門見立ての土肥屋敷後ろの山石を、南條・幸田の発注通り土蔵の根石に切ること	片平信弘氏所蔵青木文書
16			(12)・2・6	石切左衛門五郎・同善左衛門	国の大事につき、明日七日に足柄峠へ参上し、肥田・二宮播磨と相談の上、小屋懸けし御番勤めのこと	
17			12・5・2	鎌倉源左衛門	三浦郡にて矢来組みの急用により、三日間手間のこと	相州文書所収鎌倉郡清右衛門所蔵文書
18			12・7・20	新宿鋳物師二郎左衛門	分国中における鋳物師商売安堵	相州文書所収足柄下郡次郎右衛門所蔵文書
19	北条家	元亀	元・3・28	西郡鋳物師	中郡鋳物師との相論につき、西郡鋳物師の分国鋳物商売安堵、早雲寺殿依頼の相州一国鋳物司とされた中郡鋳物師は自今以後、中郡・東郡一帯の商人司として商売のこと	明治大学刑事博物館所蔵公用永代書留牒
20			元・4・9	大工太郎左衛門尉	番匠七名を一二日に湯本へ寄越し、細工に務めること	相州文書所収鎌倉郡金子清左衛門所蔵文書
21			元・4・10	石切左衛門五郎	江戸・川越・岩付にて切石馳走のこと	片平信弘氏所蔵青木文書
22	北条氏康		元・12・2	鋳師	中村宗兵衛扶持二人分宛行	相州文書所収足柄下郡次郎右衛門所蔵文書
23	北条家		2・5・16	岩百姓中	鮫追船二艘新造につき、諸役免除	真鶴町役場所蔵文書
24			(2)・10・29	石切中	石火鉢三つを氏康様御用として調進のこと	片平信弘氏所蔵青木文書
25			3・9・14	石切善左衛門・同善七郎	駿州喜瀬川東摂衆小路一一貫五〇〇文宛行につき、自今以後は細工公用仰せ付け	青木文書
26		天正	3・3・7	石切善左衛門・善七郎	分国中石切棟梁として、自今以後は無沙汰なく御用馳走のこと、子孫においても同様だが、不器用により御用馳走不可の場合この証文は無効	青木文書
27			3・3・26	中郡皮作彦衛もん	いため皮一七枚代物五〇〇貫文請取	浦島文書

28		天正	4・4・19	中□□□彦衛門	板目一九枚立物五貫七〇〇文、左近士・岩井より受け取り、一〇枚当月晦日、九枚来月一〇日に調進のこと	
29			9・10・13	岩百姓中	鮫追船二艘新造につき、諸役免除	真鶴町所蔵文書
30			10・4・27	宮前町賀藤	問屋安堵、他所より参着の者を調べ上げて小田原へ報告のこと	三嶋神社文書
31	北条氏勝		12・9・7	極楽寺之長吏源左衛門	極楽寺長吏職と定む上は、毎年板目皮一五枚納入のこと、この他こちらからの要請があれば、鹿・犬・牛・馬の毛皮、なめし・ふすべ・いため・細工について、難渋の場合は長吏職を召し放ち、他の職人に命じる	由井文書
32	北条家		12・9・24	鎌倉番匠源二三郎	二八日に小田原へ参上し、細工として幡板を拵えること	相州文書所収鎌倉郡金子清左衛門所蔵文書
33	北条氏直		13・2・27	松田兵衛大夫	荻野新宿市日設定、押買狼藉借銭借米喧嘩口論停止、楽市	難波文書
34	北条家		14・7・19	当麻町人関山隼人	前々の如く当麻馳走のこと	関山文書
35	山角康定		(14)・7・19	関山隼人	当麻問屋職安堵	相州文書所収高座郡慶助所蔵文書
36	北条家		14・7・25	小田原新宿山田二郎左衛門尉	鋳物師棟梁任命	相州文書所収足柄下郡次郎右衛門所蔵文書
37	北条氏照		(16)・10・23	江嶋	喧嘩口論・押買狼藉・質取停止	岩本院文書
38	北条氏直		17・9・13	大道寺代・山上強右衛門尉	荻野新宿馬町について、一九日より二五日まで安堵、楽市につき横合非分・押買狼藉喧嘩口論停止	木村文書
39	北条家		18・2・12	自小田原浦伝下田迄船持中	清水衆の米を船一艘をもって浦伝いに下田まで運搬のこと	新井氏所蔵文書
40	北条氏康	年未詳	2・6	石切頭料善左衛門・善七郎	石切番子のうち無沙汰の者へ堅く申し付け、それでもなお無沙汰の場合は名前を注進の上、遠流とする	青木文書※1

41	大石道俊		6・4	□□中務丞	鍛治又四郎の座間居住につき、方々の鍛治共もこちらへ移り、御用を務めるよう周知のこと	相州文書所収高座郡名主源五郎所蔵文書※2
42	北条氏康		7・17	新宿いもし	増阿弥・幸田与三両奉行申付けの通り、今月中に鋳物進上のこと	相州文書所収足柄下郡次郎右衛門所蔵文書※3
43	石巻家貞		8・7	まなつる船方中	昨春より岩船二艘は諸役免許につき、内儀と称した課役横行は曲事、印判をよく見分けること	真鶴町所蔵文書※4

注：『戦国遺文　後北条氏編』より作成。網かけ　は市場法を表す。※1：一五一八号　※2：四〇八六号　※3：一五三八号　※4：四〇六六号。

第Ⅱ部

織田氏と楽市令

第一章　加納楽市令再考

はじめに

永禄一〇年（一五六七）九月、京都上洛を目前とした織田信長は、斎藤龍興の籠る美濃国・稲葉山城を攻略すると、城下の井口を「岐阜」と改め、ここに拠点を据えた。同合戦終結直後に信長が発した「楽市場」宛て制札[1]（以下、煩雑さを避けるため「同制札」と適宜略す）は、もっとも有名な楽市令の一つとして、信長の天下統一事業を語るうえでも不可欠な史料に位置づけられている。

また、同制札を含む文書群「円徳寺文書」（岐阜市神田町・円徳寺蔵）は、中近世移行期における岐阜城下の動向を知る手がかりとしても注目を集め、早く戦前以来、楽市場をめぐる領域支配の実態や、同市場を含む岐阜城下の空間構造について分析が進み、その研究蓄積は膨大な数にのぼる。その中でも大きな転換点となったのが、一九七〇～八〇年代における勝俣鎮夫氏[2]・小島道裕氏[3]の研究である。

両氏の研究は、「楽市」の理解をめぐって新たなモデルを構築した画期的成果といえ、以後はこれらをもとに研究が積み重ねられていった。これにより、楽市令の指標的存在のように位置づけられた同制札と美濃楽市場については、その知名度とあわせて、今や一見するとそのほとんどが言及し尽くされたような印象すら受ける。

しかし先行研究の多くには、織田権力の革新性や自由空間・理想郷としての「楽市」のあり方を強調するなどの問題点が残されている。こうした見方を批判したはずの勝俣・小島両氏の研究も、結果として、「楽市」を積極的に施行した実績をもつ信長にとっての政策、という予定調和的な評価に落ち着いてしまっている。本章で取り上げる美濃楽市場に関する研究は、そうした古典的視角がもっとも根強く残る事例の一つといってよい。

確かに、織田権力による楽市令の初見史料という点からすれば、同制札を流通政策（市場法）の画期として位置づけることは可能だろう。ただし、これまでの研究に共通するように、それ以後の楽市令、すなわち金森や安土といった、時代背景や立地環境・法令の構造が異なる事例までをも一括りにして、「楽市」の特質を論じる手法はけっして妥当とはいえないのではないか。

近年の研究は、そうした視点を克服すべく、単純な楽市令同士の比較によらず、同時代の市場法や周辺市町との相関関係から、これまで捨象されてきたであろう、個々の場が立脚する社会情勢や歴史的環境を通してみた、「楽市」のもつ地域性に注目が集まっている。そのため、織田権力の革新性・特異性を導き出す、試金石のような存在とされた同制札についても、かかる視点から再検討の余地が残されている。(4)

以上をもとに、本章では美濃楽市場・加納宛て両制札を素材としながら、「楽市」文言をもたない、同時期の美濃国内における織田権力の発給文書、ならびに他の市町との相対化を通じて、「楽市」のもつ地域史的意義の再評価を試みていく。

一　制札をめぐる研究史とその問題点

ここでは「楽市場」制札をめぐる研究史の概要を整理しつつ、課題点を明確化していきたい。はじめに、議論の柱となる史料二点を掲げよう。

【史料1】（木札）

定　楽市場
一、当市場越居之者、分国往還不可有煩、幷借銭借米地子諸役令免許訖、雖為譜代相伝之者、不可有違乱之事、
一、不可押買狼藉喧嘩口論事、
一、不可理不尽之使入、執宿非分不可懸申事、
右条々、於違犯之輩者、速可処厳科者也、仍下知如件、
永禄十年十月　日　（花押）(5)

【史料2】（木札）
定　加納
一、当市場越居之輩、分国往還煩有へからす、幷借銭借米さかり銭、敷地年貢門なミ諸役免許せしめ訖、譜代相伝之者たりといふとも、違乱すへからさる事、
一、楽市楽座之上、諸商買すへき事、
一、をしかひ狼藉喧嘩口論使入へからす、幷宿をとり非分申かくへからさる事、
右条々、於違犯之族者、可加成敗者也、仍下知如件、
永禄十一年九月　日　（花押）(6)

両制札をめぐっては、早く戦前から議論が展開している。とくに、稲葉山合戦で焼失荒廃した岐阜城下の建設（再興）を目的とする、都市法という定義を与えた小野晃嗣氏の研究は、その先駆である。(7) 以後は、同氏の成果

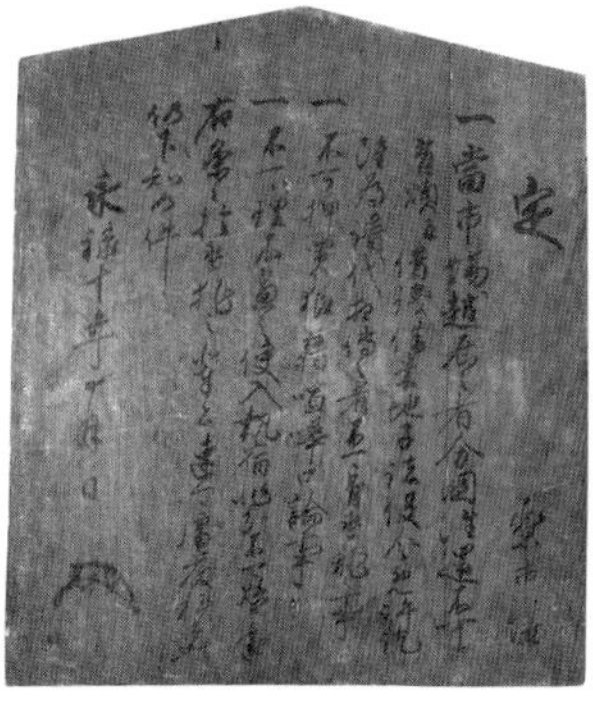
図1　楽市場宛て織田信長制札（円徳寺所蔵）

図2　加納宛て織田信長制札（円徳寺所蔵）

を基本文献として研究が進み(8)、斎藤氏時代以来の地域市場の保護を軸とする、戦国期美濃国における百姓帰農・地域復興策という評価が通説となっていく(9)。

また、藤木久志氏は、金森善立寺の事例とあわせて、統一政権と一向一揆の対立構図から「楽市」の意義を位置づけることで、円徳寺に伝わる両制札もまた、真宗門徒の抵抗拠点かつ宗教都市である「寺内」の軍事的解体策であったとする(10)。

このような地域復興・解体という視点を通じた異なる解釈がある一方、従来の理解に再考を迫ったのが、勝俣鎮夫氏の研究である(11)。氏は、自由・自治の「楽」概念(12)に注目し、あらゆる世俗権力と無縁の楽市場が、中世社会で普遍的に存在していたと説く。そのうえで、円徳寺に伝わる両制札＝楽市令も、そうした戦国大名権力が本来掌握しえなかった空間（円徳寺寺内に開かれた市場）を、「安堵」という建前で城下へ吸収するための政策にすぎないとした。

勝俣説は、楽市令に織田権力の革新性を見出そうとする先学を批判し、「楽市」の成立過程をめぐる議論を見直すものとしても高く評価され、以後の研究では【史料1】にみる「楽市場」の性格と立地について、同市場が斎藤氏と円徳寺（寺内）いずれの管轄下にあり、【史料2】宛所の「加納」との関係をどう評価するかに問題の焦点が置かれていく。

たとえば中部よし子氏は(13)、「円徳寺文書」に市場と寺内を対象とする二系列の文書が存在することに注目し、【史料1】が河内国・富田林寺内町のように(14)、宛所を「○○道場」としないことから、楽市場は円徳寺を本主としない、稲葉山城下の一角「御園《みその》」に開かれた市場であったとする(15)。

これに対し、小島道裕氏は、制札原本を用いた史料論や、歴史地理学の成果等を駆使しながら、楽市場を含む岐阜城下町の空間構造の復元を通じて、勝俣説批判を展開した(16)。氏はまず、文書が「楽市場」を宛所とする以上、それは寺内に包摂されない独立の存在と捉えるべきで、【史料1】「楽市場」は信長以前、惣構南の「御園」（近世の上加納村）において、斎藤氏により城下の一部として設定された市場であるとする。そのうえで【史料2】「加納」は同一の宛先かつ、住民のいない段階＝【史料1】から、制札を受け取る主体となる町共同体が成立したことを示すという。すなわち、楽市令は旧市場の性質を継承しつつ、新たに領主となった信長が、これを自らの岐阜城下町建設のため一時的に認めるための法令にすぎず、無縁の原理をもつ楽市場は、あくまで新都市建設・復興という場面にのみ現れる、時限的な存在でしかなかったと結論づけた。

小島氏の研究は、都市空間の中で法令を読み解き、主従制・イエ支配の空間と、周縁の「楽」属性をもつ市場とが、楽市令をもって一元化されることを明らかにしたもので、以後これが通説となり、のちの城下町研究にも大きな影響を与えることとなる。(17)

しかし、学際的研究の進展にともない、戦国期城下町の多様な実態が明らかにされたことで、近年では「楽市」についても、小島氏の理解をそのまま当てはめて論じることの難しさが指摘されるようになった。そこで都市論の立場から小島説に批判を加えたのが、仁木宏氏である。(18)

仁木氏は「円徳寺文書」全体と関連史料の読み直しから、美濃楽市場を含む岐阜城下周辺の空間復元を試み、惣構外に位置する加納郷（近世の御園町）に領主権をもつ、円徳寺の支配下に置かれていた市場（加納市場）を、寺側の安堵要請に基づいて保護をはかったものが両制札であるとした。そのうえで、制札宛所の変化は抽象的な「楽市場」でなく、地名である「加納」宛てで出し直すよう、市場を領有する寺側が要求した結果にすぎず、小島氏のように、宛所をもとに町共同体の有無を推測する見方は成立しないと結論づけた。

また、「加納」関係史料のうち、市場と町に関する文書が、それぞれ円徳寺と在地土豪の家に分かれて伝来していることからも、「加納」市場と町は両勢力の支配のもと、別個の法的主体として存在していたとする。

仁木氏の研究は、勝俣説を再評価しつつ、楽市場とその周辺に宛てた関連文書の整理により、従来のような「楽市」文言を過度に強調する視角から脱し、個々の法令が、都市空間や在地にどのような意義をもっていたかを問い直す必要性を提起した、重要な成果といえよう。これを契機として、通説とされた小島氏の研究以来、下火となっていた「楽市」をめぐる議論は、ふたたび活発化しつつある。

筆者もそうした流れをうけ、これまで本書の中で、富士大宮・小山・多聞など、他大名領国における事例検討を重ねてきた。そこでは、「楽市」が市場の立地環境や歴史的性格、発給者の領域支配など、既存の体系に大きく左右され、地域ごとに多様なあり方をもって展開し、通説のような都市建設・復興をめざす大名権力、というシェーマのみではその特質を捉え切れない点を明らかにしている(19)。

そこで改めて、両制札をめぐる研究に注目すると、その多くは「楽市場」の立地比定（城下の一部か、あるいは寺内か否か）と、織田権力による楽市令を通じた市場の動向――町共同体の成立――に着目し、法令を施行する信長の立場から、その意義を評価するという視点が支配的であった。言い換えれば、岐阜を拠点とする天下統一への途、といった信長の革新性を見出そうと模索するあまり、結論として提示される「楽市」の歴史像とは、無人の地に都市建設をはかろうとする権力の都合を最優先とした、周辺の市町や交通と結びつきをもたない閉鎖的空間に等しい。

そのため、楽市場という空間がそもそも、地域経済の中でどのような存在として位置づけられ、同時代・同一地域における他の市町がもつ機能と具体的にどう異なるか。すなわち「楽市」文言をもたない法令（市場法）と比較して、なぜ文書発給の面で差異が生まれ、「楽市場」「加納」のみが「楽市」となりえたのか、といった背景は捨象されている。また、斎藤氏時代との政策的差異など、「楽市」がもたらした地域史的意義についても明らかにされていないのが現状である。

そもそも「楽市場」「加納」が同じ空間を示すものだとしても、小島氏が指摘するように、【史料１・２】両制札の内容には、わずかながら変化が認められる。また、特権文書の多くが、在地の安堵要求に基づいて作成・手交されたことを鑑みれば[20]、両制札の発給意義をめぐって、これを同一の背景や政策的志向をもつ織田権力が一方的に付与したものと単純に位置づけてよいか、当然のごとく疑問も生じよう。

確かに両制札のみを取り上げれば、これまでの信長発給文書にはない「楽市」文言を含むなど特異な面をもつ。だが周知のように、同時代かつ同一国内には、他にも織田権力が発給した市場法や、商工業者に宛てた流通・商業関係文書が存在した。それらとの比較・相対化ぬきに、都市建設・復興を至上命題とする権力の立場を強調した姿勢のみからでは、「楽市」のあり方は正しく理解しえないだろう。

そこで本章ではまず両制札を、文書発給という政策的側面から、一個の都市法・市場法として捉え直し、同地域にみえる織田権力の発給文書全体からみた、その相対的位置づけを明らかにする。そのうえで、法令発給以前における地域経済や斎藤氏の流通支配のあり方をふまえ、制札の内容分析に重点を置き、「楽市」の成立過程とその実態を明らかにする。これにより「楽市」が、移行期権力の領域支配のみならず、地域経済にもたらした意義を再検討することをめざす。

二　楽市場と加納

（1）中世における加納と円徳寺

【史料１・２】を伝える円徳寺（美濃国厚見郡）の歴史は、早く寿永二年（一一八三）、比叡山延暦寺の寂円律師により、長旌《ながはた》（現岐阜市長旗町）に創建された法泉寺を前身とする天台宗寺院にはじまる。その後、第二世寂照が親鸞に帰依すると、嘉禎元年（一二三五）に浄土真宗へ改宗・本願寺派に属し、浄泉坊と称した[21]。

図3　円徳寺

図4　橿森神社

永禄七年（一五六四）一一月の年紀をもつ、同坊伝来の梵鐘[22]銘文には「美濃州厚見郡加納郷浄泉坊」とあり、戦国期における同坊が、加納郷に立地していたことが確かめられる。その後、同坊は慶長六年（一六〇一）一〇月に寺号を獲得し、名を「円徳寺」と改め、現在の地（岐阜市神田町）へと移転している。[23]

ここにみえる地名としての加納は、中世において長講堂領平田荘（厚見郡）に属し、建久二年（一一九一）一〇月の長講堂領目録には「革手加納郷」とあり、その後、応永一四年（一四〇七）三月までに「加納郷」として独立した。

岐阜城下南の荒田川沿い（旧木曾川右岸）に位置した加納では、文安二年（一四四五）、守護所である革手城の押さえとして、守護代斎藤氏の居城・加納城が築かれている。永正六年（一五〇九）、長良川右岸・福光への守護所移転に伴い[24]、革手城とともに、加納城もまもなくその機能を停止するが、同城周辺では、斎藤氏によって築かれたとみられる区画溝と遺物が一六世紀前半まで確認され[25]、引き続き当該地域が一定の繁栄を続けたとみられる。その後、関ヶ原合戦を経て、徳川家康により、中世加納城の跡地に近世加納城が築かれ、ここに現代の加納町の原型となる城下町と、中山道《なかせんどう》の要衝である加納宿が整備されていく[26]。

さらに、円徳寺北東の金華山麓には、斎藤氏によって移された伊奈波《いなば》神社をはじめ、橿森《かしもり》神社や瑞龍寺（臨済宗妙心寺派）などが建ち並ぶ。このうち瑞龍寺では、永禄一二年（一五六九）九月より人質として岐阜に預け置かれた幼少の蒲生氏郷が、南化玄興に師事して儒教や仏教を学んでいる[27]。このように戦国期における金華山麓一帯では、政治的拠点である稲葉山城と、その周囲に複数の寺社が鎮座する厳かな宗教的空間が形成され、そうした場を訪れる人々を対象として、市場が開かれていた可能性は十分に考えられる。

永禄一〇年九月、斎藤龍興をおって美濃入部をはたした信長は、すぐさま国内各地へ文書を発給した。

【史料3】

北加納事、伐採竹木・乱妨狼藉一切令停止候、諸事如先規可被申付事専一候、恐々謹言、

九月十日　　　　　　　　　　　　　（花押影）[28]

右はその中でもっとも早くに出されたもので、上加納村に拠点を置く在地有力層（土豪）で、近世に同村の庄屋を務めた棚橋家に伝来した文書の写しである[29]。宛所を欠くが、北加納の治安維持と同地の支配安堵に関する内容から、棚橋氏へ宛てて手交されたものと考えられる。なお、同時期の北加納には、これと類似した内容の禁制が出されている。

【史料4】（木札）

北加納

右当郷百姓等可罷帰候、然上者、伐採竹木、猥作毛苅取、於令狼藉者、可加成敗者也、仍下知如件、

永禄十年九月　日　　　　　　　　　（花押）[30]

両文書はともに「北加納」における治安維持と、稲葉山城攻めの戦火を避けた百姓の還住をはかるための、一連の戦後復興策といってよい。

仁木氏は、【史料3】「諸事如先規可被申付事専一候」の一文と、百姓還住を認める【史料4】原本が円徳寺に

伝わることから、当該期の北加納において、棚橋氏と円徳寺という複数の領主が併存し、【史料1】「楽市場」はこのうち、円徳寺の支配下にある「加納寺内」の門前に開かれていたものとする。(31)

一方、小島道裕氏は、延享年間（一七四四～四八）成立の地誌『岐阜志略』にみえる「岐阜惣構の内は内町といひ、構の外は外町といふ、南へは御園にて市立今は加納領也、西口は岩倉町にて市立今は川を隔て地方なり、右二ヶ所に市神として今に榎あり、北口は中河原にて市立爰にも市神の榎ありしに天文年中洪水に流れしとなり」(32)という記述から、斎藤氏時代の惣構外に市場が立てられており、このうち近世の上加納村に属す「御薗」の市場を、【史料1】「楽市場」に比定した。(33)

「楽市場」という名称が、はたしていつ設定されたものかは明らかでないが、【史料1】の中で、新たな市立てを命ずる文言が掲げられていないことから、少なくとも市場自体は信長入部以前、すなわち斎藤氏時代以来のものを、そのまま継承したとみて差し支えあるまい。仁木氏がいうように、制札が円徳寺に伝来することから、領主である同寺がこの市場を主催・管轄していた可能性が高い。(34)

加えて、円徳寺はこのあと、天正一一年（一五八三）に「北加納寺内」における新儀諸役の免除と、(35)関ヶ原合戦前哨戦の慶長五年（一六〇〇）に「加納寺内」宛て禁制を獲得していることから、(36)【史料4】とあわせ、円徳寺が北加納に一定の支配権を有していたことは間違いなかろう。ただし、そこで仁木氏が想定するような「寺内」が、織豊期とりわけ信長入部以前から形成されていたかまでは明らかでない。仮にそうした空間が【史料1】以前に広がっていたとすれば、慶長五年と同様、領主交代時期にあたる【史料4】段階でも「寺内」宛て禁制の発給が要求されたと考えられる。

同時代の寺内では、尾張・聖徳寺（中島郡）の「当寺内市日出入」(37)や、日蓮宗系寺内町を形成した摂津・長《ぢょう》遠寺《おんじ》における「摂州尼崎巽市場法花寺内」などのように、(38)市場が開かれていた場合、宛所ないし条文にその旨が記されている。その限りにおいて、円徳寺寺内に【史料1】「楽市場」の立地を求めることは難しく、一方でこれを御薗市場とする小島説もまた、同時代史料による傍証を欠くため説得的ではない。[39]制札発給時期と伝来、ならびに先行する【史料3・4】の存在をふまえれば、続く【史料1】も斎藤氏時代以来、円徳寺が興行主となって管轄する既存の市場について、稲葉山城落城と領主交代に伴い、市場の復興と平和保障を求める寺の要求に基づいて発給されたものと考えられる。

（2）戦国期美濃国における大名権力と市場

先行研究は【史料1・2】をもとに、「楽市」という政策的な場のあり方を強調したもので、周辺に点在する市町など地域経済全体において、それがどのような存在として位置づけられるのか、あるいは同じ都市法・市場法の中で「楽市」文言の有無が何を意味するか、といった点はほとんど意識されていない。本章の課題とする【史料1】の地域史的意義を明らかにするため、ここでは議論の前提として、戦国期における国内の地域市場の存在形態と、それらに宛てた市場法などの文書発給と流通支配のあり方について、前代である斎藤氏との差異にもふれながら確認しておく。

さて、先学がすでに指摘しているように、中世における美濃国内では、「楽市場」「加納」（厚見郡）以外にも、多くの地域市場が各郡に立ち並び、研究者によって諸説あるが、その数は少なくとも三〇余りに及ぶといわれる。[40]このうち表1（二一二〜二一三頁）は、同時代史料ならびに近世の諸記録を突き合わせて、市場の存在が確かめられる、ないし中世段階における市立ての伝承が残る事例を抽出したものである。ここでは合わせて二二の市場がみえ、その多くは定期市として、同一郡内で重複しないよう、市日をずらして開かれていたと考えられる。

こうした流通構造における斎藤氏の支配体制や市立ての有無については、一次史料が少なくその実態は必ずしも明らかにしえない。[41]だが、近年の考古学分野による発掘調査成果から、井口（岐阜）では早く斎藤道三の時期に、信長段階につながる城下町整備が行われていたことが明らかとなっている。

すなわち一六世紀初期の斎藤氏による居館成立以降、金華山西麓における出土遺構・遺物の増加や、それまでの中心である京都系土師器皿から、新たに独自の美濃土師器皿への系統変化といった画期が認められる。続く信長の岐阜城下町は、このとき確立された都市基盤を、そのまま継承したものと考えられている(42)。

また、斎藤氏は戦国期以降、木曾川中流域から新たに、武芸谷や中河原・伊奈波神社門前といった、長良川流域・金華山西麓一帯を経済基盤にしたという(43)。このうち、伊奈波神社は天文八年（一五三九）、斎藤氏が稲葉山城を築くにあたって、長良川沿いの丸山（現岐阜公園北の丸山）から、城下町整備にあわせて現在地へ移されている。実際に、同社門前にあたる参道付近からは、一六世紀初期〜中期とみられる瀬戸美濃陶器・土師器皿や、青磁の酒会壺などの遺物が多数出土し、富裕層による集落が形成されていたとみられる(44)。

この流れをうけて新たに美濃を領有した、織田氏による流通支配の性格についてみていこう。表2（二一四〜二一五頁）は、織田信長・信忠父子による直轄支配が行われた、天正一〇年六月までを下限として、美濃国内に発給された織田権力による流通・商業関係文書をまとめたものである。ここでは全二五通が確認され、このうち市場法は【史料1・2】を含む六通で、次の文書（No.1）はその先駆けに位置づけられる。

【史料5】（木札）

平野之内
神戸市場

禁制

一、甲乙人等、濫妨狼藉之事、
一、陣取放火之事、
一、伐採竹木之事、

右条々於違犯之輩者、速可処厳科者也、仍下知如件、

永禄四年六月　日　（花押）(45)

宛所にみえる「神戸《ごうど》」は、延暦寺領・平野荘（安八郡《あんぱち》）に属し、揖斐《いび》川右岸の東山道沿いに展開した交通の要衝として、早く九世紀より、荘鎮守である日吉神社付近に門前市が開かれており、(46)右はその市場へ宛てた禁制である。

永禄四年（一五六一）五月一三日、斎藤義龍の死をうけて西美濃へ出陣した信長は、木曾・飛驒両河川から墨俣《すのまた》の南・森部（安八郡）を経て、二三日に神戸東部の十四条・軽海《かるみ》（本巣《もとす》郡）で斎藤軍と一戦に及んでいる。(47)ここから同文書は、そうした信長軍の侵攻による戦後処理の一環として、市場保護のため発給されたものと考えられる。

【史料6】（表2No.5）

制札写

定

一、当市場可為如前々、越居之輩不可違乱之事、

一、新儀之諸役令免許事、

一、郷質・所質・付沙汰・理不尽使、不可在之事、

右条々於違背之輩者、速可加成敗之状、如件、

永禄十一年二月　日(48)

右は宛所と署判を欠くが、文書の伝来ならびに発給時期とその様式から、津保《つぼ》川右岸沿いの要衝である平賀郷（武儀《むぎ》郡）へ宛てた信長文書と考えられている。(49)そこでは、平賀郷の市場を「如前々」として安堵しつつ、移住

者への非法行為を禁じ、新儀諸役を免除した。また、美濃支配を委ねられた息子・信忠も家督継承以降、旧市場（市日ヵ）を安堵する内容の市場法（No.18・19）を発給している。

このように史料の残存数はわずかながら、【史料1】の前後に織田権力が発給した市場法からは、それぞれ既存の市場を安堵し、治安維持や越居者の保護、あるいは諸役免除といった、【史料1】と共通する項目を多々抽出することができる。言い換えればけっして、【史料1】だけが突出した構造をもつ法令ではないことをも意味する。

また、それ以上に特徴的といえるのが、伊藤宗十郎ら有力商人（商人司）への専売権付与・商売安堵を通じた国内の諸商人統制であろう。こうした支配体制は元亀・天正年間、すなわち市町の保護・市立てなど物流拠点の掌握へ積極的に乗り出す、近江領有段階と対照的である(50)。美濃領有段階における信長の流通支配のあり方は、斎藤氏時代以来の旧体制安堵、とりわけ商人の活動掌握とその保護に重きを置く形であったと考えられる。

以上から明らかなように、美濃国内では各地に多くの定期市が開かれ、そこに宛てて出された法令の多くは、平和保障や諸役免除といった、ごく一般的な内容（禁制）が中心である。これに対し「楽市」という文言は、限られた市場にしか用いられていない。こうした差異が生ずるのは、市場の規模や発給者の立場によるものではなく、あくまでも文書発給にいたる諸条件、すなわち対象となる市場の歴史的背景や立地環境、市場内部の問題に対応する形で、権力ないし在地にとって必要と判断される場合があったためと考えられる。

【史料5・6】との比較を通していえば、【史料1・2】では、「楽市場」「加納」という特定空間の成立・展開に即し、単純な市場の秩序維持や商人活動の保護とは異なる目的で使い分けられているといえる。

また【史料1・2】以外では、黒野や嶋田でも「楽市」文言を含む法令が発給されており（表1No.8・11）、黒野は、史料上最後の「楽市」が確認される市場としても有名である。その中で、岐阜城下のみが【史料1・

2】に加え、後述する池田元助・照政兄弟の法令とあわせ、織豊両権力を通じて、じつに四度もの楽市令が繰り返し発給されているのである。このように近隣地域に多くの定期市が林立する中で、「楽市」が特定の地域に集中して現れるのは、裏を返せばそれが明らかに、他の市場にはないプライオリティとして認識されていたことの証左であろう。これらをふまえ、改めて【史料1】の分析を行いたい。

(3) 永禄一〇年制札の分析

第一条では市場の来場者を対象に、分国内の自由通行と徳政・地子諸役免許を認めている。ここで注目すべきは「当市場越居」、すなわち第一条の特権付与について、市場へ「越居」した者、という条件のもとに設定された点である。

だが、美濃への入部間もない当該期の信長は、領主交代をはたしたものの、市場への商品流通を強制(ないし規制)しうる立場になかったのだろう。喫緊の課題ともいうべき戦後復興はあくまで、個々の来場者の主体性に委ねられていた格好といえる。「越居」とあるのは、明らかに市場へのヒトの定住＝常設店舗の成立を企図したものと考えられる。

この点、小島道裕氏は【史料1】原本分析による、変色や風化などの状況観察から、制札が実際に長期間屋外に立てられていたとする(51)。【史料1】がそもそも、市場への来場を強制する性格のものではない、という前提をふまえれば、より多くのヒトの目に留まり、市場復興に足るだけのヒトが新たに「越居」するまで、一定期間掲示が必要であったことは間違いないだろう。

第二・第三条は、いずれも禁制にみられる一般的な治安維持条で、とくに第三条「執宿」とあることから、恒常的な建物の存在が想起される。

近年の研究によると、中世後期における「宿」は宿泊施設としての機能以外に、人馬・労働力や年貢物資が集う、地域経済の中核的役割も担っていたという(52)。美濃では、桑名街道沿いにある勢至《せいし》(多藝《たぎ》郡)や、先述した神戸(安八郡)など、交通の要衝に「商人宿(53)」「市庭旅人宿(54)」がみられ、【史料1】の「宿」も、楽市場に集う商人や旅人の活動拠点(55)として、早くから存在していたと考えられる。

【史料7】

私たちは岐阜の市《まち》に至りましたが、人々が語るところによれば、八千ないし一万の人口を数えるとのことでした。私たちは和田殿が指示した家に宿泊しました。同所では取引きや用務で往来する人がおびただしく、バビロンの混雑を思わせるほどで、塩を積んだ多くの馬や反物その他の品物を携えた商人たちが諸国から集まっていました(56)。

永禄一二年(一五六九)六月、岐阜を訪れたルイス・フロイスによるこの一文も、そうした「宿」の賑わいを伝えるものだろう。

さて、先述したように【史料1】は、同時代の市場法と比べてその内容に大差はないが、第一条の「分国往還」保障については、尾張国の市場法にも類例がある。

【史料8】(木札)

制札　　瀬戸

一、瀬戸物之事、諸郷商人国中往反不可有違乱事、
一、当郷出合之白俵物并塩あい物以下出入不可有違乱、次当日横道商馬停止之事、
一、新儀諸役・郷質所質不可取之事、
右条々、違犯之輩在之者、速可加成敗者也、仍下知如件、

永禄六年十二月　（花押）[57]

【史料9】

定　符中府宮

一、当市場諸役免許之事、
一、郷質所質不可執之、押買狼藉すべからさる事、
一、俵子しほあひもの可出入之事、
右条々、違背之輩あらは、速可処厳科者也、仍所定如件、
元亀弐年九月日　（朱印）[58]

いずれも信長発給の掟書で、市場における諸役免許や質取停止など、その内容は【史料1】とも重なる部分が多い。とりわけ傍線部のように、「瀬戸物」「俵子しほあひもの」といった特定商品（モノ）の「国中往反」「出入」が保障されている点は注目できよう。

そこで【史料1】に立ち返ると、通行保障は漠然と「当市場越居」をはたした、不特定多数のヒトを対象としているにすぎない。つまるところ【史料1】は、市場におけるモノの流通保障を第一としたものではなく、あくまで「楽市場」へのヒトの集住を最優先とするための、いわゆる戦後復興へ向けた〈人寄せ〉の法令にすぎないといえる。これは別稿で指摘した、モノの市場投下を第一とする金森楽市とは対照的である[59]。

そして、同時代の市場法と比べて【史料1】で唯一といえるのが、①市場内における「譜代相伝之者」を問わない身分保障[60]と、②「借銭借米」免許を認めた徳政である。いわばこの二つが【史料1】発給における最大の意義をもち、他の市場にはない「楽市場」独自の特質ということができる。

脇田晴子氏は、楽市令が対象とする借銭借米破棄を、落城に伴う旧領主貸付米に限られるとするが[61]、【史料

1】の場合、それは必ずしも旧領主（斎藤氏）との貸借関係に限らないだろう。通行保障と同様、そもそもの適用を「当市場越居之者」と一般化しているように、斎藤氏との被官関係と限定的に捉える必要はない。むしろそうした枠を設けず、より多くの来場者を呼び込むことこそが、戦後復興の早期実現に加え、他の市場にはない「楽市場」の大きな魅力になったと考えられる。

そして、こうした特権は「楽市場」という名にも含まれる、あらゆる規制のない自然状態をさす「楽」[62]に基づくものだろう。信長はこの二つを掲げることで、周辺の市場との差異を明確化させ、課題である戦後復興の実現に加え、新たな領主権力としてのあり方を体現化していった。

三　永禄一一年制札

在地の要求に応じて作成された【史料1】に対し、翌年の【史料2】では、市場に対する信長側の意思が含まれていると考えられる。具体的にみていこう。

まず前年と異なり、宛所が市場の立地する「加納」と、具体的な地名になっている[63]が、全体の構造には大きな違いはない。細かく取り上げると【史料1】第二・三条の治安維持条項が一括され、第二条では新しく「楽市楽座」による商売規定が掲げられている。ここではそのうち、第一条「さかり銭」と第二条「楽市楽座」文言に注目したい。

「さかり銭」は小島道裕氏が指摘するように、未払いの代金、すなわち債務に相当し[64]、続く「敷地年貢・門なミ諸役」から、【史料2】それ自体が、「楽市場」における町屋の成立など、一定度の繁栄を前提として発給されているることは間違いない。ただし、かかる条文がただちに、小島氏が想定するような町共同体の成立を意味するわけではないだろう。

もとより「当市場越居」の一文が示すように、【史料2】はあくまで市場を対象とした法制で、引き続き市場内の興隆に向けた、ヒトの集住を第一として発せられたものであろう。[65] そこでの「さかり銭」免除も、外部からの移住者を適用対象とするもので、前年以来の通行保障や徳政と合わせ、ヒトを招く呼び水として機能したと考えられる。

第二条の「楽市楽座」は、織田権力発給の市場法において、初めて法制文言として条文に組み込まれたものである。[66] 前年の【史料1】に対応する規定がみえないことから、信長が【史料2】発給において新しく、かつ意図的に用いたものである可能性が高い。

より詳しくいえば、旧態安堵をはかるものというより、市場振興のさらなる促進のために付した、政策的表現(法諺《ほうげん》)に近いと考えられる。

ただし、後の金森・安土における楽市令と比べた場合、具体的な流通・交通規制などの附則条項はなく、ここではただ漠然と「諸商買すへき」と呼びかけているにすぎない。織田権力による楽市令の中で唯一、第二条目に「楽市楽座」の文言が配置されていることも含め、市場振興をはかるものとしてはあまりに抽象的で、対外的なアピール効果と捉えるにしても、若干力不足な感が否めない。いずれにせよ後年の楽市令と異なり、この段階の「楽市楽座」文言から、信長の具体的な政策志向までを見出すことは難しいといえよう。

以上をふまえてみると、【史料2】の構造は前年と大きく変わらないものの、制札自体は引き続き、既得権安堵を求める在地の申請に基づいて発給されたものであろう。

これを受けて新しく掲げられた「楽市楽座」文言は、これまでの織田権力発給文書にはみられない点で一つの画期といえよう。だが、その実態は、周辺市場と異なるオリジナリティを強調するためだけの、副次的な性質にすぎなかった。[67] 信長による「楽市」はこのあと、周辺市町・交通との結節など、領域支配を担う権力側の政治理念に即した、より独自色の強い支配の道具として、戦略的に用いられるようになっていくのである。

おわりに

小島道裕氏は、城下町建設にあたって、既存の住人や組織のもつ既得権をおびやかすのが「楽市」で、たとえ新たな商人を招致するためとしても、その施行は時限的にならざるをえないとした。このように氏は、既存市場の復興から町共同体成立・都市建設、という一連の流れに「楽市」を位置づけようとするが、戦後復興や城下町に結びつかない「楽市」、たとえば富士大宮や小山といった、門前市ないし新市の事例が検討されていない以上、その解釈は必ずしも成立しない。

【史料1】に長期間の掲示跡があるのは、仁木氏がいうように、在地にとってそれが市場の振興と平和保障にもっとも効果を有した、根本となる特権文書として認識されていたためと考えられる。だからといって、そうした掲示の痕跡をもたない【史料2】が、在地にとってまったく無意味であったというわけではないだろう。

さて、信長亡き後の織田家督相続をめぐる清須《きよす》会議をうけ、美濃一国の主として、新たに岐阜城へ入った織田信孝が発給した掟書によれば、

【史料10】

定

一、加納町、如前々諸役・門並幷雇として召仕事、令免許事、
一、於当町、郡質所質不可執之事、
一、来二日より内ニ、町へ可罷出事、
右条々、若相背族、堅可成敗者也、仍下知如件、

天正拾一年後正月　日　　　　　　　　　　　　（花押）(68)

として、加納町が「如前々」くから存在していたことが分かる。宛所はないが、発給時期とその内容から、前年一二月の秀吉軍による岐阜城包囲によって、逃散していた住民を町へ呼び戻すための措置と考えられる。ところが、賤ヶ岳合戦を経て、次に岐阜へ入った池田元助が発給した掟書をみると、その内容は「加納町」に宛てた【史料10】とまったく無関係で、身分保障や債務破棄、地子免許がみえないことを除けば、全体の構造は、先行する信長制札をほぼ引き継いだものとなっている。(69)

【史料11】（木札）

定　　加納

一、当市場越居之輩、国中往還煩あるへからす、幷町中門並諸役免許せしむる事、

一、楽市楽座之上、諸商売すへき事、

一、おしかい・狼藉・喧嘩口論・理不尽之使不可入、付陣取放火停止之事、

右条々、於違犯之族、可加成敗者也、仍下知如件、

天正十一年六月　日　　　　　　　　　　　　（花押）(70)

中でも第一条「当市場越居之輩」という文言がみえるように、領主交代後も引き続き市場を対象とした特権文書が手交されているのである。このことは、【史料10】「加納町」と【史料1】以来の「加納」市場が、当該期においてそれぞれ独立した存在として成立していたためと考えられる。

すなわち、小島氏のように【史料2】の発給と宛所の変化のみをもって、「楽市場」の復興から「加納」という共同体（町場）の成立、という流れをみることはできない。(71)と同時に【史料11】を単純な既得権の踏襲や、都市興隆に伴う制札発給の形骸化によるものと位置づけるのも早計であろう。

信長制札の内容を継承した池田元助・照政兄弟の掟書をみると、その内容は【史料2】に準拠した形である。なぜ市場の成り立ちに関わる、最大の特権文書ともいうべき【史料1】ではないのか。その答えは必ずしも明らかでないが、おそらく戦後復興を企図する前年の制札ではなく、一定度の繁栄をふまえて作成された【史料2】こそが、現在の「加納」市場のあり方にもっともなじむ内容で、なにより在地側の要求した「加納」という具体的地名が宛所に記されていたためではないだろうか。ただしそこでの「楽市楽座」文言の位置づけは、権力側の政治的意図が込められた【史料2】段階とは異なり、あくまで信長以来の市場・商取引のあり方が継承されていることを内外に強調するための、象徴的な文言にすぎなかったに違いない。

いずれにせよ領主交代後も、在地にとって制札の需要は失われておらず、加納市場は、引き続き加納郷における商取引の中心的空間として存在していたと考えられる。だがその後、関ヶ原合戦の前哨戦では、東西両軍から「加納村」「加納寺内」に禁制が発給されているが(72)、「加納」市場は史料を欠き、その動向をつかむことはできなくなる。また、慶長六年（一六〇一）の近世加納城の築城に伴い、美濃国奉行である大久保長安から、岐阜城下へ「売買之物一切出入不可改」（商品の荷改めは一切不可）などを定めた禁制(73)が出されている。だが、そこに「楽市楽座」の文言はみえず、近世の地誌類にも関連する記述はない(74)（表3）。

それは「楽市楽座」が、領域支配を担う権力の政治理念を前提とし、文言として付与された段階における、市場の性格や環境に即してのみ実効性をもつ、時代性の強い概念だったためではなかろうか。あくまで推測にすぎないが、このことは、金森や安土・淡河《おうご》といった、【史料2】以降における楽市令の歴史的展開を紐解くと、より具体性を帯びていく。

（1）「円徳寺文書」三号（『岐阜県史』史料編　古代・中世一、一九六九年。以下、同書からの引用については『岐阜』史

―一のように略記）。

（２）勝俣鎮夫「楽市場と楽市令」（藤木久志編『戦国大名論集一七　織田政権の研究』吉川弘文館、一九八五年。一九七七年初出）。

（３）小島道裕「戦国期城下町の構造」（『日本史研究』二五七、一九八四年。以下、小島Ⓐ論文）・同「岐阜円徳寺所蔵の楽市令制札について」（『国立歴史民俗博物館研究報告』三五集、一九九一年。以下、小島Ⓑ論文）。

（４）拙稿「楽市楽座令研究の軌跡と課題」（『都市文化研究』一六号、二〇一四年。**本書序章**）。

（５）前掲註（１）。

（６）「円徳寺文書」四号（『岐阜』史―一）。

（７）小野晃嗣『近世城下町の研究』（至文堂、一九二八年。のち増補版、法政大学出版局、一九九三年）。

（８）『岐阜市史』（一九二八年）、平塚芳雄「美濃の市に就いて①」（『郷土史壇』二―九、一九三六年）。

（９）平塚正雄「美濃中世の市と座」（『岐阜史学』一、一九五一年）、松田亮「「加納楽市楽座」の構成と「加納」の史的変遷について」（『城』四五、一九六九年）。

（10）藤木久志「統一政権の成立」（朝尾直弘ほか編『岩波講座日本歴史』九・近世一、岩波書店、一九七五年）・同「織田・豊臣政権」（『天下統一と朝鮮侵略』講談社学術文庫、二〇〇五年。一九七五年初出）。

（11）前掲註（２）勝俣論文。

（12）網野善彦「中世都市論」（朝尾直弘ほか編『岩波講座日本歴史』七・中世三、岩波書店、一九七六年）。

（13）中部よし子「織田信長の城下町経営」（『中世都市の社会と経済』日本評論社、一九九二年所収、『ヒストリア』八二号、一九七九年初出）。

（14）永禄三年三月・富田林道場宛て安見宗房掟書写（「興正寺御門跡兼帯所由緒書抜」（佐藤進一ほか編『中世法制史料集』五巻・武家家法Ⅲ、岩波書店、二〇〇一年所収、五〇五号））。

（15）豊田武氏・高牧實両氏も、信長の美濃入部以前における円徳寺が「寺内」を構えた形跡がないことを指摘する（豊田武「楽市令の再吟味」〈『豊田武著作集』三巻、吉川弘文館、一九八三年所収、一九七九年初出〉、高牧實「織豊政権と都市――織田信長の楽市楽座令――」〈豊田武ほか編『講座日本の封建都市』一巻、文一総合出版、一九八二年〉）。

（16）前掲註（3）小島Ⓐ・Ⓑ論文。同氏はその後、戦国期城下町と楽市令の理解をめぐって、仁木宏氏による一連の批判（仁木宏「美濃加納楽市令の再検討」〈『日本史研究』五五七、二〇〇九年。以下、仁木Ⓐ論文〉・同「書評・小島道裕著『戦国・織豊期の都市と地域』」〈『史学雑誌』一一八編一号、二〇〇九年。以下、仁木Ⓑ論文〉・同「近江国石寺「楽市」の再検討」〈千田嘉博ほか編『都市と城館の中世』高志書院、二〇一〇年〉）に対し、反論を試みている（小島道裕「戦国期城下町と楽市令再考――仁木宏氏の批判に応えて――」〈『日本史研究』五八七、二〇一一年。以下、小島Ⓒ論文〉）。このうち【史料1】については、信長が城下への商人集住＝都市建設を目的とする〝領主の法〟であることに変わりなく、御園市場＝加納市場説を再確認するとともに、円徳寺は町共同体にとっての文書保管機能をもっていたにすぎず、制札の伝来過程は、市場の立地を寺内に求めるうえでの根拠たりえないとする。

（17）たとえば、【史料1】までに確認される信長文書（制札）の構造から、法令の意義を分析した水藤真氏（同「美濃国加納市場の制札」〈『ヒストリア』一四一、一九九三年〉）・曽根總雄氏（同「永禄一〇年「楽市令」の再検討」〈『東海大学紀要文学部』九四輯、二〇一〇年〉）や、「楽市場」の立地比定を再検討した吉田義治氏（吉田義治「加納楽市場の所在について」〈『史叢』七六、二〇〇七年〉）らの研究があるが、いずれもこれまでの視点をなぞる形で、小島説に対する明確な反論はみられない。

（18）前掲註（16）仁木Ⓐ論文。

（19）拙稿「羽柴秀吉と淡河楽市」（『ヒストリア』二三二号、二〇一二年。**本書第Ⅱ部第三章**）・同「松永久秀と楽市」（天野忠幸編『松永久秀――歪められた戦国の〝梟雄〟の実像――』宮帯出版社、二〇一七年。**本書第Ⅰ部第三章**）・同「小山楽市令をめぐって」（『六軒丁中世史研究』一七号、二〇一七年。**本書第Ⅰ部第二章**）。

（20）峰岸純夫『中世災害・戦乱の社会史』（吉川弘文館、二〇〇一年）。

（21）円徳寺ならびに美濃国をめぐる歴史については、『日本歴史地名大系』二一・岐阜県の地名（平凡社、一九八九年）参照。

（22）「円徳寺文書」（『岐阜』史―二、七二八頁）。

（23）元和八年（一六二二）六月の文書に宛所として「濃州加納円徳寺」が初めて確認できる（「円徳寺文書」一七号、『岐阜』史―一）。

(24) 勝俣鎮夫「大名領国制の盛衰」(『岐阜市史』通史編原始・古代・中世、一九八〇年)。
(25) 井川祥子「革手・加納」(内堀信雄ほか編『守護所と戦国城下町』高志書院、二〇〇六年)。
(26) 内堀信雄「美濃における守護所・戦国城下町の展開――空間構造の変遷を中心に――」(同右所収)。
(27) 文禄二年九月一八日・伊藤祐盛宛て蒲生氏郷書状(「照光寺文書」東京大学史料編纂所影写本)、藤田達生『信長革命――「安土幕府」の衝撃――』(角川学芸出版、二〇一〇年)。
(28) 「棚橋文書」一号(『岐阜』史一一)。
(29) 棚橋氏については、前掲註(21)ならびに註(16)仁木Ⓐ論文参照。
(30) 「円徳寺文書」二号(『岐阜』史一一)。
(31) 前掲註(16)仁木Ⓐ論文。
(32) 『岐阜志略』巻之一(平塚正雄編『尾濃葉栗見聞集・岐阜志略(復刻版)』大衆書房、一九七一年)。
(33) 前掲註(3)小島Ⓐ論文。
(34) 前掲註(16)仁木Ⓐ論文。
(35) 「円徳寺文書」八号(『岐阜』史一一)。
(36) 「円徳寺文書」一一号(『岐阜』史一一)。
(37) 天正一二年六月・羽柴秀吉制札(「聖徳寺文書」〈『愛知県史』資料編一二・織豊二、五七八号〉)。
(38) 天正二年三月・荒木村重禁制(「長遠寺文書」二号〈『兵庫県史』史料編中世一〉)。
(39) 松田亮「加納楽市場――北加納寺内――」(『中山道加納宿』二〇号、一九九二年)。
(40) 平塚芳雄氏は三四(同「美濃の市に就いて②」〈『郷土史壇』二―九、一九三六年〉)、森義一氏は五四の市場があったとする。ただし、森氏が挙げた市場には、近世以降の史料や口伝に基づくものも含まれているため、注意を要する(同「美濃に於ける市場雑考」〈『郷土史壇』二―一一、一九三六年〉)。
(41) 横山住雄『斎藤道三と義龍・龍興――戦国美濃の下剋上――』(戎光祥出版、二〇一五年)。
(42) 内堀信雄「美濃における守護所・戦国城下町の展開――空間構造の変遷を中心に――」(前掲註25書所収)・同「井口・岐阜城下町」(仁木宏ほか編『信長の城下町』高志書院、二〇〇八年)。

(43)　三宅唯美「戦国期美濃国の守護権力と守護所の変遷」（前掲註25書所収）。
(44)　恩田裕之「井口・岐阜」（前掲註25書所収）、前掲註(42)内堀論文。
(45)　「高橋宗太郎氏所蔵文書」一号（『岐阜』史―一）。
(46)　前掲註(21)、平塚正雄「神戸市場の研究」（『岐阜史学』七号、一九五三年）。
(47)　『信長公記』首巻、もりべ合戦の事・十四条合戦の事（太田牛一著・桑田忠親校注、新人物往来社、一九九七年）。
(48)　「塚原文書」一号（『岐阜県史』史料編　古代・中世補遺、一九九九年）。
(49)　横山住雄「北加納の楽市場と関、平賀市との比較」（『中山道加納宿』三五号、二〇〇〇年）。
(50)　**本書第Ⅱ部第二章**参照。
(51)　前掲註(3)小島Ⓑ論文。
(52)　藤原良章「中世の都市とみちをめぐって」（藤原良章ほか編『中世の宿と町』高志書院、二〇〇七年）、湯浅治久「中世的「宿」の研究視角――その課題と展望――」（佐藤和彦編『中世の内乱と社会』東京堂出版、二〇〇七年）。
(53)　永禄一二年四月・織田信長朱印状（「玉井直氏所蔵文書」一七号〈『養老町史』史料編・上巻、一九七四年〉）。
(54)　年未詳二月一六日・稲葉一徹書状（「白木屋売立文書」一号〈『岐阜』史―四〉）。
(55)　このほか織豊期においては「濃州勢至□鉄座宿」（年未詳九月二二日・池田恒興判物、「玉井直氏所蔵文書」一八号）・「鉄座諸荷物宿」（天正一一年三月二二日・羽柴秀吉判物、「玉井直氏所蔵文書」二六号）がみえる（文書番号はいずれも前掲註53書に対応）。
(56)　松田毅一ほか訳『完訳フロイス日本史』織田信長篇Ⅱ・第三八章（中公文庫、二〇〇〇年）。
(57)　「加藤新右衛門氏所蔵文書」（奥野高廣『増訂織田信長文書の研究』上巻、吉川弘文館、一九八八年所収、四三号。以下『信文』上―四三のように略記）。
(58)　「大津延一郎氏所蔵文書」（『信文』上―三〇一）。
(59)　前掲註(50)。
(60)　織田権力発給の市場法において、こうした「譜代相伝之者」などを問わない来場者への特権付与は、【史料1・2】のほか、ヒトの通行強制と集住促進を最優先とした安土令のみである。

(61)　脇田晴子「日本中世都市と領主権力」(『歴史学研究』四七一、一九七九年)。
(62)　網野善彦ほか編『週刊朝日百科二六　日本の歴史──楽市と駆込寺──』(朝日新聞社、二〇〇二年)。
(63)　宛所の変化は、仁木宏氏(前掲註16仁木Ⓐ論文)も指摘するように、「某市場」のような不特定かつ抽象的な名前でなく、一種のブランドとなる地域性をより前面に出し、他の市場と区別するため、在地側の要望によって変更されたものだろう。
(64)　『日本国語大辞典』第二版(小学館、二〇〇一年)。
(65)　金森の場合、(小島氏によれば)住民がいないとされる元亀三年九月の法令をみると、第二条には「当町」とあって、住民の存在や町場の存在が想定できると考えられるが、小島氏はこの点について言及していない。
(66)　蛇足ではあるが、このことをふまえれば、「楽市楽座」文言を条文としてもたない【史料1】は、あくまで「楽市場」という地域市場に宛てた禁制にすぎず、正確には【史料2】を、織田権力発給による史上初めての楽市令と位置づけるべきであろう。曽根總雄氏は【史料1】について「条文中に「楽市」の文言を欠くので、単なる市場法」だとする(前掲註17曽根論文)。
(67)　発給年次に引きつければ、足利義昭の上洛供奉を目前に控え、信長の施政方針を具体化しようとしたものとも捉えられるが、推測の域を出ない。
(68)　「棚橋文書」二号(『岐阜』史─一)。
(69)　天正一二年七月・池田照政発給の制札も同様に「加納」を所付とし、第一条は「当市場越居之輩」となっている(「円徳寺文書」一〇号)。
(70)　「円徳寺文書」九号(『岐阜』史─一)。
(71)　前掲註(16)仁木Ⓑ論文。
(72)　前掲註(36)、「円徳寺文書」一二号(『岐阜』史─一)。
(73)　「伊奈波神社文書」三号(片野温編『美濃国古文書集』一集、私家版、一九六三年)。
(74)　前掲註(32)、『新撰美濃志』(平塚正雄編『新撰美濃志』一信社出版部、一九三一年)、『濃州徇行記』(平塚正雄編『濃州徇行記』大衆書房、一九三七年)。

表1　中世美濃の市場

	郡	市場	市日	種類	摘記	出典
1	厚見郡	楽市場	?	?	当市場越居の者は分国往還保障、債務破棄、諸役免除、譜代相伝の者でも保障、楽市楽座の上商売のこと(永禄一〇年一〇月)	円徳寺文書
2		加納	?	?	当市場越居の者は分国往還保障、債務破棄、諸役免除、譜代相伝の者でも保障、楽市楽座の上商売のこと(永禄一一年九月、天正一一年六月、同一二年七月)	
3		御園	?		岐阜物構の内は内町といひ、構の外は外町といふ、南へは御園にて市立今は加納領也、西口は岩倉町にて市立今は川を隔て地方なり、右二ヶ所に市神として今に榎あり、北口は中河原にて市立爰にも市神の榎ありしに天文年中洪水に流れしとなり	岐阜志略
4		中河原	?			
5		岩倉	?	?		
6	安八郡	神戸	?		禁制(永禄四年六月)	高橋宗太郎氏所蔵文書
					神戸市旅人宿申付(天正七年二月一六日)	白木屋売立文書
7		今尾	?		今尾町市安堵(天正八年一〇月)	市田靖氏所蔵文書
8	方縣郡	黒野	?	?	当町中地子諸役五ヵ年免除、楽市たる上は煩いなく申付(慶長一五年一月)	崇福寺文書
9	海部郡	駒野	?	?	駒野町市安堵	東高木文書
10	羽島郡	円乗寺	5・10・15・20・25・30	六斎	円乗寺市場、寺内与相定上者、非分族不可在之、幷市日事、五日・十日・十五日・廿日・廿五日・晦日	専福寺文書
11	養老郡	嶋田	?	?	諸役免許、楽市、質取停止(慶長五年一〇月二一日)	大橋正広氏所蔵文書
12	各務郡	鵜沼	?	?	東路のうるまの清水名をかへばしらじな旅に辰の市人	藤川記
13	羽栗郡	竹鼻	2・7・12・17・22・27	六斎	町人如先々居住事(天正一二年六月)	円覚寺文書
					毎月二七の日、月に六日市立ありて諸方より売る物を持来りて商ふ	新撰美濃志
					毎月六日以二七日成市	濃州徇行記

No.	郡	市場	市日	斎	内容	出典
14	可児郡	金山	?		金山城下へ町引越につき、褒美として魚屋町と号し、海魚商売許可、他町にて売買停止、市場安堵（天正五年一一月、慶長五年五月三日）	藤掛すゞの氏所蔵文書、下村光園氏所蔵文書
					此地は古より六斎の市も御免にて諸商物自由にして	濃州徇行記
15	武儀郡	平賀	?	?	市場安堵、越居者保障、新儀諸役免除（永禄一一年二月）	塚原文書
16		上有知	3・8・13・18・23・28	六斎	市之儀ハ元関ノ市ニ候（中略）、上有知へ御引被成候ト申伝候、月ニ六斎ノ市御定被成	上有知旧事記
					先年より交易の地にて商家軒をつらね繁昌の地なり、毎月三八の日並六斎市あり	濃州徇行記
17		大矢田	?		大屋田市紙荷公事について、毎月六度運搬（応仁三年三月一二日）	日吉神社文書
18	恵那郡	中津川	?		此宿三ヶ月六日の市あり（中略）、古来より六斎市とあり	濃州徇行記
19	揖斐郡	八日市場	8・18・28	三斎	小作八日市場之次郎衛門尉引得分之内より（天正六年一〇月）	龍徳寺文書
20		一日市場	1・11・21		四日市場猪右衛門尉・一日市場助右衛門尉・七日市場九郎左衛門尉（慶長二年七月五日）	瑞巌寺文書
21		四日市場	4・14・24			
22		七日市場	7・17・27			

注：『岐阜県史』『揖斐川町史』『美濃市史』『岐阜志略』『新撰美濃志』『濃州徇行記』より作成。網かけ▒は「楽市楽座」関連文書が残る市場を表す。

表2　美濃国における織田権力の流通・商業関係文書

	発給者	元号	年月日	宛所	摘記	出典
1	織田信長	永禄	4・6・—	平野之内神戸市場	禁制	高橋宗太郎氏所蔵文書
2			10・10・—	楽市場	当市場越居の者は分国往還保障、債務破棄、諸役免除、譜代相伝の者でも保障	円徳寺文書
3			10・12・—	長谷川三郎兵衛	関より米田川を境として榑座申付	長谷川五郎氏所蔵文書
4	斎藤利治		11・2・21	宮内卿	棟別門並家役商売役・札馬諸国往還商売免除、城下における商売保護	平井文書
5	織田信長		11・2・—	(平賀ヵ)	市場安堵、越居者保障、新儀諸役免除	塚原文書
6			11・9・—	加納	当市場越居の者は分国往還保障、債務破棄、諸役免除、譜代相伝の者でも保障、楽市楽座の上商売のこと	円徳寺文書
7			12・4・—	玉井小兵衛尉	当国勢至・鉄座牌は、武馬三郎右衛門尉折紙に任せ安堵、商人宿安堵	玉井直氏所蔵文書
8			12・11・3	美濃国座人中	鉄・鍬荷商売役銭ならびに小売につき、前々通り座牌方へ覚悟に任せ商売のこと、質取諸役一切免除	
9		元亀	2・7・—	関兼常助右衛門尉	鍛冶職安堵	武藤助右衛門氏所蔵文書
10			3・12・2	惣十郎	尾張・美濃両国の唐人方・呉服方商売司任命	名古屋商家集所収「寛延旧家集」
11	柴田勝家		4・1・4	伊藤宗十郎	尾張・美濃両国の唐人方・呉服方商売司として裁許のこと	
12	佐久間信盛		4・2・10			
13	不破光治	天正	元・12・24		商人方夷講許可	
14	織田信忠		2・1・—		尾張・美濃両国の唐人方・呉服方商売司任命	
15	明智光秀		2・7・8		尾張・美濃両国の唐人方・呉服方商売役につき、近江国坂本では、同所舟奉行・町人へ申付のこと	

16	森長可		5・11・—	五郎左衛門・久左衛門方	金山城下へ町引越につき、褒美として魚屋町と号し、海魚商売許可、他町にて売買停止	藤掛すゞの氏所蔵文書
17	稲葉良通		(7)・2・16	林八右衛門	神戸市旅人宿申付	白木屋売立文書
18	織田信忠		8・10・—	(高木彦左衛門尉ヵ)	今尾町市安堵	市田靖氏所蔵文書
19			8・10・—	(欠)	駒野町市安堵	東高木文書
20			8・12・—	(呂久ヵ)	往還用として呂久渡舟立置につき門並諸役免除	馬渕文書
21			9・12・19	(欠)	一二人による船木商売安堵、新儀諸役免除	新撰美濃志
22	氏菅七郎		9・12・22	船木拾弐人	一二人による船木商売申付につき、上木・薪五〇ずつ上納のこと	
23	浅井信広	年未詳	4・—	伊藤宗十郎	尾張・美濃両国の唐人方・呉服方商売司任命	名古屋商家集所収「寛延旧家集」
24	伊賀定治		8・5		尾張・美濃両国の唐人方・呉服方商売司として裁許のこと	
25	林秀貞		12・2			

注：『岐阜県史』『岐阜市史』『愛知県史』より作成。網かけ■は市場法を表す。

表3　美濃国における豊臣・徳川権力の流通・商業関係文書

	発給者	元号	年月日	宛所	摘記	出典
1	堀秀政	天正	10・6・28	玉井小次郎	近江牧田通・伊勢口往来の荷物・宿路次安堵、新儀は御意を得ること	玉井直氏所蔵文書
2	神戸信孝		10・7・6	玉井小兵衛	当国多藝郡勢至口鉄座・商人宿安堵	
3			10・7・—	（呂久ヵ）	往還用として呂久渡舟立置につき門並諸役免除	馬渕文書
4			10・12・7	舟木商人十二人	一二人による舟木商売安堵、諸役免除	
5	竹内光重		10・12・7	舟木方拾九人	前々の如く舟木商売19人申付につき、薪五〇〇〇上納のこと	大橋代助氏所蔵文書
6	神戸信孝		11・閏1・—	（加納ヵ）	加納町における諸役門並・雇夫免除、質取停止、二日より町へ移住のこと	棚橋文書
7	羽柴秀吉		11・3・22	（欠）	近江牧田通・伊勢口往来の荷物・宿路次安堵、新儀は堅く申付	玉井直氏所蔵文書
8	池田元助		11・6・—	加納	当市場越居の者は分国往還保障、債務破棄、諸役免除、譜代相伝の者でも保障、楽市楽座の上商売のこと	円徳寺文書
9	池田照政		12・7・—			
10			14・10・18	専福寺	円乗寺市場は寺内のこと、市日規定、質取停止	専福寺文書
11	金森可重		17・3・28	あきない町	諸役免許、如何様の売り物でも店にて売買のこと	熊崎喜右衛門氏所蔵文書
12	羽柴秀勝		19・4・—	（欠）	往還用として呂久渡舟立置につき門並諸役免除	馬渕文書
13	織田秀信		20・12・10	与左衛門	湊新町申付、他所より牢人望み次第移住のこと	
14			20・12・14	鏡嶋ノ与左衛門	鏡嶋湊申付、船荷物は湊外への着荷厳禁、湊町諸役免除	馬淵鈴之助氏所蔵文書
15	間宮彦次郎	慶長	5・10・21	嶋田町中	諸役免許、楽市、質取停止	大橋正広氏所蔵文書
16	大久保長安		6・8・5	（欠）	商品改め禁止、伝馬諸役免除、宿借は亭主合意の上のこと	本誓寺文書

17	伊奈忠次等四名		7・6・10	ろくの渡り船頭衆	路次中船賃定	馬渕文書
18			7・6・2	ミたけ宿	伝馬掟書	野呂文書
19			7・6・10		路次中駄賃定	
20	大久保長安		8・10・28	ミたけ惣中同といや	伝馬掟書	
21	加藤貞泰		15・1・―	黒野年寄中	当町中地子諸役五年間免除、楽市たる上は煩いなく申付	崇福寺文書

注：『岐阜県史』『岐阜市史』『愛知県史』より作成。網かけ　は市場法を表す。

第二章　金森楽市令の再検討

はじめに

近江国金森《かねがもり》（野洲郡）は、志那街道沿いに開かれた交通の要衝として知られる。この志那街道は、東山道沿いの宿場町・守山（野洲郡）から分岐し、琵琶湖沿岸の志那（栗太郡）にかけて東西に伸びる幹線道で、中世においては京・畿内と湖東を最短で結ぶ、主要ルートの一つとされた(1)。

さて、金森の歴史でまず注目されるのは、寛正六年（一四六五）、山門による大谷本願寺襲撃（「寛正の破却」）に際し、難を逃れた宗主・蓮如が当所へ下向したことであろう。このとき蓮如は、野洲・栗太両郡門徒の指導者でもある、在地領主・川那辺矩厚《のりあつ》（金森道西）のもとに数年間身を寄せ、布教活動を進めた。これにより金森は一向宗門徒の宗教的中心地として確立する。戦国期になると、金森は「石山合戦」における近江一向一揆の拠点として、惣道場（御坊）を核とする寺内町を構え、元亀二年（一五七一）・翌年の二度にわたり織田信長と対峙（金森合戦）するも、間もなく戦いに敗れることとなる。

この直後に信長が金森へ発給した、いわゆる「金森楽市令」（以下、適宜「同法令」と略記）をめぐっては、これまで様々な視点から研究が進められてきた。

その嚆矢として、①豊田武氏は同法令を、金森再興による商品経済と宿駅機能向上をはかるものと評価した(2)。

また、②勝俣鎮夫氏は、旧来から金森に自生した楽市場の特権を安堵するための法令として、[3]③奥野高廣氏は、守山に代わる物流拠点としての確立を目指すものと解釈するなど、[4]いずれも金森の経済機能に着目し、楽市による商売保護・市場振興策として、同法令の意義を抽出した。

一方、織田権力と寺内町（一揆）の対立構図に法令を位置づけたのが、藤木久志氏・神田千里氏の研究である。④藤木氏は、信長による都市・流通支配の根源を、その生涯を費やした「石山合戦」における一向宗寺内との対抗に求め、交通規制条項を含む同法令も、一揆拠点である金森寺内町の軍事的解体・壊滅のみを目的に発令されたと評価する。[5]逆に⑤神田氏は、近江一向一揆と寺内町の実態分析から、同法令は、織田権力のもとで存続を許された金森寺内町の保護に基づく、敵対する真宗門徒の連携遮断策であるとした。[6]両氏の研究は、楽市場と寺内町がもつ特権の類似性を指摘し、楽市令を、一揆対策を主目的とする、政治色の強い法令と捉えた点に特徴がある。[7]

これらに対し、⑨小島道裕氏は近世の村絵図に基づき、戦国期における金森寺内町の景観復元を試み、ここに「楽市」のあり方を位置づけた。すなわち同法令は、戦火により住民のいない金森寺内町の軍事的解体を通じた、織田方としての金森「町」興隆＝都市復興のみを目的とする時限立法にすぎないという。そして、その過程は都市共同体の成立、すなわち織田権力による一連の発給文書にみる宛所の変化（「金森」→「金森町」）にも、如実に表れているとする。[8]

しかし、小島氏の理解は、信長側の都合で一方的に進められる、金森復興のプロセスと結果にのみ注目したものである。そのため、復興後の展開はおろか、地域経済における「楽市」という法令・市場の具体像や、それがはたした役割はなお不明瞭で、その限りにおいて、金森は周辺地域から孤立・分離した空間にも等しい。

また、これら先行研究に共通する問題として、同法令のみによる立論か、あるいは他大名による楽市令との比較に基づき、政治権力としての信長の特異性・革新性を強調しようとする傾向がある。そのため、織田権力以前（六角氏）との差異や、近世以降の金森に与えた影響など、同法令のもつ地域史的意義については、ほとんど言及されていない。

右に関連して早くから指摘があるように、従来のような権力対一揆という図式のみで、当該期の流通政策の全容を捉えることはできない(9)。また、寺内町のあり方を、宗教的理想都市と捉えることにも限界があり(10)、町の機能や実態については、経済的側面から再考し(11)、そのうえで権力が、これらを領域支配にどう組み込んでいったかを問う必要がある(12)。

だとすれば、同法令についても、信長が金森（寺内町）をいかに解体・再編したか、という問題のみに収斂した議論や、織田権力による唯一の寺内町宛て楽市令であることを根拠に、これを統一政権成立の萌芽とする評価(13)は、法令や市場の歴史的意義を真に明らかにしたことには必ずしもならない。

金森楽市令は、織田権力が本願寺ほか反信長を掲げる勢力と対峙する中で、近江平定はもちろん、続く畿内近国支配の展開においても、重要な意味をもっていたと考えられる。中でも、志那街道沿いという金森の地理的条件（特性）を考慮すれば、東山道や湖上水運といった、国内における各交通網とのつながりは無視しえない。さらに、商取引を含む市場法という同法令の史料的側面をふまえれば、守山・野洲など、同じように市場法がみえる隣接地域との共通性・差異にも目を向ける必要があろう(14)。

すなわち、小島氏自身「なぜ敢えて金森を復興する必要があったのかは問題」であるとするように、金森を「楽市」とする必要はどこにあり、それが当該期の地域社会や、織田権力による流通支配の中でどのような意味をもつのかが問われねばならない。とりわけ、金森同様に楽市文書が残る安土山下町との関連を問うことは、織田権力の近江支配における「楽市」の位置づけを明らかにする点でも、重要な視角といえる。

本章では、同時代・同一地域における都市・市場や、法との相対化から、「楽市」の地域性を問い直す近年の研究動向をふまえ、[15]湖東における市町・交通との相関関係、織田権力による流通・商業関係文書のあり方から、金森楽市（令）を地域社会の「実体」の中で位置づけ直し、近世への展望を含めた、その意義を再考していく。

一　金森の歴史的環境

ここではまず、楽市令発給にいたる前提として、中世における金森「町」の構造と、立地環境を含めた地理的特質を確認しておく。

（1）町の構造

中世の湖東地域は、河川沿いの微高地に集落が多く成立した。発掘調査によれば、野洲川分流沿いにおける土地開発が顕著で、一三世紀以降、同河川の氾濫とその治水を背景に、有力農民の在地領主化と、屋敷地や集落全体を大規模な濠で囲む環濠集落が出現した。また、一五世紀には、存如・蓮如父子の教化活動をうけて、各地に道場が建てられ、領主居館とあわせて集落の核に据えられていく。[16]

金森でも応永二三年（一四一六）、領主・川那辺氏の存如帰依をきっかけに、惣道場（金森御坊）が建立された。また、永享三年（一四三一）には、土塁と濠で防御した惣道場を中心とする寺内町が形成され、川那辺氏は、道場の南（小字「城ノ下」）に金森城を構え、ここを居館としたと伝える。[17]

天保七年（一八三六）の「金森村絵図」[18]（図１）によると、町の中央を志那街道が鍵型に走り、街道に面して短冊型地割の町屋（四三軒）が立ち並ぶ、いわゆる両側町を形成している。また、絵図には町の北・西・南の三方に藪が、南北には町を挟み込む形で河川がそれぞれ描かれている。町の中枢には御坊が立地し、これを囲むよ

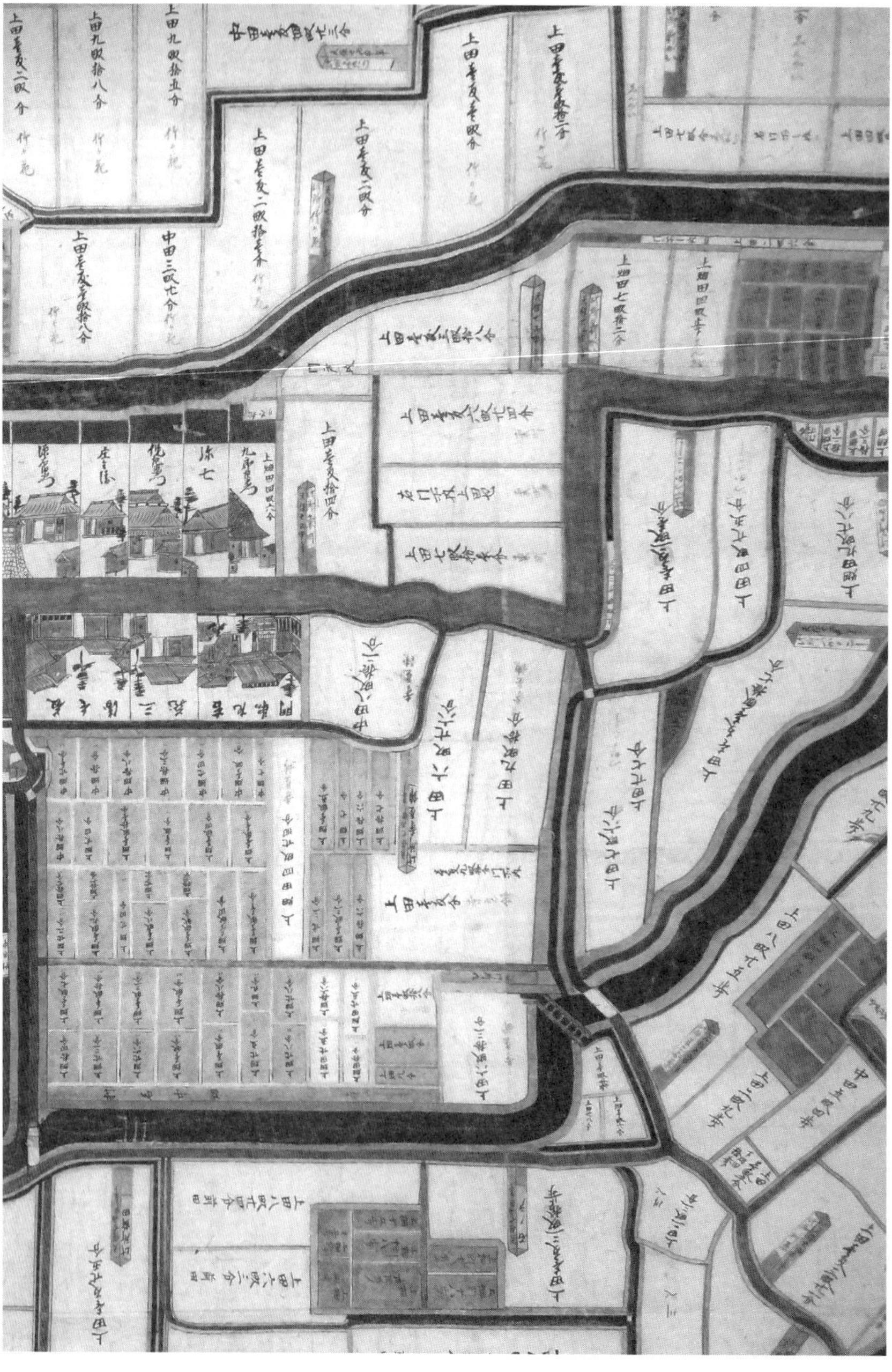
上田九畝拾八分
上田九畝拾五分
中田三畝七分

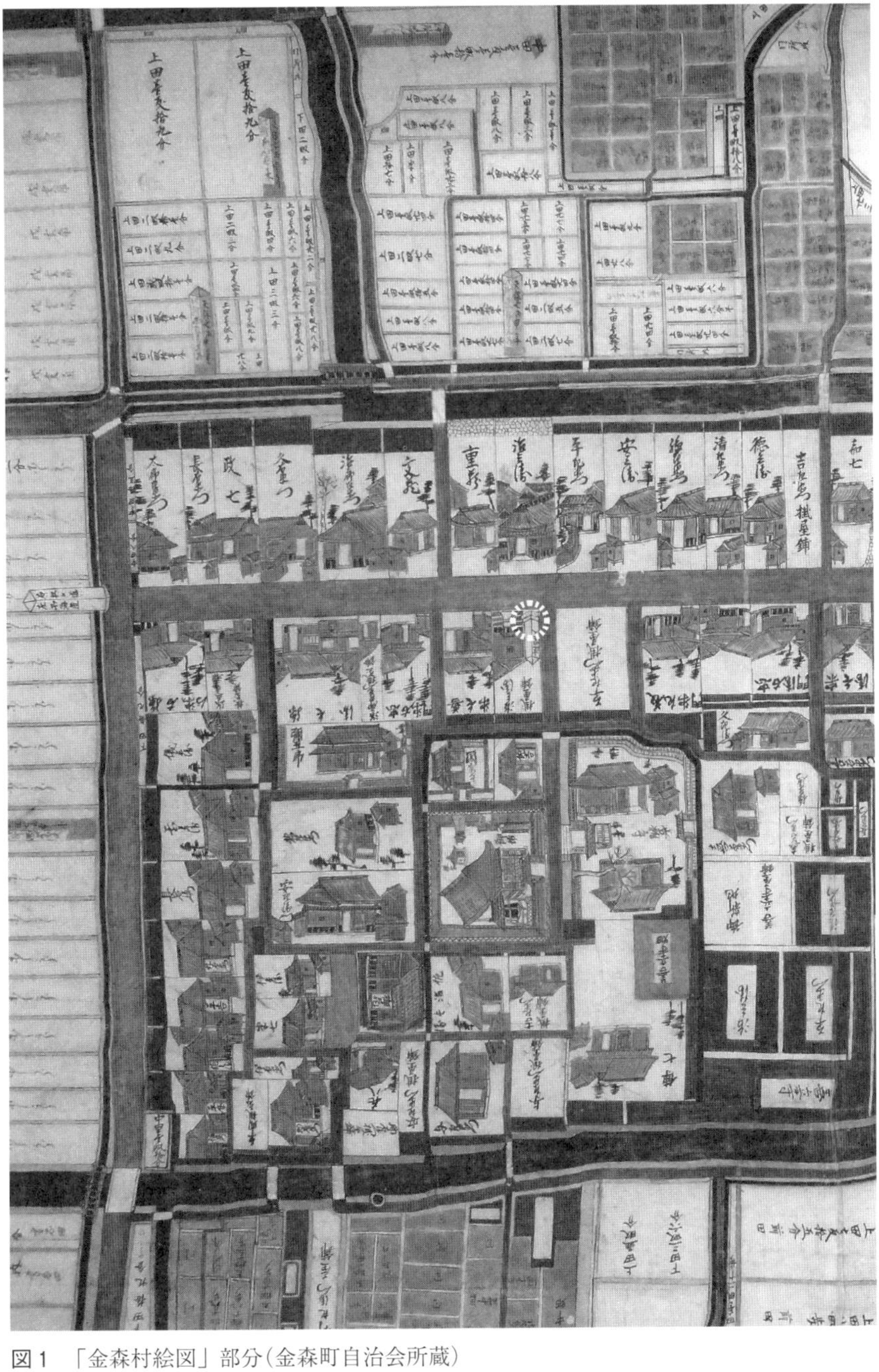

図1　「金森村絵図」部分（金森町自治会所蔵）

注：白色で囲んだ部分が図2にあたる。

図2　現在の志那街道
写真奥が馬道・琵琶湖（図1の左）方面

うに善立寺・因宗寺と複数の屋敷地、藪・水路が展開した。
また、自然伏流水が湧出した八つの「湯」をはじめ、野洲川分流が流入し、近世には「水の親郷」とも呼ばれるなど[19]、金森は陸路のみならず河川とも密接な関係をもった場であった。この景観は、明治六年（一八七三）の「地券取調総絵図」でも同様に確かめられる[20]。こうした町の様相について、小島道裕氏は、戦国期段階の町割を踏襲したものとみるが、近世後期の絵図を、そのまま中世当時の姿として論ずるには疑義があろう[21]。

微高地にある町の中心部より、これを南北に挟み込む形で東西へ流れる川へ向けて、地形が緩やかに傾斜していることから、両河川が町の外縁を固める防御施設に相当することは間違いない。善立寺開基から第九代・恵空までの、同寺の歴史を伝える記録[22]によると、金森には「文明一乱ノ此ロ、当処二百余家」が立ち並んだとあるが、市場の立地も含めて、一次史料からは確かめられない[23]。また、戦国期の遺構とされた土塁[24]についても、現在は宅地造成でほぼ失われているため、当時の姿をうかがい知る術は残されていない。なお具体的傍証を欠くが、絵図にみえる景観は後述するように、志那街道が主要道から外れ、金森が農村化していく近世以降のものではなかろうか。

（2）　水陸交通の展開

中世における金森のあり方で特筆されるのは、長く一向一揆の拠点たりえた、その地理的条件、すなわち東西南北に走る水陸交通が複雑に交差している点であろう。

図3　山賀川

写真左が金森御坊へと続く

陸路では、先述した①志那街道のほか、②馬街道がある。①は、守山から金森の中心部を経て、大門《だいもん》・長束・蘆浦《あしうら》を通り、西の志那（湊）へ続く脇往還で、金森にとっての大動脈である。②は金森から志那街道を北西へ外れ、湖岸の杉江へと続く一本道で、近江下向時に蓮如が往返した道と伝えられている。

河川では、野洲川分流にあたる④三津川、⑤金森川、⑥山賀《やまが》川、⑦境川、⑧案内《あんない》川が、金森の四方を囲むように流れる。また、金森を湯元とする涌水は、下流村落と結節する媒介項となり、村々はこの涌水を利用するかたわら、水路管理や清掃点検の役目を負った(25)。かかる水利圏内にある村落は、野洲・栗太両郡あわせて一六郷に及び、その中には杉江・赤野井・大林・欲賀《ほしか》・志那など、「石山合戦」で反信長の立場にあった村も含まれている。金森はこうした自然地理条件を取り込み、あるいは規制されながら、周辺村落と結びつき(26)、川那辺氏のもと、真宗門徒の拠点として確立していった。

本願寺第一〇世・証如の『天文日記』(27)によれば、天文五年（一五三六）から同二三年にかけて、金森は「従江州金森明日頭可勤之由申候へ共、只五百疋計あけ候」（同五年二月二七日条）・「斎自金森勤之、汁三、菜九、菓子七種、相伴ニ両人来」（同九年二月二八日条）などとあるように、毎年二月二八日の親鸞正忌仏事（苦菜会《にがなえ》）における頭人を務め、相伴の礼に懇志《こんし》を納めている。これは、『金森日記抜』にみる「二月二八日ハ金森ヨリツトム。コレ苦菜苦ノ御頭ト申シヌ苦菜ノ御調菜金ノ森ヨリ奉ル」の記述とも符号する(28)。

先学によれば、斎相伴と頭役を務める真宗寺院の多くは、中世末までに町場（寺内）を形成し、地域拠点化をはたしたという。[29] 金森が本願寺への定期的な頭役負担を実現しえた背景には、右にみた地理的条件をもとに、それに足る一定の経済基盤を保持していたことが想定されよう。戦国期における有力寺院・坊主衆として位置づけられた、金森の繁栄ぶりとその卓越した経済力がうかがえる。

（3）金森と湖東の寺院・村々

一方、金森周辺に目を向けると、中世後期には、国内にある天台宗寺院など他宗派の多くが、存如・蓮如父子の布教により転派を遂げ、野洲・栗太両郡内にも集落の核となる道場が数多く建立された。「寛正の破却」で蓮如が寄寓した「赤ノ井慶乗ノ道場西蓮寺ノ事ナリ」「高野ノ邑ノ善宗正善ノ道場福正寺事ナリ」など[30]野洲・栗太両郡内の寺院の多くは、いずれも金森（御坊）を中心とする半径五キロ圏内に位置し、戦国期にも本願寺への忠節に務めている。

図4　金森御坊

たとえば、①金森南東・東海道沿いにある高野（栗太郡）では、早く古代から鉱山開発と鋳物師の活動が盛んで、戦国期には福正寺のもと、一揆の形成や門徒による鋳物業が展開した。[31] また、②志那街道の終着点に位置する志那（栗太郡）は、鎌倉期以来、湖西へ向かう際の要港として栄え、信長も上洛の折に「志那の渡り」[32]を度々利用している。当所を基盤とする土豪・市川氏は、自力での船調達が可能な水運力をもとに、[33]元亀元年九月の坂本合戦では、信長方の森可成《よしなり》討死を浅井氏に注進する際の「船」を、六角氏へ「馳走」している。[34]

こうした戦国期における湖東地域の寺院と村々のあり方について、神田千里氏は、門徒による流通・交通への関与を媒介に、各地の真宗寺院が結びつきを強める役割を担っていたという。[35] また、金森蜂起をうけて作成された「元亀の起請文」を分析した深谷幸治氏も、野洲・栗太両郡内における複数の村落間で、惣郷など地域の枠組みに加え、それを越えた人的な結合関係が広がっていたと説く。[36] 本願寺から赤野井・西蓮寺（野洲郡）へ宛てた文書の中で、野洲・栗太両郡の寺院・門徒と「金森衆間」の連携が、「被成水魚之思」（水魚の交わりのように）と表現されていたことは、右の指摘を裏づける傍証となろう。[37]

このほかにも三宅―三品《みしな》氏（蓮生寺）や、大林―宇野氏（覚明寺）、欲賀―寺田氏（条光寺）など、織田権力が野洲・栗太両郡を掌握した元亀二年末の段階で、国内ではいまだ多くの在地領主が、真宗寺院と一体化して反信長を貫いていた。[38]

このように中世の湖東地域では、網の目のように広がる水陸交通と、それらを基盤とした真宗寺院・門徒や、在地勢力が密接に結びついていた。同地域に立脚し、「諸方ノ門徒武士強勇ノ坊主衆」を中心として蜂起した金森もまた、周辺の市町・寺院との有機的連関のもとで成立していたといえよう。

二　金森と楽市

（1）「石山合戦」における金森

元亀元年（一五七〇）九月、顕如は対信長の檄文を近江各地に届けた。これより湖北「十箇寺ノ坊主衆」をはじめ、湖西・湖東各地で一揆が起こり、近江国内は元亀争乱へ突入する。湖東でも一揆が形成され、金森には金森道西の末孫「川那辺藤左ェ門秀政」が一揆指導者として入り、隣村の三宅と「一城堅固」に構えて抗戦した。[39] この動きに信長は、金森北東の永原（野洲郡）へ配した佐久間信盛を筆頭に、翌二年九月三日、「四方の作毛悉く苅田」して包囲した。金森側は「詫言申し、人質」を出して降伏すると、[40] 同年一二月、野洲・栗太両郡は佐久間信盛へ宛行われ、「金森弐百石」も同氏の知行するところとなる。[41]

ところが翌年正月、信長と本願寺が再び対立すると、湖東の一揆は六角義賢・義治父子とともに金森・三宅両城に籠り、再蜂起する。これに信長は、野洲・栗太両郡内の村落より「金森三宅江出入内通一切不可仕」る旨の起請文（「元亀の起請文」）を取り[42]、両城の孤立をはかった。間もなく同年七月、「カ子カモリノ城」「ミヤケノ城」は落とされ[43]、金森に楽市令が下されることとなる。

（2）佐久間信盛「楽市令」の存在

さて、金森楽市令として従来知られてきた法令は、次の二通である（傍線等引用者、以下同）。

【史料1】（図5）

定　条々　　金森

一、楽市楽座たる上ハ、諸役令免許畢、幷国質郷質不可押□（買）、付、
理不尽之催促使停止之事、
一、往還之荷物当町江可着之事、
一、年貢之古未進幷旧借米銭已下不可納所之事、
右、於違背之輩者、可処罪科之状如件、

元亀三年九月　日　（朱印）[44]

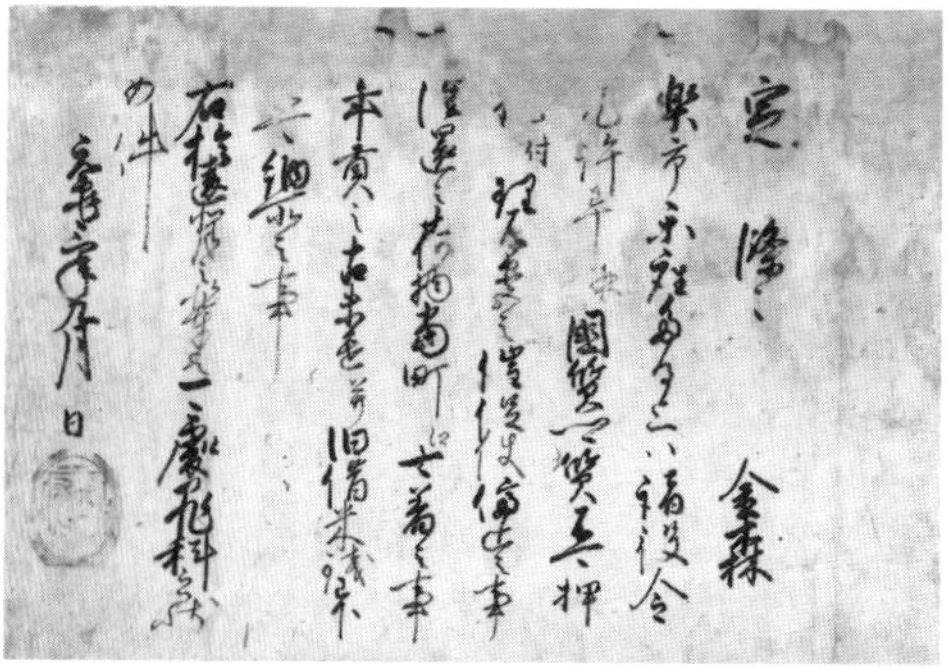

図５　織田信長掟書
（善立寺所蔵　滋賀県教育委員会提供）

【史料2】

定　　金森町

一、為楽市楽雇（座）上、於何方茂同前之事、

一、諸役免許之事、
一、当町出入之者、郷質所質停止之事、
一、上下荷物幷京上売買之米荷物、如先々於当町差下有へキ事、
一、喧嘩口論在之者、不及理非双方可為成敗事、但奉公人与於町衆者、奉公人可令成敗事、
右條々、堅令停止訖、若違犯之輩在之者、忽可処厳科者也、仍下執(知)如件、
天正二月五月　日　　甚九郎(45)

その後、小島道裕氏により、【史料1】に先行する佐久間信盛「楽市令」と、関連史料の存在が初めて紹介された。それが次の文書である。

【史料3】
①金森市場之事、守山年寄衆令相談、急度相立様可有馳走、②可為楽市楽座□□(文字消滅セリ)、恐々謹言、
(元亀三年)七月十八日　　佐久間伊織(信盛)
(守山　美濃屋小宮山兵介殿)

【史料4】
A「守山小宮山九左衛門殿方ニ金森市町法度書一牧(枚)有り、其趣キ」
B「①扨又書通一紙有リ、金森市場守山年寄共万能キニ計ヒ可レ申との文言也、当テ処守山美濃屋小見(ママ)山兵介殿ト有リ、②又一通百姓共本ノ如ク立帰リ可レ申、有論成者有ラハ可ニ吟味一トノ文言也、是ハ守山ノ様ニ見エたれ共、多ク当町ノ事ナルヘシ、金森没落以後ノ事なれハ、同シ続キノ町トシテ守山衆ニ肝煎さバかせられたりと聞エたり、③又天正六年ゟ小宮山兵介吉身守山ノ代官職ノ様ニ見エたる書通共有り、皆佐久間・柴田等ノ御印(書印)有リ」

【史料3】は、明治期の郷土史編纂過程で採録された文書の写しで、[46]【史料4】は織豊期における金森の動向と、楽市関連文書の発給経緯を述べた記録と考えられる。[47]

小島氏は、【史料4】B傍線部①が【史料3】に相当し、ここから【史料3】を元亀三年七月の金森落城後に、佐久間氏が金森復興を目的に発給した文書と比定する。そのうえで、【史料1】は、信長でなければ設定できない項目（第一条「付」以下）を適用させるために発給されたと説く。

【史料3】の年次比定に異論はないが、[48]近年の研究で、信長家臣による自立的領域支配と主体的な文書発給の実態が明らかにされているように、[49]織田権力の領域支配を考える際、信長（文書）の絶対性を過度に強調することは必ずしも妥当でない。羽柴秀吉が単独で文書を発給した播磨・淡河《おうご》楽市と同じく、[50]【史料3】も実際に現地支配を担当する佐久間信盛が、一揆平定の過程で、野洲郡領主の立場から発給したものであろう。さらに【史料3】を文字通り解釈すれば、金森市場は守山年寄衆で相談のうえ市立てを行い、そのうえで同市場は楽市楽座とせよ、となる。ここから、金森合戦終結（落城）直後の政治課題としては、金森市場の開設が第一にあったことになる。

では、そのことに直接関係のない守山へ文書が発給されたのはなぜか。小島氏は【史料3】の宛所と発給日から、戦火をうけた金森には文書の受け取り手が一時的に存在せず、代わりに金森復興を命ずる文書が守山年寄衆に手交されることになり、その代表格が宛所の小宮山氏であったとする。

だがそれは、在地復興を目指す織田権力側の一方的姿勢を強調したもので、織田方の都市としての復興と捉える氏の理解からは、金森のもつ地域的特性が捨象され、信長の手で復興した町という性格しか浮かび上がらないだろう。

合戦終結直後の地にあえて市場を開くことは、発給者のみならず、受給者である金森側にとっても利益をもたらす、何らかの意味があったためと考えられる。だとすれば、佐久間氏より同市場が「楽市」に命じられたことの意義と合わせて、文書を手交された在地側の視点をふまえて、それが湖東地域の流通・交通にいかなる影響を与えたかを問う必要がある。そこで改めて、金森の市立てをめぐる背景を捉え直したい。

金森が戦乱の舞台であったことは先述した。ここで【史料4】B傍線部②にみえる「百姓共本ノ如ク立帰リ可申」きとする文書が、元亀三年七月の合戦直後、すなわち【史料3】と同時期に発給されたとすれば、金森住民はいまだ逃散状態にあったと考えられる。その場合、市立てに必要な物的・人的資源の早期確保が求められ、そこで隣接する市町、すなわち守山のあり方が、【史料3】を理解するうえで重要な意味を帯びてくる。

その守山は、金森北東の東山道沿いにある湖東地域有数の宿駅で、中世では「市女・商人の物騒がし」い定期市も開かれた(52)。元亀年間には、「かせ屋」「ひわたや」「かわらけや」「今宿あめ屋」「大工」「鶴屋」「今瀬屋」など商工業者の姿もみえ(53)、交通の要衝にふさわしい発展が認められる。

【史料5】

制禁《ママ》　守山

一、当手軍勢濫妨狼藉之事、

一、陣取放火之事、

一、伐採竹木、立毛苅取之事、

右条々、於違犯之輩者、速可処厳科者也、仍執達如件、

永禄十一年九月日　弾正忠(54)

【史料6】

当町御制札在之條、町人百姓等可被帰候、若非分族於在之者、不及届、地下人可申付者也、

阪井右近尉政
森三左衛門可成
芝田修理進勝家

（永禄十一年）
九月十八日

守山町人百姓中(55)

永禄一一年（一五六八）九月、足利義昭を奉じて上洛の途にあった信長は、同月二四日に「守山まで御働」き、翌々日に志那から船で渡湖している。(56)右の二通は、このとき発給された禁制と副状の写しである。信長は永禄二年の上洛時に「守山まで御下」り一泊しているが、【史料5】以降はその通行・滞留回数も増え、(57)「石山合戦」では「稲葉伊予父子」以下が、対一揆のため警固として配された。(58)また、「欲賀儀御調子細在之由尤候（中略）、其元様子被聞召入候て、守山へ可有御注進」とあるように、(59)当該期の守山は一揆鎮圧の拠点となっていた。

また、守山では先にみたように屋号をもつ商工業者がおり、隣接する金森への市立てに必要な人的・物的資源を早期かつ迅速に提供できる、経済的・地理的条件を備えていた。【史料3】が発給された前提には、このように守山が織田方の町場という性格を備えていたことが想起される。

そのうえで、織田権力側があえて敵方であった金森に市場を立て、これを「楽市」とした背景には、先述した金森独自の地理的条件や経済基盤への着目があったと考えられる。(60)以上をふまえ、【史料1】の内容を検討したい。

（3）　史料の解釈をめぐって

金森市場の開設をはかる【史料3】から、二ヵ月後の【史料1】では、より具体的な内容が策定されている。まず第一条では、楽市楽座と諸役免許・非分停止を掲げる。とくに「楽市楽座たる上ハ」との文言は、先行する

【史料3】の「可為楽市楽座」をふまえたことを示す。

第三条は徳政令であるが、小島氏は【史料1】段階で金森住人は逃散しており、文書は本来の受給者である金森に代わり、復興に携わる守山へ手渡されたため、当該条項も、そうした住人のいない金森への還住促進をはかる一般的な債務破棄条項とする。

だが同じく、戦乱終結直後に織田権力より文書を受給した播磨・三木町のように、「当町江於打越者ハ、諸役あるへからさる」[61]「さいさい《細々》百姓等、早くけんさん《見参》すへき」「あれ地ねんく《年貢》当年三分二ゆうめん《宥免》」[62]といった、還住奨励による諸役・年貢減免条項は【史料1】にうかがえない。それは換言すれば、この段階における人の居住が前提とされているからで、第二条「当町」の記載からも、住民の存在や町屋敷の成立が想定される。その場合、先の【史料3】で開かれた「金森市場」とは、常設店舗による日常的な商業空間ではなく、実態としては特定日のみ開催される定期市であった可能性が高い。続く【史料1】に現れる「当町」は、そうした市場の賑わいを通じ、定住者や常設店舗を伴う町場として、一定の復興がなされたことを示すものと考えられる。

さて、本文書でもっとも注目すべきは第二条の物流規制である。藤木久志氏は法令の発給時期と結びつけ、これを「石山合戦」における信長の至上命題である寺内対策、すなわち、金森に結集する一揆勢への軍事的検問策だとした。だが、その後の研究で批判があるように、一揆拠点としての金森はすでに陥落しており、同条文から軍事統制はおろか、寺内解体までを読み取ることはできない。

そこで考えられるのが、佐々木銀弥・神田千里・小島道裕氏らが提示した、金森への経済機能集約による「繁栄」「復興」を企図したとする理解である。楽市令のもつ平和保障という側面を重視した評価で、筆者もおおむね賛同する。ただし、繁栄・復興いずれの場合でも、物流規制はそれを実現しうるだけの基盤が不可欠である。かかる条項を必要とした背景については、当該期の湖東地域における流通・交通のあり方や、他の市場との差異もふまえて説明する必要があろう。

（4）湖東における流通構造と地域権力

中世の近江国内では「国々津湊各別」に定期市が開かれ、商人は農村に拠点を置きながら、市場を遍歴（市売）し、あるいはその道中で余剰生産物を商品として売買（里売）した[63]。金森の立地した湖東では、戦国期において表1（二五〇頁）のような地域市場が広がっており、そこでは「保内商人中」「山越衆」などとして組織された商人集団が専売権を行使し、商売掟を自ら策定して秩序維持にも努めた。そうした中で『今堀日吉神社文書』に残る史料から、保内《ほない》・枝村の紙商売など、商売権益をめぐる相論へ発展したことは周知の通りである。

また、表2（二五一～二五四頁）から、信長以前の六角氏権力による流通支配のあり方をみると、市場法については、後述する野洲市場をはじめ、「楽市」文言を含む著名な石寺新市に宛てた文書などがあるにすぎない[64]。史料の残存状況にもよるが、一方で先述した商人集団や、湖上水運に特権をもつ「堅田」などに宛てた、流通・商業関係文書が数多く発給されていることも事実である。その内容も、相論裁許や特権安堵など、流通・交通に一定の影響力を有する地域権力として、とくに商人の活動保障に力点を置いていたといえる[65]。

続く織田権力でも、六角氏と同様、個々の商人や専売座の活動保障を行っているが、それとは別に、市町を宛所とした法令の発給数が増えている点は注目される。そうした差異、すなわち市場における諸役免除や平和・通行保障を含む都市法・市場法の発給は、個別商人の活動のみに拠らず、市場という空間を物流支配の柱に位置づけようとする動きと捉えられる[66]。それは同時に、従来みられた在村型商人の活動形態にとって、市場への定住――常設店舗での売買――という変化を促すきっかけともなろう。交通面においても、堅田・猪飼野《いかいの》氏や蘆浦観音寺らと結びつき、湖岸の坂本・長浜・大溝における城郭整備など、湖上水運の確保とその安定化が積極的に図られた。

金森市場への荷物付け下ろしを命ずる【史料１】第二条の設定背景はいわば、こうした流れの中に位置づけられ(67)、市場へのモノの集約＝流通保障は結果として、物資を求める人々の来場や、商人宿の設置などを促したと考えられる。これを金森の「経済的繁栄」とすることも誤りではないが、先述した金森の特質と湖東地域の流通構造をふまえれば、次のように理解できる。

すなわち第二条は、諸役免除や平和保障（第一条）を前提として、より明確に、物流の要に「市場」を据え置こうとするための措置と考えられる。それは間接的ながら、敵対勢力への軍事的・経済的対抗手段となり、将来的に、一向一揆平定という織田権力が進める近江国内の軍事行動に即した、安定的な物資補給基地の創出にもつながっていくこととなる。

戦国期に市場法が数多く発給されたことからも分かるように、とりわけ市場の平和保障は不可欠の課題で、「楽市」の成立は在地側の要請に加えて、物資補給地の確保を目指す、権力側の利害にも合致した場としての性格があった(68)。金森における市立てと「楽市」化は、早くより水陸交通と密接に結びついた真宗寺院・門徒の活動と、それらを経済基盤として繁栄・蜂起をなした金森固有のあり方を前提に、これを織田方の物流拠点に位置づけ直すものと評価しうる。

それはまた、交通規制の対象を「往還之荷物」に限定していることからも明らかである。すなわち、金森楽市令では「往還之荷物」（モノ）の流入が重視されているのに対し、安土山下町中の楽市令(69)では、「往還之商人、上海道相留之、上下共当町可寄宿、但荷物以下之付下者、荷主次第」として、ヒトの規制に主眼を置いている。同一国内における楽市令も、物流をめぐる権力側のねらいには明らかな差異が認められるのである。

三　楽市の展開

戦国期の近江については、先述した『今堀日吉神社文書』など、湖東地域における商人の豊かな活動の様子を伝える史料群が残されている一方、金森は同時代史料に乏しく、その実態は不明な点も多い。ゆえに金森楽市（令）をめぐっては、法令や市場の展開過程、すなわち【史料1】以降における織田権力の領域支配や地域経済との関連から、これを「実体」として位置づけていく手法を取る。ここでは【史料2】を素材として、周辺市町へ発給された法との比較を通じ、その意義を明らかにしたい。

（1）金森市場の存在形態

【史料2】発給者である佐久間信栄（信盛息）は、元亀三年（一五七二）から天正二年（一五七四）にかけ、六角方の石部城攻略や人夫・馬の馳走など[70]、湖東地域の実務を担っており、同文書もその一環として発給されたと考えられる。

内容の多くは【史料1】以来の金森市場のあり方を安堵したもので、注目すべきは第四条である。これは【史料1】第二条の物流規制を具体的に示したものと考えられる。それによると、市場には「上下」荷物と「京上」用の米荷が投下されており、ここに金森を経由地とし、東西を行き交う商品が流通する物資集散地としてのあり方が認められる。「上下荷物」の実態は明らかでないが、とりわけ「京上」米の流通は、金森と京・畿内の経済圏が結びついていたことを示すとともに、楽市令発給後に「米屋」ができたとする近世の記録[71]との関連を彷彿とさせる。

また、興福寺大乗院門跡・尋憲の日記『尋憲記』では、元亀三年一一月、同寺領・越前河口荘の年貢督促を依頼する使者を、朝倉義景のもとへ派遣した際の経由地に、「貳百五十文シナヨリ金か森までのをくり」として、その名がみえる(72)。では、そうした金森市場は、地域経済の中でどのように位置づけられ、いかなる特質をもつ空間と評価しうるのか。野洲郡における他の市町（市場法）との差異から、若干の検討を加えたい。

（2）市場法からみた金森と「楽市」

守山の北東、東山道と野洲川の交差地である野洲は、野洲川を利用した材木流通や、琵琶湖から遡上する鮎の簗《やな》漁が盛んで、中世には「市庭《いちば》」も設けられた。戦国期になると野洲川の氾濫が頻繁化し、六角氏は、野洲市場住人へ川渡しと架橋人足役を賦課する代わりに、諸役を免除することで、市場への安定した商品流通の確保をはかった(73)。

【史料7】

当郷之事、毎年野洲河橋を懸、大水之時瀬踏以下令馳走上、門並諸役免許訖、郷質所質不可取之、非分申懸族有之者、可令注進順路ニ可申付者也、仍折紙如件、

元亀三

七月十三日　　佐久間

信盛（花押）

野洲市場

地下人中(74)

右は【史料3】と同時期に、野洲市場における六角氏以来の先例を安堵した、佐久間信盛折紙である。同じ佐久間氏発給の両文書を比較すると、発給間隔はわずか五日と近接しながら、「楽市」文言は【史料3】にしかみえない(75)。

早期の市立てを命じる【史料3】と、市場への通行保障を主眼とする【史料7】のように、いずれの文書も市場という「空間」とその秩序維持を重視し、これを物流の要に位置づけようとする点で共通していることは間違いない。

金森楽市令と同時期の近江国内における、市場法を含む流通・商業関係文書をまとめた表2からは、先述のごとく商人の活動を重視した六角氏と対照的に、同一の市町に法令を重ね、その支配・安定化に努めていく様子がうかがえるが、金森と安土を除き、そのいずれにも「楽市」文言は含まれていない。

かつて勝俣鎮夫氏は「楽市」が中世の地方市場で早くから普遍的に存在し、楽市令はそうした自生する市場の性質を、権力が安堵する目的で作られた法令と捉えた(76)。だが先述したように、金森の「楽市」化は、【史料3】にみる市立てをうけて、佐久間氏が設定（「可為」）したものであった。「安堵」という点に限定しても、野洲市場の特権を保障した【史料7】に「楽市」文言がないように、すべてが自生した空間（既得権益）であったとは評価しがたく、金森のように権力の文書発給を通じて、初めて性格づけられる市場が存在したことも考慮すべきだろう。

このように、同一人物による同時期・同地域内の発給文書をめぐって、市場の支配や物流保障という内容で共通しつつも、「楽市」という概念は明らかに使い分けがなされていた。だとすれば改めて、権力による当該文言の付与はなにを意味するのか。

【史料1】第二・三条の物流規制と徳政は、いずれも他の市町にはみられない、金森独自の条文であり、本文書発給の最大の利点といえる。すなわち、それこそが楽市場の特徴の一つでもあり、周辺の市町と相対的に差別化された空間であることを意味した。

そのうえで付された「楽市」文言とは、旧来と視覚的な面でも異なる状態――金森の場合、それが織田方の物流拠点として新たに位置づけ直されたこと――を強調・喧伝する表現と捉えることができよう[77]。

在地の視点に立ってみると、金森市場の「楽市」化は、プライオリティを高めるものであり、湖東に留まらず遠方から往来する商人に対して、周辺の交易空間から一線を画した場であることを認識させる装置として機能したと考えられる。すなわち、従来の研究で指摘されてきたような、「諸役免除」条項の有無を楽市成立の指標とし、その点のみをもって、楽市と非楽市との決定的差異を抽出することは必ずしもできないといえる。

（3）金森の変容

湖東地域における水陸交通網と、自然地形を生かした金森の特質を前提に、織田権力は市立てを行い、これを「楽市」とした。そこで発せられた楽市令は、二度の合戦を経た金森の戦後復興を目的（終着点）とするだけでなく、独自の特権を含む内容は、以降の経済発展にも大きく寄与した。

こうした寺内町が近世に在郷町へと発展するかは、立地する自然地形や交通などの諸条件が大きく影響し、招提《しょうだい》や萱振《かやふり》のように、近世に発展をみることなく、主要街道筋から外れて農村化する例も少なくなかった[78]。天正五年（一五七七）、信長は天下統一の拠点として築いた城下町「安土山下町」へ、一三ヵ条からなる楽市令を発給するが、金森では【史料2】を最後に、市場法をはじめ、以後の動向を伝える文書は残されていない。

また、安土築城と前後して、信長は国内における人的・物的資源の迅速な運搬実現にむけて、天候等に左右されない「陸路」を重視した交通支配を進めていく[79]。分国内の道路整備や瀬田橋架橋はその最たる例である。渡湖ルートも従来の志那―坂本間から、より最短距離の矢橋―松本間へとシフトするなど、湖東では以降も地域権力の交代に伴い、経済機能の再編がはかられていく。

豊臣期は羽柴秀次のもと、城下町機能が安土から「八幡」へ移転し、楽市令を通じて「在々所々市」の機能もここに集約された。交通では、「守山」が瀬田―八幡間の中宿と定められ、渡し場となる湊津には、矢橋《やばせ》（栗太郡）の「渡舟」が御用となった。江戸時代には「伝馬定書」による東海道五三の宿駅が定められ、東山道（中山道）では守山宿の助郷圏が成立する。かつて金森市場がその一翼を担っていた米流通は、草津・大津両宿の継立場としても発展した「矢橋」が、近世を通じて、蔵米・商人米の独占的な集荷・輸送を担っていくようになる(80)。こうした地域経済の変化に金森はどう対応していったのだろうか。

近世後期とみられる記録の中で、信長による復興後まもなく、金森は「此海道替リ八幡ノ方へ通ル人少ケレハ、守山ヨリ矢橋へ出ルヤウニナリ（中略）売物等モハカス、田地モ作ラス通リカケニテスグル人ハ住居ナリカタク、百性分ハカリ渉ルヤウニナル」として、先にみた宿駅整備の影響から、志那街道の往来減少と商売不振を招き、次第に農業経営中心へ移り変わったと伝える(81)。記録にはみえないものの、先述した八幡楽市令により、城下町へ一元化された「在々所々市」の中に、金森も含まれていたのだろうか。

さらに元禄一六年（一七〇三）、守山宿の助郷役賦課に際し、金森村は「信長公様御朱印頂戴仕候由緒」を記す言上書を作成し、その免除を願い出た(82)。ところが、このとき支証とされた信長朱印状（【史料1】）は実際のところ、村屋敷の「藁屋根ニ挟ミオ」いて杜撰に保管されたまま、近年までは「庄屋モ村ニモ知ル人ナケレハ、今マテ出タルコト」もない有名無実の状態にあったという(83)。こうして約一世紀を経た近世に、助郷役免除を得る根拠として「再生」された信長朱印状であるが、言上書に記された同文書の位置づけは、あくまで「御褒美」による「諸役以下御赦免之御朱印」であり、「楽市」の由緒が触れられることは遂になかった。

「楽市」とはあくまで、発給段階における金森の歴史的環境を前提として成立する概念でもあった。中世、とりわけ信長入部後における金森にとって、「楽市」は新たなスタートを示す起爆剤の一つであったことは間違いない。ただし、近郊には政治・経済の中枢である安土・八幡や、守山といった町場がつねに併存したように、楽市令を通じた金森市場の求心化まではうかがえない。

一方、公儀負担としての「役」が中近世を通じて存在したように、在地側にとって【史料1】という特権文書としての価値は一貫して、負担免除の正当性を示す第一条の「諸役免除」という事実（結果）そのものにあったと考えられる。[84]そのため権力交代と、城下町移転に伴う市場機能の一元化や街道変遷の影響から、すでに金森のもつ経済的側面が形骸化した近世において、「楽市」という歴史や個性の継承はおろか、もはやステータスとしても重視されなくなっていたのだろう。そこに「楽市」の時代性や限界性が認められるのではないか。

おわりに

畿内における寺内町の多くは、周辺農村や他の寺内町への商品輸送など、隔地間流通に携わる商人が居住し、彼らの活動を通じて他の市町とも経済的に結びついていた。[85]戦国期には、本願寺による坊主参詣や使者往来、懇志納入に対する通行保障が進み、[86]近江国内も東西往反が顕著になっていく。

神田千里氏は、野洲・栗太両郡内の村落が流通・交通を媒介に、各村落の核となる真宗寺院を中心に一揆結合した「金森門徒圏」を形成し、金森はこれを基盤かつ後背地に置くことで、近江一向一揆の中枢としての地位を維持したとする。[87]「門徒圏」の存在については傍証となる史料を欠くが、金森が反信長の拠点として長期にわたり籠城をなしえた背景には、地域固有の特性ともいうべき、周辺村落の寺院・門徒らによる活動や、これらを結びつける網の目状の交通網が、大きな役割をはたしていたことは疑いない。

そうした金森の二度にわたる蜂起に、信長は起請文提出を通じて孤立させ、合戦終結後にはただちに市立てに取り組み、のみならず物流保障や徳政を認めて、周囲との明らかな差別化をはかった。それは換言すれば、当初より金森を殲滅させる意思は信長になく、むしろこれをいかに取り込み、再編するかに力点を置いていたことを暗に示唆する。

本章で明らかにしたように、そこで発せられた「楽市」とは、単純な市場の開設や平和保障だけに留まらず、敵拠点であった金森を、信長が自らのもとへ引き入れ、これを自己の物流拠点に位置づけ直したことを意味した。こうして金森は周辺の市町と異なる諸特権をもち、京上米など京・畿内に流通する物資集散地として発展をみる。権力のみならず在地にとっても、「楽市」化は一定の利益を享受しうるものであった。

先にみた三木町など、金森と同じ戦後復興に位置づけられる都市法・市場法でも、かかる文言をもたない場合が大半であったように、史料上の「楽市」文言の位置づけは、文書発給時における地域固有のあり方を修飾するための、限定的な法諺に等しい。

金森の事例に限らず、市場法が、宛所となる市場の動向に基づいて発給される以上、「楽市」もまた、それぞれ既存の流通・交通体系に規制され、あるいはその多くに依存する形で、初めて成立・展開しえたと理解すべきだろう。そうした異なる社会情勢をもつ地域社会への位置づけ抜きに、「楽市」の全容は正しく評価しえないのである。

（1）　金森の歴史については、『金森日記秡』（『真宗史料集成』二巻、同朋舎、一九七七年）、『寺内町金森の伝承行事』（金森町歴史保存研究会、一九九〇年）、『寺内町金ヶ森町史』（金森町自治会、一九九五年）、『野洲郡史』上巻（滋賀県野洲郡教育会、一九二七年）、『守山市史』上巻（守山市、一九七四年）、『野洲町史』第一巻・通史編Ⅰ（野洲町、一九八七年）、『守山市誌』歴史編（守山市、二〇〇六年）、『日本歴史地名大系』二五・滋賀県の地名（平凡社、一九九一年）参照。以下断らない限り、当該地域の通史・地名等に関する記述はこれらに拠る。

（2）　豊田武『増訂　中世日本商業史の研究』（岩波書店、一九五二年）。

（3）　勝俣鎮夫「楽市場と楽市令」（『論集　中世の窓』吉川弘文館、一九七七年）。

（4）奥野高廣『増訂織田信長文書の研究』上巻（吉川弘文館、一九八八年）所収、三四一号。以下、同書からの史料引用については、『信文』上―三四一のように略記。
（5）藤木久志「統一政権の成立」（朝尾直弘ほか編『岩波講座日本歴史』九・近世一、岩波書店、一九七五年）・同「織田・豊臣政権」（『日本の歴史』一五巻、小学館、一九七五年）。
（6）神田千里「石山合戦における近江一向一揆の性格」（藤木久志編『織田政権の研究』吉川弘文館、一九八五年。『歴史学研究』四四八号、一九七七年初出）。
（7）このほか、同様の視点で法令を分析した、高牧實・増井正哉両氏（高牧實「織豊政権と都市――織田信長の楽市楽座令――」〈豊田武ほか編『講座日本の封建都市』一巻、文一総合出版、一九八二年〉、西川幸治・土屋敦夫・浜崎一志・増井正哉・八木雅夫「蓮如の道――寺内町の形成と展開――」〈『環境文化』五八、一九八三年〉うち「東近江――金森と赤野井――」〈増井正哉分担執筆〉、のちに大澤研一ほか編『寺内町の研究』一巻、法藏館、一九九八年所収）や、金森の軍事的・経済的立地条件に基づく、政治的意図をこめた法令と評価する佐々木銀弥氏の研究がある（同「楽市楽座令と座の保障安堵」〈『日本中世の都市と法』吉川弘文館、一九九四年所収。一九七六年初出〉）。
（8）小島道裕「金森寺内町について――関係史料の再検討――」（『史林』六七巻四号、一九八四年）。以下断らない限り、金森楽市（令）に関する同氏の見解は、いずれも本論文による。なお、小島氏の分析手法である、文書発給形態や宛所の差異から都市の実態を論じることの是非については批判もある（仁木宏「書評・小島道裕著『戦国・織豊期の都市と地域』」〈『史学雑誌』一一八巻一号、二〇〇九年〉）。
（9）池享「〈書評〉藤木久志著『戦国大名の権力構造』」（『史学雑誌』九七巻四号、一九八八年）・同「〈書評〉朝尾直弘著『将軍権力の創出』」（『史学雑誌』一〇六巻六号、一九九七年）、小谷利明「戦国期の河内国守護と一向一揆勢力」（佛教大学総合研究所紀要別冊『宗教と政治』一九九八年）。
（10）仁木宏「戦国・織豊期都市史研究の一視角――寺内町論のためのノート――」（『年報都市史研究Ⅰ』山川出版社、一九九三年）。
（11）鍛代敏雄「寺内町と一向一揆」（米原正義先生古稀記念論集『戦国織豊期の政治と文化』続群書類従完成会、一九九三年）。

(12)　仁木宏「寺内町研究の成果と課題」(『関西近世考古学研究』八号、二〇〇〇年)。

(13)　前掲註(5)藤木論文。

(14)　佐々木銀弥氏は早く「楽市」の理解をめぐって、法令や対象となる場の地域性を考慮し、都市法・市場法全体の中で、その比重や意味を問うべきとする問題提起を行っている(前掲註7佐々木論文)。

(15)　仁木宏「播磨国美嚢郡淡河市庭(神戸市北区)の楽市制札をめぐる一考察」(『兵庫のしおり』七号、二〇〇五年)、拙稿「羽柴秀吉と淡河楽市」(『ヒストリア』二三二号、二〇一二年。**本書第Ⅱ部第三章**)・同「楽市楽座令研究の軌跡と課題」(『都市文化研究』一六号、二〇一四年。**本書序章**)。

(16)　宮下睦夫「守山における中世集落遺跡の展開」(『横江遺跡発掘調査報告書二』滋賀県教育委員会・滋賀県文化財保護協会、一九九〇年)、木戸雅寿「水系をめぐる中世集落とその関わり――守山市境川水系域を例として――」(『琵琶湖博物館研究調査報告』二一号、二〇〇四年)。

(17)　元禄一三年(一七〇〇)成立の『江州野洲南郡金森善龍寺家之物語』(細川行信校訂「善龍寺物語」〈『もりやま』四号、一九八二年〉)によれば、同城は「東南西ノ三方高《ハキ》土居《トイ》ニテ竹木茂《ケリ》二三《ツツ》ノ小川ヲ村ノ西ニテセキ止《テ》、土居ノ外ハ深水ヒロク湛《ヘ》タリ、北一方ハ村ナレハ川ヲセキ上《ケ》、大手《ノ》要害」をなしていたという。

(18)　「善立寺文書」(本章では、金森町善立寺蔵原本を使用)。ほか、前掲註(1)『守山市史』上巻、前掲註(8)小島論文、守山市誌編さん委員会『守山市誌』地理編(守山市、二〇〇一年)参照。

(19)　内田秀雄「蓮如と金森の道西――守山中心に本願寺教団の形成――」(『湖国と文化』一九八〇年秋号)、小島道裕「近江金森一揆の背景」(『講座蓮如』一巻、平凡社、一九九六年)。

(20)　『守山市誌』地理編資料　古絵図(守山市、二〇〇三年)五六号。

(21)　前川要『都市考古学の研究』(柏書房、一九九一年)。

(22)　前掲註(17)。

(23)　同記録によると「蓮如上人ノ御時ノ道場」、すなわち金森御坊の所在地は、絵図と同じ「今ノ所《ロ》也ト云《リ》、但今《シノ》北ノ際ノ藪堀ハ近《キ》此《キ》構《ヘ》」とある。この「北ノ際ノ藪堀」が絵図中、御坊の北側に描かれた藪と水路をさすとみられる。ただし、それが「近《キ》此《キ》」の構えだとすれば、中世段階における町の構造は、絵図のそれと同義では必ずしもないだろう。

市の立地について、町中央から北西へ約五〇〇メートル外れた、馬道沿いにみえる「市ノ町」の小字名や、金森の歴史を述べた『当地ヲトロエタル事』（成立年不詳、江戸後期頃ヵ。「善立寺文書」〈山本啓四郎「近江国金ヶ森町の楽市楽座に関する一史料」『歴史と生活』五巻四号、一九四二年〉）に「問屋酒見セモアリ繁昌冨栄ノ処」との記述があるが、いずれも中世当時の姿を論ずるうえでは説得的でない。

(24) 前掲註(8)小島論文。

(25) 前掲註(1)『寺内町金森の伝承行事』、小島道裕「地域的祭祀の起源と機能――守山市小津神社祭祀圏を事例に――」（『国立歴史民俗博物館研究報告』九八集、二〇〇三年）。

(26) 本吉恵理子「野洲川下流域の中世集落遺跡――守山市堺川流域・中主町吉地地区周辺――」（『琵琶湖博物館研究調査報告』二一、二〇〇四年）。金森にみる鍵型路と環濠による防御性に富んだ集落構造が、下流域の大門・三宅・欲賀にも共通してみられるように、水陸交通を軸とする集落展開とその結節は、当該地域の特徴的なあり方と考えられる（前川要「中世近江における寺院集落の諸様相」〈『日本考古学』第一九号、二〇〇五年〉）。

(27) 上松寅三校訂『石山本願寺日記』上巻（清文堂、一九三〇年）。

(28) 前掲註(1)『金森日記秡』。

(29) 岩波由佳・日向進「畿内における寺内町の近世的変容」（『京都工芸繊維大学工芸学部研究報告「人文」』四七号、一九九八年）。

(30) 前掲註(1)『金森日記秡』。

(31) 前掲註(6)神田論文。

(32) 太田牛一著・桑田忠親校注『信長公記』（新人物往来社、一九九七年）首巻・巻一・巻七。

(33) 『近江栗太郡志』巻二（藤本弘文堂書店出版部、一九七二年）、髙木叙子「中世末期湖上水運における蘆浦観音寺の位置づけについて」（『蘆浦観音寺館跡総合調査報告書』草津市教育委員会、二〇〇三年）、（年未詳）六月二五日・市川源介宛て六角承禎書状（「市川文書」〈村井祐樹編『戦国遺文　佐々木六角氏編』一一六〇号〉）など。

(34) （元亀元年）九月二一日・六角承禎書状（「市川文書」〈『大日本史料』第一〇編之四〉）。

(35) 前掲註(6)神田論文。

(36)　深谷幸治「「元亀の起請文」と村落主導層・村落間結合」(『戦国織豊期の在地支配と村落』校倉書房、二〇〇三年)。
(37)　(元亀三年)正月一九日・下間正秀書状(「福正寺文書」〈『大系真宗史料　文書記録編一二』法藏館、二〇一〇年〉)。
(38)　小島道裕「平地城館跡と寺院・村落——近江の事例から——」(村田修三編『中世城郭研究論集』新人物往来社、一九九〇年)。
(39)　前掲註(1)『金森日記秡』。
(40)　前掲註(32)巻四。
(41)　元亀二年一二月・織田信長朱印状(「吉田文書」〈『信文』上—三〇七〉)、谷口克広「元亀年間における信長の近江支配体制について——織田宿将の分封支配をめぐって——」(『日本歴史』四七一、一九八七年)。
(42)　(元亀三年)正月二三日・佐久間信盛奉書(「福正寺文書」〈『信文』上—三〇九〉)。
(43)　「永禄以来年代記」(『続群書類従』二九下・雑部)。
(44)　「善立寺文書」(『滋賀縣史』第五巻・参照史料、一九七号)。
(45)　「守山甲共有文書二」(『大日本史料』第一〇編之二二)。
(46)　日野正教編『守山村誌』(一八八八年)。本章では、滋賀県立図書館蔵写真版「守山甲共有文書②」(資料番号一二〇八〇二四七五)を使用。
(47)　小島氏によれば同史料は実際に、A・【史料2】・Bという形で、佐久間信栄定書を挟み込む形で記載されていたが、『滋賀縣史』採録時に省略された箇所だという。このAとBについては、出典の明記がなく詳細は不明だが、本章では氏の紹介をもとに論を進める。
(48)　佐久間信盛は、元亀三年七月二一日の湖北・小谷城攻めに従軍しており、このときに発給された可能性が高い。
(49)　戦国史研究会編『織田権力の領域支配』(岩田書院、二〇一一年)、拙稿「材木調達からみた柴田勝家の越前支配」(『織豊期研究』一三号、二〇一一年)。
(50)　**本書第Ⅱ部第三章**参照。
(51)　傍線部B②で「是ハ守山ノ様ニ見エたれ共、多ク当町ノ事」とあり、宛所は守山以外、すなわち文脈から金森宛てと考えられる。

(52)「なぐさみ草」（長崎健校注・訳『中世日記紀行集』小学館、一九九四年）。
(53)『ゑほしの御なをり帳』（「大谷雅彦氏所蔵文書」〈『大日本史料』第一〇編之二〇〉）、高牧實「中世末における湖東の宮座」（『聖心女子大学論叢』五〇号、一九七六年）。
(54)『守山町郷土誌』（滋賀縣庁、明治五年）。本章では守山市公文書館蔵写真版を使用。
(55)同右。
(56)前掲註(32)巻一。
(57)『信長公記』にみえる「守山」関連の記事は次の通り。
①「守山まで御下り」（首巻・永禄二年二月）、②「廿六日、江州守山まで御下り」（巻一・同一一年一〇月）、③「其の日は守山に御陣取り」（巻六・元亀四年四月七日）④「信忠（中略）守山に御居陣」（巻一〇・天正五年二月一一日）。
(58)前掲註(32)巻三。
(59)「蘆浦観音寺文書」（『草津市史資料集六　蘆浦観音寺』草津市教育委員会、一九九七年、二〇号）。
(60)神田千里氏が指摘するように（前掲註6）、早く「準城下町的な扱い」を受けた守山でなく、あえて金森が「楽市」の対象となったのは、そこに固有の背景・目的があったためと考えるのが自然であろう。
(61)「三木町文書」一号（『兵庫県史』史料編・中世二）。
(62)「三木町文書（続）」一号（『兵庫県史』資料編・中世九、古代補遺）。
(63)（年未詳）五箇商人申状案（仲村研編『今堀日吉神社文書集成』雄山閣出版、一九八一年、一一二号）、藤田裕嗣「中世農村における市場とその取扱商品」（京都大学文学部地理学教室編『空間・景観・イメージ』地人書房、一九八三年）・同「流通システムからみた中世農村における市場の機能」（『人文地理』三八巻四号、一九八六年）。
(64)野洲一通・石寺新市一通・石寺保内町ヵ一通のほか、某市場における生害事件について、犯人糾明を命じた文書（「松雲公採集遺編類纂雑文書」〈村井祐樹編『戦国遺文　佐々木六角氏編』東京堂出版、二〇〇九年、三七九号〉）が一通確かめられる。
(65)村井祐樹「佐々木六角氏と近江国内外交通」（『戦国大名佐々木六角氏の基礎研究』思文閣出版、二〇一二年）。
(66)早く尾張・瀬戸宛て制札の中で、商人が間道を利用し、市場へ立ち寄らない「横道商馬」を禁じたことも、市場における商取引を重視する点に主眼があると考えられる（「加藤新右衛門氏所蔵文書」〈『信文』上—四三〉）。

(67) 同様の問題は武蔵や安房にもみられ、権力は「市へハた《（立）》、すして、かくれしのふ《（隠忍）》」売買を「うり《（売）》手くせ《（曲）》」事と捉え、改めて「市にて売買」するよう命じている（天正九年九月晦日・上田長則掟書〈「旧松山町要助氏所蔵文書」、杉山博・萩原竜夫編『新編武州古文書』上、角川書店、一九七五年、七六号〉、天正一七年四月一四日・里見義康法度〈「岩崎文書」、同編『新編武州古文書』下、角川書店、一九七八年、四五号〉）。

(68) 前掲註(50)。

(69) 「八幡町共有文書」（『信文』下—七二二）。

(70) （元亀三年）二月八日・あし浦観音寺宛て織田信長朱印状（「蘆浦観音寺文書」前掲註59・二四号）、（天正二年）三月五日・佐久間甚九郎宛て織田信長黒印状（「山中文書」〈『信文』上—四四五〉）。

(71) 前掲註(23)。

(72) 「尋憲記」（『大日本史料』第一〇編之一〇）。

(73) 天文一四年一二月二六日・六角氏奉行人連署奉書（「野洲共有文書」二号〈滋賀県立図書館蔵写真版『野洲共有文書①』資料番号一二〇八〇二七六四〉）。

(74) 「野洲共有文書」三号（出典同右）。

(75) なお、佐久間信栄も【史料2】の四ヵ月前に【史料7】とほぼ同様の文書を発給しているが、やはり「楽市」文言がみえるのは前者のみである（天正二年正月二二日・佐久間信栄折紙〈「野洲共有文書」四号、前掲註73〉）。

(76) 前掲註(3)勝俣論文。

(77) 市場における平和実現や、支配領域に編入されたことをより視覚的に印象づけるため、権力自らが「楽市」文言を付け加えた事例として、遠江・小山や駿河・富士大宮の事例が知られる（拙稿「富士大宮楽市令の再検討」〈『年報中世史研究』四一号、二〇一六年。**本書第Ⅰ部第一章**〉、同「小山楽市令をめぐって」〈『六軒丁中世史研究』一七号、二〇一七年。**本書第Ⅰ部第二章**〉）。

(78) 金井年「寺内町の形態の類型とその変容」（『人文地理』三三巻三号、一九八一年）、前掲註(29)岩波・日向論文。

(79) 髙木叙子「信長と近江の水陸交通について」（『淡海文化財論叢』一輯、二〇〇六年）。

(80)　杉江進『近世琵琶湖水運の研究』（思文閣出版、二〇一一年）。
(81)　前掲註(23)。
(82)　元禄一六年三月・同七月、江州野洲郡金森村言上書（「野洲町共有文書」〈『野洲郡史』下巻、滋賀県野洲郡教育会、一九二七年〉）。
(83)　「信長公御朱印之事」（『郷土誌小津（五）』守山市公文書館）。
(84)　**本書第Ⅱ部第三章**参照。
(85)　前掲註(11)鍛代論文。
(86)　鍛代敏雄「本願寺教団の交通網」（『日本史研究』二九四、一九八七年）。
(87)　前掲註(6)神田論文。

〔付記〕「金森村絵図」閲覧にあたっては、原本所蔵者である善立寺住職・川那辺恵氏、ならびに金森町自治会長・沢井進一氏の多大なるご理解・ご協力を賜わった。末筆ながら、ここに記して御礼申し上げる。

表1　戦国期湖東の地域市場

	郡	市場名	摘記	時期	出典
1	蒲生	馬渕	保内御服商買事、従往古、為本座之間、馬渕市末代不可有相違者也	文亀元年（一五〇一）	今堀日吉神社文書
2		日野	於日野市、保内之商人与横関之商人与相論之事	文亀二年（一五〇二）	
3		嶋郷	去四月十四日仁於嶋郷市、保内商売物等事、従横関押取間		
4		横関	今度於横関市田所商買事無謂通	大永八年（一五二八）	
5		石寺	石寺新市儀者、為楽市条不可及是非	天文一八年（一五四九）	
6		安土	当所中為楽市被仰付之上者、諸座諸役諸公事等悉免許事	天正五年（一五七七）	近江八幡市共有文書
7		八幡	当所中為楽市申付上者、諸座諸役諸公事等悉免許事	天正一四年（一五八六）	
8		日野	当町為楽売楽買上者、諸座諸役一切不可有之事	天正一〇年（一五八二）	馬見岡錦向神社文書
9	野洲	野洲	野洲市庭地下人事	天文一四年（一五四五）	野洲共有文書
10		守山	当町御制札在之條、町人百姓等可被帰候	永禄一一年（一五六八）	守山町郷土誌
11		金森	金森市場之事、守山年寄衆令相談、急度相立様可有馳走、可為楽市楽座	元亀三年（一五七二）	守山村誌
12	神崎	八日	御服之座相論之事、八日市事者、従往古、不紛仔細候之間	文亀二年	今堀日吉神社文書
13	愛知	長野一日	長野郷一日市之事、当国親市にて候	享禄二年ヵ（一五二九）	
14		愛智川中橋	是新市也		
15	犬上	四十九院			
16		枝村			
17		出路	此等之市何へも野々川商人不罷立候		
18		高宮			
19		尾生			
20	？	某	今度両郷内市庭地下人生害之儀、杉宗郷江被成御尋候	天文六年（一五三七）	松雲公採集遺編類纂雑文書

注：『八日市市史』『戦国遺文　佐々木六角氏編』『守山町郷土誌』『守山村誌』『増訂織田信長文書の研究』『滋賀縣史』『近江日野の歴史』より作成。

表２　近江国における大名権力発給の流通・商業関係文書

	発給者	元号	年月日	宛所	摘記	出典
1	某高保	文亀	元・9・17	保内商売人中	保内商売・同足子は新関免許	中野村共有文書
2	九里員秀		元・10・5	保内商買中	馬渕市における御服商売安堵	今堀日吉神社文書
3	伊庭貞隆		2・8・10	保内商人中	横関との御服座相論について、四月一四日嶋郷市における横関からの荷物押取は院宣以下を支証として認め、在々所々の市町における商売安堵	
4	九里員秀			保内商人之中	横関との御服座相論につき、院宣以下を支証として在々所々市町における商売安堵	
5	嶋郷秀綱					
6	九里員秀		2・9・2	高嶋郡南市庭商人中	保内商人の若狭越えは正当につき、先般押置した保内の荷物を早々に返付すること	
7	伊庭貞隆	永正	元・12・13	保内商売人中	小幡商人による保内筏川以南進出・足子商売に対し、荷物を差し押さえ、注進のこと	
8	池田高雄・宮木高祐	大永	3・8・5	枝村商人本座衆中	宝慈院への美濃紙荷運送安堵、本座衆中に隠れて商売する者は成敗のこと	
9	狛修理亮・粟太定政		(8)・7・5	水原橘左衛門尉	石塔寺より上郷の商人は馬渕・横関における売買不可のため、今度の横関への出入停止について、保内商人の訴えあり	
10	六角定頼		(8)・7・8	次郎	石塔寺より上村商人の横関市における売買は先例なしとの(保内商人側の)訴えにつき、横関への出入停止のこと	
11	大原高保		8・7・10	水原橘左衛門尉	石塔寺より上村商人の横関市における売買停止につき、御意を得て、当該商人の横関出入を留めるよう申し付けのこと	
12	種村貞和・進藤貞治	享禄	元・12・20	高嶋南市商人中	九里半街道における押収荷物返付のこと	
13			2・7・3	保内諸商人中	保元二年一一月一一日院宣ほか支証にもとづき、諸商売安堵	

14					保内商人による高嶋郡今津九里半街道の通行安堵（五箇商人による通行阻止訴えは棄却）	
15			2・11・10	平井右兵衛尉・吉田修理	若狭小浜代官に対する保内商人の出入妨害働きかけは言語道断、五箇商人へ過料五万疋申し付け	
16				五ケ商人中	九里半街道における保内商人通行について、若狭小浜代官と語らい、通行妨害は言語道断、過料五万疋申し付け、難渋についてはさらに譴責	
17	池田高雄・隠岐忠広		4・10・12	諸関奉行中	日吉聖真子神楽米運送につき、通行保障のこと	下坂文書
18	六角定頼	天文	(6)・3・28	進藤貞治・狛丹後守	愛知川護袋衆と枝村の紙商売相論につき、等持院殿御判ほか数通証拠に任せ、愛知川衆の商売安堵を通達のこと	今堀日吉神社文書
19	池田高雄・進藤貞治		6・8・11	天上九郎左衛門・市庭地下人中	酒屋小次郎、両郷内市場地下人殺害ののち逐電につき屋敷放火、見付け次第殺害のこと	松雲公採集遺編類纂雑文書
20			14・12・26	当町屋地下人中	関役勤仕につき野洲市場地下人へ新儀役賦課禁止	野洲共有文書
21	池田高雄・能登忠行		18・12・11	枝村惣中	紙商売につき石寺新市は楽市、それ以外の美濃・近江国内中では座人以外の紙商売禁止	今堀日吉神社文書
22			19・3・26	国中伯楽中	国中馬売買は往古より伯楽中独占につき、新儀売買停止	
23	目賀田貞遠・能登忠行		22・12・10	湖上関諸奉行中	竹生島進上銭運上につき、通行保障のこと	蓮教寺文書
24	平井定武・能登忠行	弘治	4・3・6	諸浦中	米留ながら、漁師船打米は渡湖安堵	居初文書
25	千草有吉	永禄	元・11・15	保内商人中	千草街道は四本と申し合わせのうえ明け置いたもの、枝村が新義と申し立てようとも拒否することは道理	今堀日吉神社文書
26	平井定武・隠岐賢広		2・4・10	諸関奉行中・諸浦地下人中	国中米留ながら、堅田船について二〇日までは通行保障、それ以降は保証外	居初文書

27	目賀田貞遠・隠岐賢広		3・7・1			今堀日吉神社文書
28	布施公雄・三上支忠		3・9・16	保内商人中	伊勢通における枝村との紙荷相論について、枝村商人による紙荷の伊勢越えは新儀のため、従来通り見合のうえ荷物押取のこと	
29	布施公雄		(3)・10・20	保内商人御中	伊勢街道紙荷相論につき、樽代二〇〇〇疋到来	居初文書
30	目賀田貞遠・隠岐賢広		8・10・24	堅田四方諸侍中	堅田・木浜間相論について、以後はツイキリカ崎を範囲として諸商売、旅人・俵物運送を認め、木浜は上下とも乗船不可、それ以外は従来通り往還安堵	
31	布施公雄・三上支忠・宮木賢祐	年未詳	6・24	田能村弥四郎	保内・枝村の紙公事相論は保内方勝利につき、郡内において枝村紙荷の通行を留めるよう申し入れ	今堀日吉神社文書
32	梅戸貞真		7・26	江州四本衆中	伊勢国員弁・朝明両郡における新関通行保障	
33	九里隆員		11・15	柴原	四本商人への要脚賦課について、保内のみは山門領につき免除、残り三本へ賦課のこと	
34	六角義賢		12・17	目賀田次郎左衛門尉	護袋衆紙商売について、天文六年江雲寺殿御書二通にもとづき、国中商売安堵の旨、通達のこと	
35	六角定頼		12・27	龍淵庵	(保内商人との九里半相論については)一度落居につき、五箇商人の再訴訟は認めず	
36	六角義賢		12・28	布施十郎左衛門尉	保内博労座より一〇〇〇疋到来	
37	六角氏奉行人カ		—	(欠)	石寺に保内町設置につき、保内商人は当所にて売買	
38	織田信長	永禄	12・1・19	堅田中	諸公事免許、廻船保護、所質停止	堅田旧郷士共有文書
39			12・4・—	猪飼野佐渡守・猪飼野孫右衛門尉	志賀郡山中より伐採材木の木場役徴収安堵	高須文書
40	佐久間信盛	元亀	3・7・13	野洲市場地下人中	大水時の瀬踏馳走につき、門並諸役免除・質取停止	野洲共有文書

41	織田信長	元亀	(3)・7・18	(守山美濃屋小宮山兵介)	金森市場再興につき守山年寄衆相談のこと、同市場は楽市楽座とする	守山村誌
42			3・9・—	金森	楽市楽座のうえ諸役免除、質取停止、往還荷物強制着荷、年貢古未進・旧借米銭納所免除	善立寺文書
43	明智光秀		4・4・28	舟大工三郎左衛門	忠節につき屋地子諸役万雑公事免除	渡文書
44	磯野員昌	天正	元・12・14	朽木商人中	朽木谷材木入買停止、材木座特権安堵	山本家文書
45	佐久間信栄		2・1・22	野洲市場地下人中	大水時の瀬踏馳走につき、門並諸役免除・質取停止	野洲共有文書
46			2・5・—	金森町	楽市楽雇(座)のうえ安堵、諸役免許、質取停止、上下荷物京上売買米荷物強制着荷	守山村誌
47	羽柴秀吉		2・8・—	国友藤二郎	国友の内一〇〇石扶助、鉄砲安堵	国友共有文書
48			3・8・7	たゝミ指中	畳指年中一〇日役勤につき諸役免除	島崎与志雄氏所蔵文書
49	織田信長		4・7・27	江州建部油座中	油座人以外の商売禁止	福原文書
50	津田信澄		4・10・10	船木朽木商人衆中	磯野員昌置目安堵	山本家文書
51	織田信長		4・11・11	木村治郎左衛門尉	杣大鋸引・鍛冶・鍛冶炭・桶結・屋葺・畳指は、近江国中諸郡甲賀上下棟別臨時段銭・人夫礼銭・礼米・地下並一切免除につき、国役として作事申付	河路佐満太氏所蔵文書
52			5・6・—	安土山下町中	楽市として仰せ付ける上は、諸座諸役諸公事悉免許	近江八幡市共有文書
53	富田一正		6・9・1	江州四本御商人中	四本商人選定外の素人売買横行により、杉谷への役銭納入難航につき、今後厳重に申し付けのこと	今堀日吉神社文書
54	織田信長		7・10・14	建部油座中	近江国中における新儀油商売曲事、諸公事免許	福原文書
55	山田政利・宮野正勝		9・8・25	野洲市場地下人中	佐久間折紙に任せ、諸役免除	野洲共有文書
56	津田信澄		9・9・8	今津地下人中	若州より今津への塩荷着荷保障	河原林文書

注1：『八日市市史』『戦国遺文　佐々木六角氏編』『守山町郷土誌』『守山村誌』『増訂織田信長文書の研究』『滋賀県史』より作成。
2：網かけ■は市場法を表す。
3：━━で区切ったNo.1～37までは六角氏、No.38～56は織田氏発給文書を表す。

第三章　羽柴秀吉と淡河《おうご》楽市

はじめに

二〇〇四年五月、兵庫県神戸市北区淡河町の歳田《さいた》神社において、天正七年（一五七九）と同八年発給の羽柴秀吉制札（木札）二枚が発見された[1]。本制札は歳田神社の倉庫に、近世中期頃の作成とされる制札写二点と制札由緒書一点とともに、桐箱に保存されていた。このうち、天正七年制札には「らくいち」の文言がみえ、秀吉単独による「楽市」実施例の初見であることから、当該政策の実態を伝える貴重な史料としても注目が集まった。発見時期が新しく研究もわずかで[2]、これから本格的な議論が展開されてしかるべき史料といえる。

前章までに述べてきたとおり、楽市令に関する研究は、一九六〇年代以降活発となった織田政権論の影響を強く受け[3]、中世的特権秩序打破と近世都市成立への途を切り開く革新性を強調する姿勢が主流であった[4]。残存する関連文書がわずかという制約上、やむをえない部分はあるが、実際には信長の強烈な個性や独創性が予定調和的に先行し、かかる「楽市」の実態については、その本質を捉えきれていない印象がある。

近年の研究はこうした姿勢・評価に対し、楽市（令）は通説の枠組みだけでは捉えきれないと指摘する。たとえば権力が市場・町支配の中で住民の利害を考慮し、より均等な富の分配・還元と、往来促進・定住など場の繁栄を目指す空間や[5]、在地側の申請で、権力が諸役免除や質取など紛争・武力衝突から保護し、最終的な平和実現をはかる点に特質を見出すなど[6]、発給の歴史的背景や史料文言を重視した研究が進められている。この他にも、流通政策を中心とする信長文書全体の中で再検討が試みられ[7]、より多様な側面から、革新的とする一面的な評価に収斂せず、地域社会の実態に即した具体的な「楽市」像が明らかにされつつある。その中で注目されるのが、仁木宏氏による一連の研究である[8]。

氏は、美濃国楽市場や近江国石寺新市など楽市関連文書の再検討と、楽市場の空間構造の復元を通じ、市場・在地と権力それぞれにとっての楽市令の意義を、新市・新町建設の事例と絡めて論じた。そのうえで画一的なモデルに捉われず、権力論・地域社会論など多様な視点から、近世社会への展望をも見据えた場の特質を分析すべきとして、楽市研究をめぐる新たな視点を提示した。

また、近年では久保健一郎氏や阿部浩一氏など、戦国期における「戦争」と「流通・経済」の関係から、大規模戦争における兵糧・物資調達や輸送のあり方と、それらに携わる商人・有徳人層の動向に焦点をあて、大名権力の軍事行動を支えた、流通・交通のメカニズムを明らかにする研究もある[9]。この点、淡河楽市制札の発給時期に着目すると、いずれも秀吉の播磨出兵と同時期にあたることが分かる。これは当該期の秀吉が、楽市令を通じて領国支配をいかに進めたかを探るうえでも重要なポイントになるはずである。

こうした視角によれば、淡河楽市についても、それが当該地域においていかなる意義をもつ場であったかを、在地側からの視点も含めて多角的に問う必要があろう。また、市場内部の問題のみに収斂せず、敵対勢力との経済的・軍事的拠点をめぐる抗争や、播磨国内外に開かれた他の市場・町との関わりなど、広く周辺地域を含む流通・交通――いわゆる地域経済――の中にそのあり方を位置づけることで、当該期における淡河楽市の特質と、かかる場の実態を浮き彫りにできると考える。

以上の問題意識から、本章では仁木氏ほかの成果に学びつつ、秀吉の楽市令を素材として、戦国期における淡河（楽市）の実態と制札発給の歴史的意義について、大規模合戦における物資流通と市場のあり方や、そこにみえる大名権力と在地との関わりを中心に分析し、これを秀吉による領国支配の展開過程の中に位置づけていくことを課題としたい。

一　淡河楽市をめぐる研究とその問題点

淡河楽市制札をめぐっては早く、桑田優氏による研究がある。(10) 氏は、江戸時代の明石藩淡河町に本陣を構え、庄屋・淡河組大庄屋を代々勤めた村上家当主が、享保一七年（一七三二）の「田畑山林寄目録」余白中に、明治三一年（一八九八）に書き写した制札写を用いて考察を進めた。それによれば、秀吉の播磨出兵に伴い、海沿いの山陽道に代わり、六甲山系沿いの淡河を通る有馬街道が新たに利用され、そこで下された秀吉制札をきっかけに淡河宿場町が成立したとする。その後も歴代藩主が特権を安堵し、町はなお発展したとして、中近世における淡河の実態を初めて明らかにしたものである。

その後、先述した木村・村井両氏による原本発見によって、制札の再検討が進められることになる。

【史料１】

　　　掟条々　　　淡川市庭

一、当市毎月　五日　十日　十五日　廿日　廿五日　晦日之事、

一、らくいち《楽市》たる上ハ、しやうはい《商売》座やく《役》あるへからさる事、

一、くにしち《国質》ところしち《所質》［　　　　　　］□《之》事

一、けんくハ《喧嘩》こうろん《口論》、りひせんさく《理非穿鑿》□《に》を□□《よハ》す、双方せいはい《成敗》すへき事、

一、はたこ《旅籠》銭ハ、たひ《旅》人あつらへ《誂》次第たるへき事、

天正８年制札　天正７年制札

図１　淡河楽市制札（神戸市立博物館所蔵）

右条々、あひそむく（相背）ともから（輩）これあらは、地下人としてからめをき（搦置）、ちうしん（注進）あるへし、きうめい（糺明）をとけ（遂）、さいくハ（罪科）におこなふ（行）へき者也、仍掟如件、

天正七年六月廿八日　秀吉（花押）[11]

【史料２】

条々

一、当所奉公人何も立置候間可為如先々事、

一、同町人如有来無異儀可商売事、

一、下々猥之族不可有之事、

右条々違乱之輩有之者堅可加成敗者也仍如件、

天正八年十月廿九日　藤吉郎（花押）[12]

小島道裕氏は【史料１】第五条を、楽市令に多い押売・押買禁止条項と同じく、宿屋側の旅籠銭《はたごせん》強制徴収を禁じ、宿泊者側の選択の自由を保障したもので、これが淡河宿の性格を示すとする。続く【史料２】については、同年に播磨平定を遂げた秀吉が、有馬氏へ淡河を宛行った際の、いわゆる領主交代に伴う住民の混乱防止策とした。さらに両制札原本の分析から、【史料２】が前年に比べて小さく、作りも内容も粗末で、宛所を欠き署名も略式であるのは、前年以来の町作りを経て、都市として繁栄した場の住人に宛てたためとする[13]。

これに対し、仁木宏氏は、【史料１】①第一条は旧来の市日追認に過ぎず、②「らくいちたる上ハ」は、すでに淡河市場が楽市として設定されていたことを示す。③第五条は宿の新規設定ではなく、宿屋の安定的経営保障に主眼がある。ここから【史料1】は淡河住人側の要求を受け、淡河市場がもつ旧来の特権を秀吉が安堵したもので、【史料2】は小島氏と同様、領主交替による支配体制の変化に動揺する住人の要請に応えたものとした。[14]すなわち、小島氏は【史料1】で秀吉による新規町立てが進められ、続く【史料2】はこれを継承安堵したもので、いずれも権力側の都合で発給された史料と位置づける。一方で仁木氏は、両制札がともにあくまで淡河の実態を追認したものに過ぎず、むしろ淡河側の要求を受けて進められた政策と評価している。

以上のように、いまだ統一的見解をみない部分もあるが、残された課題は、はたして淡河が【史料1】以前に楽市場と旅籠をもつ場であったのか。また、「はたこ銭」以下が、宿泊者と経営者いずれを重視するものなのか。そして、淡河にとって楽市制札がいかなる意義をもつかという点を、改めて再検討することであろう。

なお、「楽市」文言のある制札（木札）はこれまで、①美濃国楽市場宛て織田信長制札、加納宛て②織田信長・③池田元助・④池田照政各制札、[15]⑤相模荻野新宿宛て北条氏直制札[16]の五点があり、信長家臣の楽市令は、(ⅰ)近江国守山美濃屋小宮山兵介宛て佐久間信盛書状、[17](ⅱ)近江国金森町宛て佐久間信栄制札写、[18](ⅲ)越前国橘屋三郎左衛門尉宛て柴田勝家判物[19]がある。その中で今回の制札発見は、先述した信長中心の「楽市」論を克服し、秀吉単独による楽市令を通じた支配体制を明らかにする重要な手掛かりとなる。次節では淡河の歴史を概観しつつ、制札の再検討を試みたい。

二　天正七年制札

(1)　淡河の歴史

制札発見の地である淡河は、播磨国美嚢《みのう》郡東端に属し、淡河川北岸に展開した宿場町である。また、摂津国有馬（現神戸市北区）から中国山地を通り、播磨国三木（現三木市）を抜けて姫路へいたる、山陽道のバイパス・

有馬街道上にあり、江戸時代には本陣を置く宿場町として栄えた。中世には鎌倉時代以来の在地領主・淡河氏がおり、戦国期は東播磨八郡の守護代である別所氏が三木城（美嚢郡）に入ると、その下へ属した。[20]

制札発給前後の国内情勢に視点を移すと、天正五年一〇月二三日、信長の命を受けて播磨出兵を開始した秀吉は、同日に小寺孝高《よしたか》の居城・姫路へ入ると、一一月一〇日までに、龍野城主赤松氏や三木城主の別所氏（長治）など有力国人から人質を取り、間もなく西播磨一部を除くほぼ全域をいったん平定する。別所氏は早く同三年七月より、信長のもとを度々訪れていたが、[21]同六年二月に毛利氏へ内通すると、別所氏麾下の淡河氏（淡河城）をはじめ、神吉《かんき》氏（神吉城）・櫛橋氏（志方《しかた》城）・長井氏（野口城）・梶原氏（高砂城）らも相次いで与同し、反信長方となる。[22]これにより秀吉は、三月下旬から別所氏のこもる三木城包囲を開始した。[23]いわゆる三木合戦の幕開けである。

このうち、同合戦での淡河と秀吉方の動向について、【史料1】発給と淡河町成立の経緯を述べた「淡河町由緒書」（以下「由緒書」）では次のようにある（傍線等引用者、以下同）。

【史料3】

覚

一、古へ淡河弾正上山之城主淡河弾正殿・別所甚太夫殿右両人ハ三木之城主別所小三郎殿御一族、天正年中太閤様三木之城御責被成候節、上山之城ハ有馬法印・同四郎次郎殿江従　太閤様被　仰付、御落城之節甚太夫殿ハ夜ニまきれ御忍出、三木之城へ御引籠、其後有馬法印・同四郎次郎殿へ、御城主法印御所替已後ハ姫路御領分ニ成、池田三左衛門殿御支配、其後ゟ古城ニ成、

（第二～七条略）

一、①淡河町ハ古へ中村と申在所にて、道筋ニ漸家弐拾軒計有之候、然所　太閤様西国御発向之時、中村□両

度迄御滞留被遊、上意ニ者海辺通路停止之事ニ候間、此道筋往還ニ可然候、□村を宿次之町ニ取立候様ニと有馬法印へ被　仰付、大庄屋藤兵衛先祖喜兵衛を被召出、太閤様江御目見被為　仰付、町取立申様ニとの蒙　上意、牢人或ハ町人共相集、屋鋪を申請、町並能宿次ニ罷成、次第ニ栄へ、太閤様御機嫌能、月ニ六日之市日を御定、御制札ニ御直々之御判被成下、町之支配諸事喜兵衛ニ被為　仰付、即同心五人被付置、弥町繁昌ニ罷成候、依之諸役御赦免之御証文被下置候、大庄屋喜兵衛江為御褒美、御検地之節高拾石御赦免御証文頂戴仕候、御守護法印様御所替にて、姫路御領分池田三左衛門様御知行所ニ成、然処ニ九年之内町中三度火事ニ相、御証文不残消失仕、漸御札場ニ有之候御制札相残、（中略）

貞享三年

寅極月

淡河大庄屋

藤兵衛

右者松平若狭守様御家来大田一右衛門殿へ書上ル(24)

八ヵ条からなる右の由緒書は、貞享三年（一六八六）に明石藩主松平直明の家臣へ提出された文書の写で、提出者の藤兵衛は、明石藩淡河町に本陣を構え、庄屋ならびに淡河組大庄屋を勤めた当時の村上家当主である。構成としては七条目までに秀吉の淡河・三木攻めの経緯を、八条目に三木合戦後の淡河町立てと、大庄屋村上家の由緒について述べる。ただし由緒書という性格から、その内容すべてに信を置くことはできない。そもそも【史料１】から約一〇〇年が経過している以上、創作という点も含め、当時の実情をそのまま反映した可能性は低いといわざるをえない。ただ、ここにみえる「中村」の地名については、文明一四年（一四八二）の在地領主・淡河政盛が、氏寺の石峯寺《しゃくぶじ》へ淡河荘田畑を寄進した宛行状に「在所中村」とあり、(25)「由緒書」の記述を裏付ける。

次に、秀吉の入部前後における淡河の動向をみよう。天正六年二月の別所氏離反に伴い、翌月二七日に三木城

図2　淡河城址（本丸南側の内堀）

攻めが決まると、(26)秀吉はその二日後に、淡河北東の石峯寺へ禁制を発給するなど、周辺地域に働きかけている。(27)別所方となった当該期の淡河は、摂津・丹生山《たんじょうさん》砦とともに、海上より陸揚げされた兵糧を、山陽道沿いの花《はな》隈《くま》城から六甲山系を経て、西の三木城へ運び入れる際の中継地点（「樋」「伝道」）にあたり、同時にこれを背景として「近辺ノ一揆ドモ二千許」がこもる場としての性格も兼ね備えていた。(28)

このため、秀吉方は三木支城の野口・神吉・志方の各城を攻略すると、天正七年四月に淡河城包囲の付城を築き、いち早く別所氏への物資補給遮断に努めている。(29)続く同年五月二五日には、丹生山砦を夜襲で落とすと、淡河にも夜襲を仕掛け、城主・淡河定範は城を捨て三木城へ合流する。(30)こうして戦乱終結後の淡河に【史料1】が下されることとなる。

（2）楽市と旅籠

次に制札の内容検討に移ろう。まず第一条で六斎市を設定し、続く第二条はその六斎市を「らくいち」として、商売座役を免除している。従来知られてきた楽市令にみえる諸役免除条項について、その多くは対象が不明瞭だが、本制札は「しやうばい座やく」と具体的である。座種は不明だが、淡河でも座商人による専売活動があったと認められる。第三条は質取行為の禁止と、市場内の治安維持を図るものである。後の文が読めないが、他の楽市令に多い押売押買等の禁止であろう。第四条はいわゆる喧嘩両成敗で、第五条は旅人の「はたこ銭」に関する規定である。

このうち、仁木氏は【史料1】第一条が「淡河市庭の市日を追認したもの」で、そもそも旧来から存在する市場の開催日は、踏襲が原則であるとした。たとえば、

【史料4】

条々　龍野町

一、当龍野町市日之事、如先規可罷立事、

一、市之日、諸商人ゑらむへからさる事、

一、同諸公事役、不可在之事、

以上

天正八年十月廿八日　藤吉郎（花押）(31)

播磨国龍野町（飾東郡《しきとう》）に宛てた秀吉制札のうち、第一条で市日は「如先規」として、従来の市日を追認している。【史料1】以前の淡河市場は史料を欠き不明だが、「たる上ハ」という点から、すでに淡河市場が楽市としての機能をもって開かれていたと考えられる。そしてこれは信長が掌握した美濃国楽市場と同様で、信長・秀吉はいずれも、先行した在地市場の機能を追認する立場にあったことになる。そこでの淡河市場が従来から、当該地域において「らくいち」として認識されていたかは定かでないが、仁木氏が述べるように、少なくとも「らくいち」文言自体はあくまで修辞として(32)、秀吉側がなんらかの政策意図をもって付したものと考えられる。

次に第五条をみよう。小島道裕氏は【史料1】が戦乱終結直後に発給されたことから、混乱による旅籠の利用忌避を防ぎ、宿場興隆をはかるため、宿泊者に支払い選択の自由を認めたものとする。他に桑田優氏や木村・村井両氏も、旅人の要望通りの宿泊費設定を認めたものとする。こうした理解を便宜上〈宿泊者重視説〉とする。

これに対し仁木宏氏は、混乱に乗じて所定の旅籠銭を支払わない旅人の不法行為を防ぐため、宿屋の安定的経営

を保障した条項と理解する。これを〈旅籠重視説〉としたい。

つまり、適用対象を利用者と経営者いずれとするかが問題となるが、考察の前に、まず「宿」の歴史的性格を抑えておこう。一般的には、旅宿が立ち並ぶ集落として、旅人の疲れをいやす宿泊施設と、中には商取引を行う市場も設けられ、経営者側も旅人へのサービス提供（施設利用）に応じた宿泊料徴収を生活基盤としていた。(33)(34)

中世後期の「宿」には金融・酒造・運搬業など多面的な活動を行う事例もみられ、とくに南北朝・室町期では、内乱など軍事的緊張から争奪対象として、軍勢駐屯地とされる例が増すようになる。播磨では、南北朝期より播磨―備前間の山陽道上に宿が密集し、幕府・守護の軍勢往来に伴う宿衛や、兵糧米を備蓄する物流拠点として、戦国期には摂津・西宮宿のように、国人領主への段銭納入先として領国支配拠点になることもあった。(35)(36)(37)(38)

中世を通じた淡河宿の性格は明らかにしがたいが、少なくとも秀吉以前に成立したそれは、市場とともに有馬街道を往来する人々に開かれた空間であったろう。また当該期の淡河が、摂津より三木へいたる兵糧運搬路の中継地で、近隣の一揆勢がこもる場でもあったことは、換言すれば当所が三木城（別所方）の生命線維持にもつながる、街道上の要地として意識されていたことを示す。その点から秀吉入部段階の淡河は、隣接する在地領主・淡河氏の居城を核とした、軍勢の通行・滞留を伴う軍事拠点という性格をもつ場であったとなろう。

秀吉により設定（追認）された「らくいち」としての淡河市場は、周辺地域を含む物資集散地として、人々の往来を促進させると同時に、宿の利用そのものにも影響を与えたと考えられる。つまり市場への往来が増えると、それに比例して、旅籠の利用増加に伴う宿泊料滞納や、宿泊者に対する濫妨狼藉・非分行為の発生率も自ずと高くなったと推察される。淡河落城直後という状況を考慮すれば、それらは旅籠そのものの平和を脅かす因子として問題視されたであろう。

だとすれば、第五条の趣旨とは、秀吉がそうした状況にあらかじめ掣肘を加えるため、宿泊者側の料金未払い

図3　現在の淡河町
道の駅（写真中央の建物）では地元の特産物が販売されている。

行為を防ぐとともに、旅籠側にも、宿泊者の「あつらへ次第」に応じて、不当な宿賃請求を行わないよう求めた治安維持条項となろう。当該条項が適用される旅籠において、右に反した「はたこ」「たひ人」は、そうした秀吉の定める治安を脅かす「あひそむくともから」として、成敗の対象とされた。すなわち旅籠・旅人のいずれかに肩入れするのではなく、いわば旅籠の安定した利用をはかるため、双方の意を酌んだ形の〈折衷型〉と解釈できる(39)。

第三・四条とは別に、旅籠利用に関する治安維持条項が単独で明文化されたのは、それが市場とともに、従来から淡河における重要産業として位置づけられており、旅籠側がとりわけその保護（平和保障）を求めたためと考えられる。

中世の旅と宿をめぐっては、地方経済発展と城下町成立に伴う交通量と寺社参詣の増大が、東海道や畿内旅宿の発達を促した(40)。各地における市場経済圏の形成・発展と、市から市へと遍歴する中世商人の存在を考慮すると(41)、彼らを相手とした中継宿泊施設は重視されたはずで、それは美濃国楽市場に併設された宿を頻繁に行き交う商人たちの姿にも明らかである(42)。旅籠が宿泊者に提供する食材料を調達するうえでも、市場の存在はなお必要不可欠だったろう。権力だけでなく、市町を渡り歩く商人にとっても、宿の存在は大きなメリットとなった。

こうした市場・宿を兼ね備えた空間として開かれた淡河を、追認・保護する秀吉の制札発給には、淡河城落城後の〈戦後復興〉という枠組みのみでは捉えきれない政策的意図が内在していたと考えられる。

これまで楽市とは諸役免除や徳政など、とりわけ外部からの来往者に適用される特権条項が多いことから、新都市新設や戦乱荒廃からの復興を目指す時限的な政策と理解されてきた。たとえば三木城攻略当日に、三木町へ発給された秀吉制札の一文では、「当町江於打越者ハ、諸役あるへからさる事」(43)として、往還者対象の諸役免除を掲げて住人を呼び戻し、戦争中心地となった三木の再興に努めている。さらにこの翌月、三木周辺の村落に宛てたとみえるもう一通の制札でも、「さいさい百姓等、早くけんさんすへき事」「あれ地ねんく当年三分二ゆうめん、三分一めしおくへき事」などとして、(44)還住奨励や年貢減免による農耕の早期再開など、戦火を避けた人々を積極的に村へ呼び戻すための内容が盛り込まれている。わずか一ヵ月の間に、こうした同趣旨の制札が同一地域に重ねて発給された背景には、そこが秀吉方にとって、西国を見据える重要な政治的・軍事的拠点になりえる場であったためと考えられる。

ところが【史料1】をみると、そこには「らくいち」としての諸役免除や治安維持を除き、徳政や往還者を対象とした特権条項はなく、どちらかといえば場の追認や保護に意識が向けられている。先行研究では【史料1】を〈戦後復興策〉と捉える向きがあるが、そこでは三木合戦・播磨出兵という背景・連続性と、制札を受給する淡河（住人）側の視点が欠落していた。(45)秀吉の淡河攻めがいかなる規模で展開したかは明らかでないが、たしかに淡河落城直後の制札発給は、在地にとっての戦後復興と評価しうる。しかしそれはあくまで一面的な解釈にすぎず、制札発給の目的については、当該期の国内情勢や軍事行動の展開、他の市場宛て制札の比較なども含め、より多角的視点で位置づけ直す必要があろう。

（3）　播磨出兵における淡河楽市

「由緒書」（【史料3】）では、海辺通路（山陽道）停止のため、有馬街道が新たな主要往還になった点を、【史料1】発給と町成立の契機とする（傍線部①）。この背景には、山陽道沿いに拠点をもつ荒木村重の離反（天正六年一〇月）の影響が考えられるが、街道変遷から町立てへの流れは、一見するとあまりに都合よくできた感も否めない。村重離反の翌月より、有岡・尼崎・花隈など荒木方居城は織田方に包囲されるが、この籠城戦が【史料1】以降も継続していることから、由緒書にいう「海辺之通路停止」状態は疑問が残る。(46)はたして、有馬街道は実際に主要往還とされたのだろうか。

秀吉は同年一二月、摂津西端の三田城（有馬郡）に付城を築くと、同郡南部の名塩村へ還住奨励の制札を下し、(47)京都から有馬郡南部にいたる通路を確保した。秀吉と有馬街道との具体的接点はこのときが最初であろう。以後、隣接する淡河城の攻略と【史料1】を経て、街道沿いの掌握範囲を西へ広げ、同七年七月には湯山を通る旅人の往来を保障し、(48)この時までに摂津—播磨（淡河）を結ぶ有馬街道一帯が秀吉により整備された。

こうした動きは、淡河住人にとって「可然」き主要往還と称する格好の条件に映ったと考えられる。だが【史料1】ののち、織田方は花隈城攻略をはじめ、明石浦魚住や英賀《あが》など、山陽道沿いを中心に軍事行動を展開し、その間、内陸部では三木城包囲が中心で、主要往還の設定にふさわしい秀吉の街道利用は明らかでない。(49)実際のところは、淡河城攻めによる軍勢往来と、淡河が【史料1】で保護された事実をもって、有馬街道が「往還ニ可然」よう定められたものと、住人側が拡大解釈したのではなかろうか。

また、淡河楽市そのものについては、後述するように「由緒書」のような町立てを経て成立したものではない。街道変遷の問題も含めると、楽市成立にいたる直接的契機は別に求める必要がある。そこで重要なのが、制札発給前後の国内情勢、すなわち三木城攻略をはじめ、播磨国内で展開された織田—毛利・本願寺勢力間の合戦である。

これまでの研究は、三木城攻略と三木町宛て制札発給——三木合戦終結——に重点を置き、【史料1】はその過程で起きた、局地的戦争からの復興という視点で描かれ、ともすれば制札発給の事実の指摘のみに留まり、その前後、すなわち播磨出兵・三木合戦の展開過程において淡河楽市をどう評価し、位置づけられるかが明確ではなかった(50)。

三木合戦の実態を再検討した近年の研究でも、合戦における秩序回復策として、【史料1】は通史的に掲げられるに留まっている(51)。当該期の市場法で唯一の「らくいち」は、旅人や住人のみならず、これを付した秀吉にとっても重要な意義があったと考えられる。だとすれば、かかる【史料1】の政策意図も、淡河という地域のみに留まらず、より幅広い視点で考える必要がある。ここでは右をふまえ、大坂湾・瀬戸内海沿岸をめぐる両勢力の抗争から、英賀（飾西《しきさい》郡）と岩屋（淡路国津名郡）に注目したい。

両地域はそれぞれ瀬戸内海沿いに面し、早くから海上交通の要衝・物流拠点として開かれたことで知られる。「石山合戦」では、本徳寺を中心とする寺内町を形成した「英賀」と、西国からの船舶中継地となる「岩屋」を通じ、播磨・安芸・紀伊の真宗門徒が連携し、三木城への兵糧搬入により別所氏を背後から支えた(52)。そこでは「英賀相破候得は当寺御難儀」「岩屋堅固ニ依在番、大坂・尼崎・花熊之儀、無違《(異)》儀大坂衆被相抱之由(53)」として、両地域が播磨国内の反信長勢力をつなぐ重要な前線基地であった。

こうした制海権掌握と物資補給路の否定・遮断は、当該期の信長にとって最重要課題であり(54)、この間、毛利氏は本願寺支援のため岩屋を前線基地に、大阪湾からの畿内上陸と山陽道沿いの東進という、陸海同時並行の軍事作戦を展開した(55)。信長も、九鬼《くき》水軍編成など「海」の軍事行動に尽力するが、同時期に内陸部を転戦した、秀吉による淡河市場の掌握と楽市令の発給は、「陸」の軍事行動、すなわち国内に展開する反信長勢力の居城攻略と連携（通路）遮断を視野に入れたもので、陸海における両者の動きは、そうした共通の課題克服を背景に行われたと考えられる。

いわば播磨出兵における一つの到達点である三木城攻略に対し、有馬街道上に展開した要地である淡河宛て

【史料1】は、単なる戦後復興に留まらない性格があった。すなわち、それは秀吉が淡河の経済的機能（市場・宿）をもって、当所を三木城などの敵勢攻略へ向けた、自らの軍事拠点に作り変えるため、特権安堵や平和保障等を求める住人の要請に応じて発給したものと理解すべきであろう。西播磨・中国方面を視野に入れた三木再興に対し、その前提である東播磨平定（三木城攻略）に向けた拠点創出をはかるうえで、淡河「らくいち」は重要な存在に位置づけられる。[56]

山陽道のバイパス上にある淡河で宿を提供する旅籠にとって、旅人の招聘は経営基盤を確立する必須課題であり、その実現にはなにより旅人の目的地に選ばれる必要があった。しかし当該期の播磨国内は戦乱の最中にあり、三木合戦の過程で、毛利方の中継地とされた淡河もその影響を受けざるをえなかった。淡河落城を契機とした住人らは、商人や旅人の往来を促進・定着させる下地を確立し、場の発展をはかるため、上級権力たる秀吉へ働きかけ、改めて従来から開かれていた市場の特権安堵と、宿場本来のあり方である平和保障を求めたと考えられる。

一方の秀吉側も、西の三木城・毛利方と対峙するうえで、今後必要な武器兵糧を調達するための、いわゆる物資補給地を確保する必要性から、街道沿いに早く市場や旅籠を展開し、毛利方の補給中継地とされた淡河に着目した。そこで特権安堵や平和保障を求める在地住人への制札発給を通じ、当所を自己の保護下に置き、淡河市場を「らくいち」として諸特権を追認し、市場・旅籠を軸とした活発かつ平和な交易空間の設立を進めたと考えられる。淡河楽市とは、そうした両者の共同利害が一致し、体現化された場として評価できよう。

（4）由緒書からみた淡河――市場と町成立をめぐって――

中世において、交通など立地条件に左右される市場の多くは「町」へと成長・発展を遂げるうえで、大名権力の関与のみならず[57]、市場周辺や道沿いに隣接する「在家」と定住者の存在も重要な要素であった[58]。淡河でも【史料1】をめぐる在地の動向や、当該地域にとっての淡河市場と楽市令のあり方を問い直すことが必要となろう。そこで先の「由緒書」に立ち返り、制札発給と町立てにおける大名権力と在地住人との関わりから、当該期の地域社会における市場（楽市）のあり方を分析したい。まず、淡河町成立について記した第八条に注目し、町立ての流れと秀吉入部前後における淡河の軌跡を辿ろう。

【史料3】傍線部①では、かつて「中村」と呼ばれた淡河は二〇軒ほどの家があるのみで、播磨出兵の折、海辺通路（山陽道）が停止すると、秀吉は中村を通る有馬街道を主要往還とし、ここを「宿次之町」に取り立てるよう有馬則頼に命じた。②これを受け、藤兵衛先祖で当時の大庄屋である村上喜兵衛が召し出され、町の「取立」が命じられた。彼は牢人や町人を集め、屋敷が立ち並ぶ宿次の町並を作ったので、③これを喜んだ秀吉は、六斎市を定めた制札を与えて町支配を喜兵衛に委ね、淡河は次第に繁盛したという。

図4　現在の有馬街道（県道38号線）
写真右奥に本陣跡がある。

右に信を置けば、淡河の町立ては【史料1】発給までのわずか一ヵ月余で「罷成、次第ニ栄へ」たことになるが、はたして制札が、そうした町への成長・発展という結果をふまえて発給されたものかは疑わしい。

秀吉以前の旅籠について、具体的な経営状況にかかる記述はない。桑田優氏は、このときの町立てで初めて淡河に宿場の機能が備わったとするが[59]、先述のように、旅籠は秀吉以前から有馬街道を通行する旅人に開かれていた。旅籠の経営主体が「家弐拾軒」かは定かでないが、発掘調査によると、淡河町北部を流れる淡河川沿いの河岸段丘上にみえる道路遺構と掘立柱建物跡が、中世前期の荘園的村落に比定されている[60]。したがって、こうした区域を中心に市場が開かれ、旅籠もこれに付随し、街道往来者の利用に供していたと思われる。「らくいち」とは、そうした在地百姓や、旅籠を利用する街道往来者などを対象に開かれた市場を、秀吉が組み込むうえで提示したものであろう。

いわば【史料1】は無人の地に新しく町を建設した結果の発給ではなく、あくまで住人の特権安堵・平和保障という申請に基づくものとみられる。かかる町立てとその成立（繁栄）も、「由緒書」の経緯とは異なり、実際には制札発給ののち、そこで継承された経済的機能である市場や旅籠を取り込むように、人々の定住する家屋が立ち並び、次第に町場としての形をなしていったと考えられる。

このような秀吉の街道通過と、それに伴う町立てについては、社町《やしろちょう》にも類例がある。社町は淡河北西の加東郡中央部にあり、京・丹波・摂津と姫路を東西で結ぶ丹波道沿いに展開し、すぐそばを加古川が南流し、江戸時代には佐保神社の門前として栄えた北播磨屈指の在郷町である[61]。当所は秀吉の許可を得て、周辺住人の手で作られた新町とされ、その由緒を伝える「延宝五年山本正尚覚書」（以下「覚書」）は注目すべき内容を含む[62]。

【史料5】

（前略）

一、社町出来申は、当年迄九拾六年以前午ノ年太閤様丹波道ゟ此辺御通被成と申ニ付、山本伊予此郷之万頭衆の事なれば、広野村政所瀬《ママ》左衛門をめしよせられ候て被仰候ニハ、定而宮山社之次第御尋可有候間、其方承候て答へ可申と被仰候て、右之巻物取出し候て、是左衛門に読聞せ被成候、具ニ是左衛門承届申候、則御談合の上にて（中略）、具に是左衛門其時太閤様へ申上候ニ付、御上意ニハ、町ハ可有所と被仰候、夫ニ付又申上候ハ、古六日市と申て、かくれの里より立市の有たると申伝候と申上候ニ付、さらばいかにも町を立よと御上意にて、御通被為成候、

一、山本伊予殿に此通是左衛門具ニ申上候へハ、伊予殿聞召、慎んで物をものたまわず、稍々あつて被仰は、

神之敷地にて候へとも、富貴する事ニ而候間、是左衛門町立よと伊予殿も被仰候て、其時広野村の者罷出、町出来仕候（中略）

延宝五年丁巳六月吉日

山本仁兵衛正尚(63)

右は延宝五年（一六七七）、加東郡福田郷の有力者・山本正尚が、天正一〇年の秀吉による許可を機とする、「社町」形成における祖先の功績を、佐保神社の由来とともに書き上げたものである。それによると、「当年迄九拾六年以前午ノ年」（天正一〇年）に秀吉が丹波道から社を通過した際、正尚先祖の山本伊予守が、近隣の広野村（加東郡）政所・是左衛門に命じ、佐保神社の由緒と、かつて当所に六日市が開かれたことを秀吉へ説いた。こうした在地側の積極的働きかけに接した秀吉は、ついに町立てを許し、広野村の住人が佐保神社の門前へ移住し、彼らの手によって新町が形成されたという。

当該事項から約一〇〇年後に作成されたものであるが、河村昭一氏は、この「覚書」が一定の史実を反映したものとする。氏によると、住人が町立てにあたり、淡河や三木のような制札発給か、町名を「広野町」か「社町」と称する許可を求め、秀吉と交渉したものの願いは退けられ、そうした敗北の歴史は伝えられず、伊予守らが秀吉の許可を得て町を作った結果のみが記されたとする。今ここでその内容に深く立ち入る余裕はないが、注目すべきは秀吉の街道通過を機とする、住人と秀吉の交渉・町立て成立にいたる流れと、是左衛門が語る「古六日市」の存在である。

これをふまえると、当該期における播磨国内の街道沿い地域では、秀吉の通過に伴う町立てと、場の権利追認や平和保障・諸役免除を求めて、住人と権力との間で交渉が行われていたとみられる。だとすれば、淡河でも秀吉の有馬街道通過と淡河落城により、町立てを命じる秀吉に対し、場の保護と権利追認＝制札発給を求め、住人たちが働きかけた可能性は十分に考えられる。いずれも重要なのは、秀吉の街道通過と町立てを軸とした住人との交渉である。そして「覚書」から、在地の住人にとって重要なのは、場を「富貴する事」であり、そのため彼らは入部する大名権力に接し、運動を行った。大名権力自身も町立てを行ううえで「立市」、すなわち市場が町形成における重要な構成要素である、という認識をもっていたことが読みとれる。

河村氏は、早くから近隣の百姓を対象として開かれた「古六日市」は、丹波道から大きく外れた立地条件のため、秀吉通過後の町立てでは、市街化せずその機能を終えたという。【史料3】「由緒書」に住人が由緒を語った記述はないが、社町のごとく町立てを認めるような由緒や場の機能が、当該期の淡河にも備わっていたであろう。それこそが旧来の市場と、旅人の往来に即した旅籠の存在であった。淡河では、戦国期における淡河城設置に際して、それまで淡河川沿いの河岸段丘上にある集落付近を通っていた街道が、南東の淡河城下に引き寄せられた折に市場も移転し、秀吉の時代では、淡河町成立の重要な要素「らくいち」として存続したのだろう。(64)

社町や淡河にみられる町立ての事例は、早くから住人が居り、市場も開かれた既存の場を取り込んでなされるものであった。その中で淡河が、秀吉との交渉を経て制札を獲得し、「宿次之町」立てを実現させるにいたった背景には、当所がもつ決定的な特徴、すなわち淡河市場と旅籠という存在が大きく影響し、「らくいち」にはそうした経済的機能を重視し、積極的な保護をはかる秀吉の姿勢が想起される。

それは淡河を拠点に位置づけようとする秀吉方の狙いを示すとともに、そうした権力の関与こそが、在地における「市」から「町」への成長・発展を実現させる要素であったことに他ならない。【史料1】に対する「由緒書」の記述が単純な〈市日制定の制札〉に留まるのは、「らくいち」が秀吉側の政策的意図として付されたもので、市場の諸役免除という概念を欠くのも、すでにそれが秀吉以前から、淡河市場では自明かつ当然のものとして認識されていたからではなかろうか。

三　天正八年制札

三木合戦を経た天正八年（一五八〇）四月、新たな本拠地を姫路に定めた秀吉は[65]、同年六月までに西播磨をはじめ、残る反信長勢力を排し、国内平定を完了する[66]。その後は、信長から播磨・但馬二国を与えられ[67]、因幡・伯耆ほか本格的な西国進出へと向かう。播磨国内では同年九月から、秀吉による検地や知行安堵をはじめ、重臣への新知宛行が行われており[68]、有馬則頼もこの後に淡河へ入ったと考えられる[69]。

播磨平定後の【史料2】をめぐってはこれまで、桑田優氏が「由緒書」にある秀吉からの褒美とし、木村・村井両氏は【史料1】以来の権利追認、小島氏や仁木氏は領主交代による混乱防止策と評価する。

制札は前年と比較すると、宛所を欠き、条文も三ヵ条に減っている。第一条は淡河における奉公人の規定だが、内容がやや難解である。木村・村井両氏は武家奉公人が従来通り居住することを、小島氏は現地の武士が従来通りの身分で居留することを認めたものとする[70]。ここでは当所における「奉公人」がいかなる存在かが問題だが、第二条の「町人」と比較すると、「奉公人」が別カテゴリに属すことは明らかで、ここでは有馬氏の入部に伴い、淡河へ居住をはたした給人の立場を安堵するものと考えられる。続く第二条の「町人」とは、【史料1】で保護・継承された淡河（市場・宿）で商売を行う住人を指し、同条はそうした彼らの活動を保障安堵したものであろう。

また、発給日が龍野町宛て制札（【史料4】）の翌日にあたることから、両制札は一連の政策として捉えるべき性格を有していると考えられる。そこで改めて【史料4】を検討し、これを【史料2】とともに当該期の播磨支配に位置づけたい。

（１）　淡河楽市と龍野町制札

龍野町は姫路城下西部に位置し、城惣構外の山陽道沿いに展開した。【史料４】第一条は、秀吉以前から開かれた市場の開催日を追認したものである。第二条は市日において、売り手の商人選びを禁じたものと考えられるが、これについては同じ姫路城下北部・但馬街道沿いの、野里村における鋳物師「法度」[71]が示唆的である。

野里村には戦国・近世初期を通じ、朝鮮出兵用の武器鋳造や姫路城・大坂城普請に携わった鋳物師棟梁・芥田氏が居住したことで知られる[72]。同家伝来の右の史料をめぐる研究によれば[73]、野里村鋳物師の間では、市場で他の同業者へ鋳物製品を販売しない協約が締結されていた。それは商品を鋳返し新品として再販する、「鍋替え」と呼ばれる鋳物師特有の継続的サイクルから、販売圏かつ材料仕入先としての市場における、互いの権利侵害や営業妨害を防ぐためのものであったという。

こうした問題は、隣接する龍野町の市場も同様であったと考えられる。そこでは、特権やナワバリを振りかざす座や野里鋳物師による、外来の新儀商人や同業者へ商売を行わない行為が問題視されたと思われ[74]、とくに三木落城は在地の混乱を招いたであろう[75]。

しかし、近江国石寺新市[76]のように龍野町の市場が楽市であれば、そこでは自由売買が認められ、商人選択・売買拒否行為は禁じられる。「楽市」とは諸役免除という内面的な問題以上に、より多くの人を呼び込むため、安全な取引や自由売買が認められる〈開かれた市場〉という外面的な問題が重視される空間であった[77]。【史料２・４】で、淡河では商売上の違乱や非分行為を、龍野町では売り手となる商人の取捨選択と販売拒否行為を禁じるなど、いずれも市場取引に関わる平和保障・治安維持に重点を置くのはそのためであろう。したがって両制札はいずれも、先行する場の性格を追認し、支配体制変化に伴う市場での混乱や非分行為を防ぎ、安全かつ平和な交易空間の保障・治安維持を主眼に置くものとして発給されたといえる。

さて、先に【史料1】が、三木城攻略に向けた物資補給地を創出する政策と述べた。だが、播磨平定を終えた【史料2】で、淡河は引き続き同様の性格を有していただろうか。そこで同時期の秀吉文書をもとに、その実態を明らかにしたい。

【史料6】

掟

当市場、諸商売已下前々のごとく□□（たるカ）へき、其外非分之族申かくるにおゐて者、速可□（処カ）厳科者也、仍如件、

天正八年

二月十二日　藤吉郎（花押）[78]

表1（二九一～二九二頁）は、【史料1】以降の播磨国周辺地域（現兵庫県内）における、秀吉権力発給の流通・商業関係文書をまとめたものである。その内の一つである右史料（表1№4）は、播磨国中央内陸部で、姫路から瀬戸内海へ注ぐ市川の支流・越知川下流右岸に位置した柏尾《かしお》市場宛て秀吉制札である。ここで秀吉は【史料2・4】と同様、市場での商売保障と治安維持をはかった[79]。柏尾（神東《じんとう》郡）は市川に沿う形で、姫路と但馬国を結ぶ但馬街道が通り、早く文明一四年（一四八二）八月の丹後・但馬両国檀那村付注文に「かしをの市は」とみえることから、[80]【史料6】の「市場」もまた淡河や三木・龍野町と同じく、早くから街道を往来する人々を対象に開かれた場と考えられる。

三木城攻略を経た同年四月、秀吉は柏尾市場の西部・宍粟《しそう》郡へ入り、赤松一族・宇野民部がこもる長水山《ちょうすいさん》城を攻略している[81]。このような秀吉軍の侵攻に直面した柏尾でも、濫妨狼藉など治安悪化が問題視されたことは想像にかたくなく、【史料6】はそうした混乱を防ぎ、従来通りの商売活動安堵を求める在地側の申請によって発給されたと考えられる。ここから、柏尾と淡河・龍野町を含む当該期の秀吉制札はいずれも、場の権利追認・平

和保障を優先的にはかる共通の性格を有していた、と理解できよう。

小林基伸氏は三木合戦の展開過程をめぐって、これを三木周辺地域の局地戦でなく、摂津ほか隣接諸国にも及ぶ播磨全域の織田・毛利戦争と再評価し、その終結時期を、天正八年五月の長水山城攻略・宇野氏滅亡まで引き延ばして捉えている(82)。これをふまえれば、この間における秀吉制札の性格についても再考の必要があろう。

すなわち【史料6】も厳密には【史料1】と同様、在地による安堵申請を通じた平和保障や、秀吉方による毛利勢（長水山城）攻略へ向けた、前線補給地に位置づける意味合いもあったことになる。【史料2】はむしろ、淡河が秀吉との交渉から制札を獲得し、市場と宿発展を実現しえたことを再確認し、国内の支配体制一新に伴い、【史料1】に続き、特権安堵・平和保障を求めて再発給されたものといえる。なお、秀吉側にとっての【史料2】は軍事拠点としての性格を維持させるものではなく、あくまで淡河側の申請に沿う形で、当所における違乱や非分行為を防ぎ、安全かつ平和な空間構造を保障したものとなろう。

このような秀吉制札を、江戸中期に記された三木町人の日記では、「太閤高札、天下一同之時ニても無之、其所領地之節、其上乱国之跡ニ候へハ、人寄セのため建置候、惣而新田新町取立候儀ニハ、何国ニても人よセのため、ケ様之類有之候、永代迄用候証跡ニてハ無之候」(83)（秀吉制札とは、土地を支配し、戦後の人寄せを目的に立てられたものにすぎず、総じて新田新町を取り立てる際には、どこの国でも同様の例があるため、これを将来まで有効な証拠とすることはできない）と記している。この評価をただちに戦国期へ置き換えることはできないが、【史料1】をはじめ一連の市場宛て秀吉文書はいかに理解すべきだろうか。次項では、三木落城後に展開された秀吉の西播磨平定戦における、権力・在地住人にとっての市場のあり方を軸にこの点を考えたい。

（2）　播磨出兵における流通支配と市場の存在形態

三木落城を経た秀吉は、残る反信長勢力掃討のため西播磨へ進出し、天正八年閏三月に、英賀の町人を姫路城下へ移し「市場を立」させ[84]、先述した柏尾や龍野町へ権利追認・平和保障の制札を発給し、街道沿いの各市場を積極的に保護した。一方、同年四月の長水山城攻めでは山麓の「民部大輔居城市場」を、六月の因幡進攻では山名氏のこもる鳥取城付近の「市場山下家」を焼き払うなど、敵方の物資補給を担う流通経路や場の遮断にも目を向けている。

さらに同年には、畿内と四国を結ぶ兵庫津を拠点に、醸造・金融・運搬業を営む有力商人・棰井《たるい》氏の活動を「従前辺懸目」け保障すると[85]、次いで岩屋で廻船業を営む「船人」へ、対岸の播磨・飾磨《しかま》津で商売を行う者に限り往来を保障するなど[86]、早くから要津で活動する諸商人と結びつき、物資調達・輸送を優位に進めたほか、敵拠点へ向けた間接的な経済封鎖を進めた。

秀吉が播磨国内における政治拠点とした当該期の姫路は、「西国への道通り手寄りなり、其の上、御敵城宇野民部所へも程近く、両条共に以て然るべき郷地」という軍事的要地であった[87]。合戦における敵方市場の掌握は相手を軍事的に孤立・疲弊させ、それと対照的な市場の保護・取立には、長期的な軍事行動を維持するための兵糧補給地としての機能が期待されたと考えられる[88]。

【史料7】

尚々、時分□（柄カ）炭一入御懇志候、

為御音信、炭弐十荷送給候、重宝一段令祝着候、仍新市之儀、弥繁昌候様、可有興行候、猶用之儀候者可承候、其許自然不儀之族、於在之者、堅可申付候、可御心易候、恐々謹言、

十二月七日　　　　　　　　　　　羽藤
　　　　　　　　　　　　　　　　秀吉（花押）

比延（出羽守殿カ）(89)

右は柏尾市場の西部・比延《ひえ》（神西郡《じんさい》）における新市開設を、三木合戦を支えた土豪・比延氏に許可した文書（表1No.23）で、秀吉はそれを「繁昌候様」と指示している。ここでも鍵となるのは、在地に開かれた市場の存在である。先の社町と同じく、市立てをめぐる動きは場の富貴へつながり、ここから在地のみならず権力にも、市立てとその「繁昌」が重要という認識があったことが分かる。

従来の研究（通史）は、三木や龍野町など領国支配の中枢にある市場に注目し、周辺の在地市場をめぐる動向は等閑視されがちであった。だが本章でみたように、秀吉は文書発給を通じて各市場を保護下に置く一方、敵方の拠点や市場を破り、各所に新市を開かせるなど、市場をめぐり多様な政策を積極的に展開している。そうした市場へのアプローチは次のように捉えられる。

すなわち、大名権力が軍事行動を展開・維持するうえで念頭に置くべきは、前線に展開する付城などの攻撃拠点のほか、「其城兵糧之儀、兼而其分別て相延候様ニ覚悟専一」(90)とされるような、恒常的不足と隣り合わせの兵糧や軍需資材の確保である。大名権力の多くは迅速な軍勢移動のため、稲薙《いねなぎ》や戦地に赴く商人からの借用、市町での購入など現地調達を専らとし(91)、信長も早く天正二年（一五七四）、武田氏に包囲された徳川家康を救うべく、尾張の廻船商人である佐治氏を介して、計画的な兵糧確保・配置を進めている(92)。現地で有事の調達を、迅速に行いうる補給路・補給地の掌握は、播磨・西国遠征という長期の軍事行動に与る秀吉にとっても急務であったろう。そこで各地域の物資集散地である市場を積極的に保護し支配することで、安定した物資調達を可能にする流通体制の確立・維持に重点を置いたと考えられる。一連の秀吉文書（制札）は、「人寄せ」という漠然とした目的に拠らず、その実態は市の保護や開設による場の富貴・繁昌を通じて、これを物資調達地として把握する狙いがあった。

さらに三木合戦を終えた秀吉は、城破りによる国内拠点の計画整理を断行する(93)。その対象は秀吉に抵抗した城のほか、播磨経営を阻害する城が中心であったが(94)、ここで淡河が対象外となった背景には、先述した東西南北に走る街道上の要衝という地理的特質のほか、先行する市場や宿など、周辺地域ひいては播磨経営上の要所となりえる機能を備えた、経済的側面も大きく左右したと思われる。

ここに新たな支配秩序構築をはかる秀吉は、引き続き制札発給を通じて、流通・経済の中枢的な場の掌握・再編を並行して進める。そこでの当該期における淡河・龍野・柏尾は、各地の物資集散地としての立場を維持したが、やがて「線」となる街道を通じて、国内の新たな政治拠点である姫路へ流通する物資をつなぐ中継地に転化していったと思われる。そうした姫路を起点とする新たな流通網構築への動きは、瀬戸内海沿いに展開した「英賀」町人の城下移住による新市開設をはじめ、九州方面へ「従姫路為商船数多罷下」る織田方の商売船を、毛利氏が急ぎ「差留」めるよう命じた書状(95)や、本能寺の変直後に「早々商買」のため「至姫路罷上」ると述べた織田方商人の存在(96)からもうかがえよう。

本章の考察から、戦国期には秀吉制札の発給と「楽市」成立を軸に、大名権力の武器兵糧をはじめ、各市場への物資集積を担う地域内の流通網と、隔地間交易の担い手となる商人の往来促進や廻船商人の保護をもとに、陸・海上交通を介して畿内各地を結ぶ広域的な流通網が併存していたと理解できる(97)。秀吉の播磨出兵は、敵方の兵糧補給地を含めた各地の市場を、自らの軍事行動の利に適うよう再編・強化し、新たな地域経済圏の確立を目指した経済戦争と呼べるものでもあった。

そこで三木城に隣接し、有馬街道沿いに市場と宿を備えて開かれた淡河は、別所氏攻めを展開する拠点にふさわしい地であった。そこでの「らくいち」は、三木城攻略という目的達成のほか、街道沿いという交通の利便性をふまえ、旅人や商人の往来促進による将来的発展を考慮し、在地住人との交渉を経て、相互の手で作り上げられた場といえよう。

本来の経済的側面以外に、軍事的側面からも重視されるなど、大名権力にとって市場はより密接かつ重要な存在であった。その中で秀吉は街道沿いに展開する市場について、在地住人の要請に応え、権利追認など制札発給をもってこれを積極的に保護し、自らの拠点となる町立てを進めたのである。

おわりに

最後に、制札を受けた淡河の展開について、近世への展望をふまえつつ、むすびとしたい。宿の機能が増大すると商工業者が定住し、町化が進むように(98)、播磨出兵・三木合戦の過程で、淡河市場と旅籠は、【史料１】で軍事的・経済的側面から追認・保護され、やがてこれらを取り込むように、【史料２】発給段階で「町」として発展・成長を遂げるにいたった。

【史料８】

定　　淡川

一、当町前々より如有来、商買すへき事、
一、市日出入之輩、郷質・所質取へからさる事、
一、押買・狼藉・喧硴・口論停止之事、
右条々、若於違犯族者、可処厳科者也、仍如件、

慶長五年
十一月廿九日　　照政（花押）(99)

慶長五年（一六〇〇）、有馬氏に代わり淡河へ入封した池田輝政は、「前々より如有来」として右の通り淡河の

商売活動と平和保障を認めた。しかしそれは従前の制札と異なる紙での発給で、そこに「らくいち」文言はなく、関ヶ原合戦を経た当該期の淡河（市場）が、厳密に【史料1】と同じ性格を有した場であったかは定かでない。だが、そうした秀吉以来の権利が、本陣を置く宿場町としての近世「淡河」を形作る基盤になったことはたしかである。

いずれにせよ、こうした楽市令による場の成立・発展という流れから、「道筋ニ漸家弐拾軒計」であった地を、秀吉の入部と国内外に展開した合戦を経ることで、大名権力の物資調達をも可能とする平和・自由交易空間の市場を備えた、地域経済の中枢となる「町」へ成長させた意義と、淡河にもたらした恩恵は多大であったろう。一見すると非生産的である大名権力の軍事行動の中で、市場の掌握や町立ては、当該期の播磨国内における主要街道沿いの地域にとって、経済的機能の発展を実現する転機でもあった。

播磨出兵における秀吉の流通支配の特質は、早く交通の要衝に展開した物流拠点である市町に対し、人々の安全な往来と利用を促すため、文書発給による場の保護・支配と沿線の街道掌握を通じ、これらを有機的に関連する流通網として一体的に結びつけたことにある。それは同時に、迅速かつ安定した物資補給路（軍事的優位）を生み出す、反信長勢力への軍事的・経済的対抗手段を確立することでもあった。

こうして大名権力主導のもと、人為的に創り上げられた経済圏の中で、淡河楽市はその核となる市場として、畿内と三木・龍野などの市町を結節させる、播磨国内への流通の窓口的役割を担うべく設定されたもので、いわば「楽市」の特質とは単なる場の追認ではなく、(100)そうしたあり方を政策的に強く打ち出すことに求められる。

そしてそれは最終的に、右のような権力側の狙いに加え、権利追認や場の平和保障・自由商売を求める在地住人側との、いわゆる共同利害をめぐる交渉を経て、市場の経済的機能（商品流通・物資調達）と権力の軍事的機能（諸役免除・平和保障）が結びつくことで、初めて実体として浮かび上がるものであったといえる。

（１）木村修二・村井良介「〈史料紹介〉淡河の羽柴秀吉制札」（『ヒストリア』一九四号、二〇〇五年。以下、木村・村井論文）。なお、本章で述べる制札発見の経緯は、すべて同論文による。

（２）桑田優「近世淡河町の成立過程」（『神戸の歴史』一二号、一九八五年。以下、桑田論文）、小島道裕「新出の淡河市場宛て秀吉制札について」（『戦国・織豊期の都市と地域』青史出版、二〇〇五年。二〇〇四年初出。以下、小島論文）、仁木宏「播磨国美嚢郡淡河市庭（神戸市北区）の楽市制札をめぐる一考察」（『兵庫のしおり』七号、二〇〇五年。以下、仁木Ⓐ論文）。

（３）今井林太郎「信長の出現と中世的権威の否定」（家永三郎ほか編『岩波講座日本歴史』九・近世一、岩波書店、一九六九年）、朝尾直弘『将軍権力の創出』（岩波書店、一九九四年）、脇田修『織田政権の基礎構造　織豊政権の分析Ⅰ』（東京大学出版会、一九七五年）など。

（４）小野晃嗣『近世城下町の研究』（至文堂、一九二八年）、豊田武『増訂　中世日本商業史の研究』（岩波書店、一九五二年）、藤木久志「統一政権の成立」（朝尾直弘ほか編『岩波講座日本歴史』九・近世一、岩波書店、一九七五年）、脇田修『近世封建制成立史論　織豊政権の分析Ⅱ』（東京大学出版会、一九七七年）、網野善彦『無縁・公界・楽――日本中世の自由と平和――』（平凡社、一九七八年）、勝俣鎮夫「楽市場と楽市令」（『論集　中世の窓』吉川弘文館、一九七七年）、中部よし子「織田信長の城下町経営」（『ヒストリア』八二号、一九七九年）、高牧實「織豊政権と都市――織田信長の楽市楽座令――」（豊田武ほか編『講座日本の封建都市』一巻、文一総合出版、一九八二年）、小島道裕「戦国期城下町の構造」（『日本史研究』二五七号、一九八四年）、神田千里「石山合戦における近江一向一揆の性格」（『歴史学研究』四四八、一九七七年）など。

（５）桜井英治「市と都市」（中世都市研究会編『中世都市研究』三、新人物往来社、一九九六年）。

（６）池上裕子「戦国期都市・流通論の再検討」（『戦国時代社会構造の研究』校倉書房、一九九九年。一九八八年初出）、黒田基樹『百姓から見た戦国大名』（筑摩書房、二〇〇六年）。

（７）安野眞幸『楽市論――初期信長の流通政策――』（法政大学出版局、二〇〇九年）。

（８）仁木宏「美濃加納楽市令の再検討」（『日本史研究』五五七、二〇〇九年。以下、仁木Ⓑ論文）・同「近江国石寺「楽市」の再検討」（千田嘉博ほか編『都市と城館の中世』高志書院、二〇一〇年）・同「書評・小島道裕著『戦国・織豊期の都市と地域』」（『史学雑誌』一一八巻一号、二〇〇九年）。

（9）阿部浩一「伝馬と水運――戦国時代の流通の発達――」（有光友学編『日本の時代史一二　戦国の地域国家』吉川弘文館、二〇〇三年）、久保健一郎「兵糧からみた戦争・戦場」（小林一岳ほか編『戦争Ⅰ』青木書店、二〇〇四年）・同「戦争経済と兵糧・軍隊」（池享編『室町戦国期の社会構造』吉川弘文館、二〇一〇年）。

（10）前掲註（2）桑田論文。

（11）「歳田神社文書」（木村・村井論文）。以下、本文書群の引用は同論文による。

（12）同右。

（13）前掲註（2）小島論文。

（14）前掲註（2）仁木Ⓐ論文。

（15）「円徳寺文書」三・四・九・一〇号（『岐阜県史』史料編　古代・中世一）。

（16）「難波文書」（杉山博ほか編『戦国遺文　後北条氏編』四巻、二七八四号）。

（17）小島道裕「金森寺内町と楽市令」（『史林』六七巻四号、一九八四年）。

（18）「善立寺文書」（『滋賀県史』五巻参照史料、三〇六号）。

（19）「橘栄一郎家文書」一三号（『福井県史』資料編三・中近世一）。

（20）淡河の歴史については、『兵庫県史』通史編・三巻（一九七八年）、『角川日本地名大辞典』二八　兵庫県（角川書店、一九八八年、以下『角川』）、『日本歴史地名体系』二九・兵庫県の地名一（平凡社、一九九九年）、『新修神戸市史』歴史編Ⅱ　古代・中世（二〇一〇年、以下『神戸』Ⅱ）参照。

（21）桑田忠親校注『信長公記』（新人物往来社、一九九七年）。巻八・禁中において親王様御鞠遊ばさる、の事、大坂三軸進上の事、巻九・安土の御普請首尾仕るの事、巻一〇・雑賀御陣の事。天正四年には「太刀一腰」などを信長に贈っている（「秦文書」〈奥野高廣『増訂織田信長文書の研究』下巻、吉川弘文館、一九八八年所収、六二二号〉、以下『信文』下―六二二のように略記）。

（22）「顕如上人文案」三号（『兵庫県史』史料編・中世九　古代補遺、以下『兵庫』史―九のように略記）。

（23）（天正六年）三月二七日・織田信長黒印状写（「黒田文書」『信文』下―七六一）。

(24)「歳田神社文書」。
(25)「石峯寺文書」三一号（『兵庫』史―二）。
(26)前掲註(23)。
(27)「石峯寺文書」四四号（『兵庫』史―二）。
(28)『別所長治記』（『群書類従』二一・合戦部）、「播磨別所記」（『太閤史料集』戦国史料叢書一、人物往来社、一九六五年）。南北朝期の「淡河」は南朝方の軍事拠点とされた（「越前島津家文書」一九〈『兵庫』史―九〉）。
(29)同右。
(30)淡河落城の日付は①五月二六日（『信長公記』『別所長治記』）、②六月二七日（『角川』『日本城郭大系』）があるが、ここでは先行研究（桑田・仁木両氏）に従い①をとる。
(31)「龍野町文書」一号（『兵庫』史―二）。
(32)前掲註(8)仁木Ⓑ論文。
(33)『国史大辞典』七巻（吉川弘文館、一九八六年）「宿」の項。
(34)笹本正治「市・宿・町」（朝尾直弘ほか編『岩波講座日本通史』九巻　中世三、岩波書店、一九九四年）。
(35)坂田聡・榎原雅治・稲葉継陽『日本の中世一二　村の戦争と平和』（中央公論社、二〇〇二年）。
(36)榎原雅治『中世の東海道をゆく――京から鎌倉へ、旅路の風景――』（中央公論社、二〇〇八年）、湯浅治久「中世的「宿」の研究視角――その課題と展望――」（佐藤和彦編『中世の内乱と社会』東京堂出版、二〇〇七年）。
(37)榎原雅治「中世後期の山陽道」（石井進編『中世の村と流通』吉川弘文館、一九九二年）、藤原良章「中世の都市とみちをめぐって」（藤原良章ほか編『中世の宿と町』高志書院、二〇〇七年）。
(38)前掲註(35)、天野忠幸「三好氏の摂津支配の展開」（『戦国期三好政権の研究』清文堂、二〇一〇年）。
(39)第五条の解釈について、初出時は、制札を受給する淡河側の視点から、〈旅籠重視説〉として解釈した。その後、盛本昌広氏より、「たひ人」の意志が前提にあることは疑いないが、必ずしも二者択一で論ずることはできないのではないか、とのご教示を賜った。
たしかに、文書それ自体は受給する側の利益に結びつくものであるが、一方で経営側の自由・取捨選択のみを認めた場合、「はたこ」を利用する「たひ人」にとっては、サービスの質低下が懸念され、来場そのものを忌避する要因となってしまう。だとすれば「あつらへ次第」を尊重した宿泊を認めることは、長いタイムスパンでみれば、将来的により多くの利用を促し、淡河への来場者増加にもつながる。それを実現するための前提として、旅人の無銭宿泊を禁ずることは当然ながら、一方で旅籠側にも、不当な宿賃請求をせず、サービス維持に努めることが求められた。本条文は、重要産業における需要と供給のバランスを考慮しつつ、秀吉が掲げた平和の実現を担うものと考えられよう。このように、来場者側の視点もふまえた解釈が妥当であることから、ここに訂正し、本文のように改めた。

(40) 新城常三『新稿社寺参詣の社会経済史的研究』（塙書房、一九八二年）。

(41) 相模国当麻六斎市と周辺地域では、日をずらしてほぼ毎日、各地で市が開かれた（阿部浩一「戦国期東国の問屋と水陸交通」〈『年報都市史研究』四、山川出版社、一九九六年〉）。こうした例は他の地域も同様と考えられ、むしろそうした市場圏が、各地を渡り歩く商人の活動に密着する中で、「楽市」がより重要な存在として浮上したと考えられる（前掲註8仁木Ⓑ論文）。

(42) 一五六九年七月一二日付ルイス・フロイス書簡（松田毅一・川崎桃太訳『完訳フロイス日本史二』織田信長篇Ⅱ、中央公論社、二〇〇〇年）。

(43) 「三木町文書」一号（『兵庫』史―二）。

(44) 「三木町文書（続）」一号（『兵庫』史―九）。

(45) 『新修神戸市史』歴史編Ⅲ・近世（一九九二年、以下『神戸』Ⅲ）は、【史料1】を「宿駅として整備する」ものとし、最新の研究成果である『神戸』Ⅱ（前掲註20）や神戸市立博物館企画展図録『神戸で秀吉と出会う』（二〇一〇年）は、三木合戦を背景とするも、制札発給意義と絡めた議論はない。

(46) 前掲註(2)仁木Ⓐ論文。

(47) 「名塩村文書」一号（『兵庫』史―一）。

(48) 「浅野文書」三号（『兵庫』史―一）。

(49) 近世初期の交通体系について、慶長一〇年（一六〇五）の摂津国絵図では、山陽道と有馬街道の二つが主街道として描かれている。このうち山陽道沿いの兵庫津発展に伴い、有馬温泉の湯治客を除き、近世中期までに有馬街道の利用頻度は減少したという（前掲註45『神戸』Ⅲ）。
(50) 前掲註(20)『県史』Ⅱ、註(45)『神戸』Ⅲ、『小野市史』一巻（二〇〇一年）、『社町史』一巻（二〇〇七年）など。
(51) 小林基伸「三木合戦の経緯」（三木市教育委員会『三木城跡及び付城跡群総合調査報告書』二〇一〇年）、前掲註(20)『神戸』Ⅱも同様。
(52) 前掲註(20)『県史』三、『日本歴史地名体系』二九・兵庫県の地名二（平凡社、一九九九年）、橋詰茂「石山戦争と讃岐真宗寺院」（『瀬戸内海地域社会と織田権力』思文閣出版、二〇〇七年所収、一九八三年初出）。
(53) 年月日未詳・雑賀御坊惣中宛て常楽寺証賢・下間頼廉連署書状（「善照寺文書」真宗史料刊行会編『大系真宗史料文書記録編12　石山合戦』法藏館、二〇一〇年）、（天正八年）正月一七日・児玉就英宛て吉川元春書状写（「萩藩閥閲録所収文書」一九号、『兵庫』史―九）。
(54) 前掲註(52)橋詰論文、同「織田政権の瀬戸内海制海権掌握」（同書所収、二〇〇〇年初出）。
(55) 前掲註(20)『県史』三・第三編第一章「石山開城と秀吉の淡路平定」。
(56) 『三木市史』（一九七〇年）・『美嚢郡誌』（一九七二年）・『県史』三（前掲註20）は、三木町宛て制札（前掲註43）を秀吉の播磨出兵における復興政策の代表とする。さらに『三木市史』『美嚢郡誌』は、同制札が「毛利勢との対決の根拠地」「中国経略ノ為ノ策源地」創出を視野に入れたものとする。
(57) 前掲註(5)桜井論文。
(58) 前掲註(37)藤原論文。
(59) 前掲註(2)桑田論文。
(60) 淡神文化財協会淡河中村遺跡調査団編『淡河中村遺跡発掘調査報告書』（一九九二年）。
(61) 『日本歴史地名体系』二九・兵庫県の地名二（平凡社、一九九九年）。
(62) 河村昭一「秀吉による播磨国賀東郡社の町立て伝承について――中世末の社の空間的復元を兼ねて――」（『兵庫教育大学研究紀要』三六巻、二〇一〇年）。同史料をめぐる河村氏の見解は、この論文による。
(63) 神崎壽景『佐保神社誌』（一九二三年）。
(64) 前掲註(2)仁木Ⓐ論文。

(65)『播州征伐記』（『群書類従』二一・合戦部）。
(66)前掲註(20)。
(67)谷口克広『織田信長家臣人名事典』第二版（吉川弘文館、二〇一〇年）。
(68)同右、前掲註(20)『神戸』Ⅱ。
(69)前掲註(2)仁木Ⓐ論文。天正一〇年八月には「三木郡之内淡川谷」三二六〇石を秀吉から宛行われており、入城は少なくともこの時期までに絞られよう（「有馬文書」一号〈『兵庫県史』史料編・近世一〉）。
(70)前掲註(1)木村・村井論文、前掲註(2)小島論文。前掲註(2)桑田論文・仁木Ⓐ論文は当該条に関する言及はない。
(71)「芥田文書」一二号（『兵庫』史―二）、「芥田家文書」九四号（『姫路市史』史料編Ⅰ、一九七四年）。
(72)工藤茂博「野里町と石持道――築城期における先行町場の役割とその城下町化に関する覚書――」（『城郭研究室年報』六、一九九六年）。
(73)桜井英治「職人・商人の組織」（朝尾直弘ほか編『岩波講座日本通史』一〇巻　中世四、岩波書店、一九九四年）。
(74)戦国期の野里鋳物師は近隣の鋳物師を統合し、播磨一円の市場を買収占有した（『兵庫』史―二、「芥田文書」解説）。龍野町にもそうした力が及んだ可能性が高い。
(75)早く龍野町は毛利方の攻撃対象とされ、軍勢の「麦薙」が行われている（「萩藩閥閲録所収文書」二二号〈『兵庫』史―九〉）。
(76)「今堀日吉神社文書」一〇八号（仲村研編『今堀日吉神社文書集成』雄山閣、一九八一年）。
(77)佐々木銀弥「楽市楽座令と座の保障安堵」（『日本中世の都市と法』吉川弘文館、一九九四年。一九七六年初出）。仁木氏も佐々木氏の評価をふまえ、楽市に「自由な売買がおこなわれる市庭」という点を重視する（前掲註2仁木Ⓐ論文）。
(78)松井良祐「神崎町柏尾区蔵羽柴秀吉制札について」（『わたりやぐら』二七号、一九九三年）。
(79)制札原本は破損や墨の残りが悪く、条文が読みとりづらい。松井氏（前掲註78）は傍線部を「前々のことく負へき」とし、柏尾市場の諸役負担継続を命じたものとする。だが、当該期の播磨周辺地域の市場法一覧を参照すると（前掲註2仁木Ⓐ論文）、役負担継続の内容は【史料6】のみで、柏尾だけが明らかに異様な場として浮かび上がる。納入継続に値する諸役があり、あるいは「楽市」と差別化を図るためとも考えられるが、制札が宛所となる場の申請で発給されるとすれば、役負担継続を受給者側が求めたとは考えがたい。この点、兵庫県立歴史博物館で赤外線カメラによる原本調査を行い（同館学芸員・前田徹氏のご協力による）、傍点部について確認し、のちに松井氏ご本人より「多る」とのご教示を賜った。

また、初出時には【史料6】釈文について「申かくる□（事カ）におゐて者」と読んだが、その後、松井氏より「事」を挟むのは不自然であるとのご指摘を頂戴した。従うべき内容であり、よってここに訂正する。

(80) 「肥塚文書」二四号（『兵庫』史―二）。

(81) （天正八年）六月一九日・羽柴秀吉書状写（「紀伊続風土記付録巻之九」〈『姫路市史』八巻・史料編古代中世一、一五六七号〉）。

(82) 前掲註(51)小林論文。

(83) 『江戸滞留日記』（『三木市有宝蔵文書』七巻、二〇〇一年、一三三〇号）。

(84) 前掲註(81)。

(85) 「榧井文書」八号（『兵庫』史―一）。

(86) 「堅盤草」五・上（三鬼清一郎編『稿本　豊臣秀吉文書』二〇〇五年、二〇二号）。

(87) 前掲註(21)『信長公記』巻一三・阿賀の寺内申し付くるの事。

(88) 桜井英治「中世の商品市場」（桜井英治ほか編『新体系日本史一二　流通経済史』山川出版社、二〇〇二年）。

(89) 「佐伯文書」一号（『兵庫』史―二）。

(90) （天正九年）九年二月二一日・羽柴秀吉書状（「石見亀井家文書」四号〈湯浅隆・小島道裕「〔資料紹介〕石見亀井家文書」『国立歴史民俗博物館研究報告』四五集、一九九二年〉）。

(91) 前掲註(9)久保論文。

(92) 「反町十郎氏寄贈武家文書展覧会解題目録」（『信文』上―四五三）、盛本昌広『戦国合戦の舞台裏――兵士たちの出陣から退陣まで――』（洋泉社、二〇一〇年）。

(93) 「一柳家文書」一号（『兵庫』史―九）。

(94) 依藤保「羽柴秀吉播磨九城城割り覚」（『小野史談』六、一九八六年）。

（95）年未詳三月一日・高井藤右衛門尉宛て毛利氏奉行人連署書状（『萩藩閥閲録』巻一三五「高井小左衛門」一三号〈山口県文書館編『萩藩閥閲録』三巻、一九八七年〉）。
（96）（天正一〇年）六月一〇日・小川又左衛門尉宛て恕慶書状（「小川文書」〈『大日本史料』第一一編之一〉）。
（97）西国大名領国では、地域市場を軸とする領域内流通網（地域経済圏）と、海上交通ほか幹線ルートを通じて畿内と結節する求心型流通網が、重層的に存在した（鈴木敦子「中世後期における地域経済圏の構造」〈『日本中世社会の流通構造』校倉書房、二〇〇〇年。一九八〇年初出〉）・同『戦国期の流通と地域社会』（同成社、二〇一一年）。
（98）前掲註（34）笹本論文。
（99）「村上文書」一二号（『兵庫』史―二）。
（100）前掲註（2）仁木Ⓐ論文。

表1　秀吉権力発給の流通・商業関係文書

	発給者	元号	年月日	国	宛所	摘記	出典
1	羽柴秀吉	天正	7・6・28	播磨	淡川市庭	六斎市日規定、楽市につき商売座役免除、旅籠銭徴収規定	歳田神社文書
2			7・11・26	摂津	有馬郡之内道場河原百姓中・町人	当所地下人・町人還住奨励、諸役免除	摂津道場河原文書
3			8・1・17	播磨	(三木町ヵ)	三木町移住者の諸役免除、制札発給日以前の債務免除	三木町文書
4			8・2・12		(柏尾市場ヵ)	市場における商売安堵	柏尾区有文書
5			8・8・6	摂津	正直屋安右衛門尉	徳政免除特権安堵	棰井文書
6			8・9・23	淡路	岩屋船人中	飾万津へ着津・商売のうえ廻船保護、不着は曲事	淡路名所図会
7			8・10・28	播磨	龍野町	龍野町市日安堵、商人選び禁止、諸公事役免除	龍野町旧蔵文書
8			8・10・29		(淡河町ヵ)	奉公人安堵・淡河町人商売安堵	歳田神社文書
9			9・10・23	淡路	平三郎	淡路岩屋船五七艘分国中往来保障	横尾勇之助氏所蔵文書
10			9・10・23		与一左衛門尉	淡路岩屋船五七艘分国中往来保障	佐伯文書
11	浅野長政		9・10・吉日		(欠)	淡路岩屋船五七艘分国中往来保障、船公事免除(副状)	

12	羽柴秀吉	天正	10・4・—	備前	小一郎	岡山町商売安堵、町中在陣衆違乱停止、喧嘩口論は理非を問わず在陣衆に咎	諸名将古案
13	羽柴長秀		10・6・—	丹波	佐路市場	禁制	小島文書
14	羽柴秀吉		10・6・—		水上郡佐治庄小倉町	禁制	
15			10・10・—	摂津	摂州吹田之津	禁制	橋本義敏氏文書
16			11・5・—		摂州兵庫津	奉公人戸立具売買禁止	難波創業録
17			(11)・12・21	丹波	丹州保津庄筏士拾五人中	諸役免除につき、筏奉社のこと	五苗財団所蔵文書
18	木下勝俊		(15)・11・16	播磨	左京亮・二郎左衛門尉・甚三郎	宍粟郡山崎村における新町開発許可、ただし在所田畠荒廃に及び、諸役納入懈怠は無用のこと、移住者は諸役免除	山崎八幡神社文書
19	池田輝政	慶長	5・11・9		宍粟郡之内山田山崎町中	六斎市日規定・押買押売禁制、市日の升物出入保障、往還荷物強制着荷、諸役免除	
20			5・11・29		淡川	商売安堵、市日出入における質取停止	村上文書
21	羽柴秀長	年未詳	11・3	但馬	次加野金十郎・桜井左吉	山口町へ居住の者は夫役免除	山口文書
22	千石秀久		11・14	淡路	（欠）	鍛治役・諸役免除につき、粗相な細工は無用のこと	山本文書
23	羽柴秀吉		12・7	播磨	比延（出羽守）	音信謝礼、新市興行につき繁昌のこと	佐伯文書
24			12・11	淡路	野牧弥助左衛門	飾万津出入保障、浦諸役免除	楓軒文書纂

注：『兵庫県史』『新修神戸市史』『豊臣秀吉文書集』より作成。網かけ　は市場法を表す。

第四章　安土楽市令再論

はじめに

天正三年（一五七五）、嫡男・信忠へ岐阜城と家督を譲った織田信長は、翌年正月、琵琶湖に面した「江州安土山」へ築城を開始し、ここを新たな政治拠点として、天下統一へ向けた舵取りを進めていく。この山上にそびえ立つ城の普請と並行して、麓（山下）に整備された城下町には、まもなく一三ヵ条からなる楽市令が発布された。

楽市令といえば、中近世移行期という社会変動の中で、旧秩序の克服や都市・流通構造の変化を促す政策の一つとして取り上げられることが多い。その最たる例こそ、本章で取り上げる、天正五年五月発給の、いわゆる安土山下町中（近江国蒲生《がもう》郡）宛て掟書（通称「安土令」）であろう（傍線引用者。丸数字は条数をあらわす）。

【史料1】（図1）

定　　安土山下町中

①一、当所中為楽市被仰付之上者、諸座諸役諸公事等悉免許事、

②一、往還之商人、上海道相留之、上下共至当町可寄宿、但、於荷物以下之付下者、荷主次第事、

③一、普請免除事、但、御陣御在京等、御留守難去時者、可致合力事、

④一、伝馬免許事、

⑤一、火事之儀、於付火者、其亭主不可懸科、至自火者、遂糾明、其身可追放、但依事之躰、可有軽重事、

⑥一、咎人之儀、借屋幷雖為同家、亭主不知其子細、不及口入者、亭主不可有其科、至犯過之輩者、遂糾明可処罪過事、

⑦一、諸色買物之儀、縦雖為盗物、買主不知之者、不可有罪科、次彼盗賊人於引付者、任古法、贓物可返付之事、

⑧一、分国中徳政雖行之、当所中免除事、

⑨一、他国幷他所之族罷越当所仁、有付候者、従先々居住之者同前、雖為誰々家来、不可有異儀、若号給人、臨時課役停止事、

⑩一、喧嘩口論、幷国質・所質・押買・押売、宿之押借以下、一切停止事、

⑪一、至町中譴責使、同打入等之儀、福富平左衛門尉、木村次郎左衛門尉両人仁相届之、以糾明之上可申付事、

⑫一、於町並居住之輩者、雖為奉公人幷諸職人、家並役免除事、付、被仰付、以御扶持居住之輩、並被召仕諸職人等各別之事、

⑬一、博労之儀、国中馬売買、悉於当所可仕之事、

右条々、若有違背之族者、速可被処厳科者也、

天正五年六月　日　（朱印）(1)

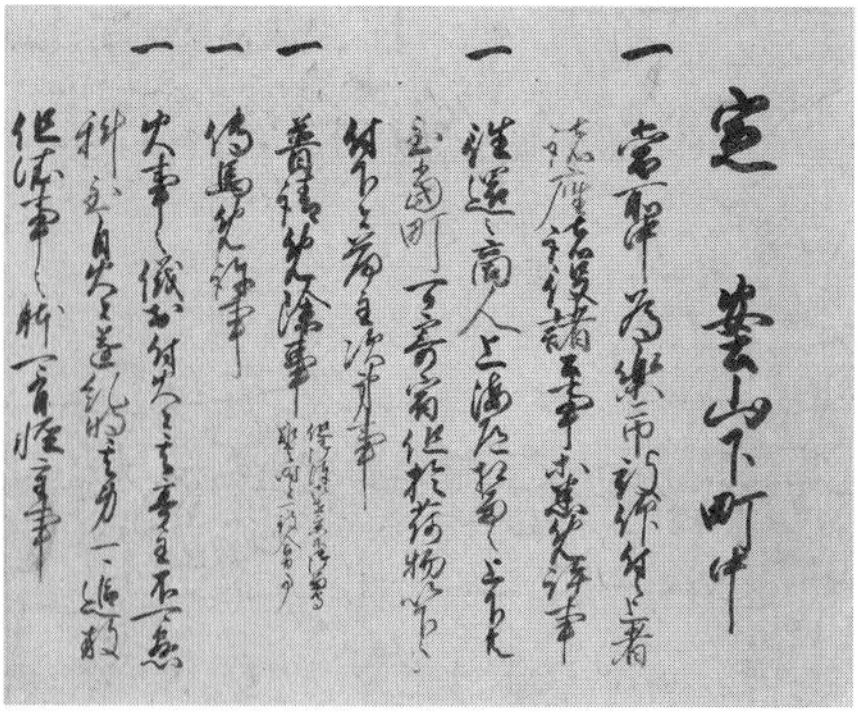

図1　安土山下町中宛て織田信長掟書（近江八幡市所蔵）

同史料は、史上もっとも有名な楽市令として、これまでの研究でも数多く

言及され、一般的には、近世都市法の先駆けとなる法令という位置づけとその知名度の高さから、時代の寵児・信長のエピソードを語るうえで、不可欠の素材となっている。

戦後、中世都市史研究を進めた小島道裕氏は、戦国・織豊期城下町の実態を明らかにする中で、イエ支配の及ぶ給人居住域と、その外縁でイエ支配の及ばない市場とで形成された戦国期城下町の二元的構造が、楽市令の発給をもって克服・一元化されていくと捉えた。そのうえで、こうした構造的変化を最初に実現させ、以降の都市法に継承される母体として、右の安土令を、近世城下町成立への途を切り拓く記念碑的法令（楽市令の完成形）に位置づけたのである[2]。

この小島説を「通説」とする形で、以降の研究も、その多くが安土令の画期性・先進性を挙って指摘していくようになる。こうした見方が固定化した背景には、安土城下町という空間が、信長の天下統一拠点として築かれた点もさることながら、掟書に盛り込まれた、その豊富な記載内容にあることはいうまでもない。極論すれば、これまでの研究は、この安土令そのものの評価が、楽市令という政策全体の意義、ひいては中近世移行期における都市・流通政策の評価に直結していたといっても過言ではない。

しかし、実証的研究の進展から、近年では小島説の限界性が指摘されはじめ、楽市（令）そのものについても、その位置づけを見直す動きが進んでい

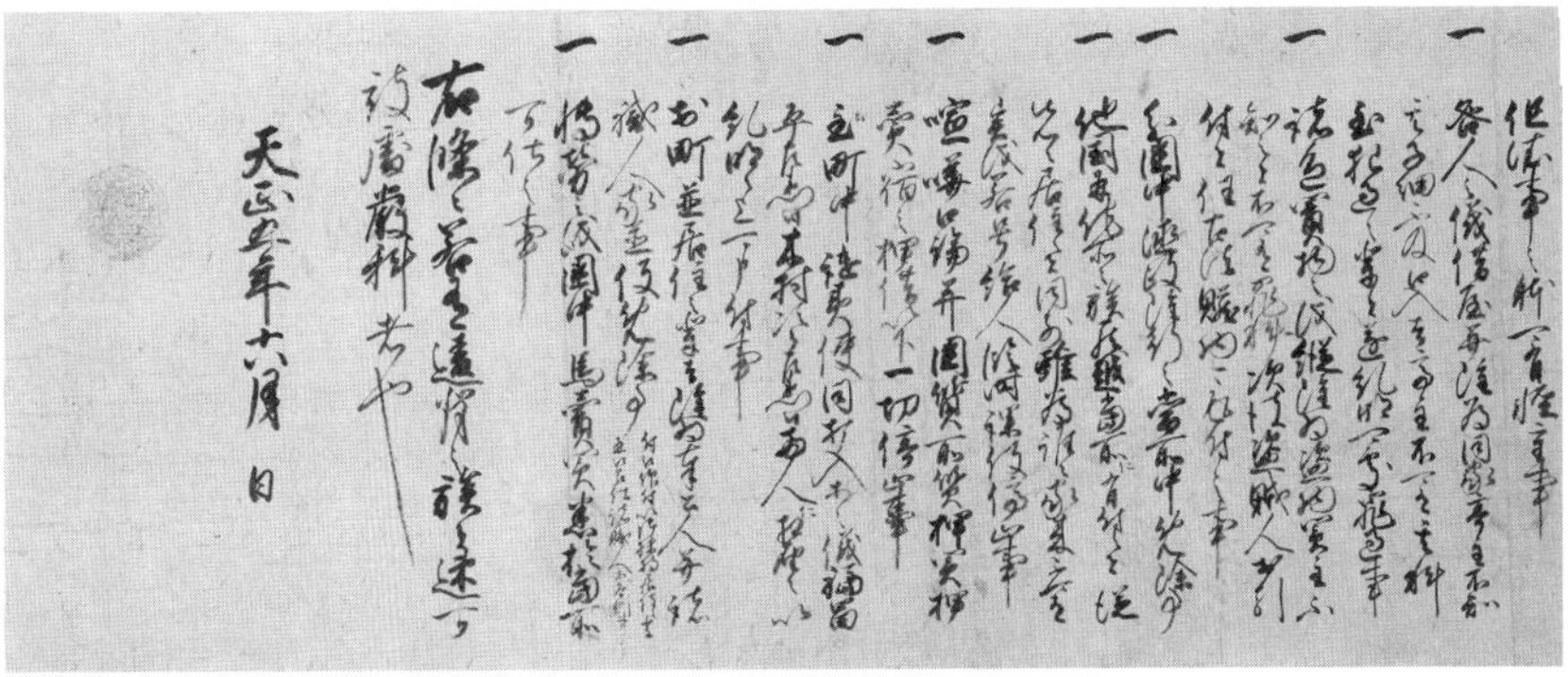

る。

安土の事例に関していえば、その一つが、安土城下町の構造に関わる、元禄八年（一六九五）の豊浦村・須田村入会《いりあい》相論絵図に描かれた「惣構どて」の存在である[3]。これが城下中心部の下豊浦・上豊浦両地区の境界付近に位置することと、実際の発掘調査でも、「惣構どて」を挟んだ南北で、信長時代の遺構・遺物の検出量が増減することが明らかとなっている[4]。ここから、理念としての法と、実態としての都市遺構との間に落差（不統一性）が指摘され[5]、楽市令による城下二元性の克服という理解にも再考を迫ることとなった。

もう一つは、従来の研究において支配的であった、楽市令単体での逐条解釈や「楽市」文言を強調した視角からの脱却である[6]。とくに周辺市場（非楽市）との比較から、安土以外の事例で、法令の発給をうけてなお城下町化せず、地域経済の中核とならないまま衰退する楽市場も存在するなど、「楽市」が地域独自の社会情勢を背景として、多様に展開したことが明らかにされている[7]。

こうした成果は、中世都市・流通構造にあまねく変化をもたらす、先進性・卓越性を備えた画期的法令という、楽市令そのものの「通説」的理解にも疑問を呈することとなった。と同時に、安土令や安土城下町を、あたかも楽市（令）の達成点、ないし近世的都市空間の先鞭であるかのように、手放しで「過大」評価してきた、これまでの議論の危うさを浮き彫りにしつつある。

はたして安土城下町（楽市）とは、織田氏の領域支配のみならず、当該期の近江国内において、いかなる空間として位置づけられるのか、地域史レベルから実証面での再評価が急務な事例だといえよう。より具体的にいえば、一六世紀の湖東地方における流通構造や市町のあり方から、安土という空間を相対的に評価し、位置づけ直す必要がある。先述した問題点に即せば、六角氏や豊臣氏といった、織田氏の前後に近江国内を拠点とした地域権力の発給文書（流通・商業関係）との比較が挙げられる。

また、同じ「楽市」文書をもつ石寺・金森《かねがもり》・八幡や、守山・野洲・日野（いわゆる非「楽市」）といった、周辺地域との相関関係にもふれねばなるまい。とりわけ石寺と金森は、いずれも「楽市」が早くに実現していた市場であるが、そのうえでなぜ、近接する安土にも楽市令が出される必要があったのか。改めてその意味が問われるべきであろう。

つまり、天下人・信長の新たな政治拠点という、予定調和的かつ抽象的視点からではなく、立地環境や周辺とのつながりに注目することで、楽市令発給の意義はおろか、近世への影響如何を含めて、安土が「特別」であるか否かが初めて議論できるはずである。本章はこれらの問題点を意識しながら、掟書の内容をいま一度読み直し、安土楽市（令）の実態とその歴史的意義についての再考を目的とする。

一　湖東の流通構造と権力

（1）　湖東における流通構造と商人・市場

安土の立地する湖東地方は、(8)中世後期において、得珍保今堀郷《とくちんのほ》に拠点を置く保内商人《ほない》（「野々川衆」「山越衆」とも）をはじめとする四本商人《しほん》や、小幡・薩摩・八坂ら五箇商人などの、有力商人集団の活動が盛んだったことで知られる。(9)

彼らは、湖東と伊勢・若狭・美濃・京都を結ぶ各街道上の通商権をもち、海産物や塩・紙・米・御服などの多彩な商品を、市場や農村などで売買する一方、慣習や自ら策定した商売掟に基づく自立的経営を主体とした。中でも、六角氏家臣と被官関係を結んだ保内商人は、その強力な庇護を背景に、横関《よこぜき》・枝村商人らと商売権益をめぐる激しい相論を展開し、国内での専売権保障や販路拡大を実現していった。

さて、そうした商人たちの活動拠点である、戦国期湖東における市場の概要については、すでに本書第Ⅱ部第二章表1（二五〇頁）で明らかにしている通りである（以下No.表記は本表に対応）。それによれば、いずれも早く六角氏時代から、東山道沿いなど「国中所々」の要所で、市場が数多く立ち並んでいたことが分かる。[10] このうち安土周辺で、織田氏ならびに家臣の文書が発給されている市場をみると、野洲郡のうち、①六角氏以来の新儀役・門並《かどなみ》役免除を認めた「野洲市庭」（No.9）や、②織田氏の軍事拠点にもなった宿場町「守山」（No.10）、③湖南一向一揆の拠点である寺内町が築かれていた「金森市場」（No.11）がある。

先述のように、この「金森市場」と、観音寺山麓の石寺集落近辺に成立した「石寺新市」（No.5）では、いずれも安土城下町の成立以前に楽市令が出されている。このことだけをとっても、安土のみが先進的かつ特別な空間であったと論じることはできないだろう。[11]

（2）　地域権力の流通支配と文書

では、こうした湖東地方の市場と物流に、信長をはじめとする諸権力はどのように関わり、あるいは介入していったのか。そこで同じく第Ⅱ部第二章の、当該地域における市場法を含む流通・商業支配に関する、権力の発給文書をまとめた表2（二五一～二五四頁）を振り返りたい。

まず、織田氏以前にあたる六角氏時代のあり方に注目する。そこからは、商人集団（「商人中」）に対する特権保障を中心として、過書（通行許可証）の発給や物流統制にあたる荷留など、いずれも六角氏が、領国内の流通・交通支配に一定の影響力を行使していた姿が読みとれる。言い換えれば、在地側も既得権益保持のために、六角氏を上部権力、いわゆる保障申請の窓口として認識していたことを示すものだろう。

とりわけ、先述した保内商人に対する商売保護や積極的な相論介入など、六角氏と保内との癒着ともいうべき結びつきは顕著で、その背景には、彼ら保内商人側のもつ豊かな経済力を通じた領国内の商品流通掌握と、有事における軍事物資提供への期待があったためとされる[12]。

しかし一方では、市場法の発給（残存）数の少なさという点も際立つ。史料の散逸など考慮すべき点もあるが、このことは、六角氏が商人たちの主体的活動と、彼らのもつ経済力に多くを依存し、そこで形成されたネットワークの間接的支配に重きを置いた結果といえるのではないか。あるいは街道筋の市場についても、すでに商人衆の策定した商売掟や慣習である「古実古法」によって、取引のいろはが成り立っており、六角氏権力による法規制（介入）はそもそも不要だったのかもしれない。

とくに六角氏式目が成立した一六世紀半ば以降、六角氏が商売相論の裁定手段として、文書主義から一転、在地の慣習（証言）を重視していくようになる姿勢[13]は、不文法の世界を後押しする形になったと考えられる。

商業・流通支配に関して、実際に成文化された数少ない文書をみても、市場の治安維持や往来保障がある程度で、細かな法規制が盛り込まれていく織田段階と比べると、控え目な印象は拭えない。六角氏の場合、おそらくいずれの文書も、商人側の申請をうけて作成された可能性が考えられる。加えて唯一の画期ともいうべき、保内―枝村の紙商売相論をめぐって引き合いに出された、著名な石寺新市の「楽市」に関する文書をみてみよう。

【史料2】（図2）

紙商売事、石寺新市儀者、為楽市条不可及是非、濃州幷当国中儀、座

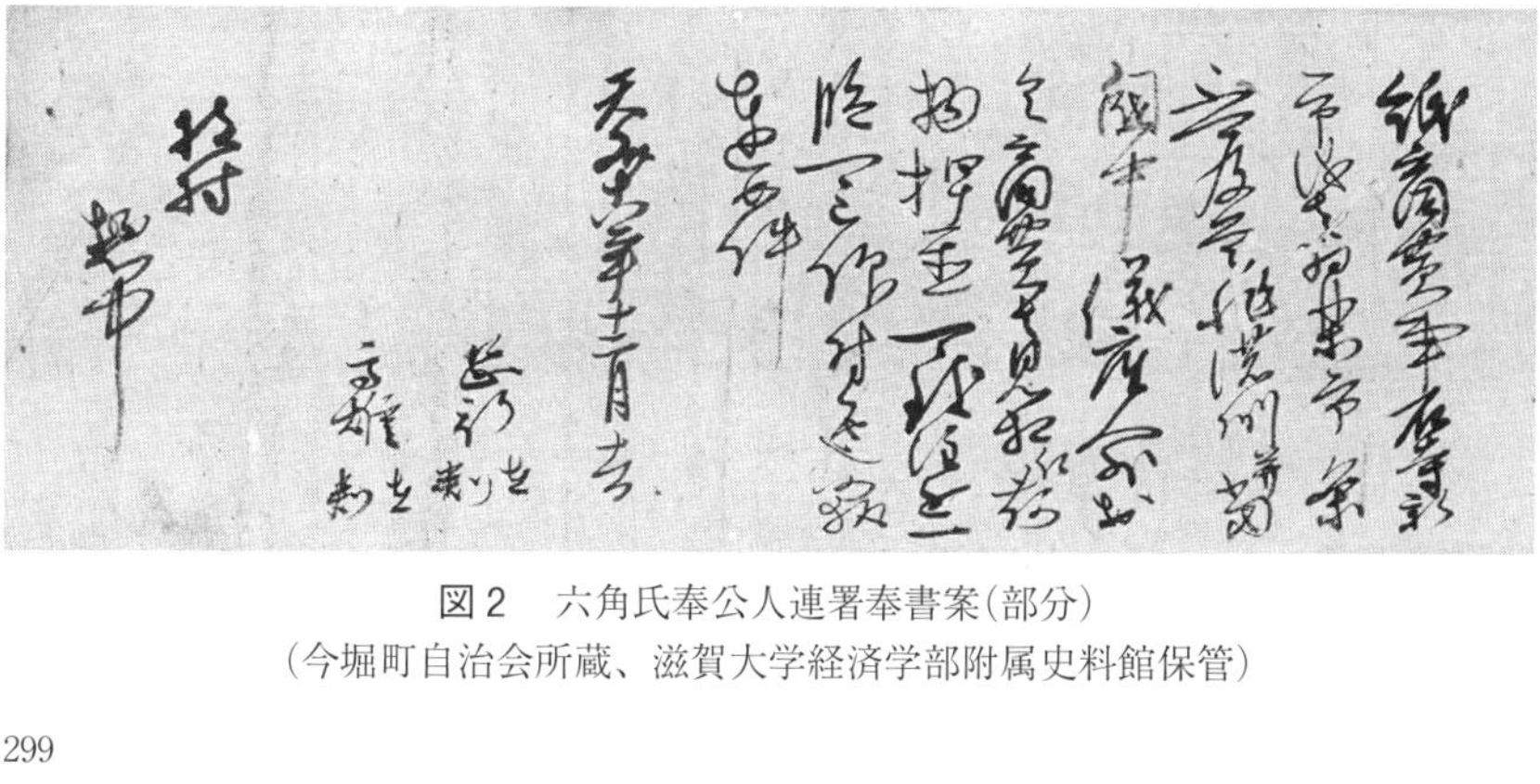

図2　六角氏奉公人連署奉書案（部分）
（今堀町自治会所蔵、滋賀大学経済学部附属史料館保管）

人外於令商売者、見相仁荷物押置、可致注進、一段可被仰付候由也、仍執達如件、

天文十八年十二月十一日

忠行 判在

高雄 判在

枝村
惣中(14)

すなわち本文書も、実際にはこれ以前より、当該市場が、専売権の及ばない「為楽市」であったことを権力が追認(し、枝村側へ通達)したものにすぎず、六角氏自身の先進性とは必ずしも結びつかない。

対する織田氏については、第Ⅱ部第二章で述べたように、近江入部直後は六角氏と同様、商人保護を通じた既存の流通構造掌握が中心だが、元亀年間以降、新市の設置や市場法の発給数が徐々に増えていくのも大きな特徴である。その多くは、商品の強制着荷や定住者への特権付与など、市場を流通支配の拠点に位置づけようとする権力側の積極的姿勢が明確化されており、市日ごとに各地を渡り歩く商人たちの活動形態にも、少なからず影響を与えたことは想像にかたくない。

このように、商人主体の活動と物流の間接的支配から一転、新市設置や法規制など、市場における物資の直接掌握へと権力が舵を切り始めていく。こうした六角―織田段階の流れは、湖東地方における商業体制の「過渡期」と言い表すことができ、市場は権力による流通流支配の要として、以後その重要性をさらに増していくようになる。

二　安土山下町中掟書を読み直す

（1）安土山下町をめぐる従来の理解

安土山下町は従来、信長の入部に伴って、未開発の更地を切り拓いた新興空間のように捉えられがちであった。だが、町割の基準となるメイン道路が、町場を設ける以前、鎌倉時代から存在した活津《いくつ》彦根神社・新宮神社の参道と重なること。また、肝心の町場も、薬師寺領豊浦荘や六角氏時代の常楽寺港など、安土以前の記録にみえる先行集落を取り込みつつ、拡大整備されているとして[15]、近年の発掘・研究から浮かび上がる姿は、これまで通説として唱えられてきた安土の「先進性」に疑問を呈するものが多い。

こうした成果の一方で、安土令については「楽市」の達成点であるとか、近世都市法のモデルと位置づける評

図3　常楽寺港
現在は常浜水辺公園として整備されている。

図4　城下町のメインストリート
「下街道」(県道199号線)
奥が安土城方面。

価がいまだに根強い。ところがその基となる根拠は曖昧で、条文の豊かさや、「天下人」織田信長というイメージから遡及したものでしかない[16]。

他の地域では、たとえば永禄元年（一五五八）、尼子晴久が出雲国杵築《きつき》社門前へ宛てた二五ヵ条の掟書[17]なども存在し、条数だけをピックアップするのであれば、安土のみを先進的などとして、特殊な位置づけとすることには疑義があるといわざるをえない。

いずれにせよ信長という一個人の性格に収斂せず、多くの条文が盛り込まれた意味や、それらを先進的と評価しうるかは、もう少し突き詰めて考える余地があるだろう。

（2）掟書の再検討

そこでまず、立地する地域環境との関わりで条文の背景を読み直し、これを同時代・同一地域における市場法の中で相対化していく作業を行う。加えて、安土令と類似した構造をもつ、天正一四年六月、八幡山下町（近江八幡）へ宛てた羽柴秀次掟書との差異にも注目しながら、安土令のもつ影響力を具体化していく。

まず、安土令の発給年次について検討しよう。天正五年六月は、反信長戦線である本願寺勢力の中核を担った、紀州雑賀《さいか》攻めの直後にあたる。信長はこの後、一年の大半を安土で過ごし、初めて安土で越年している。一方、羽柴秀吉や明智光秀、柴田勝家ら重臣がそれぞれ播磨・丹波・加賀方面への軍事侵攻を本格化させていくなど、この年は内外にわたり、信長自身にとってもっとも領国支配が安定かつ進展した時期ともいえるだろう。

次に各条文に関して、第一条「為楽市被仰付上者」は、市場を楽市として「仰付」ける＝設定する主体が、掟書発給者の信長にあることを意味する。こうしたあり方は富士大宮[18]や小山[19]など、他地域の楽市令にも共通している。

先行する織田氏発給の楽市令で比べると、初めて法制用語として「楽市楽座」が用いられた美濃国加納は、既存空間の安堵というニュアンスが強く、法令全体の構造も禁制に等しい[20]（一八七頁【史料１・２】）。これに対し、次の近江国金森では、市場再興の条件に「可為楽市楽座」の一文がみえるほか、新たに物流規制が条文で盛り込まれるようになる（二二八頁【史料１・２】）。金森での「楽市」はいわば、同時並行する領域支配の維持拡大にむけ、敵方の主要補給地を対象に、周辺市町へ織田方としての制圧・再生を強調する指標として掲げられたものであった[21]。

ところが、続く安土では「為楽市被仰付」とあって、これまでの加納や金森と比べて、その表現方法は明らかに異質なものである。すなわち、ここでの「楽市」とは、上級権力である信長が与え、設定するもので、ニュータウン創出という積極的かつ具体的な目標を主張する表現に生まれ変わっているのである[22]。そこで、八幡の掟書に注目してみよう。

【史料３】（図５）

　　定　　　八幡山下町中

一、当所中為楽市申付上者、諸座諸役諸公事等悉免許事、
一、往還之商人、上海道相留之、上下共至当町可寄宿、幷船之上下儀近辺之商舟相留之、当浦江可出入、但、
　荷物於付下者、可為荷物主次第事、
一、普請幷伝馬免除事、付、陣在京留守雖去用、可合力事、
一、火事之儀、於付火者、其亭主不可懸科、至自火者、遂糾明、其身可追放、但依事之躰、可有軽重事、
一、咎人之儀、借屋幷雖為同家、亭主不知其子細、不及口入者、亭主不可有其科、至犯過之輩者、遂糾明可
　処罪過事、

一、諸色買物之儀、縦雖為盗物、買主不知之者、不可有罪科、次彼盗賊人於引付者、任古法、贓物可返付之事、
一、分領中徳政雖行之、当町免許上者、於当町借遣米銭者、不可有棄破事、
一、天正拾年一乱已前、売懸買懸手付已下之事者、可為棄破、雖然質物預ヶ物失セ不申、訴人於有之者、遂糾明可相渡事、
一、喧嘩口論、幷国質・所質・押買・押売、宿之押借已下、一切停止事、
一、至町中譴責使、同打入等之儀、林新左衛門尉、河瀬四郎左衛門尉両人仁相届之、糾明之上可申付事、
一、於町並居住之輩者、雖為奉公人幷諸職人、家並之役儀免除之事、付、加扶持召遣諸職人等各別事、
一、博労之儀、国中馬売買、悉於当町中可仕事、付、当所仁有之船之儀、公儀幷当城用所申付外免許事、
一、在々所々諸市、当町江可相引事、
右条々、若有違背之族者、速可処厳科者也、
天正拾四年六月　日　（花押）[23]

その第一条には「為楽市申付」とあり、ほか、安土令以降に発給された全国各地の楽市令も同じく、「楽市之上」[24]（八幡）・「為楽市定置所」[25]（武蔵世田谷）・「為楽市由之間」[26]（相模荻野）・「楽市可取立事」[27]（武蔵白子）・「楽市之事」[28]（美濃嶋田）・「為楽市之上者」[29]（美濃黒野）として、そのいずれにも尊敬表現が用いられていないこ

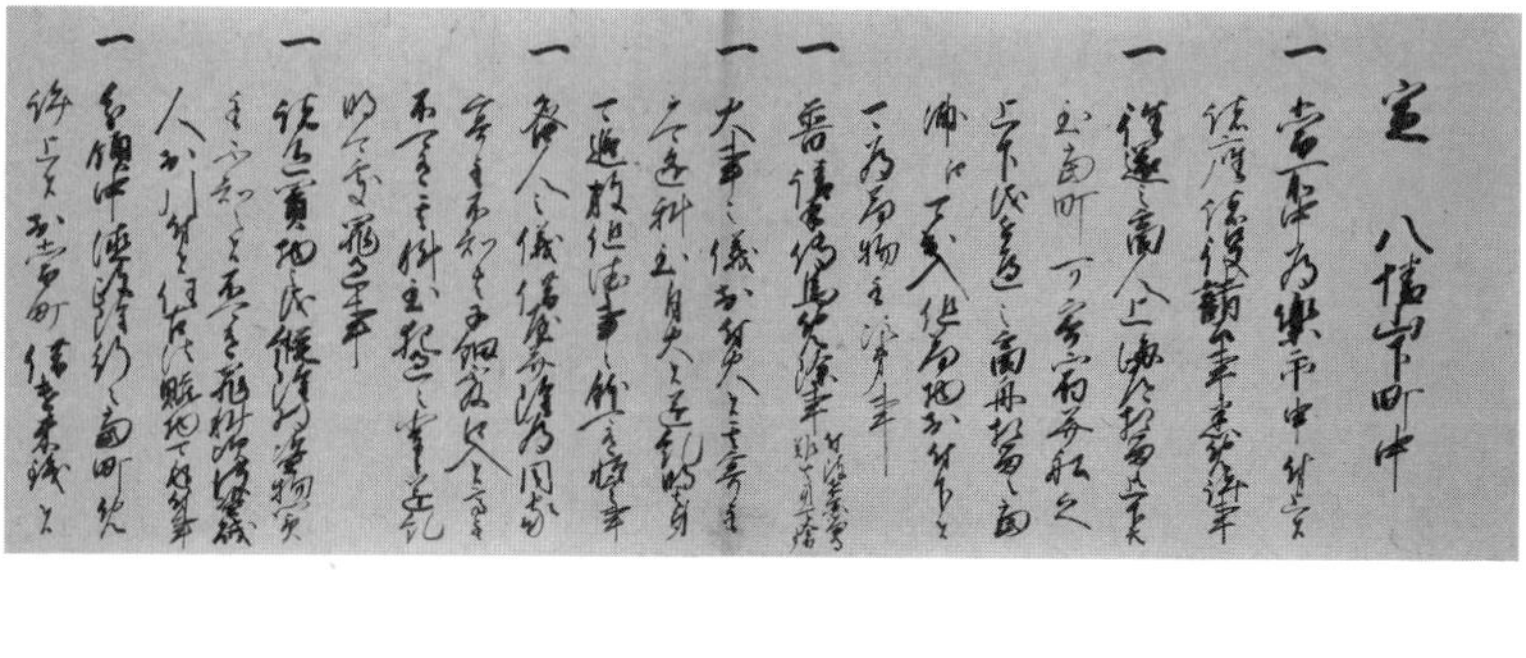
図5　八幡山下町中宛て羽柴秀次掟書（近江八幡市所蔵）

とに気付く。

　このことは、「為楽市被仰付上者」という特殊な表現が、安土ないし織田権力下でのみ効力をもつ、時限的かつローカルなキャッチフレーズ（内規）にすぎないことを端的に表していよう。

　続く第二条は、商人の通行と荷降ろしの規制だが、注目すべきは、安土へいたる「往還」が「上海道」すなわち陸路のみで示され、湖上水運による商人の通行が想定されていない点である。この問題をめぐっては、いわゆる常楽寺湊の存在が大きい。

　同湊は早く六角氏の時代から、観音寺城の外港として開かれ[30]、江戸時代にも八幡に次ぐ、輸送用の「ひらた舟」を保有する重要な湊に位置づけられている[31]。おそらくそこでは荷降ろし以外に、物資の取引が行われる、市のような交易空間も形作られていたと考えられる。六角氏はこのほか、堅田や蘆浦《あしうら》観音寺などの湖上勢力を介して軍事輸送を行うなど、湖上水運を重視した地域支配を展開している。

　かくいう信長も、『信長公記』にあるように、早く安土入部以前（天正三年）に「坂本より明智が舟」で常楽寺湊に渡り[32]、のちに安土城へ続く大手道沿いや城下北端の屋敷地には、船着場となる「舟入」「江掘」を掘らせている[33]。ところが、天正二年末以来の分国中道普請から陸路整備・利用に重点が置かれ、翌年の勢田橋架橋をうけて、以降は渡湖ルートの短縮化など、湖上交通の利用が激減していくようになる[34]。

　同じ第二条について、【史料3】八幡では同じく「上海道相留之」としながらも、「幷船之上下儀、近遍之商船

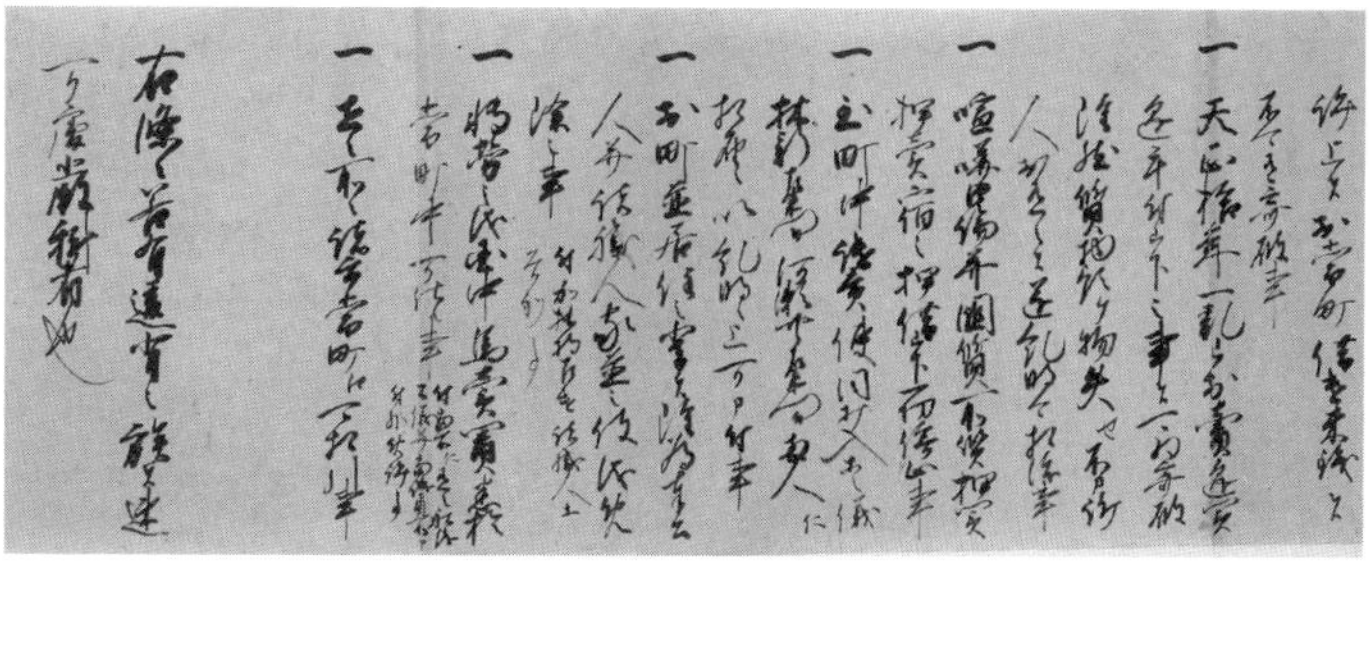

相留之、当浦江可出入」として、あらかじめ水陸という二つのルートからの出入りを想定し、湖上交通を城下町へ取り込む姿勢が条文の中で明確に示されている。

つまり、信長自らの利用に供する積極的な陸路整備に反して、安土はハード面において、六角氏以来の湊機能を取り込んだ構造でありながら、法令の文面では少なくとも、これを継承し、往来促進や町づくりに直接結びつけようとする内容とはいえない。

次に、安土での商品売買のあり方について、第二・七・一〇・一三条をもとに検討する。いずれも、実際に商売が行われることを想定しての条文といえるが、不思議なことに、第二条では主体となる商人の通行と宿泊のみが強制され、そこでの「付下」から、実際の商売にいたるまでの一連の行為については、必ずしも明文化されていない。

とりわけ第一三条の、牛馬仲買人である博労《ばくろう》に関する規定は、安土への都市機能の集約を示す点でも注目されてきた。このうち湖東での博労については、早く天文年間の六角氏時代における、保内博労座と伯楽《ばくろう》中の馬売買をめぐる相論がある(35)。その中で保内側が「三千疋」にも及ぶ馬を所有し、その一部を他商人へ貸与・売買していたことから明らかなように、当該期の近江国内において、馬が交通手段だけでなく、商品としても欠くべからざる存在であったことを物語る。

かかる動向をふまえれば、第一三条の内容は、安土が湖東での新たな商売活動の起点となることを示唆したものになろう。すなわち、先述した保内商人の経済力や慣習に依存する六角氏体制とは異なり、市場という空間を、流通支配の中核として明確に位置づけようとする、信長の狙いを示した一文と考えられる。

しかしながら、これら一連の条文からは、発展途上ともいうべき安土の実情と、信長権力のもつ経済基盤の脆弱さも浮かび上がってこよう。先行する金森をみると「往還之荷物当町江可着」「上下荷物幷京上売買之米荷物」とする、物資の着荷が法令の中で保障されている(36)。また、のちの八幡でも「在々所々諸市当町江可相引」（【史料3】第一三条）として、周辺市町の機能をすべて城下に一本化する旨が明記されるなど、いずれも、楽市場を地域の物流センターに位置づけようとする権力側の積極的な姿勢がうかがえる。

これに対し、新興都市・安土で具体化された商品流通に関する内容は博労のみで、それ以外の物流・売買規制までは設けられていない。このことは裏を返せば、博労以外の商品流通は独占にいたらず、なお他の周辺市町がもつ機能に、その多くを依存しなければならなかったと考えられる。

安土という空間は、既存の流通構造を一概に否定ないし再編することで成り立っていたのではなく、むしろそれらに依拠することを前提として形成された場であった。新興都市建設には、そうした条件のもとで奔走する信長側の苦しい台所事情もみえ隠れしている。その限りにおいて、【史料1】段階の安土に、金森や八幡と同じだけの商業振興に対する積極性や、周辺市町を否定するだけの経済的求心力は見出しがたいといえよう。

こうした流通・交通政策がある一方で、城下町を構成する住人にはどのような規定がなされているだろうか。もっとも関連する条文が、第二・九・一二条にあたる。第二条では商人の宿泊強制を、第九条では他国からの移住は先住者同様に扱うとし、第一二条では居住者への課役免除など、いずれもヒトの来場や定住をことさらに意識したものばかりである。

こうした熱心な呼び込みがなされた背景には、先行する安土城築城の過程で、城下町の成立発展に必要な住民の数的不足が露呈し、早急な人口増加が最優先課題として浮かび上がっていたからであろう。

つまり、新興都市である安土は、当初から「上海道」（東山道）から外れた不利な立地条件にあり、往来の経由地としてはいまだ定着していなかった。そのため通行規制に加え、移住者のうけいれ体制や、それに伴う待遇付与を大々的に振りかざさなければ、町そのものが成立しない（認知されない）切迫した状況にあったと考えられる。

こうした安土に続き、新たな都市として誕生した八幡では、移住を奨励・優遇する条文はことごとく消えている。すなわち、この段階において町がある程度成熟しつつあり、機能面で「あづち町之儀、こと〳〵く[37]」移した八幡にとって、ヒトの往来や居住は、かつてほど懸念されるような問題ではなくなっていたのだろう。

安土と八幡における楽市令は、一見すると類似した内容を多くもちつつも、些細な条文の変化がみてとれる。そこに、織田権力と結びつくことで初めて成立しえた、安土という事例の地域性や時限的側面が浮かび上がってくるのではなかろうか。

おわりに

安土令をめぐるこれまでの研究では、天下人・織田信長が創り上げた政治拠点というフィルターと、その内容の豊かさから、同法令は、楽市令の完成型や近世都市法の先駆けという、思い込みにも似た「過大」評価で語られてきた。

しかし、信長が手掛けた都市としての安土山下町の実態は、多くの問題をはらんでいたのが実情といえる。その一つが、主要街道筋から外れた立地による制約であり、そのため当時の安土は、城下町を構成する居住人口の増加が、喫緊の課題として位置づけられていた。こうした窮状は、法令の随所に記された「可寄宿」「罷越当所仁有付候者」「町竝居住」という一文に暗示されていよう。

「上海道」を通る人々に、「安土」という新興都市の存在をいち早く認知してもらうため、信長は客引きにも似た大ぶりな特権を、いくつも盛り込まざるをえなかったと考えられる。つまり、条文の多さは、新都市建設において山積した様々な課題を表し、安土令は、それらを克服するための暫定リストといってよいだろう。

商業では、博労市の集約が注目されるものの、それ以外は具体的な規制や特権の付与がなく、基本的には他の市町への依存を前提としていた可能性が高い。たとえ信長のお膝元であっても、新興地である以上、周辺に根付いた市町や商人たちの活動など、既存の流通構造を無視し、これを全面否定した町づくりは不可能だったに違いない。安土もいわば湖東における、ごく普通の地域市場の一つにすぎなかったといえる。

また、加納や金森といったそれまでの楽市令と異なり、安土における「楽市」文言は、新都市建設という信長のもつ明確な政策を主張し、喧伝するための政治的道具へと転回していく。しかしながら「為楽市被仰付」という尊敬表現は、織田権力下でのみ活きるローカルなフレーズでしかなかった。

信長が斃れた直後、安土に入った息子の織田信雄が発給した掟書では、

【史料4】

定

安土山下町中之儀、任先代條数之旨、聊不可有相違、并今度一乱之刻、方々預物質物等之事、其主家於放火者不可及是非、但相残家中事於在之者奉行相断、遂糺明、證人次第可随其者也、

天正拾壹年正月　日

（花押）(38)

として、信長以来の町のあり方を安堵する旨が記されているが、そこに「楽市」の文言はみえない。さらに楽市令はその後、安土から時間・距離ともに下っていくにつれ、「楽市」文言が二条目以降に配置され、全体の内容もより簡素なものへと変わっていくようになる。

同じ湖東地方では、たとえば、八幡は【史料2】から八年後の文禄三年（一五九四）、尾張へ移封された秀次に代わって入部した京極高次も楽市令を出している。七ヵ条からなる掟書で、豊富な条数は都市法としても特筆すべき点である。だが、都市の形成を主眼とした、信長・秀次時代のそれと比べた場合、発給背景は必ずしも同

一とはいえないだろう。

個々の内容をみると、禁制にも通ずる治安維持条項が多く、安土令のように、後続にインパクトを与えるほどの目新しさはない。むしろ、徳政や市場集約・通行規制といった、信長・秀次時代に特徴的であった条文がまったく消えてしまっている。こうした変化はすなわち、湖東地域における物流拠点としての確立と、都市の発展に基づくものだろう。京極氏入部の段階において、かつてのような法規制を要しないほど、八幡はすでに都市として成熟し、安定期を迎えていたと考えられる(39)。

また実際に、安土令と類似した構造をもつ法令が検出される期間は、【史料1】後わずか一〇年余りで、その地域も八幡・日野・坂本といった、同じ近江国内ないし湖東周辺に限定されている。このことはつまり、安土令の広がりと影響力が局地的でしかなかったことを示唆する。全国に普及していく近世都市法の母体、といったような、安土令をめぐる従来の画一的評価は修正を要することは間違いない。信長時代の「楽市」と、以降にみえる「楽市」は、文面こそ同じであれども、そこに込められた意味合いは、同一地域でありながらまったく異なるのである。

本章で明らかにしたように、安土令は社会構造の再編を目的として発布されたものでも、最先端の都市政策を意味するものでもない。当初から未成熟かつ不利な立地条件の中で計画された、新都市建設にのみ対応するローカルな事例にすぎず、これを一般化して「楽市」の全体像を論じることは危険であることを、ここでは指摘しておきたい。

(1)　「近江八幡市立資料館所蔵文書」(奥野高廣『増訂織田信長文書の研究』下巻、吉川弘文館、一九八八年所収、七二二号。以下、『信文』下―七二二のように略記)。

（2）小島道裕「戦国期城下町の構造」（『日本史研究』二五七号、一九八四年。以下、小島Ⓐ論文）・同「織豊期の都市法と都市遺構」（『国立歴史民俗博物館研究報告』八集、一九八五年）。
（3）近藤滋「安土城下町の再考」（『滋賀県安土城郭調査研究所研究紀要』九号、二〇〇三年）。
（4）坂田孝彦「考古学からみた安土城下町の構造」（仁木宏・松尾信裕編『信長の城下町』高志書院、二〇〇八年）。
（5）仁木宏「寺内町と城下町」（有光友学編『日本の時代史一二　戦国の地域国家』吉川弘文館、二〇〇三年）・同「書評・小島道裕著『戦国・織豊期の都市と地域』」（『史学雑誌』一一八巻一号、二〇〇九年）。
（6）仁木宏「播磨国美嚢郡淡河市庭（神戸市北区）の楽市制札をめぐる一考察」（『兵庫のしおり』七号、二〇〇五年）・同「美濃加納楽市令の再検討」（『日本史研究』五五七、二〇〇九年）。
（7）**本書第Ⅰ部第一章、第Ⅱ部第二章・第三章**参照。
（8）本章では、野洲郡・蒲生郡・甲賀郡・神崎郡・愛知郡・犬上郡一帯をさす。
（9）中世湖東地方の歴史については、『八日市市史』二巻・中世（八日市市、一九八三年）ならびに『近江八幡の歴史』四巻（近江八幡市、二〇〇八年）・五巻（近江八幡市、二〇一二年）参照。保内商人に関するまとまった研究としては、仲村研『中世惣村史の研究』（法政大学出版局、一九八四年）がある。
（10）その他にも、たとえば永禄元年（一五五八）保内商人申状案には、「従昔至今日、保内ヨリ紙おろす所」として、「愛智川、枝村、くつかけ、横関、東川、篠原、守山、高嶋、甲賀、伊賀、日野牧、田中江、永原、坂本」が挙げられており、保内商人の紙荷がより広範囲に流通していたことが分かる（「今堀日吉神社文書」〈『八日市市史』五巻・史料一、一九八四年、二一一号〉）。
（11）これまで「楽市」が施行されていなかった地域に対し、初めて法令を発したという点では画期的であるが、だとすれば先行する金森も同じように評価されて良いはずである。
（12）前掲註(9)仲村著書、村井祐樹「佐々木六角氏と近江国内外交通」（『佐々木六角氏の基礎研究』思文閣出版、二〇一二年）。
（13）桜井英治「中世商業における慣習と秩序」（『人民の歴史学』九四号、一九八七年。同『日本中世の経済構造』岩波書店、一九九六年再録）。

（14）「今堀日吉神社文書」（村井祐樹編『戦国遺文　六角氏編』東京堂出版、二〇〇九年、六七六号）。
（15）木戸雅寿「安土城惣構の概念について（二）」（『滋賀県安土城郭調査研究所研究紀要』六号、一九九八年）・同「安土山と安土山下町」（仁木宏ほか編『信長の城下町』高志書院、二〇〇八年）、松下浩「安土城下町の町割りに関する一考察」（『滋賀県安土城郭調査研究所研究紀要』九号、二〇〇三年）・同「安土城下町の成立と構造」（同前『信長の城下町』）。
（16）近年ではたとえば、池上裕子『織田信長』（吉川弘文館、二〇一二年）が「加納市場制札の精神を引き継」いだ、開放的な都市繁栄策、とする評価を提示している。
（17）「千家所蔵古文書」（『中世法制史料集』五巻・武家家法Ⅲ、二〇〇一年、岩波書店、四八二号）。同史料の最後には「右之條々者、天文廿一年ニ雖相定候、令再見、少々書加之」とあることから、掟書の原型がこれ以前から形作られていたことが分かる。
（18）本書第Ⅰ部第一章参照。
（19）本書第Ⅰ部第二章参照。
（20）本書第Ⅱ部第一章参照。
（21）本書第Ⅱ部第二章参照。
（22）小島道裕氏は、理想世界としての「楽」が、信長によって実現されることを宣言したものが安土令であるとする（前掲註2小島Ⓐ論文）。
（23）「近江八幡市立資料館所蔵文書」（『中世法制史料集』五巻・武家家法Ⅲ・三七〇号補注）。
（24）「近江八幡市立資料館所蔵文書」（『滋賀県史』五巻、参照史料四六三号）。
（25）「大場家文書」（杉山博ほか編『戦国遺文　後北条氏編』三巻、東京堂出版、一九九二年所収、二〇二四号。以下『遺文』三―二〇二四のように略記）。本書第Ⅰ部第四章参照。
（26）「難波文書」（『遺文』四―二七八四）。本書第Ⅰ部第四章参照。
（27）「新編武蔵風土記稿新座郡六」（『遺文』四―三〇七七）。本書第Ⅰ部第四章参照。
（28）「大場文書」一号（『岐阜県史』史料編　古代・中世補遺）。

(29)「崇福寺文書」一三号（『岐阜県史』史料編　古代・中世一）。
(30)「長命寺文書」一四五号・天文四年一二月結解米下用状（滋賀県教育委員会事務局文化財保護課編『長命寺古文書等調査報告書』滋賀県教育委員会、二〇〇三年）。
(31) 杉江進「近世琵琶湖水運の展開――「諸浦の親郷」三カ浦の誕生――」「「諸浦の親郷」八幡」（『近世琵琶湖水運の研究』思文閣出版、二〇一一年）。
(32)『信長公記』巻八・河内国新堀城攻め干され並びに誉田城破却の事（桑田忠親校注『信長公記』新人物往来社、一九九七年）。
(33)『信長公記』巻一三・能登・加賀両国、柴田一篇に申し付くるの事、阿賀の寺内申し付くるの事（同右）。
(34) 髙木叙子「信長と近江の水陸交通について」（『淡海文化財論叢』一輯、二〇〇六年）。
(35) 同相論をめぐっては、仲村研「保内商業と偽文書」（前掲註9著書所収）に詳しい。
(36) 本書第Ⅱ部第二章参照。
(37)「京都大学所蔵文書」・（天正一三年）一一月廿五日長田孫兵衛書状。
(38)「近江八幡市立資料館所蔵文書」（『滋賀県八幡町史』下巻、一五三号）。
(39)『近江八幡の歴史』七巻・通史Ⅱ（近江八幡市、二〇一七年）。

第五章　「楽座」とは何か――越前橋屋を事例として――

はじめに

現在、一般に「楽市楽座令」といえば、中世から近世への過渡期において、市場復興ないし新都市建設をキャッチフレーズに、近世城下町成立への途を切り拓いた革命的法令として広く認知されている。

その知名度に比例して、戦前より現在にいたるまでの膨大な量に及ぶ研究の先鞭をつけたのが、小野晃嗣氏である(1)。小野氏は、戦国期に顕著となる大名権力の城下町建設と、商品経済発展に伴う、諸役免除と自由商業の市場確立を希求する社会的背景が合致して生まれたものが「楽市」であるとする。氏の成果は、人口増加・繁栄をめざす新都市建設法としての「楽市」を初めて明らかにしたものだが、一方で「楽座」に関する具体的な定義づけや、「楽市」との相関関係までは言及にいたらなかった。そこで、この点を含めて小野氏の議論を発展させたのが、豊田武氏の研究である(2)。

豊田氏は、関連史料の蒐集と網羅的な事例分析から、①新都市建設ほか、市場復興や宿・港湾の建設など、領国経済の発展に結びつくさまざまな機会を好機と捉えた、戦国大名による一時的な商業特権の打破・否定策が「楽市」であるとする。そのうえで、「楽市」が信長によって全国へ波及していく中で、やがて同権力による座商業否定策をうけて、②特定条件下のみの「楽市」が、より幅広くかつ恒常的に、特権商業・商人座そのものを完全撤廃・解体する「楽座」へ転化していくと捉えた。

この「楽市」から「楽座」へといたる段階論は、信長による一連の座政策と結びつけて理解しようとするものである(3)。これにより、かつて小野氏が明らかにした新都市建設法としての「楽市」は、新たに、特定市場での特権否定と本所―座関係の打破を目的とする「楽市楽座」として捉え直され、以後の学界に継承されていくこととなった(4)。

豊田氏の研究は、「楽市」「楽座」の展開と歴史的意義を初めて具体化させた画期的成果としても高く評価されるが、実際には「中世的秩序を打破し、近世への途を切り開く信長政権が、その本質として中世的な桎梏の象徴ともいうべき座を、当然撤廃・解体すべき性格をもった権力(5)」と捉える、予定調和的な議論に裏打ちされたものであった(6)。

そこで、この豊田説を戦後いち早く批判した脇田修氏は、信長の「楽座」が、城下町における特定の座を対象とした不徹底かつ限定的なもので、座の全面否定と商工業者の一元的掌握を実現した豊臣期に、初めて「楽座」は完成すると指摘した(7)。

脇田氏の研究は「楽市楽座」の展開を織豊両権力で分類し、政策の実態に明らかな差異と断絶があることを説いたものだが、しかしながら、統一政権の誕生や近世成立の画期に「楽座」を位置づける視点は豊田説と同様であったといえる。そこで、こうした発展・段階論に捉われない「楽座」論を展開したのが、佐々木銀弥氏(8)と播磨良紀氏(9)である。

佐々木氏は、座を商品流通における桎梏的存在と一括りにして、「楽市楽座」や権力論と安易に結びつける従来の姿勢を疑問視し、座否定や諸役免除だけに収斂されない「楽市楽座」のもつ地域差や、領国経済にもたらす具体的効果を、中世における都市法・市場法全体の中で体系的に位置づけて明らかにする必要性を提起した。また、従来のような段階的把握が、「楽座」の実態解明を困難にしているとして、座否定・解体と安堵策を別個に捉えたうえで、権力による都市・流通の再編統制との関係性を問うべきとした。

一方、播磨氏は、従来「楽市」に比べて付属物扱いだった「楽座」独自の意義を政治史的側面で再考し、類型化を試みた。それによれば、「楽座」とは、①畿内の既成都市を対象とする座解体策の「座棄破」と、②新興都市での座を認めない「諸座免除」の二タイプで構成されたものとする。

播磨氏の研究は、中近世移行期の城下町成立における「楽座」の実態を明らかにした点で画期的であったが、その理解は専ら豊臣期の「破座」「無座」に関する史料に基づいたものである。さらに、信長・秀吉の入部と座の否定・解体を、一連の展開として結びつけたうえで定義づけされた、画一的な「楽座」の解釈には、なお再考の余地があるといえよう。

なお、これ以降も豊田説の見直しは随時試みられたが、そこで得られた結論は、座否定・解体策としての「楽座」論をなぞり(10)、信長の座政策を端緒に、続く秀吉がこれを継承・発展させたとする図式を描くものであった。そして、自由商業を希求する社会的気運に即し、円滑な商品流通を阻害した座の否定・解体という、中世的権威否定策としての「楽座」の貫徹に、近世成立の画期を求める視角が支配的となっていく(11)。しかし「楽市」「楽座」そのものが、織田権力によって主導され、あるいは天下人の手で権威づけられた特別な法令だったわけではないだろう。

たとえば「楽市」の実態について、通説にいう新都市建設や自由商業をはかる革命的法令という理解は一面的なものにすぎず、本書でこれまで述べてきた通り、「楽市」は必ずしも近世城下町に結びつく発展的要素をもたず、その成立・展開過程は、地域によって多様であったことが明らかである(12)。

その限りにおいて「楽座」もまた、自由商業を求める在地（新興商人）の要請に応じた近世成立の画期となる座否定・解体策、と一括りに捉えてよいのか。たとえそれが信長特有の支配のあり方だったとしても、彼自身の個性や先進性だけをもって、強硬手段ともいうべき否定策をただちに、かつ全国一律に講じることが可能であったのかは、疑問なしとしない[13]。

確かに史料上、「楽座」の多くが織田権力によって施行されたことは間違いない。だが、播磨氏自ら「楽座を「座の撤廃」などという座の否定政策の意味あいで考えるならば」（傍点筆者）と前置きしているように、「楽座」と「破座」「無座」を同一のものとして評価しうるかは、なお議論の余地があろう[14]。

本書序章で取り上げた表1（三〇〜三一頁）は、「楽市」「楽座」両文言を含む関連史料を抽出したものだが、その内容は一見して多岐に渡る。そうした背景には佐々木氏のいう地域差、すなわち宛所の政治情勢や、発給者側の意図に明らかな差異があったと考えるのが妥当だろう。

また「楽市」と比較して、「楽座」文言が単独で用いられる場面がほとんどないことにも気づかされる。権力にとって、その実施には躊躇ないし困難を伴うものであったのか。または、商人たちにとって歓迎あるいは忌避されるものであったのか。その実態は判然としないが、少なくとも「楽座」が限られた場面でしか史料上に現れないのは、それが絶対的かつ普遍的な政策ではなかったからと考えた方が、蓋然性は高いだろう。だとすれば、従来のように「楽座」を「楽市」と同じ比重、ないし発展型の政策として理解するのではなく、これを単独の政策（法制文言）として位置づけ、その実態や施行にいたる背景を個別に分析し直す必要があるのではないか。

そこで重要なのは「楽市」と同じく、同時代における諸政策との相対化を通じて、「楽座」そのものの成立・展開を、地域ごとの歴史的展開や地域経済の動向に即して明らかにしていく視点であろう。そのうえで改めて、中近世移行期における「楽座」が市場・商人たち、ひいては権力自身の流通支配にどう関わり、なにをもたらしたのかを問い直さねばなるまい。

本章は以上の観点から、豊田・脇田・播磨各氏の理解を批判的に論じる立場で、通説とされてきた「楽座」定義の全面的な再検討を課題としたい。その際、従来のように、政策の要点が「安堵」「破棄」のいずれにあるかを導き出すことに終わるのではなく、同時代・同一地域における流通支配や商人の動向との相関関係に注目し、権力と座商人（在地）双方にとっての「楽座」のもつ意義を明らかにしていくこととする。

一　「楽座」の定義をめぐって

ここではまず、かつて豊田氏が織田権力による一連の座否定・解体策と結びつけ、「楽座」の性格を抽出した根本となる史料をもとに、通説としての「楽座」定義について再検討を試みる（傍線等引用者、以下同）。

（1）　大山崎油座

【史料1】

定

一、陣取事、任　御朱印旨、令免除事、

一、洛中油座事、上様御時雖被棄破、可為先規筋目事、

一、当所諸職可為如先々事、

右条々、聊不可有相違者也、仍如件、

天正十一年六月四日　　筑前守（花押）

大山崎

惣中[15]

第一は、大山崎油座の破棄を伝える羽柴秀吉掟書である。豊田氏は第二条傍線部で、「上様」＝信長により大山崎油座が破棄されたとする一文から遡及し、信長の代に行われた「楽座」の本質もまた、座を破棄することにあったとした。

これに対し脇田修氏は、そもそも油座にとって不利な内容の文書が手元に残るはずはなく、信長入洛後に室町幕府が座特権を安堵していることからも、座破棄の事実は信憑性に欠けるとする[16]。そのうえで、第二条は幕府滅亡後に信長がその特権を再確認せずに生じた齟齬にすぎず、信長による座撤廃行為の事実は証明できないとする[17]。まず、当該条項を文字通り解釈すれば、「棄破」されたとする対象はあくまで「洛中油座」であり、ここで「先規筋目」を安堵された大山崎にあたらないことは明白であろう[18]。また、山崎の合戦直後にあたる次の文書は、本能寺で信長が斃れた直後、秀吉を窓口として大山崎側が特権安堵を求めたものだろう。

【史料２】

条々　　大山崎

一、油之座之儀、従前々如有来、当所侍之外不可商買事、
一、買得田畠等之儀、如先規不可有相違事、
一、麹之座、是又如前々可令進退事、
一、理不尽之催促停止事、
一、徳政免許之事、
右堅相定条、如件、

天正十年
七月廿一日　　筑前守（花押）[19]

第一条の専売権保障から、この段階に油座が顕在であったことが分かる（第三条では麹座も同様に「進退」を安堵されている）。だとすれば、「先規筋目」安堵の【史料1】は、先行する【史料2】をふまえた、油座にとって引き続き有利な文書となる(20)。

また、油座商人は大山崎の他に、洛中をはじめ畿内各地に散在して活動を展開しており、地域ごとに座の呼称も異なっていた(21)。ここから【史料1】で破棄されたと伝えられる「洛中油座」とは、あくまで洛中を拠点とする在京型の油座を指し、続く「上様御時棄破」の記述は、その在京の油座が、信長の在世期に（なんらかの理由で、かつ第三者により）破棄されたとする前例を、比較対象として提示したものだろう。

今井修平氏によれば、大山崎油座はその後、中世的特権を失いつつも消滅せず、豊臣・徳川政権下で、方広寺大仏殿や豊国神社石燈籠への灯明油献上をもって存続したという(22)。【史料2】第一・三条で、大山崎の油座・麹座が特権を安堵されていることは、その傍証となろう。たとえ在京型の油座破棄が事実であったとしても、【史料1】第二条は、信長自身の座解体行為と実証する根拠に乏しく、ましてやそれを「楽座」と同一の政策と結びつけることはできない。

（2）北野西京酒麹座

【史料3】

乍恐謹而奉願

一、当社家神人等八十人者天神御在世之御時随侍仕故、御鎮座以来彼社職神役相勤罷有候、然処往古以来御代々御証文之趣、洛中洛外辺土麹運上之以徳利を以神役料ニ被成下被勤番御神事等相務候処、元亀年中より麹之運上取失、自失以来自力ニ相立段々困窮仕候ニ付社内勤番中絶仕数年来中此儀、（下略）(23)

右は北野麴座の由緒を記す、元禄一〇年（一六九七）の北野社家惣代願書（部分）である。同座は酒麴の調進・売買を中心に、北野社に属する西京神人で構成され、応永年間に室町幕府から洛中麴専売権を認められたが、文安元年（一四四四）における酒屋・土倉との「麴騒動」で特権を失い、活動を停止した。のち、天文一四年（一五四五）と永禄四年（一五六一）、幕府からの特権安堵を最後に史料上から姿を消しており[24]、豊田氏は傍線部をもとに、麴座が信長によって廃止されたものと推測した。

これについて脇田修氏は、北野社が延暦寺末寺であることから、元亀二年の比叡山焼討の影響をうけて、座特権が停止された可能性はあるものの、【史料３】のみで座撤廃の事実までは証明できないと批判している[25]。同時代史料をみると、たとえば北野社家・松梅院への内野警固銭米還付など[26]、自らと敵対しない寺社については、信長がこれを保護している。また、麴座がその後、近世まで存続したことをふまえれば[27]、傍線部は近世に入り、運上役の納入が停滞しつつある窮状を北野社が訴えたものにすぎず、座は「段々困窮」ながらも存続していたとみてよいだろう。

いずれにせよ「元亀年中」という文言のみから、信長の座否定策の実態を論ずることは不可能で、信長自身の関与を示す第一級の史料ではないことも明らかである。

（3） 四府駕輿丁《しふのかよちょう》呉服座

【史料４】

四府駕輿丁ニ御扶持之事、昔ハ洛中洛外之御服売買棚より役銭取申候へ共、諸役あかり申候ゆへ、少も替取不申候、其以後信長より八石宛下候、二三年如此候、其以後川流又下御屋敷成候替申者□候、今ハ四石とも三石とも見えぬていニまかり罷成、少事にて御座候旨、此由右□御披露事奉仰令存候、

慶長六年　　　　　　　　　　　　四府駕輿丁人
　二月八日[28]

天皇行幸の鳳輦《ほうれん》を担ぐ役目を負う四府駕輿丁は、鎌倉期以降、諸役免除・専売特権をもとに商売へ進出し、やがて座を組織した。座は世襲的傾向を帯びつつ、多種多様な商品を取り扱ったことで知られ、【史料4】にみえる「御服」（呉服）もその一つである[29]。

こうした四府駕輿丁の諸座について、豊田氏は、信長の時代に、座の独占権撤廃と自由商業を求める社会的気運が高まった結果、【史料4】にみえる御服売買棚役銭徴収を否定された「呉服座」をはじめ、多くの座が信長によって廃され、近世以降、四府駕輿丁は諸役免除特権のみをもつ「中世的な残光に身を沈め」た集団へ変貌していったとする。

しかし一方では、四府駕輿丁が組織した座のうち、「古鉄座」は天正年間に、「米座」は豊臣政権期にそれぞれ活動が認められ[30]、信長も、鍛冶炭や米・魚を扱う「猪熊座」の特権を安堵している[31]。

また近年の研究で、四府駕輿丁は近世以降、その本質である行幸供奉のほか、朝廷儀礼への参勤をもって天皇と密接な関わりを保ち続け、座をはじめとする中世以来の商売活動を継続したという[32]。そのうえで【史料4】冒頭を読み直すと、かつて洛中洛外における呉服売買で徴収した役銭が、昨今次第に得がたくなる中で、信長より八石を代替として下されたとある。すなわちかかる一節は、盛時と比べて役銭納入が途絶えつつある呉服売買に対し、信長が活動存続へ働きかけていたことを示すものと理解できる。傍線部が具体的にいつの出来事かは明らかでないにせよ、少なくとも【史料3】と同様、信長による座の撤廃行為を裏づける史料とはいえないだろう。

以上のように、豊田氏が分析した一連の史料は、いずれも信長の座否定・解体策を示す根拠とはなりえず、「楽座」と直接結びつく内容が含まれたものでもない。言い換えれば、「楽座」そのものの実態は正しく分析されていなかったことを意味し、同時に、そうした豊田説をベース（通説）として論じてきた先行研究（「楽座」論）の危うさも指摘できるのではないか。

豊田氏によれば、信長以降「楽座」は全国に拡大・常態化していくことになるが、先の序章・表１はその指摘に反して、より限定的なものとして現れており、「楽市」との間に生じた明確な差異を浮き彫りにしている。[33]また、織田権力による座政策の実態が、座の一部容認と解体の「矛盾」にあったとする通説的理解[34]についても、関連史料をまとめた本章表１（三四八～三五一頁）から、否定的内容はうかがえない。

こうした事実からすれば、これまでの研究で語られてきた、座の否定・解体を当然に求める社会体制と、それを主導した絶対的権威である信長という前提や、近世成立の画期を「楽座」に求める視角そのものに、誤りがあったといわざるをえないだろう。これらをふまえて、以下「楽座」の実態を再検討すべく、本章では、戦国期越前の有力商人・橘屋に伝来する一連の文書（表２「橘栄一郎家文書」・三五二～三五六頁）を改めて取り上げ、その分析を試みたい。

橘屋は調合薬売買を生業に、軽物座・唐人座を統べる座長として、朝倉・織田・豊臣の代にわたって活躍した有力商人である。かかる文書群は、そうした戦国期越前の商業や座政策の実態を伝える一級史料として、これまで楽市令研究でも頻繁に言及されてきた。[35]

この中には「楽座」文言のみをもつ文書が含まれているが、これを本章の問題関心でもある、同時代・同一地域における権力の流通支配や、他の市町など地域経済との相関関係から評価した研究は管見の限りみられない。すなわち、同文書はこうした視点からの意義づけを含め、「楽座」単体の成立や、その実態を再検証する格好の素材であるといえよう。

次節では、当該期の織田権力による座政策の推移と、座商人の動向をつかむべく、かかる文書を柱としながら、

「楽座」成立にいたる過程とその実態について再検討していく。

二　橘屋と「楽座」

（1）橘屋と唐人座・軽物座

橘氏は、橘諸兄の系譜を引く中興の祖・田辺飛驒守が、大治年間（一一二六〜三一）に紀州田辺から越前木田庄へ移住したことに始まる(36)。このとき始めた調合薬商売について、嘉吉元年（一四四一）に綸旨を獲得したと伝え(37)、戦国期には朝倉義景から与えられた「門験幷薬銘橘字可限惣領一人」の特権をもとに、以降、「橘屋」を名乗り、調合薬商売を家業とする御用商人として台頭した(38)。

のち天正元年（一五七三）八月、朝倉氏を滅ぼして越前へ入った織田信長は、橘屋へ次の朱印状を与えた。

【史料5】

北庄三ヶ村軽物座之事、如先規申付上、不可有相違者也、仍状如件、

天正元

八月廿五日　　　信長（朱印）

北庄

橘屋(39)

絹織物を取り扱う軽物座は、明応二年（一四九三）、北陸街道沿いの絹産地・足羽《あすわ》三ヵ荘（北荘・社《やしろ》荘・木田荘、いずれも足羽北郡内）を拠点とする「三ヶ庄十人衆商人中」が、国内での専売権を朝倉氏より保障されたことに始まる。永正六年（一五〇九）には「足羽三ヶ庄軽物十人衆」として名がみえ、このあと一六世紀初頭までに、座としての活動を始めたと考えられている(40)。

ここで信長が軽物座を安堵したのは、とりわけそれが領国経営や商人支配において、不可欠であったためだろう。[41] 発給日でみると、前領主・朝倉義景の自刃からわずか五日後であり、在地の有力商人保護を通じて、国内の物流をいち早く掌握しようとする姿勢の表れと考えられる。

まもなく橘屋は「軽物座長」に任じられ[42]、ここで信長側が座の本所的立場になったとみられる。さらに橘屋は翌年、次の信長朱印状をもって、「唐人座」長にも任命された。

【史料6】

条々

一、唐人之座幷軽物座者、三ヶ庄、其外一乗・三国・端郷仁可有之事、

一、役銭之儀、上品之絹壱疋宛、若無沙汰之輩在之者、座を召放堅可申付事、

一、諸役免除之朱印雖有遺之者、於此儀者可申付、幷往還之商人役銭可為拾疋充事、

右嘉吉元年六月一七日任 綸旨可進退、徳用之儀不可有相違之状如件、

天正弐年正月 日 信長（朱印）

橘屋三郎五郎[43]

この中で、①唐人座・軽物座を、足羽三ヶ庄・一乗・三国・端郷《はごう》[44]に置き、②商人は役銭の「上品之絹壱疋」を（橘屋へ）納め、③未納者は座から追放とし、④諸役免除権を得た者も同様にこれを賦課するとしている。また、④往還商人（座に属しない新儀商人を含むか）も「拾疋」ずつを納めさせ、橘屋にこれら一切を差配させた。

ここでは、あくまで唐人・軽物両座にかかる品を扱う商人が対象となっているが、信長の越前入部を契機として、他の座についても、同様の規定が設けられた可能性は否定できない。いずれにせよ、諸役免除者や往還商人も含め、幅広く役銭納入を命じた【史料6】は、以後の越前国内における流通支配と、商人活動の大きな柱の一

つになったと考えられる。

ここで橘屋は実質的に、越前北部一帯の商人を管轄する立場となったが、まもなく、国内で放棄した一向一揆を避けて能登へ逃れ(45)、一揆平定後の天正三年八月に、信長より越前還住を認められている(46)。同年九月、信長から北庄ほか越前八郡支配を委ねられた柴田勝家は、さっそく橘屋へ次の文書を発給した。

【史料7】

唐人座幷軽物座方江令沙汰役銭之事、或号此方被官、或下々中妨族、其外諸商人宿見隠輩於在之者、可加成敗候、先々以筋目、被成　御朱印上者、不可有相違状如件、

天正三

九月廿九日　　　　　　　勝家（花押）

木田

橘屋三郎左衛門尉(47)

ここで勝家は、【史料6】の座役銭納入について、自身の被官と称して納入を妨げたり、納入義務がある者をかくまった商人宿は成敗するとした。こうした規定がなされた背景には、商人の間で座役銭納入を忌避しようとする動きが生じていたためと思われる。

（2）「諸商売楽座」について

この翌年にあたる次の文書は、そうした座役銭をめぐる商人の動きと関連して発給されたものと考えられる。

【史料8】（図1）

諸商売楽座仁雖申出、於軽物座・唐人座者、任御朱印幷去年勝家一行之旨可進退、商人衆中法用之儀者、可

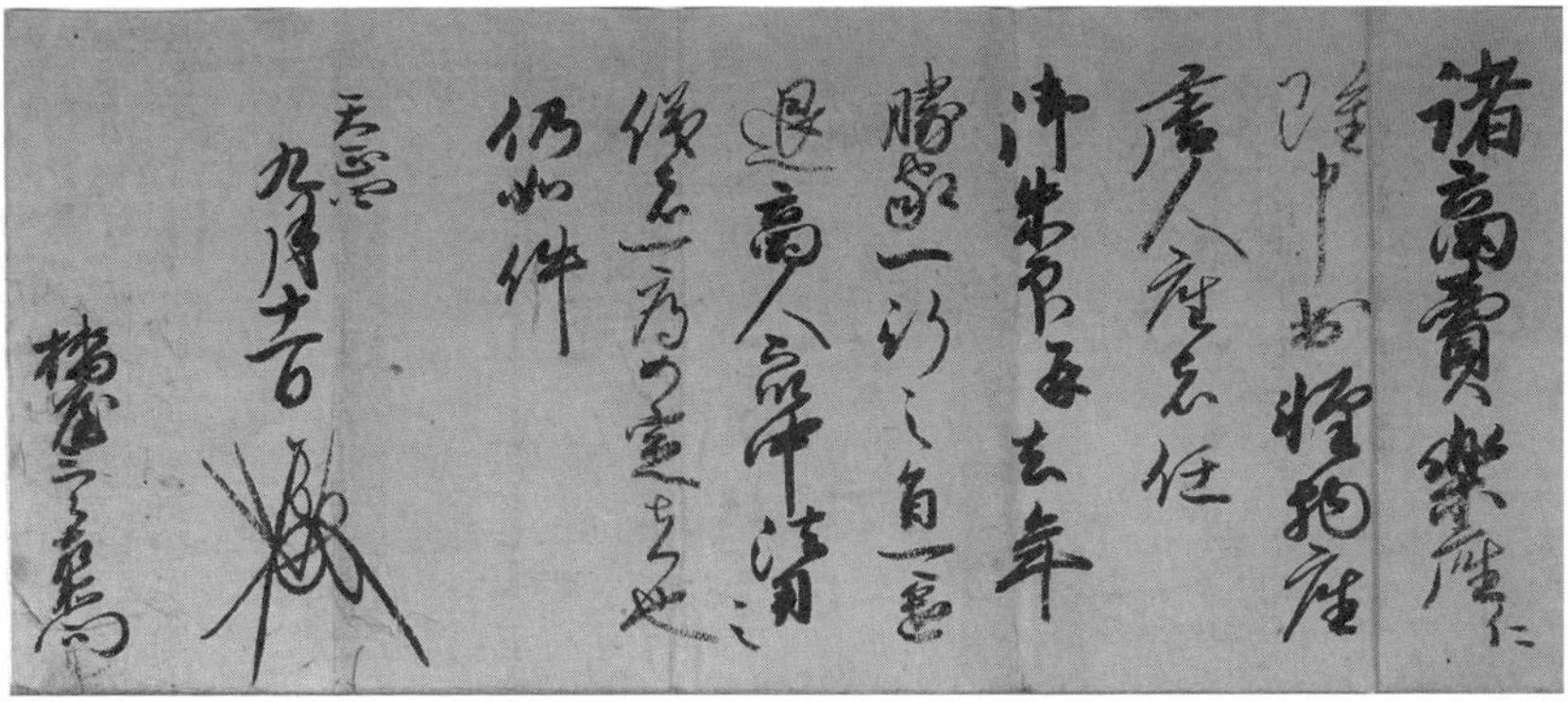

図１　天正４年柴田勝家判物（部分）（福井県立歴史博物館所蔵）

為如定者也、仍如件、

天正四

九月十一日

橘屋三郎左衛門尉[48]　（花押）

数ある楽市関連文書の中で、唯一「楽座」文言のみが記されており、傍線部によれば、「諸商売楽座」と「申出」たが、唐人・軽物両座については、今後も信長朱印状ならびに勝家判物（【史料６・７】）通りに進退するように、とある。先述のように楽市令研究をはじめ、流通史・商業史研究などでも頻繁に取り上げられてきた史料だが、その論点は、織田権力がいかにして座を否定・解体していくか、という点に集約されている。だが、同史料の解釈と位置づけをめぐっては、いまだいくつかの問題点が指摘できる。

第一には、勝家による流通支配の中に「楽座」政策がどう位置づけられるのかが見落とされてきたきらいがある。

このとき前年より越前支配を委ねられていた勝家については、【史料８】と同じ天正四年を境として、独自の裁量に基づく自立的支配を展開していくようになることが、近年の研究で明らかにされている[49]。その場合、勝家による両座支配（「楽座」政策）のあり方を、従来の信長によるそれと同様に位置づけてよいかは議論の余地があろう。

第二は、「楽座」文言について、先行研究では、①唐人・軽物両座の特権安堵に対する《諸商売の否定・解体》か、②両座を除いた《諸座の解放》とする解釈があり、統一的な理解がなされていない。また、「楽座」の適用範囲を、商人活動そのものと、座役銭納入のいずれに置くかが明らかでないという問題もある。

これらを要約すれば、「楽座」が適用された「諸商売」の動向と結末が、①活動停止（解体）なのか、あるいは②座的支配（座役銭）からの解放を意味するのか、という点に解釈の違いがあるといえよう。このうち、先行研究の多くが採用する解釈①は、両座が「楽座」の適用外として「可進退」とされた結果から、その反対解釈として、もう一方の「諸商売」は活動停止を余儀なくされたとするものである(50)。

だが、史料に「棄破」「停止」といった文言はなく、「楽座」がただちに座の否定・解体を意味するものとは断定できない。史料文言に即した解釈を原則とするならば、ここではむしろ「任御朱印幷去年勝家一行之旨可進退」とした、その「可進退」き内容こそが、座と商人たちの運命を左右した、いわゆる「楽座」施行にいたる問題の核心部分であり、「楽座」定義をめぐる議論は、むしろこの点を軸になされるべきであろう。

第三の問題は、「楽座」が受給者である橘屋をはじめ、唐人・軽物両座や「諸商売」にとって、いかなる意味をもつのかという点である。先の解釈②によれば、それは「諸商売の座を解放し、唯橘屋の軽物座・唐人座のみを例外」(51)とした政策であるという。だが、その場合、諸商売に適用される「楽座」＝解放の内容が、具体的になにを指すかが明確でない。そうした解放政策が、以降の橘屋をはじめ、商人それぞれの活動とどのように関連していくかも検討する必要があろう。いわば「楽座仁雖申出」とした「申出」の内容・主体とそれにいたる背景を探り、橘屋、唐人・軽物両座、諸商売それぞれの視点で「楽座」のあり方を明らかにする必要がある(52)。

そこでまず【史料8】以前に立ち返り、当該期の越前国内における商品流通・座の中で、なにが問題となっていたかを明らかにする。そのためには従来の定義に捉われず、関連文書をいま一度読み直し、「楽座」にいたる過程や施行の意義を、より実態に即した形で浮かび上がらせていく。

(3)「楽座」の背景

問題となる「楽座仁申出」に関して、そもそも【史料8】が発給されるにいたったのは、唐人・軽物両座の「進退」を安堵する基準とされた「御朱印幷勝家一行」、すなわち【史料6・7】の座役銭規定に端を発すると考えられる。

【史料9】

坂本　御山王江為新御寄進、国中諸商買人へ御役銭被　仰付候、然者五衙中之儀、従栂野助左衛門尉方、松庵・拙者為承、執沙汰之儀吉田新兵衛尉ニ申触候処、諸役無之候旨、去天文三府中両人以一札之旨理之条、役銭有間敷候由、新兵衛尉ニ申付候、仍如件、

元亀三壬申

六月十八日　　景勝（花押）

轆轤師中(53)

右の文書は、信長による延暦寺焼き打ちをうけ、山王社再興への寄進を名目とする、越前国内商人への「御役銭」徴収に対し、五衙轆轤師《ごがろくろし》が、天文三年「一札」を支証に免除を願い出て、朝倉氏側がこれを認めたものである。

ここから、越前国内における商人への「役銭」徴収が、織田氏以前、朝倉氏支配の段階から行われていたことが分かる。一乗谷をはじめ足羽三ヵ荘・府中などの要所を抑えた朝倉氏にとって、こうした地域で活動する商人への役銭賦課も、重要な領国経営基盤の一つであったろう(54)。

そこで橘屋と両座が、【史料6】と同様の座役銭納入を命じられていたかは明らかでない。ただ、少なくとも朝倉氏段階から、越前支配を進める権力にとって、座役銭納入が、国内に広がる物資流通網の掌握と、そこで活動する諸商人の統一的支配を確立するうえで、欠くべからざる重要な役割を担っていたことは間違いない。

だとすれば【史料6】で「条々」、すなわちシステムとして定められた座役銭徴収も、そうした旧体制を継承する形で、橘屋を窓口とした両座商人の支配と、経営基盤の確保を目的としたものと理解してよいだろう。ただし、朝倉氏が「一札」など先例に応じて、役銭納入免除を認めていたのに対し、織田氏段階は「諸役免除之朱印」をもつ者も含め、商人へ恒常的かつ「上品之絹壱疋」「拾疋」という一定基準の役銭納入を命じるという点で異なる。座役銭をより重要な財政源に位置づけたためと考えられ、その様子は、【史料8】以降にみる権力の姿勢からもうかがえる。

【史料10】

去々年如申出、①紺屋方軽物座役銭、何茂執之入絹可運上、②去年之儀者、紺屋役儀別仁可調候由付而、加用捨候、③然処ニ無其沙汰之段太曲事候、急度可申付、則豊嶋・富野ニ申出者也、

天正六

七月三日　　（花押）

橘屋三郎左衛門尉所(55)

たとえば、右の勝家判物では、紺屋方の「座役銭」納入について、前年は別の役を課したため「用捨」したが、以後の無沙汰を咎め、北庄町奉行人(56)の「豊嶋・富野」両人を介して、橘屋に早急な調整を命じている。この文書からは、橘屋の役割が、①商人から座役銭を徴収し、②これを「入絹」として（勝家へ）「運上」することにあったと分かる。

また「橘屋手前入絹之事、早々運上候様ニ可申聞候、他国より相越令在宅商人幷革屋西村儀、堅申付、対橘屋可懃其役之旨、具可申聞候、於難渋者為両人可令催促」[57]（橘屋に（徴収した）入絹を急ぎ納入するよう申し伝え、他国から移住した商人や「革屋西村」についても、橘屋に対し役を務めるよう申し伝え、難渋する場合は両人で催促すること）や、「軽物座役銭幷袋役之事、去年如申付可取之、自然於難渋族者、町奉行人両人聞下斎相談、其宿中へ堅可令催促」[58]（前年申し付けたように座役銭を徴収し、万一難渋する者については、町奉行人へ相談のうえ、催促すること）などとして、町奉行人（「両人」）が頻繁に催促へ動いているように、納入を忌避する動き（「難渋」）が後を絶たないほど、商人たちにとって、座役銭は大きな経済的負担としてのしかかっていたとみられる。

勝家の入部間もなく「号此方被官、或下々申妨族、其外諸商人宿見隠輩」（【史料7】）など、あらゆる手段を講じて逃れようと画策する商人が現れていることもまた同様であろう。逆をいえば、座役銭納入というシステムの運営維持が、【史料7】の段階で早くも困難を極めつつあったことを示唆している。「楽座」成立の背景にも、こうした座役銭の存在が大きく関わっていた可能性が高いのではないか。そこで【史料8】検討にあたり、権力と座の関わりを、座役銭という存在を通して問い直してみたい。

三 「楽座」と座役銭

（1） 織田権力と座役銭

大名権力が徴収した座役銭の位置づけについて、一般的には、広範囲における商人統括や軍需物資などの確保を容易にするシステムと理解されている。一方、座役銭徴収を請け負った座長が、総徴収分から権力への上納分を差し引いた額を収入とする特権を認められているように、かかるシステム成立の背景には、新儀商人を淘汰しようとする有力商人側の思惑もあった[59]。

先述のように信長は座の多くを認め、特権安堵を行う一方、商人に対しては座役銭納入を命じている。こうした動きは越前の他に、次の事例がある。

【史料11】

当国油座事、任先規之旨、座人外売買之儀、堅令停止了、聊不可有相違候也、

天正四

七月廿七日　（朱印）

江州建部油座中(60)

近江国内に専売権をもつ建部《たけべ》油座の特権安堵と、座外商人による油売買を禁じた信長朱印状である。ところが、座特権を脅かす新儀商人の台頭がめざましく、のちに油座は信長から改めて「当国中油座事、近来新儀之族有之由曲事」「諸公事被免許」の朱印状を獲得している(61)。ここで免除された「諸公事」とは、【史料11】の礼物として信長へ納めたものと考えられ、かかる朱印状は、座の専売権を再確認するだけでなく、運上役免除による油座の活動を立て直すための文書であるともいえよう(62)。

(2)　橘屋と座役銭

そこで、唐人・軽物両座の座役銭納入をめぐる問題に戻ろう。朝倉氏時代からみえる座役銭徴収は、信長のもと「条々」として、無沙汰は「座を召放堅可申付」と定められた（【史料6】）。まもなく越前支配を委ねられた勝家もこれを踏襲し、「御朱印」に基づき、未納者を「成敗」とする厳格な姿勢で臨んでいる（【史料7】）。ところが翌年の【史料8】では、権利保障の支証として、上意である「御朱印」に「勝家一行」が並び立つ形で表れはじめる。また【史料10】では、座役銭の「無其沙汰」き商人を「曲事」としつつも、「座を召放」つこ

とはなく、町奉行を介した催促に留まっており、以降もその方針を貫くようになる。このことは別稿[63]で明らかにした、勝家による越前支配体制の変化とけっして無関係ではなかろう。

すなわち当初、信長の指示をその都度に仰ぎ、「信長申次第」を在地に反映させるだけの代官的立場（〜天正三年末）にあった勝家は、天正四年から、自身の「墨付」「印判」のみを基準として、用材徴発や諸役免除を、独自の裁量で行いうる体制へとシフトしていくようになる。まもなく発給文書からも「御朱印」文言が消滅し、現地での実務支配に信長の影響が希薄化していくことをふまえるならば、【史料７】（天正三年）から【史料８】（天正四年）にいたる勝家の姿勢にも、なんらかの変化が生じていた可能性は否定できない。以上をふまえ、改めて【史料８】「楽座」の解釈に進もう。

まず「楽座仁雖申出」について、「諸商売」（商人）から「申出」があったのか。あるいは権力が「申出」たのかで、解釈が分かれるところである。ただし、二年後に発給された【史料10】「去々年如申出」の内容が【史料８】を指すことは間違いなく、ここから「楽座仁申出」た主体も、勝家とみてよいだろう。その場合、勝家が「諸商売」へ「申出」＝通達した「楽座」の意味するところはなにであろうか。

【史料８】の中で、唐人・軽物両座は「御朱印幷去年勝家一行」に任せて進退することが確認されている。この「進退」とは、先行研究がいうような座の存続というより、むしろその支証となる「御朱印幷去年勝家一行」に記された主旨、すなわち【史料６】「条々」と【史料７】勝家判物に基づき、間違いなく座役銭を納めるように、との指示を意味するものと考えられる。

【史料12】

軽物・唐人座任御朱印之旨、橘屋仁申付之条、役銭早々可其沙汰者也、

天正四

十一月十六日　（黒印）

三国湊
　　商人中
　端郷
　　商人中[64]

発給時期から、この文書も橘屋に「申付」けた内容（＝【史料8】）をふまえ、唐人・軽物両座に属す商人たち[65]へ、従来通り早々に座役銭を納めるよう改めて通告したものだろう。これらをふまえて反対解釈すれば、唐人・軽物両座を除く「諸商売」については座役銭納入を免除するとしたものが、勝家が「申出」た「楽座」の実態であると結論づけられる。

早くからあらゆる手段で座役銭を逃れようと画策していた両座が、ここで「楽座」の適用を勝ち取れなかったことは、商人たちを落胆させ、大きな打撃になったことは想像にかたくない。事実このあと、勝家側の度重なる催促を要するほど、両座商人たちが座役銭納入に「難渋」の姿勢を露わにし、ときに「無沙汰」していくことは先述した。

信長のように「座を召放」つ強硬姿勢をとらず、奉行人を通じた「催促」に留まるものであったにせよ、【史料8】で示した勝家の判断は、結果として自らの首を絞めるかのように、その後の座役銭徴収を困難たらしめる要因の一つになっていく。

すなわち「楽座」の意味するところは、通説にいう座の否定・解体策ではなく、大名権力が賦課した座役銭の納入という規制から商人たちを解放（免除）し、座商人たちの活動を負担のない「楽」（本来あるべき姿）へと戻すことに、その本質があったと考えられる[66]。それは換言すれば、座商人の活動とその存続を考慮した肯定的側面をもつ政策で、商人たちにとって歓迎すべき破格の免除条項であったともいえよう(67)。

先にみた唐人・軽物両座と油座への対応が、同じ座役銭免除を意味するものでありながら、「楽座」文言が【史料８】にしか現れないのは、発給者の意図や地域性に基づくものだろう。すなわち、天正四年以降の勝家発給文書に増加する「墨付」「印判」と同じように、かかる文言は、勝家がそれまでの信長ありきの体制から脱却し、新領主としての意思を強調し、越前国内へいち早く権力を浸透させるため、意図的に用いたものと考えられる。

現地での実務支配を担う勝家にとって、安定した経営基盤の確立のみならず、在地の支持を得ることもまた早急の課題であった。そのうえで、信長とは異なる新たな支配のあり方として、座役銭免除という商人の要求に応えたことを、文言を通じて政治的にアピールした形だろう。その意味では「楽座」も「楽市」と同様、発給者の支配領域でしか通用しないローカルな表現であったといえる。

そうした「楽座」の実現は、すなわち権力自らが賦課した座役銭＝収入源の放棄を意味すると考えられ、商人側が歓迎した「楽座」は、権力にとっては手放しで喜べないものであった。「楽市」に対して「楽座」がより限定的である理由も、ここに求められよう。すなわち領国経営の基盤と、必要物資を調達する手段として、中世的権威である座商人の存在と彼らの納める座役銭が、いまだ大きなウエイトを占めていたと考えられる。

唐人・軽物両座が「楽座」とならなかったのも、換言すれば、朝倉氏時代以来の活動実績をもつ彼らが納める座役銭（「上品之絹」）が、越前支配を担う勝家の領国経営にとって、いまだ欠くべからざる存在として位置づけられていたからではないだろうか。橘屋にとっても、国内の商人統括と座役銭徴収請負を通じて獲得する「上前」が、重要な経営基盤として確立しており、こうした両者の懐事情も「楽座」成立を大きく左右した要因の一つと考えられる。

四　豊臣権力の座政策――「破座」「無座」――

座役銭納入をめぐる問題が生じた後も、【史料10】（天正六年七月）の翌月には「国中分領軽物座役」を従来通り「速可執沙汰」との指示が、勝家から橘屋へ下されている。[68] 両座商人は引き続き、勝家のもとで厳格なまでの座役銭納入が命じられていた。

その後、天正一一年の賤ヶ岳合戦で勝家が自刃し、越前は新たに丹羽長秀を領主として迎えることになる。橘屋は早く、合戦終結直後の同年四月に「越州きたの橘家」を宛所とする禁制を獲得し、[69] この頃までに秀吉支配下に組み込まれたとみられる。

【史料13】

長秀様去年其方江被下候任　御一行之旨、其方居屋敷、親類小かた十一人分御地子銭弐拾貫文、臨時諸役軽物之座之役尚以堅令免除候条、若違犯之輩於在之者、急与可申付候、仍如件、

天正十弐

七月二日

大田小源五

一吉（花押）

安食弥太郎

定政（花押）

青山助兵衛尉

□□（花押）

戸田半右衛門尉

継盛（花押）

橘屋三郎左衛門尉殿[70]

署判を加えた四名は、いずれも丹羽長秀奉行人で、特筆すべきは、居住している屋敷分の地子銭・臨時諸役とならび、「軽物之座之役」が免除されている点である。冒頭にみえる長秀の「御一行」については、「地子銭弐拾貫文幷臨時諸役」を「従先規如有来」く免除するとした文書が現存するが[71]、それよりさかのぼる「先規」に相当する文書はみえない。おそらくは座長の任命にあわせ、すでに織田権力下で「軽物之座之役」納入免除の特権を得ていたものと推測される。なお、ここでの「臨時諸役」以下の免除はあくまで橘屋個人を対象としているが、次の史料から、軽物座への座役銭徴収は引き続き行われていたとみられる。

【史料14】

絹之座之事、任　御朱印之旨、如前々令執沙汰可運上、若諸商人中役銭等於難渋者、座を召放、堅可申付者也、

天正拾三

六月廿日　　長重（花押）

橘屋三郎左衛門との[72]

また、前代すなわち勝家の催促と異なり、商人中で座役銭を「難渋」する者は「座を召放」とした、いわゆる【史料6】の信長段階と同じ方針に立ち返っていることにも気づく。軽物座はこのあとの天正一三年七月、「北庄一乗町紺屋中定書」と呼ばれる、橘屋へ提出された同座商人中の誓約状を最後に史料上から姿を消し、以後の動向は明らかでない[73]。また、これと時を同じくして、同年一〇月以降橘屋へ発給される文書が、屋敷分の諸役免除と調合薬売買の特権安堵に留まるようになるのも、そうした動きとまったく無関係ではあるまい[74]。

一方、表4（三五七～三五九頁）の通り、秀吉は天正一三年七月の関白任官を経て、同年一〇月から「至公家武家地下商人、止諸役被破座」[75]や、「諸公事悉座破」[76]「諸問諸座一切不可有」[77]「諸座御棄破」[78]をいっせいに断行し、流通・交通体系の再編成を全国規模で進めていく。近年の研究では、こうした諸役の停止や「楽座」の断行は、流通独占形態の解体を通じた、物流の分業化促進と市場への競争原理導入が目的であり、その実施が関白任官の時期に接した背景も、都鄙貴賤の要求を実現した国家権力を体現する「徳政」を意図したためと考えられている[79]。

独占形態の解体策としての「楽座」論はともかく、軽物座の動向が、そうした秀吉による政策の展開と軌を一にしたものかは明らかでない。ただ、少なくとも朝倉―織田にわたって続けられた座役銭徴収は、座商人にとっての大きな負担としてふくれあがっていたことは間違いない。だとすれば、こうした事態を目の当たりにした時の権力にとっても、商品流通の停滞を招きかねないかかる現状は、早急に克服すべき課題として位置づけられていたと考えられる。

当初の秀吉にとっては織田権力をいかに継承し、その正当性を内外へ視覚的にアピールすることが重要な課題であった[80]。だが、権力としての独自性を強く打ち出し、全国各地へ広く恒久的に浸透させるためには、局地的かつ一時的な政策表現でしかない、信長と同様の「楽座」という文言をあえて用い続ける必要性はなかった。

天正一三年一〇月を最後に、豊臣権力の発給文書から「楽座」文言が消え、これと逆行するように「破座」「無座」や「諸座一切不可」の文言が主流となっていくのも、そうした理由によるものであろう[81]。従来いわれてきたような豊臣権力の座政策は、織田権力のそれと一貫してまったく同質だったわけではなく、そこには明らかな差異が存在していたのである。

おわりに

織田権力の革新的政策とされる「楽座」について、越前を活動基盤とした橘屋と唐人・軽物両座に関する史料をもとに再検討を加えた。

統一的な領国体制の確立を目指すうえで[82]、地域経済を早くから支えてきた座商人との結びつきは、欠くべからざるものであった。そこで権力は、有力商人を通じて国内における商人統制を優位に進めたが、実際にはその過程で賦課した座役銭が、商人たちにとっての過剰な負担となり、新儀商人の台頭による座特権の侵害といった逆転現象を招いていた。

そうした困難な状況にまで陥った中で、信長の上意によらない新たな支配体制の確立と、在地からの支持を得るため、新領主である勝家は、商人支配のために構築した規制から、彼らを解放することを選択せざるをえなかった。その実現を宣言（「申出」）したあり方こそが「楽座」であったといえよう。

「楽座」とは、商品流通支配をめぐって直面した喫緊の課題を解決するうえで、座役銭免除を希求する商人の要望に応えたことを強調し、喧伝するためのキャッチフレーズにすぎなかった。権力側の判断に基づき、地域の中で成立し、個別的かつ限定的に効果を発するという点では「楽市」と同質であったが、その実現には「楽市」以上に困難を伴ったものと考えられる。

本章で明らかにした「楽座」の実態は、かつて播磨良紀氏が指摘した[83]、座役徴収を免除し、座組織によらない商工業者編成を行う「諸役免除」タイプに相当するものだろう。ただし、「楽座」となった「諸商売」が、播磨氏がいうような新たな都市での商工業編成にいたったかまでは明らかでない。また、絹織物・唐物にかかる「商売」はいまだ、唐人・軽物両座が特権的存在として顕在であった。

「楽座」とはそもそも、畿内既成都市と新興・再興都市のような地域ごとに類型化しうるものではない。そして先述のように、これ以降、豊臣権力下において座の否定・解体が主流となっていくことをふまえれば、座と彼らの納める座役銭を重視し、その維持に努めた織田期の「楽座」と、それに逆行する豊臣期の「破座」「無座」は峻別して捉えるべきではないだろうか。

(1) 小野晃嗣『近世城下町の研究』(至文堂、一九二八年。のち増補版、法政大学出版局、一九九三年)。
(2) 豊田武「都市および座の発達」(『新日本史講座』中央公論社、一九四八年)、同『増訂　中世日本商業史の研究』(吉川弘文館、一九五二年)、同「商品流通の躍進」(豊田武ほか編『体系日本叢書』一三・流通史Ⅰ、山川出版社、一九六九年)。
(3) 小野氏が史料から導かれた事実を中心に議論を展開するのに対し、豊田氏の研究は理論的把握を行いつつ、社会経済像を導き出している(脇田晴子「解説」〈豊田武『豊田武著作集』一巻、吉川弘文館、一九八三年。以下『著作集』一のように略記〉)。
(4) 『国史大辞典』では、「楽市楽座令は、最初楽市令として、新城下建設の際、その繁栄を目的にしてだされた都市法とされたが、やがて、これを織豊政権の商工業座解体政策と結びつけ、楽市楽座令として、その経済流通政策とする説が有力となり定説化した」とあり、①が小野氏の「楽市」令研究を指し、それが②豊田氏の研究で「楽市楽座令」として評価されるようになったことが端的に示されている。
(5) 佐々木銀弥「楽市楽座令と座の保障安堵」(『日本中世の都市と法』吉川弘文館、一九九四年。一九七六年初出)。
(6) 宇佐見隆之氏は、こうした視点が流通・商業研究に顕著であることを「シェーマ先行型の史料解釈」と批判している(同「中世史における流通」〈『日本中世の流通と商業』吉川弘文館、一九九九年〉)。
(7) 脇田修「統一権力の都市・商業政策」(『近世封建制成立史論　織豊政権の分析Ⅱ』東京大学出版会、一九七七年)。
(8) 前掲註(5)。

(9) 播磨良紀「楽座と城下町」(『ヒストリア』一一三号、一九八六年)。以下、断らない限り、播磨氏の見解は同論文による。

(10) ほか「楽座」の定義を、具体的に述べた研究から引用すると、①「座制度の撤廃、座の撤廃」(奥野高廣『増訂織田信長文書の研究』吉川弘文館、一九八八年)、②「特定市や都市における個別の座特権や存在の否定」(前掲註5書)、③「領域掌握をし直すもの、座解体による商業組織再編成」(橋詰茂「越前における織田政権の座政策――特に橋屋を事例として――」〈『地方史研究』一四三号、一九七六年〉)、④「問屋の流通支配の障害となった旧来の座権力否定」(脇田晴子『日本中世都市論』東京大学出版会、一九八一年)等がある。

(11) 藤木久志「統一政権の成立」(朝尾直弘ほか編『岩波講座日本歴史』九・近世一、岩波書店、一九七五年)、神田千里「石山合戦における近江一向一揆の性格」(藤木久志編『織田政権の研究』吉川弘文館、一九八五年。『歴史学研究』四四八、一九七七年初出)、前掲註(5)、網野善彦『無縁・公界・楽――日本中世の自由と平和――』(平凡社、一九七八年。のち増補版、一九九六年)、勝俣鎮夫「楽市場と楽市令」(『論集 中世の窓』吉川弘文館、一九七七年)、中部よし子「織田信長の城下町経営」(『ヒストリア』八二号、一九七九年)、高牧實「織豊政権と都市――織田信長の楽市楽座令――」(豊田武ほか編『講座日本の封建都市』一巻、文一総合出版、一九八二年)、小島道裕「織豊期の都市法と都市遺構」(『国立歴史民俗博物館研究報告』八集、一九八五年)、前掲註(10)奥野著書、安野眞幸「安土山下町中宛信長朱印状」(『弘前大学教育学部紀要』九三号、二〇〇五年)など。

(12) 拙稿「楽市楽座令研究の軌跡と課題」(『都市文化研究』一六号、二〇一四年。本書序章)。

(13) 従来のような「絶対的権威としての信長」という画一的視点から流通政策のあり方を問う姿勢については、池享氏の批判がある(同「地域国家の分立から統一国家の確立へ」〈宮地正人ほか編『新体系日本史一 国家史』山川出版社、二〇〇六年〉)。

(14) 『角川日本史辞典』第二版(角川書店、一九七四年)では、「市場税・営業税の免除および旧来の座商人の特権の廃止(楽市)に始まり、座そのものの廃止(楽座)に至る」とするが、同新版(一九九六年)の解説では「楽座はかつては豊臣政権による商工業者の団体としての座を解散する意味にも使われたが、近年はこれを破座と表現し、楽市令の楽座と区別している」として、両政策を別個に捉えるべきとする。

(15)「離宮八幡宮文書」三二三号（『大山崎町史』史料編、以下「離宮」と略記）。
(16) 永禄一二年三月五日・山城大山崎御中宛曾我助乗書状（「離宮」二九三号）。
(17) 前掲註(7)。
(18) これまで【史料1】にみえる「洛中油座」は、大山崎油座と理解されてきた。「洛中」は一般的に「左京の中」と理解されるが（河内将芳『信長が見た戦国京都――城塞に囲まれた異貌の都――』洋泉社、二〇一〇年）、元亀四年四月の信長による上京焼討を例とすると、『兼見卿記』では、吉田郷や信長軍が陣所とした東之郷は「在所」と記され（吉田兼見著／斎木一馬・染谷光広校訂『史料纂集　兼見卿記』第一、続群書類従完成会、一九七一年）、『信長公記』では、信長が清水を陣取った後、足利義昭のいる六条本國寺から「洛中へ入」ったと続く（太田牛一著／桑田忠親校注、新人物往来社、一九九七年）。このように信長軍の陣所地が「在所」（洛外）として認識されており、そのさらに外部にある大山崎が「洛中」に含まれないことは明らかである。だとすれば「洛中」と「大山崎」は峻別して捉えるべきであろう。
(19)「離宮」三二二号。
(20) 脇田氏は、秀吉が座特権を再認し「上様御時雖被棄破」と記したのは、政治的効果を狙う一定の背景があったためとするが、「一定の背景」については具体的説明がない（前掲註7）。
(21) 小野晃嗣「油商人としての大山崎神人」（『日本中世商業史の研究』法政大学出版局、一九八九年。一九三二年初出）。
(22) 今井修平「大山崎油座の近世的変貌」（『神女大史学』三号、一九八四年）。
(23)「北野旧社家西京神人中家所蔵文書」（豊田武「楽市令の再吟味」〈『豊田武著作集』三巻、吉川弘文館、一九八三年。同編『近世の都市と在郷商人』巌南堂、一九七九年初出〉）。
(24) 小野晃嗣「北野麴座に就きて」（前掲註1書。一九三二年初出）。
(25) 前掲註(7)。
(26) 天正三年一一月一〇日・織田信長朱印状写（「北野神社文書」一七八号〈史料纂集『北野神社文書』続群書類従完成会、一九九七年〉）。
(27) 川井銀之助「北野麴座の源流」（『神道史研究』一〇―一二、一九六二年）。
(28)「狩野亨吉氏蒐集文書」一〇（東京大学史料編纂所影写本）。

(29) 豊田武「四府駕輿丁座の研究」(『史学雑誌』四五―一、一九三四年)。
(30) 脇田晴子「自治都市の成立とその構造」(前掲註10脇田著書所収)。
(31) 天正九年二月一一日・藤本三郎左衛門尉宛村井貞勝判物(「狩野亨吉氏蒐集文書」一〇〈前掲註10奥野著書所収、補遺二二一号。以下、『信文』補遺―二二一のように略記〉)。
(32) ①永禄一二年四月・八瀬童子「諸商売」(薪炭座ヵ)、②年未詳「転多打座」「上下京物銭座」「材木座」「塗師屋座」がそれぞれ信長から安堵されている(①「八瀬童子会所蔵文書」〈『信文』上―一五九〉、②「玄以法印下知状」〈『続群書類従』〉)。このうち②の材木座は「如村井判形」く、新儀商売を禁じている。
(32) 西村慎太郎「近世の駕輿丁について」(『学習院大学文学部研究年報』五二輯、二〇〇六年)、西山剛「中世後期における四府四府駕輿丁の展開――左近衛府駕輿丁「猪熊座」の出現をめぐって――」(『総研大文化科学研究』三号、二〇〇七年)。いずれも豊田氏の研究を踏まえ、四府駕輿丁座の内部構造やその歴史的展開を詳細に分析しているが、【史料4】など「楽座」定義に関する言及はない。
(33) 東海地方より東に「楽座」がみえない背景について、佐々木銀弥氏は、座商人の特権を否定・排除すべき利害対立が存在しなかったためで、その結果「楽市」のみの施行に留まったとする(前掲註5)。
(34) 前掲註(2)豊田著書、今井林太郎「信長の出現と中世的権威の否定」(家永三郎ほか編『岩波講座日本歴史』九・近世一、岩波書店、一九六九年)。
(35) 代表的なものとして、前掲註(1)小野著書、註(2)豊田著書、註(5)、註(7)、註(9)、註(10)橋詰論文、松下浩「柴田勝家の越前支配」(『滋賀県安土城郭調査研究所研究紀要』六号、一九九八年)、宇佐見隆之「近世の萌芽――商人司――」(『日本中世の流通と商業』吉川弘文館、一九九九年)など。
(36) 「橘家由緒書」(「橘栄一郎家文書」七六号〈『福井県史』資料編三 中・近世一〉。以下それぞれ「橘」七六号、『県史』三―一のように略記)、前掲註(10)橋詰論文、橘栄一郎「越前の豪商「橘屋」」(私家版、一九九三年)、久角健二「福井城下町の家と由緒――橘家を事例に――」(『福井県立歴史博物館紀要』一〇号、二〇一三年)、『福井県史』通史編三・近世一(一九九四年)など。
(37) 藤原長政奉綸旨写(「橘」一号)。

(38)　弘治三年一〇月一〇月二一日・朝倉義景免許状（「橘」二号）、元亀二年一二月一四日・朝倉義景安堵状（「橘」四号）。このほか朝倉氏発給文書は、元亀二年発給の計二通が確認され、いずれも橘氏の商売特権を安堵したものである（「橘」三・五号）。
(39)　「橘」六号。
(40)　明応二年七月一〇日・朝倉光玖定書写（「慶松勝三家文書」一号〈『県史』三―一〉）、永正六年六月一一日・朝倉氏奉行人連署奉書写（「同」二号）。
(41)　信長は橘屋と同日に、紙漉職人・三田村氏の当知行安堵も行っている（「三田村士郎家文書」六号〈『県史』六―四〉）。朝倉氏の流通支配は、神田千里氏の論考を参照（同「越前朝倉氏の在地支配の特質」〈『史学雑誌』八九編一号、一九八〇年〉）。
(42)　天正元年九月二〇日・滝川一益等連署書状（「橘」八号）。
(43)　「橘」九号。
(44)　「端郷」について、奥野高廣氏は「三国の端郷」（前掲註10著書）、土山公仁氏は「足羽郡東郷」（＝足羽南郡東郷）にそれぞれ比定する（岐阜市歴史博物館編『信長とその武将たち』一九九八年）。三国の歴史については、上出純宏「三国湊と周辺の浦々の歴史」（福井県歴史の道調査報告書六集『馬借街道・海の道』福井県教育委員会、二〇〇六年）に詳しい。
(45)　（天正三年）八月二四日・武井夕庵副状（「橘」一一号）。
(46)　天正三年八月二四日・織田信長朱印状（「橘」一〇号）。
(47)　「橘」一二号。
(48)　「橘」一三号。
(49)　拙稿「材木調達からみた柴田勝家の越前支配」（『織豊期研究』一三号、二〇一一年）。
(50)　豊田武「戦国期地方の座」（『豊田武著作集』一、吉川弘文館、一九八二年）、前掲註(5)、註(10)橋詰論文・奥野著書、註(11)高牧論文、永原慶二「戦国織豊期日本海海運の構造」（『戦国期の政治経済構造』岩波書店、一九九七年）、註(36)松下論文・宇佐見論文。また、橘栄一郎氏は、同史料について「唐人座・軽物座は特別扱いにして楽座から除外とした」ものとする（前掲註36）。いずれの研究も、唐人・軽物両座の動向（安堵）や、橋屋と信長・勝家との関係のみに注目し、「楽座」施行の必要があった「諸商売」については、ほとんど等閑視している。

(51) 前掲註(1)。

(52) 豊田氏を批判した脇田修氏の研究は、あくまで織豊両権力側の視点から、座政策のあり方や、商工業発展における「楽座」の必要性を論じたもので、【史料8】については具体的な分析を欠き、それが座政策全体の中でどう位置づけられるかが不明瞭である。

(53) 「浄光寺文書」三号（『県史』四―二）。

(54) 松原信之「朝倉氏の財政基盤と交通・商工業政策――寺社領目録・知行宛行状の検証をも含めて――」（『越前朝倉氏の研究』吉川弘文館、二〇〇八年）。

(55) 「橘」一五号。

(56) 松浦義則「織田期の大名」（『福井県史』通史編三・近世一、一九九四年、第一章第二節、五一頁）。

(57) （天正九年ヵ）卯月一七日・柴田勝家判物（「橘」一八号）。

(58) 天正一〇年三月一三日・柴田勝家判物（「橘」一七号）。

(59) 桜井英治「商人司の支配構造と商人役」（『日本中世の経済構造』岩波書店、一九九六年）。

(60) 「福原文書」（『信文』下―六五四）。

(61) 「福原文書」（『信文』下―八四四）。

(62) 美濃国では、中河原薪座が千把木を信長へ運上し、長良川での舟木商売を認可され（「解説」〈『岐阜県史』史料編古代・中世一、一九六九年〉）、「合物鳥海薬座」も、専売権保障の代わりに「毎年拾貫文」の役納入が義務づけられていた（「熊田文書」〈『加納町史』上巻、一九八〇年〉。松田亮『信長の美濃攻略史研究』〈新美濃史学会、一九七七年〉など）。

(63) 前掲註(49)。

(64) 「橘」一四号。なお、橘屋に関する勝家発給文書では本史料が唯一の黒印状であることから、松下浩氏は、勝家の座に対する主体性・決定権の表れとする（前掲註35）。

(65) 本史料では「三国」「端郷」を明確に別地域で書き分けており、ここから先述した奥野氏の「端郷」比定には疑問が残る（前掲註44）。
(66) 「楽」は諸規制から解放された状態、すなわち今日における「自由」「自然」な状態を指す（網野善彦・勝俣鎮夫編『週刊朝日百科二六　日本の歴史――楽市と駆込寺――』朝日新聞社、二〇〇二年）。楽座の「楽」もこれと同義と考えられる。
(67) 研究者の中には、統一権力の入部――市場・都市支配――と、旧来の座否定・解体は同義であるとの見方がなお根強く残る。しかし、座の否定・解体が普遍的に行われ、それがただちに流通促進・経済振興に有益であったかは、地域ごとの事例に即して明らかにする必要があろう。
(68) 天正六年八月一〇日・柴田勝家判物写（「慶松勝三家文書」一〇号）。
(69) 天正一一年四月・羽柴秀吉禁制（「橘」二〇号）。
(70) 「橘」二三号。
(71) 天正一一年一一月五日・橘屋三郎左衛門宛丹羽長秀判物（「橘」二二号）。
(72) 「橘」二五号。
(73) 「橘」二八号。同史料によれば、橘屋へ納める座役銭一〇貫文を「紺屋中為十七人」が請け負うとともに、新たに紺屋が増えた場合も「入具銭」徴収を請け負い、その半分は橘屋へ納入するとある。座役銭についても、これを最後に史料上から姿を消すが、彼ら座商人たちは橘屋への座役銭納入継続をもって、座組織としての形態をなお留めていたことが分かる。
(74) 唐人座については、天正九年七月一三日の柴田勝全判物（「橘」一六号）を最後に史料上からみえなくなる。詳しくは史料を欠き不明であるが、軽物座と前後する形で豊臣期に消失した可能性も考えられる。
(75) 「四国御発向并北国御動座事」（塙保己一編『続群書類従』二〇輯下・合戦部、続群書類従完成会、一九五八年）。
(76) 『多聞院日記』天正一五年正月一六日条（竹内理三編『増補続史料大成　多聞院日記』四、臨川書店、一九七八年）。
(77) 天正一五年六月・筑前国博多津宛て豊臣秀吉法度写（「毛利家文書」〈『大日本古文書』家わけ八ノ三・毛利家文書三、一一一四号〉）。

(78) 天正一八年八月一五日・嵯峨清涼寺宛て前田玄以折紙(「清涼寺文書」六一号〈水野恭一郎ほか編『京都浄土宗寺院文書』同朋舎出版、一九八〇年〉)。
(79) 鍛代敏雄「豊臣政権の問屋「諸商売一切停止」について」(『栃木史学』二六号、二〇一二年)。
(80) 松下浩「織豊期の連続と断続についての覚書」(『安土城郭調査研究所研究紀要』一二号、二〇〇六年)。松下氏によれば、信長から秀吉の段階になると、瓦葺き(金箔瓦)の城郭が全国に拡大していくという。これは、豊臣政権に取り込まれた城郭と、その広がりを視覚的に見せつけるための、政治的アピールの道具であり、秀吉自身の華美な演出だったとする。なお、松下氏は「楽座」については、検地と同じく、信長の政策を発展継承した革新的な法令と捉えている。
(81) 「楽座」文言をもつ最後の史料は、天正一三年一〇月九日・越中直海郷北野村宛て前田利勝掟書写(「城端古文書写」〈『大日本史料』一一篇之二一〉)である。
(82) 永原慶二「大名領国制の構造」(朝尾直弘編『岩波講座日本歴史』中世四、岩波書店、一九七六年)。
(83) 前掲註(9)。

表1　織田権力と座

	発給者	元号	年月日	国	宛所	座種	摘記	出典
1	織田信長	天文	(21)・4・10	尾張	賀藤左助	?	大瀬古之余五郎跡職座買得につき、織田信勝取次を以って永代知行	加藤家文書
2		永禄	7・12	美濃	熊田長右衛門	合物・鳥・海薬	諸商人より拾貫文ずつ座役銭徴収、無沙汰は成敗	熊田文書
3			10・12		長谷川三郎兵衛	榑	関以東より米田川を境に座を申し付ける	長谷川五郎氏所蔵文書
4			11・10	山城	四座中	南方・北方	小舎人・雑色衆南方・北方座中の屋地子・諸役・諸公事免許	吉田文書
5			12・4・12		八瀬童子中	薪ヵ	綸旨・代々下知に任せ諸商売安堵、竹木伐採・郷質所質・押執停止	八瀬童子会所蔵文書
6			12・4	美濃	玉井小兵衛尉	鉄	勢至鉄座牌につき、武馬三郎右衛門尉折紙に任せ、諸商人宿安堵	玉井直氏所蔵文書
7			12・11・3		美濃国座人中		鉄・鍬荷商売の役銭・小売は従来通り納入、国質・郷質・諸役免除	
8	丹羽長秀	元亀	2・10・19	近江	七ヶ之畑中	炭ヵ	国中炭商売許可	小椋記録
9	織田信長		3・12・2	尾張	惣十郎	唐人・呉服	尾・濃両国の唐人方・呉服方商売司へ任命、他国商売人裁許権付与	寛延旧家集
10	嶋田秀満等		(3)・12・6		(伊藤宗十郎ヵ)		御朱印の旨に任せ、尾・濃両国商人司へ任命	
11	柴田勝家		4・1・4		伊藤宗十郎		御朱印の旨に任せ、尾・濃両国商人司として裁許権付与	
12	佐久間信盛		4・2・10				信長朱印状に任せ、尾・濃商人司役徴収のこと	
13	織田信長	天正	元・8・25	越前	北庄橘屋	軽物	北庄三ヶ村軽物座安堵	橘栄一郎家文書
14	瀧川一益等		(元)・9・5		橘屋三郎五郎	軽物・唐人	御朱印の旨に任せ、橘屋地位を確認	

15	明智光秀等	元・9・20		三ヶ庄軽物商人中	軽物	橘屋の軽物座長任命通達、以後橘屋への案内延引者は入座永代不可	
16	磯野員昌	元・12・14	近江	朽木商人衆中	材木	朽木谷における座外商人の材木現地買入停止	山本家文書
17	不破光治	元・12・24	尾張	伊藤宗十郎	唐人・呉服	信長の命により商人方夷講許可、不破知行分の年貢納入	寛延旧家集
18	織田信長	2・1	越前	橘屋三郎五郎	唐人・軽物	唐人座・軽物座設置、座役銭納入規定	橘栄一郎家文書
19	織田信忠	2・1	尾張			御朱印の旨に任せ、尾・濃両国商人司へ任命	寛延旧家集
20	明智光秀	2・7・8		伊藤宗十郎	唐人・呉服	近江坂本の唐人方・呉服方商売役は舟奉行・町人中が管掌	
21	織田信長	3・8・24	越前	木田橘屋三郎左衛門男	唐人・軽物	橘屋の北庄還往と営業活動安堵	橘栄一郎家文書
22	武井夕庵	(3)・8・24		木田庄橘屋三郎左衛門尉		還住につき御服商売安堵、ただし大坂門徒は不許可	
23	柴田勝家	3・9・29		木田橘屋三郎左衛門尉		両座役銭納入につき、橘屋への納入妨害・所在不明商人処罰	
24	前田利家等	3・10・12		大滝神郷紙座衆中	紙	特定範囲内における諸役・地下夫役免除	大滝神社文書
25	金森長近	3・12・26		大野郡惣鍛衆中土蔵宗左衛門	鍛冶	惣鍛冶中の許可なき座加入・諸道具振売禁止、惣鍛冶中で進退	てっぽうや文書
26	原政茂	3・12		大野郡惣かち衆中土蔵宗左衛門尉			
27	織田信長	4・7・27	近江	江州建部油座中	油	先規に任せ、座専売権安堵	福原文書
28	柴田勝家	4・9・11	越前	橘屋三郎左衛門尉	唐人・軽物	諸商売楽座、軽物座・唐人座は御朱印・勝家判物に任せ進退	橘栄一郎家文書
29	織田信重	4・10・10	近江	船木、朽木商人衆中	材木	朽木谷材木・諸職人取扱は、磯野員昌の指示通りのこと	山本家文書

30	村井貞勝	天正	4・10・16	山城	三条釜座衆中	釜	綸旨に任せ座中安堵、非分・抜売は座法度により荷物差押	釜座町蔵文書
31	柴田勝家		4・11・16	越前	三国湊商人中、端郷商人中	軽物・唐人	御朱印に任せ、座役銭を橘屋へ早期納入のこと	橘栄一郎家文書
32	武藤舜秀		5・4・15	若狭	川船衆中	川船	先規の如く、敦賀津にて川船商売せよ	道川文書
33	柴田勝家		6・7・3	越前	橘屋三郎左衛門尉所	軽物	紺屋方の軽物座役銭は入絹で運上、無沙汰は豊嶋以下へ通達	橘栄一郎家文書
34			6・8・10		慶松太郎三郎、橘屋三郎左衛門		先規の如く、軽物座役徴収のこと	慶松勝三家文書
35	織田信長		7・3・28	和泉	当座人	馬	堺南北馬座を安堵、新儀商売人は成敗	末吉文書
36			7・10・14	近江	建部油座中	油	新儀商売は誰の家来でも成敗、諸公事免許	福原文書
37	松井友閑		7・12・10	和泉	馬方衆	馬	堺南北馬座につき、先々の筋目通り御朱印の旨を通達・安堵	末吉文書
38	村井貞勝		9・2・11	山城	藤本三郎左衛門尉	駕輿丁	綸旨・奉書に任せ、諸役免除	狩野亨吉氏蒐集文書
39			9・4・10	近江	粟津座中	粟津	代々の綸旨・下知に任せ、東口に至る新儀商売は座中として停止	古文書集一
40	柴田勝全		9・7・13	越前	橘屋三郎左衛門尉	軽物・唐人	軽物座・唐人座は、御朱印・勝家判物に任せ進退	橘栄一郎家文書
41	織田信忠		9・12・19	美濃	舟木商人十二人	薪	舟木商売は先規の通り一二人で行い、諸役免除	岐阜志略巻之二
42	氏菅七郎		9・12・22		舟木商売十二人		信忠判物に任せ、舟木商売は一二人で行い、千把木五〇〇〇進上	
43	柴田勝家		10・3・13	越前	橘屋三郎左衛門尉	軽物	軽物座役銭・袋役は昨年通り徴収、難渋者は町奉行人と相談し催促	橘栄一郎家文書
44	堀田秀勝	年未詳	4・3	近江	保勘左、太夫	材木	安土大宝坊材木送付につき、御精を入れ取り扱うこと	山本家文書

45	浅井信広		4・―	尾張	伊藤宗十郎	唐人・呉服	御朱印の旨に任せ、尾・濃両国商人司へ任命	寛延旧家集
46	堀田秀勝		5・2	近江	伴式、保勘左、太夫	材木	堀秀政の命により、浜にある材木を間違いなく送付のこと	山本家文書
47	伊賀定治		8・5	尾張	伊藤宗十郎	唐人・呉服	御朱印の旨に任せ、尾・濃両国商人司として裁許権付与	寛延旧家集
48	堀田秀勝		9・18	近江	伴式部、太郎四郎大夫、保子菅左衛門尉	材木	坂本具足屋与四郎殿の材木につき、四三寸百挺ほど調達・送付	山本家文書
49	池田恒興		9・22	美濃	玉井小兵衛	鉄	御朱印の旨に任せ、勢至鉄座宿安堵	玉井直氏所蔵文書
50	佐藤秀方		10・17	尾張	伊藤宗十郎	唐人・呉服	領内における商人役賦課申付	寛延旧家集
51	林秀貞		12・2				御朱印の旨に任せ、尾・濃両国商人司へ任命	寛延旧家集

注：奥野高廣『増訂　織田信長文書の研究』上・下・補遺索引、同「『増訂織田信長文書の研究』の正誤と補遺」、牧野信之助『越前若狭古文書選』、松田亮『信長の美濃攻略史研究』『尾濃葉栗見聞集・岐阜志略』、岐阜県歴史資料館編『織田信長と岐阜』、滋賀県安土城郭調査研究所編『安土城・織田信長関連文書調査報告一一　山本家文書目録』、『愛知県史』資料編一〇・一一・一四、『岐阜県史』史料編　古代・中世一、『加納町史』上巻、『養老町史』史料編、『福井県史』資料編三・六・七、『大山崎町史』史料編、『大日本史料』一〇編之七、をもとに作成。

表2「橘栄一郎家文書」

	発給者	元号	年月日	宛所	摘記
1	蔵人左少弁藤原長政	嘉吉	元・6・17	薬商人	（偽書）筑紫坪田市より諸国市町諸郷園における薬専売権付与
2	朝倉義景	弘治	3・10・21	橘屋三郎五郎□	調合薬売買における門験・薬銘使用独占、酒売買安堵
3	朝倉氏奉行人	元亀	2・3・19	橘屋□	調合薬専売権安堵
4	朝倉義景		2・12・14	橘屋三郎五郎	薬商売・諸役免許安堵
5	朝倉氏奉行人				
6	織田信長	天正	元・8・25	北庄橘屋	北庄三ヶ村軽物座安堵
7	瀧川一益・羽柴秀吉・明智光秀		（元）・9・5	橘屋三郎五郎	御朱印に任せ、覚悟のこと
8	明智光秀・滝川一益		元・9・20	三ヶ庄軽物商人中	橘屋の軽物座長任命（就任）通達。以後、案内延引者は座加入永代不可
9	織田信長		2・1	橘屋三郎五郎	唐人座・軽物座設置、座役銭（上品之絹一疋、往還商人一〇疋）納入既定
10			3・8・24	木田橘屋三郎左衛門男	橘屋北庄還往・商売安堵
11	武井夕庵			木田庄橘屋三郎左衛門尉	№10副状（大坂門徒還往は不許可）
12	柴田勝家		3・9・29	木田橘屋三郎左衛門尉	唐人座・軽物座役銭納入につき、納入妨害・所在不明商人等は処罰
13			4・9・11	橘屋三郎左衛門尉	諸商売楽座も、軽物座・唐人座は御朱印・勝家判物に任せ進退
14	結城晴朝		4・10・3	太嶋大膳亮	徳政免除
15	柴田勝家		4・11・16	三国湊商人中、端郷商人中	御朱印に任せ、座役銭早期納入のこと

16	曲直瀬道三	（5）ヵ・4・19	梨雪公参薬局中	音信（内府様・堺代官宮内卿法印御懇切につき、上洛のこと）
17	観世与左衛門尉国広	6・4中旬	田那部三郎左衛門尉	写ヵ（数ヶ年執心の大事（能太鼓ヵ）につき、今度在京の折、一切残らず相伝のこと）
18	柴田勝家	6・7・3	橘屋三郎左衛門尉所	紺屋方軽物座役銭につき、無沙汰者へ入組での運上通達
19		（9）・4・17	豊嶋久兵衛尉・聞下斎	橘屋への入組運上催促、他国移住商人・革屋西村へ座役銭懃仕通達のこと
20	柴田勝全	9・7・13	橘屋三郎左衛門尉	軽物座・唐人座は、御朱印・勝家判物に任せ進退
21	柴田勝家	10・3・13		軽物座役銭・袋役は昨年通り徴収、難渋者は町奉行人と相談し、宿中催促
22	羽柴秀吉	11・4	越州きたの橘家	禁制（乱妨狼藉・放火・還住百姓成煩・小屋壊取）
23	丹羽長秀	11・11・5	橘屋三郎左衛門	居屋敷・親類子方一一人分居屋敷、地子銭二〇貫文・臨時諸役免除
24	戸田継盛ほか三名	12・7・2	橘屋三郎左衛門尉	居屋敷・親類子方一一人分居屋敷、地子銭二〇貫文・臨時諸役・軽物座役免除
25	太田下代前助左ほか二名			№24副状
26	丹羽長重	13・6・20	橘屋三郎左衛門	軽物座役銭納入・運上は御朱印通り、無沙汰者は座追放
27	清右衛門尉・新兵衛ほか三名	13・6・26	橘屋三郎左衛門尉	神宮寺絹役割付につき、打口算段・他言なき旨請文
28	丹羽長重	13・7・2	橘屋三郎左衛門	居屋敷・親類子方一一人分居屋敷、地子銭二〇貫文、臨時諸役免除
29	惣名代高橋宗真入道ほか二名	13・7・25	橘屋三郎左衛門尉	北庄一乗町紺屋方中定書（座役銭納入既定、新規加入紺屋は入具銭を橘屋と胡講へ納入）
30	堀秀政	13・11・18	橘屋三郎左衛門尉・同三郎五郎	居屋敷・藤兵衛屋敷・親類子方九人分居屋敷、地子銭諸役免除
31			橘屋三郎左衛門尉	橘屋三郎左衛門尉ほか九名分諸役免除

32		天正		橋屋三郎左衛門尉・同三郎五郎	観音堂石・竹木伐採免除
33			19・閏1・16		居屋敷・藤兵衛屋敷・親類子方四人分居屋敷、地子銭諸役免除
34	堀秀治				観音堂石・竹木伐採免除
35				橋屋三郎左衛門尉	玄休屋敷普請許可。ただし地子銭納入のこと
36				北庄町中	調合薬売買特権安堵
37	堀秀治奉行人	文禄	2・12・14	橋屋三郎左衛門尉	木田庄山奥村寿覚院屋敷地子・諸役免除
38	堀秀治	慶長	2・6・5	橋屋三郎左衛門・同三郎五郎	観音堂石・竹木伐採、地子銭免許
39	長束正家		(3)・7・17	橋屋	居屋敷検地免除
40	服部正栄		3・7・21	寿岳院侍者禅師	寿岳院屋敷検地免除
41	青木一矩		4・閏3・10	橋屋三郎左衛門尉・同三郎五郎	「橋屋」刻銘の調合薬売買特権安堵
42				橋屋三郎左衛門・同三郎五郎	居屋敷・藤兵衛居屋敷地子銭諸役、観音堂諸役地子銭・石伐採竹木、親類子方五人分諸役免除
43	保科正光		5・11・7	橋屋三郎左衛門尉・同三郎五郎	居屋敷・藤兵衛居屋敷地子銭諸役、観音堂諸役地子銭・石伐採竹木、親類子方五人分諸役免除
44	林伝右衛門尉			橋屋三郎左衛門尉	No.43副状
45	結城秀康		7・5・2	橋屋三郎左衛門・同三郎五郎	居屋敷・観音堂屋敷地子銭分・親類子方七人分諸役免除、調合薬売買特権安堵
46	松平忠昌	寛永	元・12・25		
47	真杉所左衛門		2・4・22	橋屋三郎左衛門	居屋敷内・観音堂屋敷内における、鳥・鳥の巣捕獲禁止
48	松平光通	万治	2・8	(欠)	居屋敷・観音堂地子銭・親類眷属七人分諸役免除、調合薬売買特権安堵
49	泰清院住持樹山	延宝	3・2・15	市村勘右衛門尉・寒江甚右衛門尉・賀藤十右衛門尉・長谷部六右衛門尉	涅槃像由来・寺屋敷地子免許

50	松平昌親		3・12	（欠）	居屋敷・観音堂地子銭・親類眷属七人分諸役免除、調合薬売買特権安堵
51	松平綱昌		5・12		
52	橘宗賢	明和	（8）・2	御奉行	贋薬売買禁止につき願書
53	土橋大蔵卿ほか二名	天明	6・10・12	福井御家老中	橘宗賢の法橋位御免
54	―	嘉永	4・3	（欠）	宗賢願書につき、橘家家伝の調合薬売買触書（贋銘薬取締、庄屋方による一括配薬のこと）
55			（4・3）	橘宗賢	№54通達報告、配薬依頼につき町役人とも相談し、粗相なきこと
56	佐久間盛政	年未詳	1・22	志摩入道殿・富野平右	橘屋と一乗町紺屋方相論につき、佐久間・柴田勝安で究明、橘屋主張認可
57	堀直次		4・20	森助兵衛	西之明屋敷を橘屋へ遣わし、町の儀を油断なく取計らうこと
58			9・25	橘屋	越前国外における調合薬売買停止
59	林伝右衛門尉		12・18	橘屋三郎左衛門尉	下木田村内羽生村先祖屋敷は橘屋進退、検地帳通り地子銭納入のこと
60	本多正信		12・20	越前北庄橘屋入道	音信（おろし到来）
61	前田利長		8・18	橘屋入道	音信（柿一〇〇到来）
62			9・9	越前橘屋	音信（柿一箱二〇〇到来）
63			9・14	橘屋竜不	音信（柿二〇〇到来）
64			10・11	越前橘屋入道	音信（手作栗八〇〇到来）
65	横山康玄		9・16	橘屋三郎左衛門	音信（手作柿二籠、一籠到来）
66			10・3		音信（手作柿二〇〇到来）
67			10・6		音信
68	前田利光		9・5	越前橘や三郎左衛門尉	音信（柿一箱到来）
69			9・11	橘屋三郎兵衛	

70	前田利常	年未詳	9・29	橘屋三郎左衛門尉	音信(手作柿二〇〇到来)
71	神谷長治		9・15	橘屋三郎左衛門尉	音信(柿一籠到来)
72			9・晦	橘屋□	音信(手作柿一籠到来)
73	前田光高		10・6	橘屋三郎左衛門	音信(柿到来)
74	茨木忠如		3・11	橘宗賢	帯刀御免の祝儀(扇子三本一箱)
75	—		—・—・—	(欠)	橘家由緒書

注1：『福井県史』資料編三・中近世一をもとに作成。
2：「橘栄一郎家文書」は、戦国期から明治期にかけて、総数が一二〇〇点を超える。そのため、ここでは『福井県史』収録分のみを掲げるに留めた。文書全体の概要と目録については、註(36)久角論文を参照。

表3　豊臣権力の座政策

	発給者	元号	年月日	国	宛所	座種	摘記	文書群	注
1	羽柴秀吉	天正	10・7・21	山城	大山崎	油・麹	油座・麹座安堵	離宮八幡宮文書	大山崎
2	丹羽長秀		10・10・7	近江	舟木朽木商人衆中	材木	材木座特権安堵、違背者は注進のこと	山本家文書	安土
3	丹羽長秀奉行人		(11)・2・19		船木筏集中		沢村城修築用材馳走は大水のため遅延、船木浜の材木で応対のこと		
4			(11)・2・24		舟木大夫		沢村城修築用材馳走につき褒賞		
5	羽柴秀吉		11・3・22	美濃	玉井小兵衛	鉄	鉄座諸荷物宿路次安堵	玉井直氏所蔵文書	養老
6	丹羽長秀奉行人		(11)・5・18	近江	大夫	材木	長秀様御貫材木の残分は秀吉御用として、坂本へ有り次第供出のこと	山本家文書	安土
7	羽柴秀吉		11・6・4	山城	大山崎惣中	油	洛中油座安堵	離宮八幡宮文書	大山崎
8	杉原家次		11・6・25		洛中洛外惣中		大山崎油座以外の新儀商売停止		
9	前田玄以		11・8・6		石清水八幡宮駒形神人中井勘介入道	独楽	独楽座問屋料安堵	天正一一年折紙跡書	続群二三下
10	杉原家次		11・8・12	近江	船木太郎四郎大夫	材木	朽木谷より材木百本、比叡山より材木八百本を坂本へ供出のこと	山本家文書	安土
11	杉原家次奉行人		(11)・8・22		舟木太郎介		坂本城天守材木につき、太郎左より受け取り坂本へ送付のこと		
12	前田玄以		11・10・19	山城	雲母座九人中	雲母	雲母座特権安堵	天正一一年折紙跡書	続群二三下
13			11・10・22		轉多打座中	転多打	座中案内なき打者は成敗		
14			11・11・18		桶座中	桶	諸職補任・振売停止につき座中にて存知のこと		

15					上下京紅粉座中	紅粉	紅粉座安堵、座法違背者は成敗		
16					粟津座中	粟津	粟津座特権安堵、東口にて新儀商売停止、違背者は成敗		
17					上下京惣銭座中	銭	銭座特権安堵、座法に従い悪銭売買沙汰のこと		
18			11・11		当宮住京神人中	油	油座特権安堵、座法違背者は成敗	離宮八幡宮文書	大山崎
19	池田元助		11・12・2	美濃	舟木商人一二人	薪	薪座特権安堵、諸役免除	岐阜志略、新撰美濃志	岐・濃
20	前田玄以		11・12・19	山城	檜物屋衆中	檜物屋	檜物屋座特権安堵、新儀・法度違背は成敗	天正一一年折紙跡書	続群二三下
21			11・12・20		三条釜座衆中	釜	釜座特権安堵、抜売は座法に任せ荷物押取のこと		
22			11・12・19		塗師屋座中	塗師屋	洛中洛外椀・家具・塗物商売安堵		
23			11・12・20		材木座中	材木	大鋸板売買特権安堵、新儀商売は成敗		
24			12・4・7		朱之座中	朱	朱座特権安堵、脇売は成敗		
25			12・4・7		座中	錫	錫座特権安堵、新儀商売は成敗		
26			12・11・10		大山崎惣中	油	油座特権安堵	離宮八幡宮文書	大山崎
27	浅野長吉		12・11・26	近江	舟木朽木商人衆中	材木	材木座特権安堵、違背者は注進のこと	山本家文書	安土
28	池田照政		12・―・―	美濃	舟木商人一二人	薪	薪座特権安堵、諸役免除	岐阜志略、新撰美濃志	岐・濃
29	丹羽長重		13・6・20	越前	越橋屋三郎左衛門	軽物	軽物座役銭納入・運上は御朱印通り、無沙汰者は座追放	橘栄一郎家文書	福井三
30	木下勝俊	年未詳	4・27	若狭	一舟斎	麹	山東郷中の麹座安堵	田辺半太夫家文書	福井八
31	一柳直次奉行人		8・13	近江	大夫	材木	一柳殿御用材木百本を調達、船木へ下すこと	山本家文書	安土

32	木村隼人佐		8・18	若狭	かうしや清左衛門	麹	山東郷中の麹座安堵	田辺半太夫家文書	福井八
33	一柳直次奉行人		8・19	近江	舟木大夫	材木	一柳殿御用材木調達完了、早期送付のこと	山本家文書	安土
34	羽柴秀長	天正	13・9・—	摂津	富田宿	諸座	無座無公事	清水家文書	大史一一
35	羽柴秀吉		13・10・—	山城	洛中洛外		公家武家地下商人に至り、諸役を止め、座を破らる	四国御発向幷北国御動座事	続群二〇下
36	羽柴秀長		15・1・16	大和	奈良郡山		悉以諸公事・座破レト触タル	多聞院日記	多聞
37	斎藤勘右衛門尉		16・6・4	丹波	新町人中		町市四・五年退転につき、無座無役	古文書纂一	豊田
38	豊臣秀吉		15・6・—	筑前	博多津		諸問諸座一切不可有之事	毛利家文書三	大古
39	前田玄以		(16)・8・15	山城	嵯峨清涼寺	鍛冶・番匠・畳指・瓦師・檜皮師	其外諸職人事、諸座御棄破之上	清涼寺文書	浄土宗
40			16・9・9		嵯峨浄福寺	番匠・大鋸引・畳指・瓦師	既諸職之諸座、御棄破之上	浄福寺文書	
41	豊臣秀保カ		19・12・28	大和	郡山	座	当年免許商者ハ座破也	多聞院日記	多聞
42	豊臣秀吉カ		20・9・2		奈良惣中	諸座	天正一五年に諸売買座無しとの仰せ付け	廰中漫録	永島
43	浅野長吉	文禄	4・7・21	陸奥	会津若松		しほの宿・らうやく・かうし役・駒役、此ほか諸座不可有	簗田文書	会津八

注1：太線━━は天正13年7月11日における秀吉の従一位関白叙任を表す。

2：「大山崎」＝『大山崎町史』史料編、「安土」＝滋賀県安土城郭調査研究所編『安土城・織田信長関連文書調査報告一一　山本家文書目録』、「養老」＝『養老町史』史料編、「続群二三下」＝「玄以法印下知状」(『続群書類従第二三輯下・武家部』)「岐・濃」＝『尾濃葉栗見聞集・岐阜志略』『新撰美濃志』、「福井」＝『福井県史』資料編三・八、「続郡二〇下」＝『続群書類従第二〇輯下・合戦部』、「多聞」＝竹内理三編『増補続史料大成　多聞院日記』四、「豊田」＝豊田武『増訂　中世日本商業史の研究』、「大古」＝『大日本古文書』家わけ八、毛利家文書三」「浄土宗」＝水野恭一郎・中井真孝編『京都浄土宗寺院文書』、「永島」＝永島福太郎「豊臣秀吉の都市政策一般」(『史学雑誌』五九―四)、「会津八」＝『会津若松史』八・史料編Ⅰ、「大史一一」＝『大日本史料』一一編之二〇

終章　「楽市楽座令」再考——中近世移行期における歴史的意義をめぐって——

はじめに

ここでは、本書で取り組んだ楽市令に関する事例研究、ならびに楽座令の実態について明らかとなった成果をふりかえる。そこで改めて、全体像として、中近世移行期における「楽市」「楽座」の歴史的意義をどう再評価することができるかを結論として述べたい。

一　戦国大名と楽市

第Ⅰ部では、東西各地域における戦国大名（今川氏・徳川氏・松永氏・後北条氏ら）が発した楽市（令）を取り上げ、それら法令と市場のあり方を、地域権力による領域支配の中に位置づけ直し、その意義を再検討した。

（1）　富士大宮

中世の富士大宮は、富士信仰の中枢である富士山本宮浅間大社と、その門前に開かれた市場からなり、富士山登拝をめざす道者《どうしゃ》の宿泊施設を構える門前町として栄えた。また、富士山麓から駿河湾へ注ぐ潤井《うるい》川と、東海道から分岐して甲斐へ続く中道往還《なかみちおうかん》沿いの要衝にあることから、戦国期には駿河侵攻をはかる武田氏の攻撃に相次いで晒されていた。そうした状況下で、自由商業による新たな支配体制の創出や、武田氏への対抗と軍事拠点化・城下町建設をめざすために発給された文書が、「楽市」文言をもつ今川氏真朱印状であった。

受給者の富士氏は、富士大宮に基盤をもつ在地領主で、浅間大社大宮司を務める神職であるかたわら、戦国期には大社に隣接する「大宮司館」を拠点に、今川氏被官となって駿河支配の一翼を担い、武田軍の攻勢に富士大宮「城代」として抗戦した。

同時期の駿河国内における今川氏発給の流通・商業関係文書（四八通）をみると、個々の商工業者に対する既得権保障を中心とし、市場は開催日安堵や「前々市無之処、只今立之儀令停止」といったような、旧市を追認するものであり、今川氏自らが市日設定を行い、新市開設を奨励するといったケースはほとんど認められない。その中でも「楽市」文言は当該文書一通のみにしかみえず、それが「富士大宮毎月六度市」に対応した限定的用法であることを示唆する。

また、中道往還の起点かつ東海道沿いの宿場町である吉原（富士郡）に注目すると、中世以来、漁業や廻船業で栄えた当所は、道者宿や商人問屋が建ち並ぶ地域経済の中枢で、今川氏も吉原を拠点とする特権商人の活動を保護している。さらに戦国期には、今川のほか後北条・武田氏らによって、材木・兵糧などの軍需物資積置きや船橋の設置も積極的に行われ、軍事的要地としても発展していく。

一方で富士大宮に対する権力のアプローチは、一貫して富士信仰と宗教拠点に対するものであり、流通・商業関係文書は、楽市令を除くと、のちに富士大宮へ入部をはたす武田氏が「西町新市」へ宛てた市場法一通のみである。このような差異がありながら、あえて富士大宮に楽市が設定された背景はなにであったか。

当時、武田氏との軍事同盟破棄から、甲斐に接する富士大宮の市では、反今川勢力の濫入や来場者への非分行為が常態化していたとみられる。これは市場の存立危機を招くだけでなく、隣接する浅間大社など、古代以来の伝統である宗教面への影響にもつながる問題であったと考えられる。また、戦国期の富士郡内では、土豪による街道沿いでの新関設置と関銭徴収が横行しており、今川氏はこれを停止すべくその対応に追われていた。

その中で、門前市（「毎月六度市」）の興行主かつ在地領主である富士氏は、市における「押買狼藉非分」や「神田橋関」での新役徴収を問題視し、その現状報告と早期解決を今川氏へ訴え（「申」）出た。今川氏はその回答として楽市令発給を通じ、これを全面的に認めつつ、門前市を新たに「楽市」として設定（「申付」）することで、平和保障を確実なものとしえた。

つまり楽市令は基本的に、在地領主の要求に基づく富士大宮の聖的空間保持を第一とする平和令であり、門前市の楽市化は、あくまで今川氏が策定する平和状態を強調し、来場者へ視認させるための時限的措置にすぎなかったといえる。

(2) 小山《こやま》

小山は、駿河との国境にあたる大井川沿いの境目地域で、永禄一一年（一五六八）一二月、駿河侵攻に付随して、武田氏が当所に砦を築いたことをきっかけに、遠江支配を担う徳川氏との間で激しい争奪戦が繰り広げられたことで知られる。具体的には翌年一二月、徳川家康は一族である大給《おぎゅう》真乗《さねのり》へ、小山を含む榛原郡二〇〇〇貫文を与えて砦を攻略するが、元亀二年（一五七一）二月、武田氏がこれを奪還し、縄張を拡張して被官を置くと、天正一〇年（一五八二）の武田氏滅亡まで、諏訪原・高天神《たかてんじん》と並ぶ対徳川・遠江侵攻の主要拠点となった。

かかる長期の攻防と知行宛行から明らかなように、領国維持と拡大をはかる徳川・武田両氏にとって、駿河湾河口部と水上交通を扼《やく》する位置にある小山は、重要な経済基盤に位置づけられていた。

その中で家康が、大給氏を境目領主として小山へ配置した直後に発給されたものが、家康による唯一の楽市令とされる文書であった。だが、富士大宮と比べるとその歴史的意義づけは曖昧で、楽市であったとする事実確認や、徳川領国内に勃興した新市の城下町化をはかる政策という漠然とした評価があるにすぎない。

戦国期地域権力としての徳川氏の流通・商業関係文書（七七通）からは、①新市や新町の興隆、②在地領主による市町の代官支配という特徴が抽出できる。すなわち、根石原（三河国額田郡）や志都呂《しとろ》（遠江国敷知《ふち》郡）など、①家康居城周辺に広がる中小河川や陸路沿いに設けられた新市・新町では、居住や荒地開発を条件とする時限的な諸役免除など、都市発展を見通した人口集約や地域開発が推進され、②在地領主が、市場あるいは市升《いちます》を知行・得分として、市町経営を行う間接的支配がとられた。また、武田氏との攻防が本格化する③遠江領有期以降は、駿河湾や遠州灘における廻船商売への特権付与や渡船の営業保障など、軍需物資の確保や運搬にも関わる、湊津・水上交通の掌握にも尽力していく様子が指摘できる。

小山新市の立地と、在地領主・大給氏による支配のあり方は①②にあてはまるが、「楽市」文言は家康発給文書の中で一通しかなく、それが当該期の小山にのみ適用しうるものであった可能性を示唆する。また、期限を設けない一切の諸役免除が認められるなど、他の新市との明らかな差別化（優遇措置）もはかられた。

ところが、大給氏の知行地は、天正四年（一五七六）には早くも「所務無御座」き状態にあり、同一八年には本貫地である三河国加茂郡周辺のみに集約され、榛原《はいばら》郡一帯の所領は姿を消す。こうした大給氏による在地支配の推移と同様に、楽市令もまた、武田氏による遠江侵攻とその防衛を想定した一時的措置とみられる。

そうした特徴的な「楽市」文言は、遠江侵攻をはかる武田氏への対抗と、大井川流域における経済基盤確保にむけ、徳川方の支配領域であることを強調し可視化するため、家康が独自に掲げたものと評価しうる。

徳川領国下で小山にのみ楽市が成立したのは、軍事的緊張状態と隣り合わせの境目という立地条件によるもので、遠江支配の安定化という徳川氏自身の利害関係への影響を懸念し、「自余之如市」にはない、特権付与や保障をはかる必要性が生じたためと考えられる。

(3) 多聞《たもん》

多聞山城を拠点とした松永久秀による都市・流通支配について、当初の拠点である摂津・滝山城や大和・信貴《しぎ》山《さん》城では、城下集落の形成や市立ての動きはなく、流通・商業関係文書（六通）にも市場法が残っておらず、その実態は不明な点が多い。

これに対し、多聞では久秀入城以降、「法蓮郷」や「北里」で新市が密集するように立てられていく。このほか、京都と奈良を結ぶ幹線道の整備や、食糧・籠城用物資が多聞山城へ頻繁に集められるなど、地域経済の活性化を通じて、こうした新市が久秀自身の大和一国支配を支える物資獲得拠点として確立した様子がうかがえる。

また、奈良市中では永禄八年（一五六五）以来、悪銭使用を強制する撰銭令が繰り返し発布されたが、その意に反して市場では悪銭が忌避され、同一二年を境として「惣別ノ売買一向不成」状態に陥っていた。そのため商品売買は、「米」による現物取引が主流となり、多聞山城下でも「鮒共、八木三升ニとらせ」「タぬき一疋、八木一斗七升五合ニカハセ申」として、米（「八木」）使用へ移行していく様子がみてとれよう。そうした中で、在地で作成された文書にみえる「タモンイチラクノトキ」の一文は、あたかも久秀が楽市令を発給したことを想起させる。

しかし、発給者の「タウニン」らは、もし「タモンイチ」が「ラクノトキ」となれば、東大寺への地子一〇合余りを「マエノコトク」銭で納入すると述べるなど、かつて地子納入が「銭」を基本としていたことを示すこの一節は、奈良市中で米使用が一般化する以前の様相をさすとみられる。

当該期の奈良市中では、三好三人衆との攻防や大仏殿炎上、多聞山足軽衆による往来への狼藉・殺害行為といった混乱が度重なり、元亀二年（一五七一）八月の辰市合戦における久秀の敗北は、さらなる政情不安を招いていく。また、同年六月に発生した大洪水から「当年作毛遅々」「方々米無之」として、主たる取引手段の米も慢性的に不足していた。こうした社会情勢から、多聞山城下でも平和確立や市場経済の回復が強く求められたと考えられる。かかる事態に直面し、喫緊の地子納入を請け負う「タウニン」らが模索した手段が、かつて奈良市中の主要な取引方法であった銭納である。

すなわち彼らにとって、不足する米に代わり、作柄に左右されない銭納への移行（米を凌ぐ精銭流通量の増加）を可能とするあり方が、市場の「ラクノトキ」であった。ただし、それが「モシ」ではなく、法令として実際に施行されたかは史料がなく明らかでない。

このあと、奈良では取引手段として米の需要が一層高まり、寺院も従来の銭納分を含め、年貢公事のすべてを米で納めさせるようになるなど、「ラクノトキ」は結果として実現せず、あるいは一時的な措置に留まった可能性を指摘した。

(4)　世田谷・荻野《おぎの》・白子《しらこ》

後北条領国における楽市の実態は、池上裕子氏の先駆的研究があり、戦線拡大による他国との緊張状態から、軍事拠点（伝馬役負担地）の創出をはかる権力と、地域開発を推進する在地との共同利害が、「新宿」という空間を軸に一致し、成立すると考えられてきた。

楽市の舞台となった世田谷や荻野、白子はいずれも各地域を密接に結びつける交通路沿いの要衝で宿駅として栄え、軍勢往来や合戦の舞台となることも多く、戦国期には後北条氏の領域支配を支える要衝となり、その一部は近世以降も縮小しながら宿の機能が存続していった。

楽市の所在する武蔵・相模両国の市町と、後北条氏発給の流通・商業関係文書（一〇一通）をみると、①市場法発給や新市開設が盛んな武蔵国に対し、②相模国では複数地域で活動する商工業者への特権保障あるいは付与、奉公を命じた文書が多い。また、③幹線路沿いに市町が広がる中、④天正年間に新宿が集中して開かれ、⑤その多くが不入権をもつ。一方、⑥通説にいう地域開発拠点としての性格をもつ新宿は、全体の三割にも満たない。また⑦「楽市」文言の適用も、数ある新宿のごく一部に限られ、その大半が北条家当主の発給文書にのみ現れるなど、楽市は新宿すべての成立・展開と結びついていたわけではなく、適用対象の選別がなされていた。言い換えれば、それらの事例は、いずれも楽市化する必要性や意義があったということになる。

法令発給時の情勢に注目すると、世田谷宛ての発給者である北条氏政は、佐竹氏ら反後北条方鎮圧のため北関東へ出陣しているが、戦乱からの復興や軍備拡充などを必要とする事態は想定できない。荻野宛ても同様に、発給者の北条氏直が、壬生・宇都宮氏ら攻略のため北関東への出陣中であったが、当時の荻野にのみ軍事拠点化を要する理由は認められない。一方、白子では、秀吉の関東出陣に備えた、蔵入地への普請人足や臨時兵役賦課による百姓の欠落が問題視されていた。

すなわち世田谷宛て楽市令は、在地領主である吉良氏が、市日と権利の安堵および平和保障を後北条氏へ働きかけて獲得した文書に等しい。一方、当所を「為楽市定置」くとする後北条氏の意図は、足利家一門という家格をもち、江戸湾沿岸の要地を基盤とする吉良氏の、地域ネットワークを領域支配に活かすために、後北条氏庇護下にあることをアピールすることにあったと考えられる。

荻野宛てについても、新宿設置をはかる後北条氏へ、領主である松田氏が市日安堵と平和保障を求めた結果と述べた。その背景には当時、秀吉の関東出陣という風聞に揺れ、市来場者への非分行為が深刻化していたとみられ、市日での「横合」や、郡代・触口の介入を停止するとした内容はその表れであろう。楽市化はこうした行為を早急に排除し、市の平和確立を来場者へ視覚的に示すためのものであった。

これに対し、白子での楽市化は、過剰な軍役負担にあえぐ直轄地の退転を防ぎ、田畠耕作者の召還・確保と地域開発の促進、年貢公事納入の安定化を実現するための撫恤策であったと考えられる。いずれも後北条氏側が自らの領域支配における利害関係への影響を考慮し、その必要性に迫られた結果、楽市化にいたったものとみてよいだろう。

（5）戦国大名・地域社会にとっての「楽市」

戦国大名による楽市は、それぞれ地域固有の社会情勢に対応する形で成立し、その文言は他の市町との差異を表す限定的な用法として、平和空間や支配領域であることを示すため、意図的に掲げられたものといえる。しかし、法令としての構造が他の市町（非楽市）に出された文書と大きく変わらないことからすれば、楽市令をことさら特別なものと評価することには疑義がある。

一方、富士大宮や多聞、世田谷・荻野のように、文書を受給する在地側にとっては、なにより市場の平和確立、安堵や経済回復の実現こそが最大の目的であった。楽市令の前後にみられる市場法や、商人衆らが作成した商売掟に「楽市」文言が現れないのは、在地にとって市町の存立や商売の維持に不可欠な要素とまでは認識されていなかったからだろう。あるいは文書にそうした文言を載せる慣習自体が、そもそも存在しなかったと考えた方が正しいのかもしれない。

いずれにせよ楽市の成立には、平和保障や市場経済の回復を望む在地領主や商工業者からの働きかけが大きく関わっていたとみられる。ただし、楽市化が最終的に実現するか否かは、法令を発する大名権力が決定権を握っており、在地からすれば楽市とは結果論とでもいえ、二義的な位置づけに留まらざるをえなかったと考えられる。

このように「楽市」文言を含む文書の発給をめぐっては、平和空間・支配領域であることを示す必要性から取捨選択がなされた。そうした状態を積極的に明示する「楽市」文言とは、いわば地域秩序の認識を広く共有化させる識別記号のようなものに近い。したがって、楽市の成立背景は一様でなく、これを領国全体に通じる恒久的な経済政策のように、他の市町や新宿と十把一絡に括ることはできないといえる。

二　織田氏と楽市・楽座

第Ⅱ部では、残存史料が豊富で、先行研究でもっとも高い評価が与えられている、織田氏による楽市（令）ならびに楽座（令）の全面的再検討を課題とした。分析視点は第Ⅰ部と同様、周辺市町の存在形態と、同一権力による市場法を含む流通・商業関係文書のあり方から、その相対化を試みた。

（1）加納

永禄一〇年（一五六七）九月、美濃斎藤氏を逐って稲葉山入城をはたし、岐阜（美濃国厚見郡）を拠点とした織田信長は、すぐさま各地へ戦後処理の文書を発給した。

このとき作成された「楽市場」宛て制札は、織田氏による楽市令の初見史料で、翌年の「加納」宛てに発給された制札と合わせ、天下人へ昇りつめる信長の革新性や特異性の源泉とも目されてきた。

美濃国内に発給された、織田氏の流通・商業関係文書（二五通）をみると、伊藤宗十郎ら有力商人を通じた国内の商人統制が特徴的であるが、市町では、美濃入部前後に神戸《ごうど》（安八《あんぱち》郡）や平賀（武儀《むぎ》郡）といった既存の市場に発給した制札から、平和保障や越居者への特権付与など、同一の項目が多数抽出できる。しかし「楽市」文言の使用は両制札に限られ、単純な市場の秩序維持や商売保護とは異なる、「楽市場」「加納」という場の展開に即した固有の用法であったと分かる。

前領主である斎藤氏との差異に注目すると、近年の考古学分野の成果により、道三の時期から長良川流域や金華山麓一帯において、信長段階に受け継がれる都市基盤が確立されていた。こうした前代以来の継承という、信長の美濃支配の性格もふまえれば、市立て文言をもたない「楽市場」制札は、文書を伝来する円徳寺の主催・管轄下にあった既存の市場で、同制札は市場の平和・復興を求める寺の申請に基づき発給されたものと考えられる。

その主旨は、第一条「越居」を条件とした、通行保障や諸役免除など、市場復興へむけた不特定多数の定住（還住）という《人寄せ》にあり、制札原本に残る風化や変色という長期間掲示の痕跡にも現れている。一方、債務破棄と「譜代相伝之者」を問わない身分保障は、同時代の他市町にない唯一の特権で、受給者にとって最大の意義をもち、かつ楽市場独自のあり方といえる。

翌年の制札宛所の「加納」は、楽市場復興を契機に特定地名を冠したもので、「さかり銭」「敷地年貢門なミ」の文言は、市場空間の賑わいを示す。その中で、法制文言として初めて現れる「楽市楽座」は、ヒトの「市場越居」と振興の促進にむけ、信長が新たに掲げたキャッチフレーズとみられ、他の市町との差異を端的に示すオリジナリティと評価できる。

だが、両制札とも、市場への移住は強制でなく来場者の意思に委ねられており、商品流通の担い手である商人への通行規制もない。また、「楽市」文言の配置箇所や「諸商買すへき」とする抽象的な表現は、物流規制を含む楽市令である金森や安土と比べ、市場振興を意図したものと仮定しても、積極性を欠いていたといわざるをえない。

(2) 金森《かねがもり》

続く楽市令の舞台となったのが、守山と志那を結ぶ、東山道の枝道である志那街道沿いに広がる金森である。中世に一向宗門徒の中心地として確立し、戦国期には「石山合戦」における近江一向一揆の拠点として、在地領主である川那辺氏のもと寺内町を構えたが、信長と数度の合戦ののち破れた。

この間、佐久間信盛は「金森弐百石」を知行したが、その合戦終結直後に発給された「楽市楽座」文言をもつ信盛書状・織田信長朱印状は、市場復興や都市建設策、金森寺内町の解体、門徒間の連携遮断策といったさまざまな視点で評価されている。

金森は、涌水や集落の四方を野洲川分流が流れる地理的条件のもと、早くから野洲・栗太両郡内の周辺村落や真宗寺院と「被成水魚之思」のごとく密接に結びついて成立した地であった。そうした交通の利を活かし、門徒の商業活動を通じて豊かな経済力を蓄え、戦国期における本願寺経営(年忌法要)や一揆蜂起を長期間支えた。織田氏による一連の楽市令も、そうした金森のもつ性格を前提にして成立したとみられる。

織田氏以前にあたる、六角氏段階における湖東の流通構造は、農村に基盤を置く在村型商人の行商が特徴的で、保内《ほない》商人らに代表される特権商人集団の活動が目覚ましく、商人自らが策定した商売掟をもとに秩序が保たれていた。

流通・商業にかかる六角氏発給文書(三七通)からは、主に商売権益をめぐる相論裁許や、商人集団の活動保障や特権安堵が中心で、市場法の発給は石寺や野洲など全体の二割である。有力商人の活動を通じた物流掌握に力点を置き、市場では慣習に任せ、法規制による権力介入はあくまで必要最低限にとどめていたのだろう。

続く織田氏の流通・商業関係文書(一九通)では、六角氏と同じ商人や専売座への活動保障や特権付与のほかに、とりわけ市町へ宛てた法令が倍増する。こうした動きは在村型商人に対し、市場への定住や常設店舗での売買への移行を促すきっかけになったと考える。

また、野洲川を用いた鮎漁や材木運搬が盛んな野洲（野洲郡）では、中世に市場が設けられ、同市場の地下人中へ、諸役免除と路次整備を命じた六角氏の文書がある。野洲郡領主となった信盛も同様の文書を出しているが、先の「楽市楽座」文言をもつ書状と発給日が近接しながら、このときの文書に「楽市」文言がみえない点は大きな違いといえる。

市立てや通行保障など佐久間氏の文書は、金森・野洲ともに市場の重要性を意識したものといえるが、同内容かつ発給日の近接した文書の中でも、楽市の適用対象はあらかじめ選別されていたことが分かる。

すなわち信盛書状の意図は、文字通り金森に市場を開くことにあり、信長朱印状はそれをうけて発給された。中でも「往還之荷物」の強制着荷は、市場へのモノの集約を重視した物流規制で、ヒトの移住を最優先とした加納市場の制札とは対照的である。

いずれも商品流通における市場の重要性を意識したもので、かつての敵拠点に対する市立てや「楽市」文言の付与、物流規制による周辺市町との差別化は、金森のもつ地域的特性を活かし、自己の物流拠点に位置づけ直す措置と考えられる。ここから両文書の「楽市」文言は、金森の戦後復興に寄与するのみならず、織田方としての再生を喧伝するための修辞といえ、具体性に富んだ権力側の政策的意図が含まれていく様子がうかがえる。

(3) 淡河《おうご》

信長家臣である羽柴秀吉が、播磨出兵の最中に単独で発給した楽市令が残されていることで知られるのが、淡河である。当所は、山陽道のバイパス・有馬街道沿いの宿駅で、中世では鎌倉期以来、在地領主である淡河氏のもとで栄え、戦国期には、瀬戸内海から山陽道沿いの花隈《はなくま》城と六甲山を通り、反信長を掲げる別所氏の三木城

（美嚢郡《みのう》）へ兵糧を搬入する毛利氏の中継地点となった。織田軍による三木支城包囲の中で、天正七年（一五七九）五月、秀吉軍の城攻めの直後に発給されたのが、秀吉単独の楽市制札である。

播磨出兵を起点とした、播磨国周辺地域における秀吉発給の流通・商業関連文書（二四通）のうち、市場法は一一通と数が多い。このうち、①三木では、三木城攻略当日の城下へ、還住者を対象とした諸役・地子免除、旧領主貸付米銭破棄を命じる制札（天正八年正月一七日）を、②翌月には三木周辺の村落へも還住による年貢宥免を認めた制札を出している。また、③柏尾《かしお》や龍野では、市日安堵や治安維持および諸公事役免除の制札を発給（天正八年二月、同一〇月二八日）したほか、龍野宛て制札の翌日には、淡河へも商売安堵や治安維持の制札（天正八年一〇月二九日）を出すなど、早くから主要街道沿いに開かれた市町へ積極的にアプローチし、その戦後復興・治安維持に取り組んでいる様子が読みとれる。

さらに、④比延《ひえ》・社町《やしろちょう》・姫路では、在地住人による新市開設を「富貴」「繁昌」を条件に奨励したり、⑤天正八年四月・同六月の長水山城《ちょうすいさん》・鳥取城攻略では、城下付近の敵方市場を焼き払い、⑥毛利氏前線基地で活動する商人を引き込むなどの駆け引きも行っている。

こうして旧市安堵や新市開設による交易空間の興隆を通じ、物資調達ルートの確立と安定化をはかる一方、敵方補給地点の遮断と破壊により経済的損失を与え、敵城包囲や播磨出兵という長期の軍事行動を優位に進めた。楽市制札発給の直接的な契機は、淡河落城をうけた在地側が、重要産業である旅籠《はたご》を含む市場内の治安維持と特権安堵を、秀吉側へ働きかけたことによるものと考えられる。

しかし、合戦終結直後の制札発給・戦後復興策という共通性をもつ三木と比較しても、「楽市」文言は淡河にしか適用されていない。すなわち、それが単なる場の追認や保護ではなく、権力側の政策意図を強く打ち出すための表現であったことを意味する。播磨平定直後の淡河宛て制札に、「如有来無異儀可商売事」として「楽市」

文言が含まれないのも、それが秀吉の軍事行動に即した時限的側面をもっていたためである。

制札発給が在地申請によるものであるのに対し、淡河の楽市化は、平和空間の確立を在地へ発信し、市場・旅籠の賑わいを取り戻すとともに、三木城に隣接する毛利氏の中継地である淡河の軍事的制圧と、織田方としての再生を可視化させる権力側の戦略的用法といえる。

（4）安土

楽市令の完成形や、織田氏の都市・流通政策の到達点、あるいは近世都市法の祖型などとして、戦前以来高い評価があることで知られるのが、安土山下町に宛てた一三箇条の法令（安土令）である。

その研究蓄積は膨大かつ枚挙にいとまがないが、近年の発掘調査から、城下想定区域に先行する集落の存在が指摘され、その一つである正和二年（一三一三）作成の薬師寺領豊浦荘検注目録にみえる記述は、豊浦地区に今も残る神社など、先行集落の存在を明らかにしている。また、常楽寺地区では、佐々木荘の年貢積み出しや六角氏の外港として機能した湊の存在も指摘され、信長段階の町割が、既存の地割や参道を取り込みながら再編されたものと考えられている。

そうした中で、安土令のもつ特徴について、交通面では、先述した常楽寺湊など湖上水運を活用した形跡がみられないという特徴がある。とりわけ、天正三年の瀬田橋架橋以降、湖上水運の利用はほとんどなくなり、安土令における町への出入りも、下街道（陸路）の通行が想定されているにすぎない（第二条）。これは後世、安土令の機能を移転・集約させた、八幡宛て掟書の中で、「近遍之商舟相留之、当浦江可出入」「当所仁有之船」として、湖上水運を意識した条文が組み込まれていることと対照的である。

経済面に注目すると、「在々所々諸市当町江可相引」として、周辺市町の機能を否定・吸収した八幡に対し、安土では「国中馬売買」の独占に留まる（第一三条）。これは守山や野洲など、先行する周辺市町との共存を前提とし、商業機能の住み分けをはかったものと考えられる。ところが、同じ楽市である金森との比較でいえば、特定の物資にこだわらない「往還之荷物」の着荷強制をはかった金森に対し、安土での「荷物以下之付下」は強制でなく荷主次第とされている（第二条）。これは言い換えれば、市場での商売に結びつく可能性も商人の意思に委ねられていたことを示し、物資の集約に加え、市場振興を積極的にはかろうとするスタンスとは言いがたい。

一方で、身分を問わない移住の奨励と居住者保護および特権付与（第九・一二条）は、加納宛て制札のように、ヒトの移住や定着を最優先とする《人寄せ》としての性格とも結びつく。また、商人の寄宿の強制がある一方、それ以外の身分に対する「居住」「有付」を強いる条文がないことも、町場の成立が来場者の意思に委ねられていたことを示唆する。これは八幡に採用されていない条文で、城下経営に対する権力側の姿勢に明らかな相違があったとみられる。

こうしたヒトに対する通行と寄宿強制（第二条）や、他国からの移住（第九・一二条）をことさらに意識した条文の多さは、往来の定着と人口増加を最優先に図ろうとしたもので、換言すれば、独自の規制や特権付与を条件に呼び込みを進めなければ、町の維持はおろか、成立そのものが困難な状況にあったためであろう。

従来は、他の市場法とは異なる条数と内容の豊かさから、安土山下町は計画的大都市として革新性や画期性が強調されてきた。しかし、都市としての実態は、発展途上ともいうべき立地環境や、織田氏の存立基盤の未熟さに制約されていた側面が強く、掟書に盛り込まれた内容はその克服をめざすものであった。冒頭に掲げられた「楽市」文言はいわば、信長によるニュータウン創出の宣言であり、加納における楽市とは異なり、より具体性を帯びた積極的表現と捉えることができる。

安土は織田氏の権力構造、ないし湖東という地域固有のあり方に起因した特殊事例であり、隣接する八幡宛て掟書との異同からも、そこには地域差が明確に存在する。したがって、安土令を一般化し、近世都市成立の指標と安易に位置づけることは危険であろう。

（5）　越前（足羽三ヵ荘）

自由商業の「楽市」をうけて、近世化を推し進める新たな政策段階として登場するとされたのが、中世的秩序である座の否定・解体を目的とした「楽座」である。美濃国加納や近江国金森の文書に同様の文言がみえるように、楽座も、これを多用する織田氏の主導で権威づけされ、続く豊臣氏が、座の全面否定と商工業者の統一的把握を実現し、楽座は完成すると考えられてきた。その根底には、自由商業の桎梏《しっこく》となる座が、両権力のもとで当然に否定・解体されるべき存在とする固定観念があった。

本書はかかる視点を見直し、豊田武氏が楽座定義の根拠とした、大山崎油座・北野西京酒麹座・四府駕輿丁《しふのかよちょう》呉服座いずれの事例も、座の否定・解体の事実を示す根拠となりえず、楽座とも結びつかないことを指摘した。そのうえで、中近世移行期における越前国の有力商人・橘屋に関する文書群のうち、楽市・楽座関連史料で唯一「楽座」文言のみを記す史料に注目した。そこで従来省みられなかった、政策の適用対象である座商人の視点から発給背景を読み直し、楽座に、従来の定義と相反する内容を明らかにした。

越前では朝倉氏時代より、絹織物を扱う専売座が特権的活動を行い、続く信長も、橘屋を軽物座・唐人座の両「座長」と定めて、商人統制を有利にすすめた。ところが天正三年、信長より一国支配を委ねられた柴田勝家は、彼ら有力商人と向き合う中で、早くも大きな壁にぶつかる。すなわち、朝倉氏段階から諸商人へ賦課されてきた座役銭が重い負担となり、商人の間で「申妨」「見隠」などと、役銭納入を「無沙汰」する動きが加速し始める。この事態に、勝家はついに「諸商売楽座」を決断するが、軽物・唐人両座に関しては「御朱印幷去年勝家一行」

通りとして、引き続き座役銭納入を命じた。

すなわち「楽座」とは、権力自らが課した座役銭納入という枠組みから商人を解放し、彼らの活動の負担を取り除く（「楽」）ことを指す。勝家が「楽座」という表現をもって一部の商人側の要求に応え、座役銭免除に踏み切ったのは、信長による支配体制からの脱却と、自律的な領主権力としての立場を、国内へ表向きにアピールするためでもあろう。

楽座は原状回復策として、座商人本来の商売活動を取り戻させることに意義があり、商人にとってはたしかに歓迎されるものであった。しかしながら、権力にとっては自らの経営基盤を揺るがすがゆえ、楽市以上の慎重さが求められ、史料に現れることも限定的だったと考えられる。楽座実施の背景には、座や有力商人のもつ卓越した経済力を、いかに自らの基盤として手元に残しておくかを模索する権力の姿が浮かび上がり、そこに座の否定・解体という積極的志向や近世的商人支配へ結びつくあり方は想定できない。

その後、豊臣期においても座役銭徴収は継続されるが、まもなく座商人は、天正一三年の「諸問諸座」解体という転機を迎え、以降、秀吉による座政策は「破座」「無座」に一本化し、発給文書からも「楽座」の文言は一切現れなくなる。

当初こそ信長を継承し、支配の正当性を示すことに奔走した秀吉も、関白任官を契機として、政策方針の転換をはかっていく。それは、かつて有力商人の保護・温存に終始した、地域権力にすぎない織田（「楽座」）のあり方を捨て去り、新たに国家権力としての支配体制を構築すべく、それとは真逆の、新たな方向（「破座」「無座」）へと舵を切っていくことであった。織田権力の「楽座」と、豊臣権力の「破座」「無座」は、そもそも内実を異にするものであったといわざるをえない。

(6)　織田氏「楽市令」をめぐって

楽市については、従来、織田氏の専売特許であるかのように捉えられがちであったが、そうした評価が誤りであることは早くから諸研究が指摘してきた。では、織田氏が楽市の先鞭をつけたとか、新都市建設を目的とした積極的導入により法令としての権威づけを行ったとする見方は妥当であろうか。

先述のように、織田氏が法制文言（条文）として「楽市」を用いたもっとも早い事例は加納宛て制札である。そこでは既存市場の保護や、さらなる経済振興を促すための修辞にすぎず、新たな規制を盛り込むなど権力側の政策的意図は含まれない。すなわちこの段階では、市場内の平和保障や特権安堵を望む在地の要求に応えることが重要で、「楽市」は当座の課題解決へむけた手がかりとして副次的に掲げられたにすぎない。そのため、法令の構造は「楽市」文言を除けば禁制に等しい。こうしたあり方は、今川氏（富士大宮）や松永氏（多聞）・後北条氏（荻野・白子）などの他の戦国大名領国とほぼ同質で、特筆できる差異は認められない。ところが、織田氏の支配地域が拡大していくにつれ、「楽市」は、単純な場の安堵や保護としての意味ではなくなっていく。

すなわち、金森の佐久間信盛書状では、市立てにかかる要件として「楽市」が掲げられ、続く信長掟書は、物流規制を敷いた織田方の市場としての復興再生を意味するものとして「楽市」が用いられている。秀吉の楽市制札もこれと同様、市場内の平和確立に加えて、敵方の補給基地の制圧と再生を可視化する政策的文言であったことを指摘した。

これら三例では、物流規制や諸特権の付与とあわせて、周辺市町にはないプライオリティを強調する表現として意識的に掲げられたことがわかる。また、そのいずれもが領域支配の過程において、長期間にわたり対峙する敵方の重要な経済拠点を対象としていることから、この段階の「楽市」は、その軍事的制圧と、自己の物流拠点としての再生を広く喧伝する戦略的要素をも含んでいたといえる。

このように、保護や追認としての意味合いに加え、他大名や対抗勢力にむけた支配地域であることの強調や、領国経営の安定化をはかるといった大名権力側の意図と結びつく楽市のあり方は、徳川氏（小山）や後北条氏（世田谷）の事例とも重なる。したがって、この段階においてもなお、織田氏の事例を先駆ないし画期と評価することはできない。

しかし安土令になると、「楽市」は、新興都市建設とその発展をはかるため、上級権力の信長が「仰付」け、与える文言へと変わる。信長の新たな政治拠点であることを差し引いても、安土における「為楽市被仰付之上」との表現は、加納や金森に出された文書とは明らかに異なっている。つまり、この段階における「楽市」は、権力側の政策として打ち出したキャッチフレーズとなっており、信長にとっての支配や統制の道具へと生まれ変わっている。

改めて安土以降の楽市令を振り返ると、世田谷・荻野・白子のほか、安土の都市機能を継承したとされる、八幡山下町に宛てた楽市令でも「為楽市申付上」「楽市之上」とあるのみで、いずれにも尊敬表現はみられない。八幡や日野・坂本など、近隣地域では、完成度の高い安土令を雛型に、必要な要素を取捨選択し、法令が作成された可能性が高い。だが、「楽市」文言そのものに、往時すなわち信長と同じような、政治的かつ積極的意味合いを見出すことはできないだろう。(1) 安土における「楽市」とは、あくまで地域固有の、かつ織田権力下のみで完結する、時限的な用法でしかなかったと考えられる。

三　楽市の変容——歴史と記憶——

「楽市」は豊臣期以降、慶長年間まで引き続き史料上に現れてくる。その消滅が、ただちに近世成立の指標や、政策・空間としての普遍化を意味するものでないことは、本書で繰り返し述べてきたところである。だが、ミクロな視点で捉えた場合、中世から近世へ移行する地域社会の変容過程において、実際に楽市はどのように位置づけられるのか。本書を通じて明らかにしてきた実態をふまえ、楽市のもつ歴史的意義を追求したい。

具体的には、楽市となった空間がその後いかなる成長ないし変化を遂げたのか、という歴史的展開を問題とする。また、楽市関連文書が地域の中でどのように伝えられ（保管され）、さらには楽市という事象や由緒が、一つの歴史的事実として、人々の間でどう記録（記憶）され、評価されているかにも注目したい。

ただ、こうした問題については史料的制約もあり、全面的な検討は難しい。そこで楽市令以降の市場法や商売掟、日記・言上書などの文書類、またこれらを素材に編まれた地誌や、市場の歴史に触れた由緒書などが残る地域の事例を中心に取り上げることで、この点について可能な限り考えてみることとしたい。

（1）　富士大宮

永禄一二年（一五六八）、武田氏の駿河侵攻に富士氏は大宮城を拠点に抵抗を続けたが、まもなく降伏し、富士大宮は武田方へ組み込まれる。その後、武田氏は帰属した富士氏と姻戚関係を結び、浅間大社の修築や社領再編や神事興行の保護など、富士信仰という宗教的拠点としての支配強化に努めるが、楽市を含む市場支配の様子は明らかでない(2)。

その後、富士大宮は秀吉や家康の保護をうけるが、早く天正年間には、富士川以西から富士参詣に訪れる道者《どうしゃ》へ、「如先年大宮を通可」きとする掟書が出されるなど(3)、本来の参拝ルートである富士大宮を通らず、富士山へ向かう道者の横行が問題視されていたらしい。その背景には、道者が富士大宮で宿をとる際に、浅間大社へ納める坊役銭の存在があり、慶長年間以降も「大宮を破通」る道者は跡を絶たず、富士大宮に立ち寄った者の中にも、宿坊と「もんたう」（問答）が生ずるなど混乱が続いたという(4)。こうした実態からは、楽市化が必ずしも安定した往来を促し、また求心性を付与するものではなかったことを彷彿とさせる。

また、慶長一二年（一六〇七）の角倉了以《すみのくらりょうい》による富士川筋開削は、それまで中道往還や潤井川を介して結ばれた、駿河・甲斐両国間の物流網にも変化をもたらした。すなわち、甲斐へ運ぶ海産物などの上り荷は新たに富士川を「舟ニテ下ス」こととなり、甲斐から駿河へ運び込まれる物資は富士大宮下流の渡船場である岩淵へ「舟ニテ」下ろされるようになり、富士川舟運が物資輸送の主要機能となっていく(5)。

今川・武田両氏の支配以降、富士大宮の楽市の動向を知る手がかりはないが、こうした水上交通の整備や、富士信仰を支える道者らの意識の変化は、市場そのものの存立にも大きな打撃となったと考えられる。その後、中道往還に沿って東西に建ち並ぶ「いちくら」や、旅籠など人馬往来の盛んな宿駅として賑わう富士大宮の姿が文献に現れるのは一七世紀末以降で、そこに「楽市」の文言はみえない(6)。

(2) 小山

長篠合戦を経て、膠着状態が続いた徳川・武田両氏による小山城をめぐる戦いは、天正一〇年（一五八二）二月、武田勢が城を放棄するという形で決着する。その後、城は家康の手に渡るものの、目立った利用がないまま廃城となっている。そうした中で、「為楽市申付」けられた小山新市は、のちにどのような経緯を辿ったのだろうか。

天保五年（一八三四）成立の『遠淡海地志《とおとうみ》』(7)には、「初倉庄川尻村」項に「小山町、十二月廿六日、市立」との記述がみえ、川尻村（榛原郡吉田町川尻）に市場が立っていたことが分かり、同九年の「天保国絵図」にも、「川尻村之内小山町」の名が記されている。

この近世「小山町」成立の経緯については、正徳二年（一七一二）作成の「小山町由緒書」に詳しい(8)。そこには一六世紀末、新たに榛原郡を知行した山内一豊により、「植松町」から移住した住民（「我等」＝由緒書作成者）とともに、「同郡之内河尻村」に「町屋」が建てられ、以後、下街道（田沼街道）沿いの宿場町として、伝馬役を務めたとする由緒が記されている。

近世「小山町」が開かれたとされる川尻地区には、現在、「町上」「町下」の小字名が残ることからも、ここで町立てが行われたことはほぼ間違いない。幕末から明治にかけて消滅したとみられる、地名としての「小山町」は、この山内氏の町立てに由来するものだろう。

さらに「由緒書」の中では、武田氏と家康の「取合」（遠江侵攻）以来、「諸事町御役御肴御馬草糠藁御役」を申し付けられていたとあり、楽市令第一条の「一切不可有諸役事」とも矛盾する。すなわち、これら諸記録にみえる近世「小山町」とは、市日こそ楽市令の発給時期（一二月）に引き付けた可能性はあるものの、かつて「為楽市申付」けられた「小山新市」が、そのまま町場化したものではないことが明白である。家康時代の市場はおそらく、武田氏との「取合」（合戦）後、奪還した小山城がその役目を終えたと同時に、取り潰された可能性が高い。

（3） 世田谷

小田原攻めで滅亡した後北条氏に代わり、徳川家康が関東を治めると、江戸を核とする商業圏の成立と五街道が整備されていく。主要街道から外れた旧往還筋にある世田谷では、市場の規模は縮小し、江戸時代の早い段階で、現在の「ボロ市」に連なる年一回の歳末市へと落ち着いていったようである。

その後、寛永一〇年（一六三三）、江戸屋敷賄料として世田谷を知行した彦根藩主・井伊直孝が領主となり、このとき世田谷領一五ヵ村の在郷代官として大場氏が取り立てられる。元吉良家重臣として、後北条氏滅亡後に世田谷へ土着して帰農した同氏のもとには、近世以降の世田谷市の様子を伝える記録が残されている。[9] その中で【史料1】後北条氏の楽市令（第Ⅰ部第四章、一一三頁）はどのように現れてくるだろうか。

享和元年（一八〇一）、大場家第一〇代・弥十郎が代官の職務内容を書き留めた『世田谷勤事録』[10] には、「世田谷市町免許」「世田谷上下宿市町免許」として、大場家所蔵の古文書から世田谷の歴史を編んだ『公私世田谷年代記』（天保五年成立）[11] では、「世田谷新宿江月次一六之市町免許御書付」とある。いずれも制札原本を伝える大場家において、「楽市」文言をもつ天正六年の北条氏政掟書は、後北条氏から六斎の市立てを認められた文書として認識されていた。

（4）荻野

楽市掟書を受給した松田氏は、後北条氏滅亡後、徳川家康に旗本として仕え、近世の荻野は享保年間まで幕府領、以後、大久保教寛《のりひろ》領、荻野山中藩と推移していく。一方、近世における荻野市の動向が明らかになるのは江戸中期頃である。

寛文年間に発生した火災で、家財や商売道具を焼失した市場は「中絶」状態に追い込まれた。[12] そこで正徳三年（一七一三）、「困窮」を訴える荻野村の百姓らは、幕府代官へ市場再興を願い出て、[13] 翌年、旧来通りの市立て（四・九の市日）を了承された。[14] この時、市場の由緒を示すものとして、願書とともに村側が提出したのが、「今以所持」する「北条家ゟ建候」「御免状」、すなわち掟書の写しであった。

ところが、市場再興願いをうけて作成された窺書[15] には、荻野市は「所之者共市町興行仕度旨」を北条家へ願い出たことを起源とし、その際に領主である松田氏を介して下された「免許」の文書が掟書であったと記される。

また、市場興行にあたって幕府代官が下した法度[16] には、楽市令に多くみられる喧嘩口論や押買押売の停止といった治安維持条項は盛り込まれるが、そこに「楽市」の文言は現れてこない。

これ以降、村明細帳[17]や地誌[18]でも荻野市に関する記述が散見されるようになるが、そこでも後北条氏以来の市立てと再興の事実が強調される一方、荻野市が楽市であった点は言及されていない。

（5）金森

金森では、佐久間信栄《のぶひで》掟書を最後に織田氏が文書を発給した様子はうかがえない。それと並行して、信長は安土築城をきっかけに、領国内において迅速かつ確実な交通路（陸路）の整備を進めていく[19]。これに関わって、上洛時や京・畿内への物資輸送経路として重宝された湖上交通も、信長はそれまでの常道であった志那―坂本ルートから、新たに湖東と湖西を最短距離で結ぶ矢橋―松本間へ経路を変えるようになる。

豊臣期になると、八幡宛て掟書にあるように「在々所々市」の機能は吸収されていく。陸路では、京―尾張清州間を結ぶ東山道の伝馬宿送の地として、瀬田と八幡を結ぶ守山が重視され、慶長六年（一六〇一）の伝馬制確立を経て、守山宿を核とした助郷圏が成立する。

湖上交通では、信長以来の矢橋が渡船の御用湊と定められ、草津と大津両宿の継立場として発展し、膳所《ぜぜ》藩の蔵米・商人米の積み出しや独占的輸送にもたずさわるようになる[20]。こうした湖東周辺での地域経済再編の動きが金森に影響を与えたことは想像にかたくない。

織田氏の楽市令を伝える善立寺の記録[21]（江戸後期頃成立ヵ）には、近世以降、新たに「守山ヨリ矢橋へ出ル」道が湖上水運の主要路とされたため、金森を通る志那街道の往来は減少し、次第に「売物等モハカス、田地モ作ラス通リカケニテスグル人ハ住居ナリカタク、百性分ハカリ渉ルヤウニナル」として、市場における商取引も困難を極め、農業経営への移行を余儀なくされたとする様子が記される。

元禄一六年（一七〇三）七月、守山宿への助郷負担を命じられた金森は、奉行へ「信長公様御朱印頂戴仕候由緒」を記す言上書を提出した。[22] その中で金森は、山門焼討ちの折に信長の常宿と定められ、その褒美に「諸役以下御赦免」の朱印状を得て以来、一切の諸役は免除されてきたとして、助郷役を「困窮いたし迷惑」と訴えた。このとき、金森が助郷免除の根拠としたのが、信長朱印状（掟書）であった。

ところが、金森ではすでに「庄屋モ村ニモ知ル人」がないほど、朱印状の存在自体が忘れ去られ、今回引き合いに出された折も、朱印状は村屋敷の「藁屋根ニ挟ミオ」かれて長年放置され、雨水が染み込み「紙ニ色カハリタル」有様であったという。[23]

こうした杜撰な保管体制の中で、約一五〇年が経過した江戸中期に「再生」された信長朱印状は、金森にとって「諸役以下御赦免」の権益を保障するだけの文書であり、そこに楽市という由緒が特権として語り継がれることはなかった。

（6）淡河

天正八年六月の播磨平定を経て、淡河は有馬則頼に与えられるが、関ヶ原合戦の後は池田輝政が入部する。このとき池田氏が発給した掟書[24]には「前々より如有来、商買すへき」とあり、秀吉以来の淡河市場の権利が安堵された。その後、近世の淡河は明石藩領に組み込まれ、本陣を設けた有馬街道の宿場町として近代まで繁栄する。

貞享三年（一六八六）、明石藩主交代をうけて、淡河組大庄屋を務めた村上家当主が藩へ提出した由緒書[25]には、秀吉の淡河攻めに始まり、制札発給から淡河町成立にいたる背景が綴られる。そこでは三木城攻略の道中、淡河を「宿次之町」に取り立てることを決めた秀吉から下されたのが、「月ニ六日之市日」を定めた「直々御判」の制札、すなわち楽市制札であったという。そして同制札はその後、少なくとも池田氏の時代まで「御札場」に長期間掲げられていたと伝える。

このように、秀吉の制札は近世においても淡河町の特権文書として位置づけられていた。しかしながら、それが「市日」指定の制札としてのみ認識されていたことや、領主交代のつど発給された淡河町の権利安堵に関する文書の中で、諸役免除のみが保障されたように、同時代に多くみられた秀吉制札の中で、唯一のプライオリティともいうべき楽市の事実は、近世初期の段階でその姿を消している。

（7）安土

信長が斃れてまもなく、天正一一年正月に安土へ入った織田信雄が、城下へ出した掟書[26]には、「任先代條数之旨」せて安堵するとあり、この段階で安土令以来のあり方が継承されていたことがわかる。ただし、そこに「楽市」文言はない。

その後、小牧・長久手の戦いを経た同一三年、近江二〇万石の領地を与えられた羽柴秀次が八幡山城を構えると、安土は都市としての役目を終え、その機能は八幡へと引き継がれる。

八幡では、翌年に先述した秀次による楽市令がみえ、同一八年に尾張清洲へ移封された秀次に代わって入城した京極高次も、文禄三年（一五九四）に楽市令を下している。こうして八幡には信長掟書に加え、羽柴秀次や京極高次の楽市令が伝来していく。のち秀次自害をうけて京極高次は大津へ移封となり、八幡は京極氏領のまま在郷町となる。

こうした中で、寛文一二年（一六七二）に琵琶湖沿岸へ賦課された瀬田川普請役に際し、八幡町ではその免除を願い出るため、訴状を作成した[27]。その中には町の由緒とともに、諸役免除の正当性を示す証拠文書として安土令が掲げられている。

すなわち、安土の機能を移転した経緯をもつ八幡では、安土山下町に下された「従信長公被下候諸役御免許之御朱印」を所持しているとしたうえで、これに引きつけて作成された秀次掟書も同様に「諸役御免許之御書」として下されたものと言い、この二通をもって、八幡が「従古来諸役御免許之地」という由緒をもつことを主張する。

こうした八幡の歴史叙述については、諸役免許文言のみに価値を見出し、信長や秀次掟書という原文書の内容を矮小化したものとの指摘がある(28)。しかし、諸役免除のみを伝統として強調しようとする姿勢は、世田谷や荻野・金森などの事例でもみた通りである。同じように、安土から八幡と受け継がれてきた中で、掟書にみる「楽市」という個性については地域の中に定着せず、早くも近世初期の段階で、重要な歴史的事実としても認識されなくなっている。

以上から明らかなように、楽市化した市場の多くは、江戸時代以降における周辺市町や交通網の再編、新たに成立した大都市への商業機能の集約による影響から、近世ではそれまで保持していたプライオリティは次第に失われ、その多くは城下町化をはたすことなく、開催規模の縮小や農村化への途を余儀なくされたとみられる。

その中で楽市令という存在も、助郷や普請といった公儀負担の回避や、市の再興を働きかけるときなど、在地にとって都合のよい由緒を訴え利益をもたらすための「道具」として再生されるようになる。ただし、それはあくまで諸役免除や市立てといった先例を証明し維持するために持ち出されるもので、地誌や歴史書あるいは日記などに記される場合を含め、文書獲得にいたる過程と諸役免除という由緒に重点が置かれ、法としての位置づけは、より単純化された、大名権力による「市日指定」や「市町立て免許」の制札という姿に落ちついてしまう。

こうして近世では、楽市化したという歴史や、その文言が記載されていた事実が前面に出ることなく記憶からも抜け落ち、「諸役免除」という文言のみが永く語り継がれていく。楽市は、文書発給当時の地域固有のあり方を前提に成立する一方で、それが維持されなければ容易に崩壊する脆さがそこにはあった。そうした点から、楽市それ自体に、社会秩序の変容をもたらすような革新性や、近世都市の成立に直結する要素を見出すことは難しいといえるのではないか。

大名権力の政策意図に基づいた、時限的側面ともいうべき強い時代性を帯びるがゆえに、楽市は地域に根づきにくく、実生活からもかけ離れており、近世の早い段階で、市場や町の成立（再興）ないし秩序維持にかかわる要素という認識は希薄化していたと考えられる。そのため、楽市令の多くに共通する「諸役免除」という特権の記述に法としての有効性や優位性が見出され、周辺地域との差異を示すステータスとして重視されるようになると、楽市令はありふれた市場制札の一つとして記憶されていくことになったのだろう。

おわりに

これまで「楽市」「楽座」といえば、近世都市成立の契機となる革新的政策として取り上げられてきた。しかしながらその実態は、各大名領国における領域支配と密接にかかわって、平和状態の確立や経済特区（再生）としての市場のあり方を、一時的に強調ないし可視化するレトリックとして掲げられたものが「楽市」であった。一方の「楽座」は、特権商人のもつ卓越した経済力を、支配基盤としてより身近につなぎ止めようと働きかける、権力側の政策的意図が含まれたものである。その実態は、自ら賦課した役負担を商人側の要求に応じて免除し、従来通りの商売活動を促すことにあるが、その実現は困難かつ慎重さを要した。その後、豊臣権力下で「楽座」が消滅し、初めて通説にいう座の否定・解体の「破座」「無座」へと、政策そのものの方針が転換していくことは先述した通りである。

「楽市」「楽座」いずれの場合も、政治・経済などの社会情勢や、市場を取り巻く地理環境、あるいは大名権力ごとの支配理念に対応してそのつど現れる、きわめてローカルかつ場当たり的な性質を帯びていたといえる。

ここでは最後に、一七世紀初頭まで現れる「楽市」の歴史的意義と、移行期社会における位置づけについて、本書で明らかにした成果をふまえてまとめたい。

(1) 「楽市」の成立と展開

楽市とは、市場やそれを領知する在地領主が抱えた《問題》に対し、その解決を求める在地からの働きかけをきっかけとしつつ、大名権力が文書発給(法令)という形で「申付」けることを通じて、初めて視覚的にも空間的にも成立しえた。

いわゆる楽市令の多くは、諸役免除や治安維持などの一般的な条文で構成され、中には禁制のように内容が簡素な例もあり、けっして特別な構造だったわけではない。このことは、同一地域における市場法と比較すると明らかである。

また市場の開設や復興、またその保護など、内容が類似した場合でも、「楽市」文言はその中のごく一部にしか記されない。つまり、それは本来遍く用いられるようなものでも、市場法全体の構造を規定する絶対性や法的拘束力を帯びたものでもない。きわめて個別的かつ限定的な表現であったといわざるをえない。楽市令を発する大名権力側からすれば、あえて法令に盛り込み、宣言しなければならない必要があったということになろう。

そして、楽市が必要となる《問題》とは、災害の常態化や敵方との攻防、あるいはそれによる市場経済の混乱や商品流通の停滞といった、地域秩序の動揺を指す。それらが、権力自らの利害関係にまでなんらかの影響を与えると懸念される事態に陥った場合に、初めて「楽」の導入が促されるにいたったと考えられる。

すなわち、いつどこに楽市が設定されるかは、最終的に文書を作成する大名権力の判断に委ねられていたのが実情であった。この点については「大名の「楽市令」がなければ楽市場の実現は困難であった」とする池上裕子氏の指摘[29]が的を射ている。

数ある市町の中から楽市に選ばれた空間は、領域支配における要の一つであったことは疑いない。だが、そうしたあり方があえて法令を通じて宣言・強調されたことをふまえるならば、かかる空間は、同時に、大名権力自身にとっての、もっとも克服すべき弱点を抱えた場であったと言い換えることもできよう。

近年、清水克行氏は、戦国期における法意識のあり方に注目し、中世社会に多様化する自由・自治としての「アジール」のような宗教的・呪術的観念が、戦国期に希薄化すると指摘している[30]。すなわち、戦国期における呪術性の後退や、宗教勢力の権威低下を背景として、アジールに規定された寺院の中に実利的発想が興り、やがて大名権力をはじめ社会全体にも、宗教的・呪術的特権にすがるより、公共の利益を優先すべきとする観念が浸透していくという。

楽市もまた、大名権力と在地が抱えた当座の問題に対し、もっとも現実的かつ合理的な解決方法として導入されたものだろう。「楽市」文言の記載は、権力にとってのメリットになるのみならず、平和状態の強調や市場経済の回復、あるいは特定の物資集約など、市場（在地）にとっても利益に結びつくものであったことは疑いない。

しかし、楽市令の対象となる市場近郊には、早くから政治・経済・軍事などの中枢として栄えた町場が存在し、楽市化した市場はこれらを否定したり、凌駕する存在にはなりえていない。実態は、「楽市」文言をもたない他の交易空間と横並びに近い状態にあった。

市場が、早くから地域単位で形成された流通構造のうえに成り立っていたように、法令もそれらに規制される側面が強い。だとすれば、そこに成立する楽市空間も、客観的にみれば「普通の市場」であることに変わりはなかったといえよう。

（2）「楽市」の変容と消滅

楽市とは、地域的特性ともいうべき多様な条件に加え、大名権力の都合により、そのあり方が左右される。たしかに織田氏の事例だけに注目すれば、従来のような「革新的」「特異」とする評価も不可能ではない。だが、全体を俯瞰していくと、地域内でのみ有効性をもつ短期的な法令（空間）であって、城下町建設など中長期的にわたる発展志向を持ち合わせたものでは必ずしもない。

しかも楽市化した市場の中には、市町として存続し成長をはたす事例もあれば、近世成立にむかう過程で、衰微ないし廃絶する市場も少なくなかった。

前者は、もとより楽市令などのテコ入れを要せずとも存立可能な、自律的かつ安定的な基盤を保持していた地域だろう。近世に在郷町や宿場町として生まれ変わるなど、楽市令以後も継続的に権力の関与が認められたものが多い。本書でみた事例としては、富士大宮・世田谷・荻野・淡河などがこれに該当しよう。

対して後者は、楽市令の発給を起爆剤としながら、これに依拠する形で最盛期を迎えたものが多い。そのため発給者である権力の失脚や交代をはじめ、交通網の再編や城下町機能の移転といったさまざまな影響が、市場や立脚する流通構造にまで及ぶと、その環境変化のあおりをうけて揺り戻しが起こり、相対的地位を次第に低下させていく。こうしたあり方は小山・多聞・金森・安土などにみられる。

もちろん楽市すべての事例が、右のように截然と区別できるものではないが、近世へとスムーズに結びつく要素は、「楽市」という概念には内包されておらず、たとえ楽市化が実現したとしても、以後の歴史的な歩みは必ずしも一本道ではなかったと考えられる。

また、近世都市法の先駆と評される安土令であるが、それ以降に全国各地で発給された楽市令のあり方に注目すると、「楽市」文言の記載位置は第二条以降に後退し、条文内容も簡素化されるなど、より禁制に近い形へとその姿を変えていく(31)。

とりわけ安土と酷似した構造をもつ法令が、八幡・日野(32)・坂本(33)といった近江国内周辺の城下町に集中して現れることには注意を要する。すなわち、それが新興都市の建設において、マニュアルとすべき高い完成度をもった法令として捉えられていたことは間違いない。だが、右に指摘したような傾向は、安土令がそのまま全国一律に普及し、近世都市法の母体となったわけではなく、その広がりはあくまでも局地的なものでしかなかったことを意味する(34)。

こうして、まもなく一七世紀初めまでに「楽市」は法令や市場から姿を消していく。これについては、従来、近世社会の成立に伴って、法令(市場)のあり方として普遍化あるいは常態化したもの、あるいは一元的な都市構造をもつ城下町の成立と軌を一に、自然消滅したと考えられてきた。

しかし先述したように、楽市とは、市場の存立はおろか、近世に向けて通り抜けなければならない絶対条件であったわけではない。そもそも局地的であった楽市のあり方が、そのまま社会全体へ矛盾なく波及し、定着していったとは考えがたく、また安土のような都市構造がそれ以降の楽市でも同じ経緯をもって成立したかは、なお疑問が残る。いずれにせよ、その消滅にいたる背景についてはもう少し明確にする必要があるだろう。

本書の考察をふまえれば、楽市の成立を決定する大名権力側で、その時代の都市や市場の掌握に必ずしもそぐわず、絶対的に必要でないとの認識が強まり、これを放棄する動きへ転じていった可能性が考えられる。また、在地でも慣習として根づいたものではなかっただけに、彼らの記憶から忘却される動きは早く、次いで権力の需要も失われたことで、楽市は消滅へ向かわざるをえなくなっていったのだろう。

結果論ではあるが、少なくとも三都を柱とする市場構造の確立や、町触(高札)などの文書主義に基づき、都市や市場に対する厳密な法規制が整えられていく近世社会において、大名(領国)間の緊張関係や領土争いを背景とする、ローカルな課題にのみ対応した、場当たり的ともいうべき「楽市」のあり方が、そのまま雛型としてスライドされることはありえなかったろう。

一方で、古くから重く圧し掛かる「役」に関しては、社会的システムとして近世以降も存続することから、在地においても、諸役免除という特権の有無にのみ、文書のもつ価値を見出すようになっていくのは自然の成り行きであったろう。そこで与えられた楽市令の位置づけは、もはや戦国社会にかつて存在した《ありきたり》な法令の一つでしかなかった。

（封紙ウワ書）
「加藤左衛門（ママ）
　黒野町中免除ノ書」

当町中地子幷諸役、五ヶ年之間免之訖、猶為楽市之上者、是又無其煩可申付者也、仍如件、

慶長拾五年

正月　日　　　　左衛門尉（花押）

黒野

年老中(35)

現存する最後の楽市令である黒野（美濃国）の事例によれば、それまでの楽市令とは異なり、地子・諸役の免除を前提としたうえで、追加・附則条項に「楽市」が掲げられるという逆転現象が起きている。

領域支配の安定を求める権力自らの支配理念に基づいた「楽市」文言が法令に記載されなくなることは、それをあえて公に宣言する必要がないほど、広く社会全体における安寧秩序が保たれたことを示唆しよう。中世という時代の中で生まれ、消滅した楽市とは、むしろその宣言や設定の是非を決める権力自身にとっての、自由や理想を強く表したものといってよいのではないだろうか。

（1）安土と同じ都市形成という至上命題を抱えていた秀次段階と異なり、町場の成熟が実現した京極氏段階の「楽市」については、もはや「象徴的な意味合いしかな」かったとする指摘もある（『近江八幡の歴史』七巻・通史Ⅱ、二〇一六年）。
（2）一九世紀初めに成立した『駿河国新風土記』（浅間神社社務所編『浅間神社史料』名著出版、一九七四年）には、富士大宮市が、隣接する甲斐国を結ぶ物資集散地として、両国から多数の商品が取り引きされる賑わいをみせたとある。
（3）年未詳五月・井出正次掟書（「公文富士文書」二一九号〈浅間神社社務所編『浅間文書纂』名著刊行会、一九七三年〉）。
（4）年未詳五月・井出正次掟書（「同右」二一八号）。
（5）前掲註（2）、富士宮市教育委員会編『村山浅間神社調査報告書』（二〇〇五年）。
（6）貝原益軒『壬申紀行』（元禄五年板坂耀子校訂『近世紀行集成』国書刊行会、一九九一年）、中谷顧山『富嶽之記』（享保一八年。前掲註2『浅間神社史料』所収）・越路舎主人『不士山道の記』（天保九年。『同上』）。
（7）山中真喜夫編『遠淡海地志』（私家版、一九九一年）。
（8）「坂本雄司氏所蔵文書」（『静岡県史』資料編近世二―四〇一号）。
（9）『世田谷代官大場家文書目録』（東京都世田谷区教育委員会、一九七八年）。
（10）渡辺一郎校訂『彦根藩世田谷代官勤事録』（吉川弘文館、一九六一年）。
（11）『公私世田谷年代記』（『世田谷区史料』一集、世田谷区、一九五八年）。
（12）正徳三年一一月・下荻野村宿市場再興願（「難波文書」〈『厚木市史』近世資料編（五）村落三所収、一二六五号、以降「難波」一二六五号のように表す〉）。
（13）同右、正徳三年一二月・代官小林又左衛門勘定所宛市場再興窺書（「難波」一二六七号）。
（14）正徳四年二月・下荻野村市場再興法度請印連名証文（「難波」一二六九号）。
（15）前掲註（14）。
（16）正徳四年二月・代官小林又左衛門下荻野村市場法度（「難波」一二六八号）。
（17）宝暦一〇年八月・下荻野村村明細帳（「難波」一一九三号）、文政九年三月・下荻野村地誌御調書上帳（「難波」一一九五号）。
（18）『新編相模国風土記稿』（蘆田伊人編集校訂『新編相模国風土記稿』雄山閣、一九八五年）。

(19) 髙木叙子「信長と近江の水陸交通について」(『淡海文化財論叢』一叢、二〇〇六年)。
(20) 杉江進『近世琵琶湖水運の研究』(思文閣出版、二〇一一年)。
(21) 「当地ヲトロエタル事」(「善立寺文書」〈山本啓四郎「近江国金ヶ森町の楽市楽座に関する一史料」『歴史と生活』五―四、一九四二年〉)。
(22) 元禄一六年三月・同七月、江州野洲郡金森村言上書(「野洲町共有文書」〈『野洲郡史』下巻、滋賀県野洲郡教育会、一九二七年〉)。
(23) 「信長公御朱印之事」(『郷土誌小津(五)』守山市公文書館)。
(24) 慶長五年一一月二九日・池田輝政禁制(「村上文書」二号〈『兵庫県史』史料編・中世二〉)。
(25) 貞享三年一二月・淡河町由緒書(「歳田神社文書」)。
(26) 天正一一年正月・織田信雄掟書(「近江八幡市共有文書」〈『滋賀県八幡町史』下、一九四〇年、一五三号〉)。
(27) 寛文一二年九月・八幡町由緒書(「近江八幡市共有文書」〈『同右』一八五号〉)。
(28) 渡辺浩一「記憶の創造と編集――日本近世の近江八幡を事例に――」(『国文学研究資料館紀要アーカイブズ研究篇』五、二〇〇九年)。
(29) 池上裕子「戦国期都市・流通論の再検討」(中世東国史研究会編『中世東国史の研究』東京大学出版会、一九八八年)。
(30) 清水克行「戦国の法と習俗」(『岩波講座日本歴史』九巻・中世四、岩波書店、二〇一五年)。
(31) 信長が「楽市」を政策文言として意識的に採用していったのとは対照的に、これを当初こそ継承した秀吉は、関白就任以後、次第に「楽市」を用いない都市・流通支配を進めていく。また「楽座」も同様、関白任官の天正一三年七月を境として、法令から「楽座」文言が消え、代わりに「破座」「無座」という表現が主流となっていく。
(32) 天正一〇年一二月二九日・蒲生賦秀掟書写(「馬見岡錦向神社文書」〈『近江日野の歴史』八巻史料編、二〇一〇年、一五号〉)。
(33) 天正一一年一二月一四日・浅野長吉掟書(「永田文書」〈『滋賀縣史』五巻参照史料・三〇六号〉)。
(34) 佐々木銀弥氏は早く、安土令はその条文の豊かさを除けば、楽市令の典型と位置づける根拠に乏しい法令と指摘している（「楽市楽座令と座の保障安堵」〈永原慶二編『戦国期の権力と社会』東京大学出版会、一九七六年〉）。

（35）「崇福寺文書」二三号（『岐阜県史』史料編　古代・中世一）。

内容	楽市	諸役その他	条数	書止	署判	文書群名	参考文献
商売掟			1	恐々謹言	九里員秀（花押）	今堀日吉神社文書	八日市市史第5巻・128号
商売掟			1	如件	出羽守在判		八日市市史第5巻・134号
商売掟			1	恐々謹言	九里員秀（花押）		八日市市史第5巻・135号
商売掟			1	恐々謹言	嶋郷宗左衛門尉秀綱（花押）		八日市市史第5巻・136号
商売掟			1	恐々謹言	九里四郎次郎員秀（花押）		今堀日吉神社文書集成109号
商売掟			1	如件	貞運・信祐	蜷川家文書	大日本古文書蜷川家文書之2・370号
商売掟			1	如件	興重・興宣・弘胤		
治安維持		地下宿被免許事	5	下知如件	筑前守 可竹軒		戦国遺文三好氏編38号
治安維持			3	如件	山越衆中	今堀日吉神社文書	今堀日栄神社文書集成62号
商売掟			1	恐々謹言	定頼有判		戦国遺文佐々木六角氏編292号
商売掟			1	執達如件	貞治（花押） 貞和（花押）		戦国遺文佐々木六角氏編297号
興行			1	如件	（花押）	寺尾文書	戦国遺文今川氏編485号
興行		奈良地下並諸課役等不可申懸之事	3		筒井順興（花押）	春日神社文書	春日大社文書56号
興行			1	如件	（花押）	寺尾文書	戦国遺文今川氏編560号
治安維持			1	執達如件	貞治（花押影）高雄（花押影）	松雲公採集遺編類纂雑文書	戦国遺文佐々木六角氏編379号
興行			1	執達如件	為清（花押）	森元氏旧蔵文書	長塚孝「戦国期の馬市に関する史料」

付表　中近世移行期における市場法

	文書名	発給者	年月日	文頭	宛所	国	摘記
1	九里員秀書状	九里員秀	文亀元年10月５日	—	保内商買中	近江	保内御服商買事、従往古為本座之間、馬渕市末代不可有相違者也
2	伊庭貞隆下知状案	伊庭貞隆	文亀２年８月10日	—	保内商人中	近江	御服座在々所々市町商売事、如先々、不可有相違
3	九里員秀書状	九里員秀	文亀２年８月10日	—	保内商人之中	近江	如先々、在々所々市町商売事、不可有相違候
4	嶋郷秀綱書状	嶋郷秀綱	文亀２年８月10日	—	保内商人之中	近江	如先々、在々所々市町商売事、不可有相違候
5	九里員秀書状	九里員秀	文亀２年９月２日	—	高嶋南市庭商人中	近江	保内商人、若狭江越荷物、於当郷押置候条不謂条、従先規相越事無紛上者、早々荷物被返付、不可有其煩候
6	室町幕府奉行人連署奉書案	諏方長直・飯尾貞運	永正６年４月22日	—	米場座中	山城	於他所立市之旨、其聞在之、為新儀之条、可停止之状
7	大内義興奉行人連署状案	間田弘胤ほか２名	永正７年８月13日	—	米場沙汰人所	山城	於他所立市事、其聞在之、為新儀之条、如先例可付場之由
8	三好元長等連署定書案	三好元長・可竹軒周聡	大永７年３月23日	定	堺南庄	和泉	不可諸商売押買事
9	山越衆中掟書案	山越衆	大永７年丁亥５月４日	定	—	近江	於市町者、不寄理非刀抜打擲仕仁体在之者、堅商買可被停止
10	六角定頼書状案	六角定頼	(大永８年) ７月８日	—	次郎	近江	従石塔寺上村商人今度横関於市田所売買之事、被相留由候
11	六角氏奉行人連署奉書	六角氏	享禄元年12月20日	—	高嶋南市商人中	近江	於九里半階道路、□□荷物之事、彼商人仁可返付事
12	今川氏輝判物	今川氏輝	享禄５年８月21日	—	(江尻商人宿ヵ)	駿河	江尻商人宿之事、右、毎月三度市、同上下之商人宿事、并屋敷弐間、可為如前々
13	筒井順興掟書	筒井順興	天文２年10月12日	定条々	—	大和	市中検断等之儀、為学呂可有御沙汰、此方不可成綺之事
14	今川義元判物	今川義元	天文５年丙申10月15日	—	(江尻商人宿ヵ)	駿河	江尻商人宿之事、右、毎月三度市、同上下之商人宿事、并屋敷弐間、可為如前々
15	六角氏奉行人連署奉書写	六角氏	天文６年８月11日	—	天上九郎左衛門・市庭地下人中	近江	両郷内市庭地下人生害之儀、杉宗郷江被成御尋候処、酒屋小次郎逐電之条
16	細川晴元奉行人奉書	細川晴元	天文10年８月６日	—	湯浅又次郎	山城	城州上鳥羽馬市事、初而相立之条、被懸高札上者、守条数、無聊爾之様、地下中堅可被相触之由候也

内容	楽市	諸役その他	条数	書止	署判	文書群名	参考文献
市場法		如前々免諸役、甕四桶三升就酒之諸役免許	1	如件	（花押）	寺尾文書	戦国遺文今川氏編700号
商売掟			1	執達如件	為清（花押）	森元氏旧蔵文書	長塚孝「戦国期の馬市に関する史料」
諸役免除		河渡橋懸従先々関役勤役等、為御免除去年重而被成奉書訖、然新儀役儀申懸可催促云々、無其謂	1	執達如件	貞治（花押） 高雄（花押）	野洲共有文書	戦国遺文佐々木六角氏編574号
商売掟	為楽市条		1	執達如件	忠行在判 高雄在判	今堀日吉神社文書	戦国遺文佐々木六角氏編676号
治安維持			1	執達如件	忠行在判 高雄在判		戦国遺文佐々木六角氏編678号
興行		諸役公事勧進以下一向不可有	1	如件	頼康（花押）	泉澤寺文書	戦国遺文後北条氏編385号
治安維持		於当嶋諸国商人付合時、或号国質所質互公事申結事者、自今以後可停止事	7	下地如件	有御判	大願寺文書	戦国遺文瀬戸内水軍編76号
治安維持			2	下知如件	左近大夫将監神宿祢（花押）左衛門尉藤原（花押）	森元氏旧蔵文書	長塚孝「戦国期の馬市に関する史料」
治安維持			1	如件	（朱印）	高山茂氏所蔵文書	戦国遺文後北条氏編436号
商売掟		道者参詣之間、他之被官以下、雖有主人、不可押取事	7	如件	治部大輔（花押）	村山浅間神社文書	戦国遺文今川氏編1148号
興行		門前商買之者不可有諸役事	3	如件	（朱印）	大石寺文書	戦国遺文今川氏編1218号
商売掟		道者参詣の間、他の被官以下主人ありとも、おさへとるへからさる事	7	如件	（朱印）	葛山文書	戦国遺文今川氏編1220号
商売掟		道者参詣之間、他の被官以下主人ありとも、押取へからさる事	7	如件	（朱印）		戦国遺文今川氏編1283号

	文書名	発給者	年月日	文頭	宛所	国	摘記
17	今川義元判物	今川義元	天文11年壬刁12月16日	—	（江尻商人宿ヵ）	駿河	江尻商人宿之事、右、毎月三度市、同上下商人之宿、橋之東西共幷屋敷弐間、如前々免諸役畢
18	細川晴元奉行人奉書	細川晴元	天文14年８月16日		中井加賀守	山城	馬市事、於洛中五条興行云々、早如先々令存知之、可専売買
19	六角氏奉行人連署奉書	池田高雄・進藤貞治	天文14年12月16日	—	当町屋地下人中	近江	野洲市庭地下人事、河渡橋懸従先々関役郡役等、為御免除去年重而被成奉書訖
20	六角氏奉行人連署奉書案	六角氏	天文18年12月11日	—	枝村惣中	近江	紙商買事、石寺新市儀者為楽市条不可及是非、濃州幷当国中儀、座人外於令商売者、見相仁荷物押置、可致注進
21	六角氏奉行人連署奉書案	六角氏	天文19年３月26日	—	国中伯楽中	近江	国中馬事、従往古為伯楽中遂其節之、近年猥令売買旨太無其謂、如先々可致売買、新義族停止之由被仰出候也
22	吉良頼康判物	吉良頼康	天文19年庚戊９月16日	—	宝林山泉澤寺侍者中	武蔵	上小田中市場より泉澤寺堀際まて、為寺門前、有望輩越居市場、可令繁昌者也
23	陶晴賢掟書案	陶晴賢	天文21年２月28日	掟	—	安芸	当嶋見世屋敷事、当町人之外不可存知事、諸廻舟着岸舟留停止事
24	室町幕府奉行人連署奉書	治部藤通・諏訪晴長	天文21年８月18日	定	五条馬市	山城	就馬代物、雖有借銭借米売懸買懸、不可押取国質所質等事
25	北条氏朱印状	北条氏	天文22年３月18日	—	高山彦五郎	？	右市日、押買狼藉喧嘩口論其外横合非分之儀堅令停止候
26	今川義元判物	今川義元	天文22年５月25日	—	大鏡坊	駿河	於村山室中、不可魚類商買、幷汚職不浄者不可出入事
27	今川義元掟書	今川義元	天文24年６月７日	定	大石寺	駿河	於門前前々市無之処只今立之儀令停止之事
28	今川義元掟書	今川義元	天文24年６月９日	定	—	駿河	村山室中にをひて、魚類商買すへからさる事、幷汚穢不浄の者出入すへからさる事
29	今川義元朱印状	今川義元	弘治２年５月24日	定	—	駿河	村山室中にをひて、魚類商買すへからさる事、幷汚穢不浄之者可出入事

内容	楽市	諸役その他	条数	書止	署判	文書群名	参考文献
治安維持			5		（朱印）	坂田文書	中世法制史料集460号
諸役免除		大坂並ニ諸公事免許事、諸商人座公事事	3	下知如件	源高政在判	古記輯録	中世法制史料集・補注244号
諸役免除		諸公事免許之事、徳政不可行事、諸商人座公之事	5	下知如件	美作守在判	興正寺御門跡兼帯由緒書抜	中世法制史料集505号
諸役免除		清濁酒役、麹子役、色々売物りうひん執之役	11	如件	下野守朝信（花押）和泉守景家（花押）丹後守高廣（花押）遠江守藤景（花押）	上杉文書	中世法制史料集507号
商売掟			1	如件	（朱印）	相州文書所収淘綾郡庄左衛門所蔵文書	戦国遺文後北条氏編633号
商売掟			7	如件	氏真（花押）	2008年国際稀覯本フェア世界の古書・日本の古書	戦国遺文今川氏編1514号
興行		門前商買之物不可有諸役事	11	如件	（花押影）	国立公文書館所蔵判物証文証文写今川四	戦国遺文今川氏編1570号
治安維持			1	謹言	景虎	歴代古案九	中世法制史料集522号
興行		商人諸商買不可有役事	3	如件	（朱印）	清水寺文書	戦国遺文今川氏編1698号
治安維持			3	下知如件	（花押）	高橋宗太郎氏所蔵文書	岐阜県史史料編古代中世1・1号
商売掟		新儀諸役郷質所質不可取之事	3	下知如件	（花押）	加藤新右衛門氏所蔵文書	愛知県史資料編11・319号
諸役免除		新役堅停止之事、於青苧役者如所々厳重可究済事	6	執達如件	御朱印	上杉文書	中世法制史料集584号
商売掟			1	下知如件	左衛門尉藤原（花押）左兵衛尉神（花押）	大利文書	兵庫県史史料編1・1号

	文書名	発給者	年月日	文頭	宛所	国	摘記
30	武田氏掟書	武田氏	弘治2年丙辰10月10日	—	八日市場	甲斐	同其宿中之失火者、於于自火者追放家主、為賊之業焼失者、可准右過怠之事
31	畠山高政禁制写	畠山高政	永禄2年未9月	禁制	（富田林ヵ）	河内	大坂並ニ諸公事免許事、諸商人座公事事、国質所質幷付沙汰事
32	安見直正禁制案	安見直正	永禄3年3月日	定	富田林道場	河内	寺中之儀何も可為大坂並事
33	長尾藤景等連署掟書	長尾藤景・北条高廣	永禄3年5月13日	—	（府中ヵ）	越後	従往古有来諸役幷地子以下、五箇年之間被免之畢
34	北条氏朱印状写	北条氏	永禄3年庚申6月2日	—	横地監物小路奉行久保孫兵衛・横地代八木	相模	向後奉行人ニ定上、売手買手立逢代物を見計如此可為致商売
35	今川氏真判物	今川氏真	永禄3年庚申5月16日	—	—	駿河	於村山室中不可可魚類商買、幷汚穢不浄者不可出入事
36	今川氏真禁制写	今川氏真	永禄3年庚申8月17日	定	大石寺	駿河	於門前前々市無之処只今立之儀令停止之事
37	長尾景虎書状写	長尾景虎	（永禄4年）2月11日	—	蔵田五郎左衛門	越後	府内夜番幷町中要人以下之儀、未断之由其聞候、無曲次第候
38	今川氏真朱印状	今川氏真	永禄4年6月朔日	—	清水寺衆徒中	駿河	於稲葉郷内清水寺、毎年正月十七日・七月十七日両度新町可相立事
39	織田信長禁制	織田信長	永禄4年6月日	禁制	平野之内神戸市場	美濃	甲乙人等濫妨狼藉之事
40	織田信長掟書	織田信長	永禄6年12月日	制札	瀬戸	尾張	瀬戸物之事諸郷商人国中往反不可有違乱之事、当郷出合之白俵物幷塩あい者以下出入不可有違乱
41	上杉氏掟書案	上杉氏	永禄7年4月20日	制札	（柏崎ヵ）	越後	当町江諸商買ニ付而出入之牛馬荷物等、於近辺所々、新役堅停止之事
42	室町幕府禁制	室町幕府	永禄7年9月13日	定	湯山	摂津	商売物事不可致押買、相談商人幷地下人等、以相当員数可買用之

内容	楽市	諸役その他	条数	書止	署判	文書群名	参考文献
興行		濁酒役幷塩あい物役御赦免之事	3	如件	(朱印)	武州文書所収多摩郡源左衛門所蔵文書	戦国遺文後北条氏編866号
商売掟			1	如件	(朱印)	真鶴町役場所蔵文書	戦国遺文後北条氏編878号
興行		三ヶ年之内諸役令免除	1	如件	権現様御諱御書判	譜牒余録巻33	愛知県史資料編11・469号
治安維持	為楽市可申付之	一円停止諸役、神田橋関新役是又可令停止	1	如件	(朱印)	大宮司富士家文書	戦国遺文今川氏編2081号
治安維持			5	如件	信君(花押)	久遠寺文書	戦国遺文武田氏編1044号
商売掟			7	如件	(朱印)	村山浅間神社文書	戦国遺文今川氏編2131号
商売掟			1	如件	(朱印)	芹沢文書	戦国遺文今川氏編2137号
諸役免除	楽市場	諸役令免許訖	3	下知如件	(花押)	円徳寺文書	岐阜県史史料編古代中世1・3号
商売掟		棟別門並家役幷諸商買役之事	3	者也	利治(花押影)	平井文書	岐阜県史史料編古代中世補遺・1号
諸役免除	楽市楽座之上	門なみ諸役免許せしめ訖	3	下知如件	(花押)	円徳寺文書	岐阜県史史料編古代中世1・4号
治安維持			3	如件	弾正忠	守山町郷土誌	守山町郷土誌
治安維持			1	者也	阪井右近衛尉政 森三左衛門可成 芝田修理進勝家		
諸役免除		諸浦課役、前々のごとく可令納所	5	如件	信長朱印	堅田村旧郷士共有文書	増訂織田信長文書の研究143号
商売掟			11	下知如件		饅頭屋町文書	中世法制史料集685号

	文書名	発給者	年月日	文頭	宛所	国	摘記
43	北条氏朱印状	北条氏	甲子9月20日	市之日定之事	（関戸郷ヵ）	武蔵	一ヶ月、三日、九日、十三日、十九日、廿三日、廿九日
44	北条氏朱印状	北条氏	甲子11月10日	—	岩真名鶴小代官・百姓中	相模	自岩真名鶴肴同鮑海老売買事、只今精銭ニ被相定候
45	松平家康判物写	松平家康	永禄9年丙寅正月9日	—	本多左近左衛門	三河	根石原新市之事、三ヶ年之内諸役令免除、但於三ヶ年過者、自余之如市可致諸役、彼市場住宅之輩者、縦借銭借物等雖有之、三ヶ年之間者不可沙汰之
46	今川氏真朱印状	今川氏真	永禄9年丙刁4月3日	—	富士兵部少輔	駿河	富士大宮毎月六度市之事、押買狼藉非分等有之旨申条、自今已後之儀者、一円停止諸役
47	穴山信君禁制	穴山信君	永禄9年丙寅12月11日	禁制	久遠寺	甲斐	寺家町之諸公事任寺法之上者為衆中向後不可有非分之沙汰之事
48	今川氏真朱印状	今川氏真	永禄10年6月朔日	定	—	駿河	村山社中にをひて魚類商買すへからす、幷汚穢不浄の者、出入すへからさる事
49	葛山氏元朱印状	葛山氏元	永禄10丁卯年8月3日	—	芹澤玄番	駿河	古澤之市へ立諸商人、除茱萸澤、二岡前、萩原お於令通用者、見合馬荷物押可取
50	織田信長掟書	織田信長	永禄10年10月日	定	楽市場	美濃	当市場越居之者、分国往還不可有煩、幷借銭借米地子諸役令免許訖
51	齋藤利治掟書写	齋藤利治	永禄11年2月21日	修々	宮内卿	美濃	城下自然諸商売停止之儀、雖有之、不可有異儀之事
52	織田信長掟書	織田信長	永禄11年9月日	定	加納	美濃	当市場越居之輩、国中往還煩あるへからす、幷借銭借米さかり銭敷地年貢、門なみ諸役免許
53	織田信長禁制写	織田信長	永禄11年9月日	禁制	守山	近江	当手軍勢濫妨狼藉之事陣取放火之事、伐採竹木、立毛苅取之事
54	柴田勝家等連署書状写	柴田勝家・森可成・坂井政尚	（永禄11年）9月18日	—	守山町人百姓中	近江	当町御制札在之條、町人百姓等可被帰候、若非分族於在之者、不及届、地下人可申付者也
55	織田信長掟書案	織田信長	永禄12年正月19日	定	堅田中	近江	当所前々のことく相違有へからさる事
56	織田信長条書案	織田信長	永禄12年2月28日	条々	—	山城	悪銭売買堅停止事

内容	楽市	諸役その他	条数	書止	署判	文書群名	参考文献
商売掟			7	如件	弾正忠在判	四天王寺文書	中世法制史料集686号
商売掟			7		弾正忠（朱印）	京都上京文書	中世法制史料集687号
商売掟			7		弾正忠朱印	饅頭屋町文書	中世法制史料集・補注298号
商売掟			5		弾正忠（朱印）		
治安維持			3	如件	（朱印）	個人蔵	上越市史　別編1・750号
商売掟			3	如件	日乗在判	饅頭屋町文書	中世法制史料集702号
興行			5		（花押）	静岡浅間神社文書	静岡県史資料編8・147号
興行	為楽市申付之	一切不可有諸役事	3	如件	（朱印）	松平乗承家蔵古文書	新編　岡崎市史6・10号
治安維持		ぬり物役并炭役之義、宿中之者ニ計者、尤指置候	6	如件	（朱印）	新編武蔵国風土記稿比企郡10	戦国遺文後北条氏編1489号
諸役免除		当市場諸役免許之事	3	所定如件	（朱印）	大津延一郎氏所蔵文書	愛知県史資料編11・783号
興行			1	如件	（朱印）	孕石文書	静岡県史資料編8・395号
治安維持		棟別并臨時課役免除之事	7	執達如件	弾正忠（朱印）	長遠寺文書	兵庫県史史料編1・1号
興行			2	以上	（朱印）	高山徳樹氏所蔵文書	藤岡市史　資料編・339号
諸役免除		門並諸役免許訖	1	折紙如件	佐久間信盛（花押）	野洲共有文書	滋賀県立図書館「野洲共有文書」3号
興行	可為楽市楽座		1	恐々謹言	佐久間伊織	守山村誌	小島道裕「金森寺内町について」
商売掟	楽市楽座たる上		3	如件	（朱印）	善立寺文書	滋賀県史　第5巻・297号
諸役免除		停止諸役	9	恐々敬白	四郎勝頼（花押）	臨済寺文書	静岡県史資料編8・549号

	文書名	発給者	年月日	文頭	宛所	国	摘記
57	織田信長条書案	織田信長	永禄12年3月1日	條々	天王寺境内	摂津	悪銭売買かたく停止事
58	織田信長条書	織田信長	永禄12年3月16日	条々	上京	山城	以八木売買停止之事
59	織田信長条書案	織田信長	永禄12年3月16日	条々	下京	山城	以米売買停止之事
60	織田信長条書	織田信長	永禄12年3月16日	条々	八幡捻郷	山城	見世棚之物、銭定に依て少も執入輩あらは、分国中末代商買停止たるへし
61	北条高広制札	北条高広	永禄12年閏5月23日	制札	—	上野	於町中押買狼藉幷国質相伝等義、一切可停止事
62	朝山日乗条書案	朝山日乗	(永禄12年)12月22日	条々	上下京中	山城	米を以うりかひあらハ、双方宿共ニ可為闕所之事
63	武田晴信掟書	武田晴信	永禄13年庚午正月20日	定	新宮之神主左近将監	駿河	自今以後於于御神領宮崎立市可売買之事
64	徳川家康掟書	徳川家康	永禄13年12月日	—	小山新市	遠江	為楽市申付之条、一切不可有諸役事
65	北条氏朱印状写	北条氏	元亀2年辛未6月10日	定之事	本郷町人	武蔵	荷物以下為所当取候仁ハ市之横合候間可為越度事、市之日少之買物持来為所用宿中之下人或押立儀近頃曲子細ニ候
66	織田信長掟書	織田信長	元亀2年9月日	定	符中府宮	尾張	当市場諸役免許之事
67	武田氏掟書	武田氏	元亀3年壬申2月23日	定	孕石主水佑	駿河	如旧規、於于鬼岩寺門前可立市、諸御法度等、重而自奉行衆以連判、可被相定
68	織田信長禁制	織田信長	元亀3年3月日	条々	摂州尼崎内市場巽長遠寺	摂津	陣執幷対兵具出入停止之事
69	武田氏掟書	武田氏	元亀3年壬申6月14日	—	高山彦兵衛尉	上野	東平井市之事、三日、八日、十三日、拾八日、廿三日、廿八日之事
70	佐久間信盛折紙	佐久間信盛	元亀3年7月13日	—	野洲市場地下人中	近江	当郷之事、毎年野洲河橋を懸、大水之時瀬踏以下令馳走上、門並諸役免許訖、郷質所質不可取之
71	佐久間信盛判物写	佐久間信盛	(元亀3年)7月18日	—	(守山美濃屋小宮山兵介ヵ)	近江	金森市場之事、守山年寄衆令相談、急度相立様可有馳走、可為楽市楽座
72	織田信長掟書	織田信長	元亀3年9月日	定条々	金森	近江	楽市楽座たる上ハ諸役令免許畢、往還之荷物当町江可着之事
73	武田勝頼掟書	武田勝頼	元亀3年壬申11月24日	定	林際寺	駿河	於彼門前一月六日之市、停止諸役、可令売買之事

内容	楽市	諸役その他	条数	書止	署判	文書群名	参考文献
治安維持			7		満政在判	書写山文書	姫路市史史料編 2・2号
治安維持		非分課役賦課申懸之事、地子銭免除之事、人足免許之事	5	下知如件	弾正忠（朱印）	京都上京文書	増訂織田信長文書の研究378号
興行			1	如件	御判	譜牒余録巻36	愛知県史資料編11・911号
諸役免除		門並諸役免除訖	1	折紙如件	甚九郎信栄（花押）	野洲共有文書	大日本史料第10編之26
商売掟		諸役免除之朱印雖有遣之者、於此儀者可申付、幷往還之商人役銭、可為拾疋充事	3	如件	信長（朱印）	橘栄一郎家文書	福井県史資料編 3・9号
諸役免除		廿八日之市中諸役被成御□許	1	如件	（朱印）	坂田家文書	甲府市史　史料編・571号
諸役免除	為楽市楽雇上	諸役免許之事	5	下知如件	甚九郎（花押）	善立寺文書	滋賀県史　第5巻・306号、小島道裕「金森寺内町について」
諸役免除		如中新宿諸役可被成御免許候	1	如件	（朱印）	新編会津風土記	甲府市史　史料編・576号
商売掟			1	如件	（朱印）	旧駿府浅間神社々家大井文書	静岡県史資料編 8・816号
興行			1	如件	（朱印）	奥山文書	静岡県史資料編 8・841号
興行			1	者也	（朱印）	戸張文書	戦国遺文房総編1526号
諸役免除		町中見せたなを仕候而なに様之物をうりかい仕候共、諸役新儀免許之事	7		織田三七（花押）	高野家文書	鈴鹿市史 第4巻史料編1・51号
諸役免除		令帰参駿州為居住者、右如此之諸役可有御免許之由	3	如件	（朱印）	判物証文写武田3	静岡県史資料編 8・934号
興行		毎月下旬拾日、不可有伝馬役之事	8		（朱印）	坂田家文書	甲府市史　史料編・621号

	文書名	発給者	年月日	文頭	宛所	国	摘記
74	赤松満政定書写	赤松満政	元亀４年正月11日	条々	書写山衆徒中	播磨	莅市町致狼藉、或入民屋成違乱云々、所詮自今以後、於郡使等者、永可止当所経廻
75	織田信長条書	織田信長	元亀４年７月日	条々	上京	山城	如前々可令還住之事
76	徳川家康判物写	徳川家康	元亀４年９月23日	—	上林越前	三河	土呂八町新市之事、永可相計之、毎事憲法可申付者也
77	佐久間信栄折紙	佐久間信栄	天正２年正月22日	—	野洲市場地下人中	近江	当郷之事、毎年野洲河橋を懸、大水之時瀬踏以下有馳走上、門並諸役免除訖
78	織田信長条書	織田信長	天正２年正月日	条々	橘屋三郎五郎	越前	唐人之座幷軽物座者、三ヶ庄其外一乗三国橋郷仁可有之事
79	武田氏朱印状	武田氏	天正２年申戌４月十□	定	八日□場之町人等	甲斐	伝馬役無闕□厳重ニ可相勤之由申候条、自来廿八日之市中諸役、被成御□許畢、然則町人等相集、宿中繁栄之所、馳走可為□妙之趣、被仰出者也
80	佐久間信栄掟書写	佐久間信栄	天正２年５月日	定	金森町	近江	為楽市楽雇上於何方茂同前之事
81	武田氏朱印状	武田氏	申戌８月２日	定	柳町宿中	甲斐	麗尓に家為造作者、如中新宿諸役可被成御免許候
82	武田氏朱印状	武田氏	甲戌８月24日	定	鎰取奈胡屋大夫	駿河	於駿州之内対富士参詣之道者、自前々袈裟縁座等令商買候
83	武田氏朱印状	武田氏	天正２年甲戌11月21日	定	奥山右馬助・同左近丞	遠江	於上長尾郷、如前々市立、諸人之私用等可被相弁者也
84	梁田持助朱印状	梁田持助	天正３年乙亥３月15日	—	戸張将監	下総	吉川宿不入之儀申上候、従亥年巳年まて七年相定候、以此儀可付宿人
85	神戸信孝免許状写	神戸信孝	天正３年５月４日	十日市申様事	—	伊勢	荷物之儀於十日市上下可付渡事
86	武田氏朱印状写	武田氏	天正３年乙亥10月朔日	定	駿府商人衆	駿河	御普請幷郷夫之事、人質之事、壱揆之事
87	武田氏朱印状	武田氏	天正４年丙子６月28日	定	八日市場	甲斐	市之日者可為如前々事

内容	楽市	諸役その他	条数	書止	署判	文書群名	参考文献
諸役免除	諸商売楽座		1	如件	（花押）	橘栄一郎家文書	福井県史資料編3・13号
治安維持			5		（朱印）	武州文書所収比企郡要助所蔵文書	戦国遺文後北条氏編1872号
商売掟			3		範延（花押）	清家文書	愛媛県史資料編・古代中世・2194号
商売掟		上下船之諸役等令免許畢	1	如件	家康（花押）	多田厚隆氏所蔵文書	愛知県史資料編11・1222号
商売掟			1	如件	（朱印）	山村文書	中世法制史料集883号
興行	為楽市被仰付之上者	諸座諸役諸公事悉免許事	13	者也	（朱印）	近江八幡市共有文書	増訂織田信長文書の研究722号
治安維持			3	如件	長門守藤原朝臣（花押）	森元氏旧蔵文書	長塚孝「戦国期の馬市に関する史料」
治安維持			13	如件	美作守在判 備中守在判	上杉家文書	上越市史別編1・1354号
治安維持		御普請以下之役事	3	如件	（朱印）	白羽神社文書	静岡県史資料編8・1096号
商売掟			1	者也	森武蔵守長一（花押影）	藤掛すゞの氏所蔵文書	岐阜県史史料編古代中世補遺・1号
治安維持			3	如件		森町史編さん室所蔵写真	静岡県史資料編8・1111号
治安維持			1	如件	（朱印）	大宮司富士家文書	静岡県史資料編8・1139号
諸役免除		町中諸役不入之事	5	如件	胤辰（花押）	千葉県立中央図書館所蔵船橋大神宮文書	戦国遺文房総編1655号
諸役免除	為楽市定置所	諸役一切不可有之事	5	如件	（朱印）	大場文書	戦国遺文後北条氏編2024号
商売掟			1			田中芳重氏所蔵文書	藤岡市史　資料編・349号
商売掟			1	者也	一鐵（花押）	白木屋売立文書	岐阜県史史料編古代中世4・1号

	文書名	発給者	年月日	文頭	宛所	国	摘記
88	柴田勝家判物	柴田勝家	天正４年９月11日	—	橘屋三郎左衛門尉	越前	諸商売楽座仁雖申、於軽物座唐人座者、任御朱印幷去年勝家一行之旨、可進退
89	上田長則定書写	上田長則	丙子９月24日	定	本郷町人	武蔵	押買狼藉乍此上精を入申可付事
90	法華津範延掟書	法華津範延	天正４年11月吉日	掟	日振衆中	伊予	出船入船売買之物、嶋中可有相談事
91	徳川家康判物	徳川家康	天正５年丁丑２月18日	—	平野孫八郎	三河	廻船着岸商売之事、右廻船壱艘也、入三遠両国中諸湊諸浦、令着岸可致商売
92	武田氏朱印状	武田氏	天正５年５月24日	定	山村三郎左衛門尉	信濃	信濃境目田立出合事、一月六ヶ度、定日限可令会合、背法度濫不致出入様、還住可被申付之由
93	織田信長掟書	織田信長	天正５年６月日	定	安土山下町中	近江	当所中為楽市被仰之上者、諸座諸役諸公事悉免許事
94	村井貞勝掟書	村井貞勝	天正５年９月	定	洛中五条馬市場	山城	馬の代、或借銭借米、或うりかけかいかけ雖在之、於此市国しち所しちとかたく違乱煩等なすへからす
95	上杉謙信制札	上杉謙信	天正５年10月25日	御制札	—	越後	喧嘩口論至于有之者、理非もいらす、双方共ニ成敗之事
96	武田氏禁制	武田氏	天正５年丁丑11月５日	禁制	白羽郷	遠江	押買之事
97	森長可定書写	森長可	天正５年丑11月	定	五郎左衛門・久左衛門方	美濃	其町儀、早速東江引越神妙之至候、為其褒美、号魚屋町、永々海魚之令商売
98	某禁制	某	天正５年丁丑12月27日	禁制	森市場	遠江	押買狼藉之事
99	武田氏朱印状	武田氏	天正６年５月晦日	定	大宮司	駿河	御遷宮之間、於当町中押買狼藉喧嘩口論等、堅被禁畢
100	高城胤辰禁制写	高城胤辰	戊寅９月19日	禁制	船橋	下総	町中諸役不入之事
101	北条氏政掟書	北条氏政	天正６年戊寅９月29日	掟	世田谷新宿	武蔵	市之日一ヶ月、一日、六日、十一日、十六日
102	北条氏制札写	北条氏	ヲ11月朔日	—	平井之半兵衛・同町年寄中	上野	平井之上宿の市場、下宿のものわかまゝ致候とて、上宿のもの共、訴訟ニ参候
103	稲葉良通判物	稲葉良通	（天正７年）２月16日	—	林八右衛門	美濃	於神戸市庭旅人宿之事、其方ニ申付候、可有其覚悟者也

内容	楽市	諸役その他	条数	書止	署判	文書群名	参考文献
諸役免除	らくいちたる上ハ	しやうはい座やくあるへからさる事	5	掟如件	秀吉(花押)	歳田神社文書	羽柴秀吉制札及び関連文書調査報告書
治安維持			7	如件	高山(花押)	清水家文書	高槻市史575号
諸役免除		諸役	1	如件	(朱印)	山口文書	戦国遺文房総編1706号
治安維持			5	下知如件	(朱印)	清水家文書	高槻市史576号
治安維持		諸役令免許候	1	者也	藤吉郎秀吉(花押)	道場河原町文書	兵庫県史史料編1・3号
諸役免除		当町江於打越者ハ諸役あるへからさる事	5	如件	藤吉郎(花押)	三木町文書	兵庫県史史料編1・1号
商売掟			1	如件	藤吉郎(花押)	柏尾区有文書	松井良祐「神崎町柏尾区蔵羽柴秀吉制札について」
商売掟			7		(印)	柏崎市立図書館所蔵文書	上越市史　別編2・1901号
興行			1	如件	(朱印)	葛田昌也家文書	戦国遺文房総編1744号
興行			3	如件	(花押)	丹波志3	新修亀岡市史資料編・75号
興行			1	如件	氏照(花押)	渡邊利夫氏所蔵文書	戦国遺文後北条氏編2185号
諸役免除		右三ヶ条之役、御細工之奉公相勤之間、一切被成御赦免之由、被仰出者也	3	如件	(朱印)	守随家文書	甲府市史史料編第1巻・710号
興行			1	者也	信忠(花押)	市田靖家文書	岐阜県史史料編古代中世1・5号
興行			1	者也	信忠(花押)	東高木家文書	岐阜県史史料編古代中世1・3号
興行			3	以上	藤吉郎(花押)	龍野町文書	兵庫県史史料編1・1号
治安維持			3	如件	藤吉郎(花押)	歳田神社文書	羽柴秀吉制札及び関連文書調査報告書
商売掟			1	如件	(朱印)	長野文書	戦国遺文後北条氏編2207号

	文書名	発給者	年月日	文頭	宛所	国	摘記
104	羽柴秀吉掟書	羽柴秀吉	天正7年6月28日	掟条々	淡川市庭	播磨	当市毎月、五日、十日、十五日、廿日、晦日之事
105	高山右近掟書	高山右近	天正7年8月朔日	禁制	冨田宿久	摂津	国質所質停止之事
106	里見梅王丸朱印状	里見梅王丸	天正7年己卯9月26日	—	山口越後守	武蔵	分国中江商売之船可乗事、何之於津辺も、諸役等赦免之候
107	織田信長禁制	織田信長	天正7年9月日	禁制	富田東岡宿	摂津	行徳政事
108	羽柴秀吉判物	羽柴秀吉	天正7年11月26日	—	有馬郡之内道場河原百姓中町人中	摂津	当所地下人并町人等如前々如可還住、若非分族在之者、可加成敗者也
109	羽柴秀吉掟書	羽柴秀吉	天正8年正月17日	条々	（三木ヵ）	播磨	当町江於打越者ハ諸役あるへからさる事
110	羽柴秀吉掟書	羽柴秀吉	天正8年2月12日	掟	（柏尾ヵ）	播磨	当市場、諸商売已下前々のことくたるへき
111	上杉景勝掟書	上杉景勝	天正8年2月17日	掟	広居善右衛門尉・岩井民部少輔	越後	諸商買、謙信御在世之時分有之様ニ可申付事
112	里見義頼朱印状	里見義頼	庚辰6月28日	—	—	上総	横田之郷就新宿相立、不入之儀被申候、其段心得候
113	明智光秀掟書写	惟任光秀	天正8年7月日	定	宮田市場	丹波	毎月市日、四日、八日、十二日、十七日、廿一日、廿五日
114	北条氏照高札	北条氏照	（天正8年）8月2日	高札	小手指町人衆中	下総	古河関宿為往復、小手指原ニ新宿被立置候
115	武田氏朱印状	武田氏	天正8年庚辰8月16日	定	吉河彦太郎・鈴木清三郎・同与次郎・長坂十左衛門尉	甲斐	町棚壱間宛諸商売役之事、利倍役之事、宿次之諸役之事付人足之事
116	織田信忠折紙	織田信忠	天正8年10月	—	（今尾ヵ）	美濃	今尾町市儀、如前々可相立、聊不可有異儀者也
117	織田信忠折紙	織田信忠	天正8年10月	—	（駒野ヵ）	美濃	駒野町市事、如前々可相立、聊不可有異儀者也
118	羽柴秀吉掟書	羽柴秀吉	天正8年10月28日	条々	龍野町	播磨	当龍野町市日之事、如先規可罷立事
119	羽柴秀吉掟書	羽柴秀吉	天正8年10月29日	条々	（淡川ヵ）	播磨	当所奉公人何も立置候間可為如先々琴
120	成田氏長朱印状	成田氏長	天正8年辰12月12日	—	—	武蔵	於熊谷之町ニ、木綿売買之宿、長野喜三所にて可致之由、可申付者也

内容	楽市	諸役その他	条数	書止	署判	文書群名	参考文献
興行			3		(朱印)	判物証文写武田2	静岡県史資料編8・1355号
商売掟			1	者也	(朱印)	長野文書	戦国遺文後北条氏編2208号
興行			1	如件	(花押)	甲斐国文書	新編甲州古文書2・1805号
諸役免除		門並諸役等一切令免許事、非分之課役自元如綻不可有之事	3	下知如件	(花押)	馬渕文書	岐阜県史史料編古代中世1・1号
諸役免除		法華読誦内日町商売役事	3	如件	(朱印)	妙法寺文書	新編甲州古文書2・1572号
興行		於近郷取候役之事、如前々其処にて可改之、近郷にて未進役、於八幡中致策媒事不可叶、郷中商人諸役免許	1	如件	(朱印)	飯香岡八幡宮文書	戦国遺文房総編1805号
治安維持			5	如件	(朱印)	柏崎市立図書館所蔵文書	上越市史別編2・2166号
諸役免除		諸役	1	恐々謹言	正勝(花押) 政利(花押)	野洲共有文書	滋賀県立図書館「野洲共有文書」5号
興行		除塩之役并自箕輪日申付役、諸役御赦免之事	3	以上	(朱印)	岡本文書	中世法制史料集1017号
商売掟			3	如件	(朱印)	武州文書	戦国遺文後北条氏編2273号
商売掟			5	下知如件	長住(花押)	大西文書	富山県史史料編Ⅲ・22号
商売掟			7	下知如件	(花押)	森田正治家文書	福井県史資料編4・5号
商売掟			3	下知如件	筑前守御判	諸名将古案	豊臣秀吉文書集1・410号
治安維持			3	如件	左近(花押影)	須藤文書	新編高崎市史資料編4・484号
興行			3	下知如件	神保安芸守氏張(花押)	小杉町史	富山県史史料編Ⅲ・51号
治安維持			3	者也	羽柴小一郎長秀(花押)	小島文書	大日本史料第11編之1

	文書名	発給者	年月日	文頭	宛所	国	摘記
121	武田氏朱印状写	武田氏	天正8年12月庚辰13日	定	富士大宮西町新市	駿河	日限　朔日、六日、十一日、十六日、廿一日、廿六日たるべき事
122	成田氏長朱印状	成田氏長	天正8年辰12月15日	—	長野喜三	武蔵	於熊谷之町ニ、小間物みせ等、上下中通可致所持者也
123	穴山信君掟書	穴山信君	天正8年12月庚辰27日	—	（青柳新宿市）	甲斐	二日、七日、拾二日、拾七日、廿二日、廿七日、右以日限毎月可立市中者也
124	織田信忠掟書	織田信忠	天正8年12月日	掟	（呂久）	美濃	呂久渡舟為往還之当町立置之條、門並諸役等一切令免許事
125	武田氏禁制写	武田氏	天正9年2月12日	禁制	妙法寺	甲斐	法華読誦内日町諸商売役事
126	原胤栄朱印状	原胤栄	天正9年辛巳7月5日	法度	—	上総	八幡之郷守護不入相定、新市之事為立候、押買狼藉堅停止
127	上杉景勝掟書	上杉景勝	天正9年7月日	制札	—	越後	当町中におゐて、無道狼藉いたすものこれあらハ、当座に搦取、可令注進事
128	山田政利、宮野正勝連署折紙	山田政利・宮野正勝	天正9年8月25日	—	野洲市場地下人中	近江	当町諸役之事、佐久間殿任折紙之旨、向後不可有異儀候
129	武田氏掟書	武田氏	天正9年辛巳8月27日	定	和田右兵衛大夫	上野	四日、九日、十四日、十九日、廿四日、廿九日、如此日限市可興行事
130	上田長則掟書	上田長則	辛巳9月晦日	法度	岡部越中守・本郷町人中	武蔵	本郷之市へたゝすして、かくれしのふ故ニ致之儀、うり手くせ子細第一ニ候事
131	神保長住掟書	神保長住	天正9年11月12日	制札	放生津八幡領町同三宮方	越中	諸うりかいの物、当座に替りを相わたささるともから、くせ事たるへき事
132	柴田勝家掟書	柴田勝家	天正9年11月16日	定	三国湊	越前	諸売買幷舟通之儀、一切可為如先規事、
133	羽柴秀吉掟書写	羽柴秀吉	天正10年4月日	掟	小一郎	備前	於岡山町、うりかい物之事、ありやうのことく、かハりを取かハし、買可申事
134	滝川一益定書写	滝川一益	天正10年5月日	定	安中町郷	上野	伝馬厩橋自判欤不然者取次折紙欤、於無之者一切不可許容
135	神保氏張制札	神保氏張	天正10年6月日	制札	手崎の町	越中	たう町いち如前々あひたてへきの事
136	羽柴長秀禁制	羽柴長秀	天正10年6月日	禁制	佐路市場	丹波	其在所百姓等令還住、作毛以下不可油断事、非分申懸事、竹木伐採之事

内容	楽市	諸役その他	条数	書止	署判	文書群名	参考文献
治安維持			3	如件	桑山修理進重勝	諸家文書纂	大日本史料第11編之1
商売掟			5	如件	筑前守（花押）	離宮八幡宮文書	島本町史史料編287号
治安維持		新儀之諸役令免除事	3	下知如件	信雄(花押)	水野太郎左衛門家文書	愛知県史資料編12・13号
諸役免除		門並諸役等一歳令免除之事、非分之課役不可有之事	3	下知如件	(花押)	馬渕平六氏所蔵文書	岐阜県史史料編古代中世1・2号
商売掟			1	如件	(朱印)	松村泰明氏所蔵文書	戦国遺文後北条氏編2394号
商売掟			1	如件		古文書4	戦国遺文後北条氏編2409号
商売掟			2	下知如件	筑前守判	疋田家本離宮八幡宮文書	豊臣秀吉文書集1・521号
諸役免除	為楽売楽買上者	諸座諸役一切不可有之事	12	如件	忠三郎御在判	馬見岡錦向神社文書	近江日野の歴史史料編・15号
商売掟			1	如件	豊前(花押)	土屋二郎氏所蔵文書	戦国遺文後北条氏編2462号
諸役免除		諸役門並幷雇として召仕事、令免許事	3	下知如件	(花押)	棚橋文書	岐阜県史史料編古代中世1・2号
諸役免除		寺中浦商売永代諸役有間鋪候	1	如件	美頼	誕生寺所蔵撫嶋漁場出入記録帳	戦国遺文房総編1909号
諸役免除		諸役	1	候也	稲葉彦六(花押)	野洲共有文書	滋賀県立図書館「野洲共有文書」6号
商売掟			3	下知如件	筑前守在判	難波創業録	豊臣秀吉文書集1・710号711号
商売掟		当所諸職可為如先々事	3	如件	筑前守（花押）	離宮八幡宮文書	島本町史史料編288号
治安維持			8	如件	(朱印)	福田壽郎氏所蔵文書	戦国遺文後北条氏編2543号
商売掟	楽市楽座之上	町中門並諸役免許せしむる事	3	下知如件	(花押)	円徳寺文書	岐阜県史史料編古代中世1・9号
治安維持		新儀諸役等一切不可在之事	7	如件	筑前守（花押）	今村具雄氏所蔵文書	豊臣秀吉文書集1・731号

＼	文書名	発給者	年月日	文頭	宛所	国	摘記
137	桑山重勝禁制	桑山重勝	天正10年6月日	禁制丹州	水上郡佐治庄小倉町	丹波	当手軍勢乱妨狼藉之事
138	羽柴秀吉掟書	羽柴秀吉	天正10年7月21日	条々	大山崎	山城	油之座之儀、従前々如有来、当所侍之外不可商買事
139	織田信雄掟書	織田信雄	天正10年7月日	定	末森丸山新市場	尾張	当町押買狼藉不可在之事
140	神戸信孝掟書	神戸信孝	天正10年7月日	掟	（呂久ヵ）	美濃	呂久渡舟、為往還□当町立置之条、門並諸役等一切令免除之事
141	上田長則朱印状	上田長則	午8月16日	—	本郷宿町人衆	武蔵	山之根そのほかのもの、他郷之市へ諸色付出事、くせ子細無是非候
142	北条氏朱印状写	北条氏	（天正10年）9月9日	—	祢津領分	信濃	当軍為可弁自用候條、所々之商人召寄候、然者当領分之商人、米穀之類馬々、右之物風情迄何くれとも付来可令商売、於市庭之仕置者、売手買手之存分次第可致之
143	羽柴秀吉定書写	羽柴秀吉	天正10年10月日	銭定之事	—	山城	なんきん銭うちひらめ銭この二銭のほかハゑらむへからさる事
144	蒲生賦秀掟書写	蒲生賦秀	天正10年12月29日	定条々	（日野ヵ）	近江	当町為楽売楽買上者、諸座諸役一切不可有之事
145	安藤良整判物	安藤良整	壬午壬12月5日	—	大久保・土屋	伊豆	重洲村塩竈取立候間、村中大小人共ニ薪商売、堅令停止畢
146	神戸信孝掟書	神戸信孝	天正11年後正月日	定	（加納ヵ）	美濃	加納町如前々、諸役門並幷雇として召仕事、令免許事
147	里見義頼判物写	里見義頼	天正11年癸未2月10日	—	誕生寺日威代	安房	古湊田畠幷寺中浦商売永代諸役有間鋪候
148	稲葉貞通折紙	稲葉貞通	天正11年3月3日	—	野洲市庭地下人中	近江	当町諸役之事、佐久間殿任折紙之旨、如前々不可有異義候
149	羽柴秀吉禁制写	羽柴秀吉	天正11年5月日	禁制	摂州兵庫津	摂津	放火事、付奉公人戸立具売買事
150	羽柴秀吉掟書	羽柴秀吉	天正11年6月4日	定	大山崎惣中	山城	洛中油座事、上様御時雖被棄破事、可為先規筋目事
151	北条氏邦掟書	北条氏邦	未6月4日	掟	上宿町人衆中	上野	日暮候てから他所へ出入仕間敷候、其一宿之用心可致之事
152	池田元助掟書	池田元助	天正11年6月日	掟	加納	美濃	楽市楽座之上諸商売すへき事
153	羽柴秀吉掟書	羽柴秀吉	天正11年6月日	掟	洛中洛外	山城	諸奉公人対町人非分狼藉族於在之□、不寄仁不肖、無用捨奉行可申事

内容	楽市	諸役その他	条数	書止	署判	文書群名	参考文献
諸役免除		諸役	1	候也	岡本太郎衛門尉良勝（花押）	野洲共有文書	滋賀県立図書館「野洲共有文書」7号
諸役免除		町中見せたなニ何様の物売買とも諸役有間敷事	5	如件	吉保(花押)	高野家文書	鈴鹿市史第4巻史料編1・51号
治安維持		他郷前々役至来者、其所を明、当宿へ来而有之者、不可置	3	如件	(朱印)	新編武蔵国風土記稿高麗郡8	戦国遺文後北条氏編2588号
商売掟			3	如件	浅野弥兵衛尉長吉（花押）	堅田旧郷土共有文書	滋賀県史　第5巻・458号
諸役免除		諸座諸役地子普請諸公事等御免許	11	者也	浅野弥兵衛尉長吉（花押）	永田文書	滋賀県史　第5巻・305号
諸役免除		其宿中商役之儀、近年雖有其行、准之諸役令免許事	5	如件	勝千代（朱印）	久遠寺文書	新編甲州古文書2・1376号
商売掟			5	如件	筑前守（花押）	上林文書	豊臣秀吉文書集2・955号
治安維持			3	下知如件	筑前守（花押）	聖徳寺文書	愛知県史資料編12・453号
興行			3	如件	筑前守（花押）		愛知県史資料編12・578号
治安維持			3	下知如件	筑前守（花押）	竹ヶ鼻円覚寺文書	愛知県史資料編12・580号
治安維持		諸役免除之事	7	如件	筑前守（花押）	西田文書	近江日野の歴史史料編・16号
商売掟	楽市楽座之上	町中門並諸役免許せしむる事	3	如件	三左衛門尉(花押)	円徳寺文書	岐阜県史史料編古代中世1・10号
諸役免許			1	恐惶謹言	伊藤太郎左衛門秀成判小出甚左衛門秀政判	馬見岡錦向神社文書	近江日野の歴史史料編・17号
興行	為楽市間		3	如件	(朱印)	難波武平氏所蔵文書	戦国遺文後北条氏編2784号
諸役免除		諸役	1	者也	大野木甚丞吉次(花押)	野洲共有文書	滋賀県立図書館「野洲共有文書」8号
商売掟			1	者也	(花押)	高野家文書	鈴鹿市史第4巻史料編1・51号
治安維持			1	如件	(朱印)	長尾文書	綾瀬市史資料編・373号

	文書名	発給者	年月日	文頭	宛所	国	摘記
154	岡本良勝折紙	岡本良勝	天正11年8月20日	—	野洲市庭地下人中	近江	当町諸役免許之事、せんき折紙共之むねにまかせ無異儀
155	生駒甚助免許状	生駒甚助	天正11年10月朔日	免許之事	十日市中	伊勢	荷物之儀十日市にて上下共ニ可付渡之事
156	北条氏朱印状写	北条氏	天正11年癸未11月10日	定市之法度	高萩新宿	武蔵	市之日借銭借米不可催促事、為新宿間一切可為不入
157	浅野長吉掟書	浅野長吉	天正11年12月12日	掟	堅田四方	近江	於諸浦荷物旅人諸商買並猟すな取之事
158	浅野長吉掟書	浅野長吉	天正11年12月14日	定	坂本町中	近江	当所町中諸座諸役地子普請諸公事等□御免許之上者
159	穴山勝千代定書	穴山勝千代	天正11年癸未12月23日	定	久遠寺	甲斐	其宿中商役之儀、近年雖有其行、准之諸役令免許事
160	羽柴秀吉禁制	羽柴秀吉	天正12年正月日	禁制	城州久世郡宇治郷	山城	他郷之者、号宇治茶、似銘袋至諸国令商買事
161	羽柴秀吉掟書	羽柴秀吉	天正12年5月2日	定	富田寺内	尾張	をしかい以下一銭切たるへき事
162	羽柴秀吉制札	羽柴秀吉	天正12年6月日	定	聖徳寺	尾張	市日朔日、六日、十一日、十六日、廿一日、廿六日
163	羽柴秀吉禁制	羽柴秀吉	天正12年6月日	禁制	尾州竹鼻惣町中	尾張	町人如先々居住事、付家壊取事
164	羽柴秀吉掟書	羽柴秀吉	天正12年6月日	掟	江州日野町中	近江	喧嘩口論乱妨狼藉停止事、諸役免除之事
165	池田照政掟書	池田照政	天正12年7月日	掟	加納	美濃	楽市楽座之上諸商売すへき事
166	小出秀政・伊藤秀成連署状写	小出秀政・伊藤秀成	（天正12年）8月3日	—	町惣中	近江	町中儀者被任御朱印之旨諸公事被成御免除候
167	北条氏直掟書	北条氏直	天正13年乙酉2月27日	定市法度	荻野新宿	相模	定市法度　荻野新宿　四日　九日　十四日　十九日
168	大野木吉次折紙	大野木吉次	天正13年6月11日	—	野洲市庭地下中	近江	当町諸役等事、前々数通任折紙令免除上者
169	滝川雄利掟書	滝川雄利	天正13年7月24日	—	十日市小山新町寺家町境内	伊勢	右之掟法度事、如三七殿已来井駒甚介時不可有相違者也
170	北条氏禁制	北条氏	乙酉閏8月22日	禁制	新町	上野	於当宿軍勢甲乙人等濫妨狼藉堅令停止畢

内容	楽市	諸役その他	条数	書止	署判	文書群名	参考文献
興行			5	如件	利勝判	越中古文書	加賀藩史料第1編
治安維持			3	者也	(朱印)	瑞泉寺文書	豊臣秀吉文書集2・1593号
治安維持			3	者也	(朱印影)	松雲公採集遺編類纂	豊臣秀吉文書集2・1595号
諸役免除		諸役可為如有来事事	7	如件	羽柴小吉秀勝(花押)	清水家文書	大日本史料第11編之20
興行	らく市楽座たるへき		3	如件	利勝御判	城端古文書写	大日本史料第11編之21
治安維持		於当市商売之物、諸色共ニ役有之間敷事	5	如件	憲定(花押)	武州文書所収比企郡要助所蔵文書	戦国遺文後北条氏編2924号
治安維持			3	如件	(朱印)	持田文書	戦国遺文後北条氏編2936号
諸役免除		商売諸役事	3	執達如件	民部卿法印玄以(花押)	清涼寺文書	京都浄土宗寺院文書59号
商売掟		夫伝馬諸役令免除事	3	者也	利家判	河北郡倶利加羅村蔵文書	加賀藩史料第1編
諸役免除	為楽市申付上者	諸座諸役諸公事悉免許事	13	者也	秀次(花押)	近江八幡市共有文書	滋賀県史　第5巻・462号
商売掟			1	者也	印	能登志徴	加賀藩史料第1編
興行			3	如件	利勝判	越中古文書	加賀藩史料第1編
興行			1	者也	照政(花押)	専福寺文書	岐阜県史史料編古代中世1・2号
治安維持	伝馬掟		3	如件	羽柴上総介(花押)	高野家文書	鈴鹿市史第4巻史料編1・51号
興行	毎度六斎楽市可取立事		5	如件		新編武蔵国風土記稿新座郡六	戦国遺文後北条氏編3077号
商売掟			3	者也	(朱印)	相良文書	新熊本市史史料編・52号

	文書名	発給者	年月日	文頭	宛所	国	摘記
171	前田利長禁制写	前田利長	天正13年閏8月日	禁制	古国府勝興寺	越中	当町市日如先々可相定事
172	羽柴秀吉禁制	羽柴秀吉	天正13年閏8月	禁制	越中国北野寺内	越中	対寺内町人、不謂儀申懸之事
173	羽柴秀吉禁制写	羽柴秀吉	天正13年閏8月	禁制	越中国黒河寺内	越中	対還住之百姓幷町人等、不謂族申懸之事
174	羽柴秀勝掟書	羽柴秀勝	天正13年9月吉日	掟	富田宿久	摂津	無座無公事事、但此方自拝領之内越候者ハ、諸役可為如有来事
175	前田利家掟書写	前田利家	天正13年10月9日	定	直海郷北野村	越中	如前々市可立之、若非分申懸輩至在之者、可注進、忽可加成敗事
176	上田憲定掟書写	上田憲定	戌2月晦日	制札	本郷新市場	武蔵	当市へ来者、借銭借米不可致、催促殊質取致間敷事、市之日、商人中ニ而如何様之問答有之共、奉公人一言も不可綺、町人さはきたるへき事
177	北条氏邦掟書	北条氏邦	戌3月15日	掟	あら川持田四郎左衛門・同源三郎	武蔵	人之うりかひ一円致ましく候、若売買いたすに月而者、其郷以触口、無相違所申上、可致商売事
178	前田玄以禁制	前田玄以	天正14年3月日	禁制	—	山城	商売諸役事
179	前田利家定書写	前田利家	天正14年4月2日	定	久利加羅村	越中	当地錯乱之刻逃散之百姓共立帰町を立商売可仕事、往還村次之荷物当町において一切次申間敷事
180	羽柴秀次掟書	羽柴秀次	天正14年6月日	定	八幡山下町中	近江	当所中為楽市申付上者、諸座諸役諸公事
181	前田利家印判状写	前田利家	天正14年7月4日	—	魚町年寄中	能登	当町魚物売買之事、魚町外脇々にて売買一切令停止
182	前田利長定書写	前田利長	天正14年8月13日	定	篠河村	越中	当町市日毎月二日、四日、七日、十二日、十四日、十七日、二十二日、二十四日、二十七日可相立事
183	池田輝政判物	池田輝政	天正14年10月18日	—	専福寺	美濃	円乗寺市場、寺内与相定上者、非分族不可在之
184	羽柴上総介掟書	羽柴上総介	天正14年12月5日	—	十日市地下中	伊勢	不依当町中之馬在之雖為入馬駄賃付候馬は伝馬堅申付事
185	北条氏規掟書写	北条氏規	天正15年丁亥4月3日	改被仰出条々	白子郷代官百姓中	武蔵	当郷儀者、自先代不入之儀、至于当代猶不入御證文従御公儀可申請間、新宿見立、毎度六度楽市可取立事
186	豊臣秀吉定書	豊臣秀吉	天正15年4月日	定	肥後国	肥後	諸商買幷耕作以下可仕之事

内容	楽市	諸役その他	条数	書止	署判	文書群名	参考文献
興行		三ヶ年之間、諸役可為不入棟、被仰出者也	1	如件	(朱印)	武州文書所収比企郡助太郎所蔵文書	戦国遺文後北条氏編3118号
諸役免除		地子諸役御免許之事	9	候也	(朱印)	櫛田神社文書	新修福岡市史資料編・10号
商売掟	可為十楽		1	者也	印	能登古文書	加賀藩史料第1編
興行			1	如件	(朱印)	下総旧事葛飾郡三所収関宿台町大屋太治右衛門所蔵文書	戦国遺文後北条氏編3124号
興行		他所より来候者、諸役有間敷	1	如件	勝俊(花押)	山崎八幡神社文書	兵庫県史史料編3・1号
諸役免除		御持之内諸役幷つりう有間敷事	5		(朱印)	渡辺家文書	戦国遺文房総編2134号
商売掟		当津地子之事、被成御免除畢	1	者也		長崎志	豊臣秀吉文書集3・2517号
商売掟		諸やくめんきよせしむる事	3	如件	(黒印)	熊崎喜右衛門氏所蔵文書	岐阜県史史料編古代中世1・1号
興行			5		(朱印)	岩崎文書	新編武州古文書下・45号
興行			4	如件		簗田家文書	仙台市史資料編10・462号
治安維持			12	如件		須藤文書	新編高崎市史資料編4・585号
興行	為楽市間		1	如件	(朱印)	木村文書	戦国遺文後北条氏編3495号
興行			3	如件		梅園院所蔵文書	新編武州古文書上・30号
諸役免除		不可有諸役者也	1	者也	利家(朱印)	反町文書	富山県史史料編Ⅲ 近世上・167号
治安維持			3	者也	(朱印)	浦和宿本陣文書	上尾市史資料編2・322号
興行		町人諸役	3	者也	弾正少弼(花押)		
諸役免除		売買物諸役一切不可在之	3	者也	(朱印)	千秋家文書	愛知県史資料編13・11号

	文書名	発給者	年月日	文頭	宛所	国	摘記
187	北条氏房朱印状写	北条氏房	天正15年丁亥6月16日	井草宿市之日之事	伊達与兵衛	武蔵	一日、七日、十一日、十七日、廿一日、廿七日、右市之日如此相定候
188	豊臣秀吉定書	豊臣秀吉	天正15年6月日	定	筑前国博多津	筑前	当津にをゐて諸問諸座一切不可有之事
189	前田利家黒印状写	前田利家	天正15年6月29日	—	鳳至町河井町中	能登	当地素麺之座之事、誰にても望次第可為十楽者也
190	北条氏政掟書写	北条氏政	天正15年丁亥7月6日	掟	関宿町人中	下総	関宿ニ愛宕堂建立、来八月廿四日市を可立由、不可有相違、惣別関宿、宿中之儀者、任町人不入之定ニ候間
191	木下勝俊判物	木下勝俊	(天正15年ヵ)11月16日	—	左京亮・次郎左衛門尉・甚三郎	丹波	宍粟郡之内山崎村において新町申付候、望次第可罷出候
192	簗田助縄朱印状	簗田助縄	天正16年戊子2月3日	赤岩新宿不入之事	—	下総	御持之内諸役幷つりう有之間敷事、兵糧五升切市之日計可出之事
193	豊臣秀吉朱印状写	豊臣秀吉	天正16年閏5月15日	—	長崎惣町	肥後	長崎江黒船如先々相着之可致商売
194	金森可重掟書	金森可重	天正17年3月28日	定	あきない町	美濃	いか様のうり物成共、みせてをき可令売買之事
195	里見義康掟書	里見義康	丑4月14日	条々	岩崎与次右衛門・石井丹右衛門・松本豊右衛門	安房	当町市相立候付而、里買堅相留候、市にて売買可致之事
196	伊達政宗判物	伊達政宗	天正17年己丑7月13日	—	篠田藤左衛門尉	陸奥	於会津町中市町可立之事
197	北条氏掟書写	北条氏	天正17年己丑7月14日	掟	(安中宿)	上野	喧嘩口論一切禁止之事
198	北条氏掟書写	後北条氏	天正17年己丑9月13日	掟	(荻野新宿ヵ)	相模	於当宿馬町之儀者、毎月十九日より廿五日迄一七日之間、如前々無相違可立之
199	北条氏禁制写	北条氏	己丑9月22日	禁制	浅草町	武蔵	三月十八日、六月十五日、極月十八日
200	前田利家朱印状	前田利家	天正18年3月13日	—	信州楢井原孫右衛門	信濃	今度当町陣取付而、宿之儀造作共令祝着候、然者能賀越中三ヶ国ニて何様雖有商売、不可有諸役者也
201	豊臣秀吉禁制	豊臣秀吉	天正18年7月日	禁制	足立郡之内浦和宿	武蔵	軍勢甲乙人乱妨狼藉事
202	浅野長吉禁制	浅野長吉	天正18年7月日	禁制	浦和市	武蔵	右如先々市相立、可商売者也
203	豊臣秀吉朱印状	豊臣秀吉	天正18年8月27日	条々	尾州熱田	尾張	売買物諸役一切不可在之、幷押買狼藉之族可為一銭伐事

内容	楽市	諸役その他	条数	書止	署判	文書群名	参考文献
諸役免除		売買物諸役一切不可在之	3	者也	(朱印)	名古屋市秀吉清正記念館所蔵文書	愛知県史資料編13・12号
諸役免除		寄宿町役等を一切令免許	1	者也	秀次御判	名古屋商家集所収「寛延旧家集」	愛知県史資料編13・51号
治安維持			3	如件	岡部内膳正康綱(花押)	岡部家由緒書	野田市史資料編・177号
諸役免除		諸役免除之事	1	如件	秀勝(花押)	馬渕文書	岐阜県史史料編古代中世1・4号
商売掟			1	如件	(朱印)	反町英作氏所蔵文書	上越市史　別編2・3505号
商売掟			7	如件		越佐史料稿本	上越市史　別編2・3519号
治安維持			1	如件	秀信(花押)	馬渕鈴之助氏所蔵文書	岐阜県史資料編古代中世4・1号
商売掟			3	者也		小金丸文書	新修福岡市史資料編・9号
商売掟			3	候也	(朱印)	櫛田神社文書	新修福岡市史資料編・12号
諸役免除		当町諸役一切在之間敷事	5	如件	石川備前守光吉(花押)	野々垣裕二氏所蔵文書	岐阜県史史料編近世・224号
興行			1	如件	三位法印常閑花押	張州府志	愛知県史資料編13・517号
諸役免除	楽市之上者	諸座諸役諸公事悉免許事	7	者也	高次(花押)	近江八幡市共有文書	滋賀県史　第5巻・463号
諸役免除		らうやくかうし役駒役	13	以上	浅野弾正少弼長吉(花押)	簗田文書	会津若松史第8巻史料編1
諸役免除		市宿へ越候者、諸役免許之事	6	如件		野田市立興風図書館所蔵文書	野田市史資料編・181号
治安維持		国中ひ物し番々をひ少も無懈怠京都ニ可相詰、然者自余之役儀可相除事	3	者也	利長(花押)	上埜十右衛門氏所蔵文書	越中古文書80号

	文書名	発給者	年月日	文頭	宛所	国	摘記
204	豊臣秀吉朱印状	豊臣秀吉	天正18年8月27日	条々	尾州清須町	尾張	売買物諸役一切不可在之、幷押買狼藉之族可為一銭伐事
205	豊臣秀次判物写	豊臣秀次	天正18年9月22日	—	安中	尾張	其方息両人寄宿町役等を一切令免許候
206	岡部康綱法度写	岡部康綱	天正18年11月12日	法度	(野田ヵ)	下総	当町対商人不可非分事
207	羽柴秀勝判物	羽柴秀勝	天正19年4月日	—		美濃	呂久渡舟、為往還当町立置之、諸役免除之事
208	上杉景勝定書	上杉景勝	天正19年8月日	定	—	越後	分国中升之儀、今般自京都任、仰出之旨、悉相改、土貢商売共以京升被相定候
209	某掟書	某	天正20年4月日	掟	—	越後	傍輩之内、寄合日遣順次次第、堅令停止事
210	織田秀信判物	織田秀信	天正20年12月10日	—	与左衛門	美濃	湊新町申付上、他所より牢人望次第越可申、何方より申分出候共、跡返し申間敷候
211	某定書写	某	天正20年12月日	定	筑前あいの嶋	筑前	さうし以下少もとるへからす、但うりかひ之儀ハ、可為各別事
212	豊臣秀吉定書	豊臣秀吉	文禄2年正月日	定	筑前国博多津	筑前	往還之輩一宿木ちんの事、壱人ニ一文、馬一疋ニ二文宛取之、宿をかすへき事
213	石川光吉定書	石川光吉	(文禄2年)10月28日	定条々	森崎彦右衛門・野々垣源兵衛・三ヶ村野方町中	美濃	当町諸役一切在之間敷事
214	三好常閑判物写	三好常閑	文禄3年午7月朔日	—	ミその町老衆中	尾張	其町市之事、如前々八日・十八日・廿八日、一ヶ月三日可相立之
215	京極高次掟書	京極高次	文禄3年8月3日	定条々	八幡町中	近江	当町中楽市之上者、諸座諸役諸公事悉免許之事
216	浅野長吉掟書	浅野長吉	文禄4年7月21日	掟条々	蒲生四郎兵衛尉・町野左近助・玉井数馬助	陸奥	当町塩役しほの宿らうやくかうし役駒役此ほか諸座不可有之事
217	岡部氏掟書写	岡部氏	文禄4年乙未御印10月28日	定	野田四郎右衛門	下総	市宿へこし候人、きりをこしの田畑者、拾ヶ年之間年貢免許之事
218	前田利長条々	前田利長	文禄5年4月10日	—	才次郎此外ひ物屋共	越中	守山幷所々町におゐて、ひ物しやうはいの事、座をさたむる者他所よりたち入、ひ物たうくミたりニ無之事、堅令停止者也

内容	楽市	諸役その他	条数	書止	署判	文書群名	参考文献
治安維持			11	以上	ちくぜん印	三輪氏蔵文書	加賀藩史料第1編
興行			1	候也	左衛門佐氏重花押	田辺四郎家文書	富士吉田市史史料編近世Ⅱ・519号
興行		俵役諸役免許	1	如件	浅野弾正在判	内藤治幸家文書	新編甲州古文書1・396号
治安維持			3	者也	治部少輔判	小金丸文書	新修福岡市史資料編・9号
商売掟			5	候也	牛洗斎(黒印)堀江能登守(黒印)黒川宗四郎(黒印)和田帯刀(黒印)金井筑後守(黒印)	国立歴史民俗博物館所蔵文書	戦国遺文房総編2547号
商売掟			1	者也	対馬守長種(花押)	木町文書保存会所蔵文書	富山県史史料編Ⅲ近世上
興行		郡役不可有之事	3		印	河北郡津幡村少右衛門蔵文書	加賀藩史料第1編
興行		諸役免許之事	5	者也	弾正	旧後屋敷村某所蔵文書	新編甲州古文書1・825号
治安維持			3	下知如件	(朱印)	西田先兵衛保管文書	近江日野の歴史史料編・18号
治安維持			3	下知如件	(朱印)	関原郷土館所蔵文書	岐阜県史史料編古代中世1・3号
治安維持			3	下知如件	(朱印)	西順寺文書	岐阜県史史料編古代中世1・6号
治安維持			3	如件	羽柴左衛門太夫(花押)羽柴三左衛門尉(花押)	市立龍野図書館所蔵文書	龍野市史73号
商売掟			9	者也	三左衛門御判	清水寺文書	兵庫県史史料編中世2・464号

	文書名	発給者	年月日	文頭	宛所	国	摘記
219	前田利家印判状写	前田利家	文禄５年４月15日	覚	藤兵衛・久兵衛	能登	町に奉公人住宅いたし候て在之事一切令停止候当座やどをかり有之事はくるしからず候事、河原町中小地ばくらう町の事勝手の能程に見計町をたて可置事
220	浅野氏重判物写	浅野氏重	慶長２年５月16日	—	—	甲斐	毎年六月於吉田諸国之商人立来候町場之事
221	浅野長政判物写	浅野長政	酉11月11日	定	—	甲斐	和戸村新在家被立、荒地可起候
222	石田三成定書写		慶長３年６月25日	条々	—	筑前	上下船たれくによらす、当嶋にかゝる儀有之て、彼乗宿賃を不出、理不尽に滞申族あらハ、一切かし申ましき事
223	里見氏奉行人連署状	金井筑後守ほか４名	慶長３年７月29日	覚	在々商人中	安房	国中之商人里売御停止之事、付他国之者致里売候者及其理、無□□新井北条之町へ可相透候事
224	前田長種判物	前田長種	慶長３年８月２日	—	守山材木町年寄中	越中	材木町商舟之事、拾艘来候舟之内六艘者守山材木町、四艘者富山材木町へ可寄付候
225	前田利家定書写	前田利家	慶長４年３月日	定	津幡四町	加賀	当町市日之事如前々可執行候、若押買狼藉輩有之ば、町中として押置可注進之事
226	浅野長政掟書写	浅野長政	慶長５年子正月日	掟	後屋敷新町	甲斐	市之日限一ヶ月ニ朔日、六日、十一日、十六日、廿一日、廿六日定之
227	徳川家康禁制	徳川家康	慶長５年９月16日	禁制	江州日野町中	近江	軍勢甲乙人等濫妨狼藉之事
228	徳川家康禁制	徳川家康	慶長５年９月23日	禁制	関ヶ原町衆中	美濃	軍勢甲乙人等濫妨狼藉之事
229	徳川家康禁制	徳川家康	慶長５年９月23日	禁制	北方町中三ヶ村	美濃	軍勢甲乙人等濫妨狼藉之事
230	池田輝政・福島正則連署禁制	池田輝政・福島正則	慶長５年９月23日	禁制	播州立野惣町中	播磨	諸軍勢甲乙人等濫妨狼藉事
231	池田輝政条目案	池田輝政	慶長５年10月16日	—	—	播磨	米大豆売買すへからさる事

内容	楽市	諸役その他	条数	書止	署判	文書群名	参考文献
興行		諸役免許之事	7	如件	照政(花押)	山崎八幡神社文書	兵庫県史史料編3・2号
諸役免除	楽市之事	諸役免許之事	5	如件	間宮彦次郎印	大橋正廣氏旧蔵文書	岐阜県史史料編・古代中世補遺・1号
商売掟			3	如件	照政(花押)	村上文書	兵庫県史史料編1・2号
興行			5	也	(黒印)	岩崎文江家文書	千葉県の歴史資料編中世5
諸役免除		諸役可為免許者也	1	如件	満願寺判	新編会津風土記	会津若松史第8巻
治安維持		伝馬諸役令免許事	5	如件	大久保十兵衛判	本誓寺文書	岐阜県史史料編古代中世1・5号
諸役免除		如前々俵役并諸役免許候	1	者也	櫻井安芸守 石原四郎右衛門尉 小田切大隅守 跡部九郎右衛門尉	内藤治幸家文書	新編甲州古文書1・397号
興行			1	如件	満田出雲守住長判 高備中守貞成判 蒲生忠兵衛郷雄判 町野主水佑重就	新編会津風土記	会津若松史第8巻
商売掟			1	者也	岡半兵衛重政(花押)		
商売掟		能州かき取役取之由候、向後之儀者令赦免之条	1	者也	利長	当摩氏文書	能登島町史資料編第2巻
商売掟		当町新儀ニ取立候之間諸役儀三ヶ年之間令免許事	3	者也	御判	国事雑抄3	金沢市史資料編6・10号
興行		諸公事令免除候間、たれたれより役儀申懸候共、此折紙ニ而可相理者也	1	者也	吉政(花押影)	田中吉政興廃記	柳川市史史料編Ⅱ

	文書名	発給者	年月日	文頭	宛所	国	摘記
232	池田輝政掟書	池田輝政	慶長５年11月９日	定	宍粟郡之内山田山崎町中	丹波	市日　二日、七日、十二日、十七日、廿二日、廿七日之事
233	間宮彦次郎掟書写	間宮彦次郎	慶長５年11月21日	掟	嶋田町中	美濃	楽市之事
234	池田輝政掟書	池田輝政	慶長５年11月29日	定	淡川	播磨	当町前々より如有来商買すへき事、市日出入之輩郷質所質取へからさる事
235	里見義康条書	里見義康	丑４月14日	条々	岩崎与次右衛門・石井丹右衛門・松本豊右衛門	安房	当町市相立候付而、里買堅相留候、市にて売買可致之事
236	満願寺判物写	満願寺	慶長６年５月28日	―	熊倉村検断土佐	陸奥	前屋令相立検断ニ相定候、然らは諸役可為免許者也
237	大久保長安掟書写	大久保長安	慶長６年８月５日	法度	―	美濃	売買之者、一切出入不可改事
238	徳川家康奉行人連署状写	跡部昌忠ほか３名	慶長６年辛丑10月３日	―	―	甲斐	和戸村新町、如前々俵役幷諸役免許候間、田畑荒地無之様ニ可令耕作
239	町野重就等連署状写	町野重就ほか３名	慶長６年丑11月26日	―	熊倉村検断物江土佐	陸奥	山郡之内熊倉村市場ニ相定候、月々六斎五十ニ可相立者也
240	岡重政書下	岡半兵衛	慶長６年壬11月26日	―	ほう川玄蕃との	陸奥	蠟売買之事、商人方へ者、堅法度ニ候、聞付次第、類身共可有御成敗之旨候
241	前田利長書下	前田利長	慶長７年10月９日	―	越中浦々船頭中	越中	越中より商船於能州かき取役取之由候、向後之儀者令赦免之条
242	前田利長定書写	前田利長	慶長８年４月27日	定	泉野新町	加賀	当町新儀ニ取立候之間諸役儀三ヶ年之間令免許事、材木商売之義自今以後当町一所ニて可改之事
243	田中吉政判物写	田中吉政	慶長８年10月17日	―	―	筑後	三潴郡之内ところ町新儀ニ相立候分、諸公事令免除候

内容	楽市	諸役その他	条数	書止	署判	文書群名	参考文献
興行		諸公事令免除候間、誰々ヨリ役儀申掛候共、此折紙ニ而可相理者也	1	者也	吉政(花押影)	津福持主不詳文書	柳川市史史料編Ⅱ
商売掟			2	者也		加藩国初遺文七	金沢市史資料編6・11号
商売掟			1	者也	判	万治已前御定書	加賀藩史料第1編
治安維持			1	者也	判		
商売掟			1	者也	判		
興行		自国他国の者によらず当所へ罷越在之者共諸役免許之事	3	如件	蜂庵(花押)	市場町歴史民俗資料館所蔵文書	市場町史
興行			1	候也	林斎(花押)	城甲文書	愛媛県史資料編近世上・103号
諸役免除		本役之外者役儀御免之事	3		春日右衛門	編年文書	山形県史資料編16・2号
興行			1	如件	(黒印)	桑折文書	仙台市史資料編11・1239号
諸役免除		当町中諸公事免許事	3	者也	佐渡守(判)	宇和旧記	愛媛県史資料編近世上・104号
興行		新村町諸役之事、可為如先々	3	者也		五十嵐文書	富山県史史料編Ⅲ・225号
興行		本役之家ハ公儀御役儀弐ケ年用捨、但給人役伝馬宿送之事	5		春日右衛門判	鈴木文書	山形県史資料編16・3号
諸役免除		商人役用捨之事	5	候也	(朱印)	岩崎文江家文書	新編武州古文書下・46号

	文書名	発給者	年月日	文頭	宛所	国	摘記
244	田中吉政判物写	田中吉政	慶長８年10月17日	—	—	筑後	三潴郡津福町新儀相立候分、諸公事令免除候
245	某定書	某	慶長９年８月朔日	定	—	加賀	新酒之事九月ゟ十二月まて、上之酒京判壱升ニ付而米壱升五合宛たるへき事
246	前田利長定書写	前田利長	慶長９年閏８月７日	定	—	加賀	分国中諸商売之事、此已前如有来、ちゞ見之銀子にて可令取沙汰
247	前田利長定書写	前田利長	慶長９年９月23日	高札	—	加賀	去十日之夜、上方より来商人せつがいせしめ、彼しがひほりの中へなげ捨候、前代未聞之仕合候、若存知候もの有之者、早々申て可出
248	前田利長定書写	前田利長	慶長９年10月朔日	高札	—	加賀	諸しやうばい物之事さだめのほか、若みだりにうりかい仕ともがら有之者可申上候
249	蜂須賀家政定書	蜂須賀家政	慶長10年２月２日	定	—	阿波	於当町月三日市を立万商売可仕候事
250	田中林斎書下	田中林斎	慶長10年７月28日	—	塩屋町老中	伊予	今度塩屋町之儀申付候処、早速相立令満足候、向後為町中塩売買可仕候、わきくにて売候ハヽ曲事ニ可申付候
251	春日右衛門掟書	春日右衛門	慶長10年８月24日	掟	宮村新町	出羽	本役之家ハ御公儀役儀弐ヶ年御用捨、但給人役伝馬送可仕候
252	伊達政宗制札	伊達政宗	慶長10年10月８日	札	—	陸奥	水沢之町引候而、金ヶ崎へ相立候、前々のことく、月ニ六さい、諸商人以下可相立物也
253	藤堂高虎制札	藤堂高虎	慶長10年11月10日	定条々	かわら淵郷	伊予	当町中諸公事免許事、但公儀俄に用所有之は在所の者有次第可罷出事
254	前田利長掟書	前田利長	慶長11年４月12日	—	（立野村新市）	越中	たての新村市日の事、如前々たるへき事
255	春日右衛門掟書写	春日右衛門	慶長11年４月28日	掟	横越村新町	出羽	市之日三日八日六斎たるへき事
256	里見忠義掟書	里見忠義	（慶長11年丙午）８月15日	覚	楠見新井町・長須賀町・北条町商人中	安房	台所ニて町之女仕候儀赦免之事

内容	楽市	諸役その他	条数	書止	署判	文書群名	参考文献
商売掟			1	者也	篠原出羽守 横山大膳 奥村伊予守	慶長以来定書	加賀藩史料第2編
興行			1	者也	町野左近助 繁仍印 岡半兵衛重政印	新編会津風土記	会津若松史第8巻
商売掟			1	者也	篠原出羽守 横山武蔵守 奥村伊予守	万治已前御定書2	金沢市史資料編6・25号
興行			1	如件	武藤三郎右衛門七里孫左衛門	新編会津風土記	会津若松史第8巻
商売掟			1	者也	和泉守御判	郷練記上	伊賀市史資料編近世・70号
諸役免除		両新町之儀諸役平夫令免許事	3	者也	判	越中古文書	加賀藩史料第2編
諸役免除	為楽市之上者		1	如件	左衛門尉(花押)	崇福寺文書	岐阜県史史料編古代中世1・23号
商売掟			8	以上	大隅守(印) 隼人正(印) 刑部少輔(印)遠江守	近藤喜祐家文書	柿崎町史資料編1・1号
商売掟			5	如件	横山山城守 奥村伊予守 篠原出羽守	万治已前定書	加賀藩史料第2編
興行			3	如件	利光判	国初遺文	
興行			3	也	河内 出羽 山城	万治已前定書	
治安維持			3	者也	辻勘兵衛尉	夜明大庄屋書出幷諸職人由緒書	柳川市史史料編Ⅱ

	文書名	発給者	年月日	文頭	宛所	国	摘記
257	奥村伊予守連署状	奥村伊予守ほか2名	慶長12年正月17日	掟	金澤町	越中	御分国中豆腐之事、かたく被成御停止訖、自今以後商売仕儀有間敷候
258	蒲生氏郷奉行人連署状写	岡半兵衛・町野左近助	慶長12年10月25日	—	小荒井村肝煎百姓中	陸奥	山郡小荒井村市日、二日六日十二日廿二日廿六日、右当郷毎月之市日、如斯相定候、然次七月八月両月、六日之市日如前々可立之者也
259	奥村伊予守連署状	奥村伊予守ほか2名	慶長13年2月10日	定	金沢町	加賀	越中加州能州三ヶ国売買升之儀、一統ニ相改可遣之旨被仰出候条
260	七里孫左衛門連署状	七里孫左衛門・武藤三郎右衛門	慶長13年7月24日	—	検断肝煎百姓共	陸奥	二日上町、十二日八月六日中町、二十二日七月六日下町、右之市日三所ニ立申上ハ、面々之市日所々見世打可申事、此外内見せ外見世共ニ、一切脇ニて打間敷事
261	藤堂高虎判物写	藤堂高虎	慶長13年11月5日	—	伊賀国上野町中	伊賀	国中万うり買之儀、上野町幷名張之町、同あを之町にてしやうはい可仕候、右之外わきくにてうりかい堅令停止者也
262	前田利長掟書写	前田利長	慶長14年7月11日	掟	革島村・ちわら崎村・今市村両新町	越中	当町へ罷出者共事、於何方も無構者可罷出事
263	加藤貞泰判物	加藤貞泰	慶長15年正月日	—	黒野年老中	美濃	当町中地子幷諸役、五ヶ年之間免之訖、猶為楽市之上者、是又無其煩可申付者也
264	松平忠輝奉行人連署定書	松平吉成ほか3名	戌9月21日	定	八崎町中	越後	塩噌雑事以下一切不可出之事
265	篠原出羽守ほか連署禁制	篠原出羽守ほか2名	慶長15年12月10日	禁制	金澤町	加賀	てんのあみにてひばり取事
266	前田利常定書写	前田利常	慶長16年9月7日	定	津幡四町	加賀	当町市日之事如前々可執行候、若押買狼藉之輩有之者、町中として押置可注進之事
267	山城・出羽・河内連署定書	山城・出羽・河内	慶長17年7月2日	定	くら谷山	加賀	重倉に金ほり共町屋相立、可致商売候事
268	辻勘兵衛尉掟書写	辻勘兵衛尉	慶長18年5月7日	掟	大善寺	筑後	今日如例年当社御祭礼可被相勤事、押売押買停止之事

内容	楽市	諸役その他	条数	書止	署判	文書群名	参考文献
商売掟			11	者也	利光判	金澤市中古文書	加賀藩史料第2編
商売掟			1	者也	町野長門守 稲田数馬助	新編会津風土記	会津若松史第8巻
商売掟			9	候也	辻勘兵衛尉(花押)	稲員文書	久留米市史資料編91号
興行		十色役免許候事	13	如件	御判	風土記御用書上	仙台市史資料編12・2274号
興行			1	如件	山岡志摩守重長 大条薩摩守実頼 茂庭周防守良綱 石母田大膳亮宗頼	石母田家文書	仙台市史資料編4・7号
興行			1	如件	御印判	宮城県国分山根通七北田村代数有之御百姓書出	伊達政宗文書補遺9・212号
商売掟	十楽ニ申付候		1	者也	弾正長吉判	日置神社文書	今津町史第4巻
諸役免除		諸役義等之事	3	者也	(朱印)	旧龍地村八郎左衛門所蔵文書	新編甲州古文書第2巻
商売掟			1	者也	和泉御判	菊山家文書	伊賀市史資料編近世・71号
商売掟			3	如件	信君(花押)	判物証文写今川2	静岡県史資料編8・856号
興行			1	万歳々々		新編会津風土記	福島県史資料編・44号
諸役免除		於当町諸役免許之事	5	如件	胤則(花押)	弘法寺文書	戦国遺文房総編2215号
諸役免除			1	謹言	小一郎長秀(花押)	山口文書	兵庫県史史料編中世3・1号

	文書名	発給者	年月日	文頭	宛所	国	摘記
269	前田利常定書写	前田利常	慶長18年8月16日	新追加	—	加賀	馬牛売買之義、相極上に而三日過候はゞ、如何様之くせ馬たりといへ共、馬主江返遣義停止之事
270	蒲生氏郷奉行人連署状	稲田数馬助・町野長門守	元和2年丙辰11月29日	—	—	陸奥	他所他国ゟあきなひうるし入候儀、堅御停止候
271	辻勘兵衛尉掟書	辻勘兵衛尉	元和4年7月朔日	掟	古賀村大庄や格右衛門・村々庄屋中	筑後	村々へ諸商人、塩売之外不可立入事
272	伊達政宗判物写	伊達政宗	(元和7年)6月6日	—	(岩切新町)	陸奥	一ヶ月ニ六斎之市可相立候事
273	仙台藩奉行衆連署状写	石母田宗頼ほか3名	元和9年4月3日	定	国分之内七北田	陸奥	当町被相立候付而、御印判之通諸役被成御免候、一ヶ月市之日、三日八日十三日十八日廿三日廿八日、右之通可相立者也
274	伊達政宗黒印状写	伊達政宗	元和9年4月19日	写	七北田検断	陸奥	七北田新町相立候付而、一商人役、一塩役、一肴役、右三ヶ条之通、従当年五年之間免許候而、壱ヶ月ニ六さい之町相立下置候
275	浅野長吉折紙写	浅野長吉	(年未詳)4月3日	—	今津年寄中	近江	若州江相立入馬之儀、何も十楽ニ申付候
276	武田氏朱印状写	武田氏	(年未詳)5月日	定	龍地宿	甲斐	龍地新町屋敷所年貢等事、諸役義等之事、押立棟別等之
277	藤堂高虎判物写	藤堂高虎	(年未詳)9月10日	覚	中小路五郎右衛門・加納藤左衛門	伊賀	伊賀上野町之事、往還之海道筋ニ而茂無之、商売も鮮き所にて候へ共、町人共家居をも相応より能仕、其上常々諸事法度能相守律儀成心入聞届奇特成事ニ候
278	穴山信君判物写	穴山信君	(年未詳)9月晦日	定	松木与左衛門尉ほか	駿河	書付之外之商人商売可停止之、若違犯之族、見合荷物等可奪捕事
279	蘆名盛氏書状	蘆名盛氏	(年未詳)10月4日	—	祝	陸奥	岩崎新町立候、其普請可申候
280	高城胤則制札	高城胤則	(年未詳)10月13日	制札	真間	下総	於当町諸役免許之事
281	羽柴秀長書状	羽柴秀長	(年未詳)11月3日	—	次加野金十郎・桜井左吉	但馬	山口町へ罷出者共事、有付候之様、夫役可令用捨候

内容	楽市	諸役その他	条数	書止	署判	文書群名	参考文献
治安維持			1	候也	弾正少弼長吉（花押）	諸家文書	大垣市史資料編古代中世
興行			1	恐々謹言	羽藤秀吉（花押）	佐伯文書	兵庫県史史料編中世１・１号
興行			1			張州府志	愛知県史資料編13・1200号
諸役免除	十楽之事	諸役三年之間御用捨之事、つりう渡役等可停止之事	9	如件	鰺坂長実 河田長親	鞍馬寺文書	上越市史　別編１・1370号
商売掟			1	執達如件		今堀日吉神社文書	八日市市史第５巻・312号

	文書名	発給者	年月日	文頭	宛所	国	摘記
282	浅野長吉折紙	浅野長吉	（年未詳）11月８日	—	大墓宿町人中	美濃	美濃国大墓宿退転候之間、此度還住仕度由候、従先規在之町々に候条
283	羽柴秀吉書状	羽柴秀吉	（年未詳）12月７日	—	比延	播磨	新市之儀弥繁昌候様可有興行候
284	某制札写	某	（年月日不詳）	？	（見曾野ヵ）	尾張	見曾野町市日事、八日、十八日、廿八日、右之市日売買可為
285	河田長親・鯵坂長実連署制札写	河田長親・鯵坂長実	（年月日不詳）	覚	（放生津ヵ）	越中	放生津市十楽之事
286	六角氏ヵ施行状写	六角氏ヵ	（年月日不詳）	—	—	近江	於石寺保内町就○仰付保内之諸商人者、於保内町□可致売買

注１：本表は管見の限りにあたる史料を採録したものであり、脱漏している史料も少なくない。今後の調査研究の進展によって加筆修正していくことを前提とした内容であることをあらかじめご理解いただきたい。
２：本表では、紙幅の都合から、便宜上、明応９年(1500)から寛永元年(1624)までを範囲として採り上げた。
３：「内容」は、法令に記された主な項目(発給目的)を表す。

あとがき

本書は、二〇一一年（平成二三）一二月に東北学院大学に提出した学位申請論文「織豊期大名領国における流通支配と経済構造の研究」（主査・七海雅人先生、副査・菊池慶子先生、池享先生、仁木宏先生）のうち、第一部の楽市楽座令に関する部分を再構成し、日本学術振興会特別研究員（ＰＤ）として取り組んだ成果を含めて、加筆・修正のうえ一書としたものである。

私が歴史に興味を持ったきっかけは、小学校の社会科の授業であった。そこで、天下統一を目前に、明智光秀の謀反に斃れた織田信長のドラマチックな最期に惹かれ、且つ「のぶ」「なが」という、自分と似た名前をもつ点に親しみを覚えた。今振り返ってみても、何とも子どもらしい可笑しな発想である。高校は迷わず文系に進み、日本史の授業だけは机にかじりつくようにのめり込んだ。ちょうどそのころ放送されていたＮＨＫ「その時歴史が動いた」を見るうちに、将来は日本史を調査研究する職（学芸員）に就きたい、と志すようになった。

地元の東北学院大学に進学すると、史学科で戦国時代を専門に学ぶべく、学部三年は東北中世史研究の泰斗である大石直正先生、翌年は大石先生の退官により、新たに赴任された七海雅人先生のゼミにそれぞれ所属した。卒業論文の題材は迷わず織田信長で、都市政策をテーマに選んだが、内容は英雄論に終始した散々な出来であった。その後、周りの友人が揃って就職する中、学芸員の夢を捨て切れない自分は、研鑽を積むべく、大学院へ進学し、引き続き七海先生にご指導をお願いした。

修士課程では、かねてより「本能寺の変」を調べたいと考えていたが、先生から「犯人捜しをするようなテーマは研究ではない」と釘を刺されたことを覚えている。悩んだ挙句、卒業論文で論じ残した「楽市楽座令」にテーマを絞ることにした。振り返れば、これが現在の自身、そして本書の完成に結びつく転機だったように思う。

当時の七海ゼミは、院生が私と渡邊歩氏の二人のみで、講義は先生の研究室で「看聞日記」を講読する小さな勉強会に近かったが、自分にとっては、本格的に史料を読むことの難しさと楽しさを同時に味わえた時間でもあった。渡邊氏とは修士課程以降、別の道を歩む形となったが、今でも学会などで再会した折は、仕事や学問など互いの悩みを遠慮なく打ち明けられる、よき研究仲間である。

院に進学して間もなく、学内の学会報告デビューでは、小林清治先生と大石先生が、当日揃って最前列に座られた。高名な先生を前に終始緊張し、質問にどう答えたかも覚えていないが、後日、小林先生から激励のお手紙を頂戴したことは、私にとって大きな心の支えとなった（本書第Ⅱ部第一章は、この時の報告が基礎にある）。また、大学院では、入間田宣夫先生を講師にお招きし、佐々木徹・三好俊文・若林陵一・照井貴史・島津諭志氏ら大学ＯＢ・諸先輩方との研究会（入間田ゼミ？）も毎週金曜日に開かれた。各々自由なテーマで報告し、時に夜半まで議論が白熱する会は、学部上がり間もない浅学の自分には、聞き慣れない言葉が飛び交い、着いて行くのがやっとな状態だった。ただ、そうした厳しさの中で、先行研究に学び、史料から議論を構築する「研究」の基礎を叩き込まれたといっても過言ではない。本書第Ⅱ部第五章は、ここでの議論を基に構築したものである。

そのほか、古文書調査や民具・板碑整理など、「生」の史料と向き合う機会も増え、充実した日々を過ごした。また、早くから七海先生には「学芸員を目指すなら、ぜひ学振申請も狙いましょう」と後押しされていたが、目立った業績もない当時の自分には、実感が湧かなかった。だが、博士課程に進み、博論を書き上げていく過程で、これまで取り組んできた研究をより深めたいという気持ちも強くなっていった。

そこで一念発起し、二〇一三年四月に、日本学術振興会特別研究員（ＰＤ）に採用された。査読論文が二本しかなかったことを考えると、いま振り返っても本当に信じられないという思いである。受入先は、博士論文の副査をお願いしたつながりもあり、戦国・織豊期の都市史研究を専門とする仁木先生にお願いし、大阪市立大学で研究に従事することとなった。

東日本大震災の余震が続く中、実家を離れることには一抹の不安もあり、新天地・大阪での生活は慣れない面も多く、当初は思うような成果を出せなかった。だが、畿内近国を主なフィールドとする自分にとって、例会や勉強会が盛んな関西地方はまさに「本場」に等しく、恵まれた環境で三年間、のびのびと研究に没頭できた。

また、天野忠幸・新谷和之・川元奈々・徳満悠各氏をはじめ、OB・院生が参加する仁木ゼミの研究会では、厳しくも熱い議論のやり取りに圧倒されつつ、専門分野を近しくする方々から多くの刺激を受けた。たった数ヵ条しかない法令一つの解釈でも、一字一句を疎かにせず、その背景から情報をどれだけ抽出できるか。本書の軸とする視点の多くは、ここで学び培われた。現地を自らの足で探訪し、くまなく見て廻り、史料をとにかく読み込む。論文を書く上で当然ともいえるこれら一連の作業がいかに重要かも、この場で改めて実感させられた。

PD採用終了後は、静岡市歴史文化課に奉職した。同課では、徳川家康・今川氏・東海道をテーマの柱とした施設（博物館）建設事業が進行中で、私はその施設整備係に配属された。ひとくちに博物館建設と言っても、展示ストーリーの検討から展示資料の選定、さらには歴史文化を市民に浸透させる各種催しや、教育普及に関わる学校との連携事業など多岐に渡り、ハードな毎日を過ごした。それまで学問の世界に身を投じてきた自分が、いざ社会に飛び出て、研究成果を還元すること、歴史の面白さを分かりやすく伝えることの難しさを実感した一年でもある。開館まで携わることはできなかったが、博物館を一から「作る」という仕事は、滅多にできない貴重な経験であった。同僚の水野伍貴氏とは、互いに知恵を出し合いながら、同じ研究者という立場で議論し合えたことも、よき思い出である。

現在は宮城に戻り、仙台市博物館で、伊達政宗を柱とする展示や教育普及事業など、日々目まぐるしく回る

「現場」での仕事に携わっている。上司の菅野正道氏や大学ＯＢである佐々木徹氏からは、博物館活動のいろはや郷土史の魅力など、地域に根差した視点で、歴史を学び伝える仕事の奥深さを学ばせていただいている。

本書はこうした複雑な歩みを経たもので、他にも逐一お名前を挙げることはできないが、多くの方々からのご助言や支えがあって形となった。とくに七海先生と仁木先生には、感謝してもしきれない。

七海先生には、日本史の基礎知識すらも危うい「お荷物」の私を抱え、結果的に博士課程修了まで長くご指導をお願いする形となってしまった。今もお会いして「論文の方はどうですか」「活躍していますね」など、激励のお言葉を頂戴するたび、遅筆で成果公表もままならない自分は、先生のいう一人前の研究者として独り立ちできているか、不安な気持ちに駆られる。

仁木先生には、目立った業績もない余所者の私を研究員として受け入れ、多様な視点と豊富な知見から、懇切丁寧にご指導いただいた。思うような成果が出せずに悩んでいた際は、親身に相談に乗っていただき、ＰＤ採用終了時には、これまでの研究をまとめて早い段階で世に問うべきとの勧めから、出版社紹介のご高配まで賜った。

両先生からは常々、信長や織田権力に偏らず、中近世移行期という広い視点で研究を位置づけること。研究成果を活かし、楽市楽座令に特化せず、広く浅く、次へと繋がるテーマを見つけるようにとの叱咤激励を賜っている。ともすれば狭い視野で物事を捉え、選り好みしがちな自分にとって、両先生のお言葉は、今なお大きな励みであり、この場を借りて改めて御礼を申し上げたい。本書が、その学恩に応えられるものとなっていればよいが。

また、厳しい出版状況の中、本書の刊行をお引き受けいただいた思文閣出版の原宏一氏、ならびに編集担当の三浦泰保氏には心から御礼申し上げたい。当初、早くに刊行依頼をお引き受けいただいたものの、一書にまとめる時間が中々取れないまま、翌年に見送る形となり、今日まで長くご迷惑をおかけしてしまった。

本書収録論文の半数以上は未発表の新稿からなる。文章能力のなさや勉強不足も相俟って、思うように活字化できず、足踏み状態が続いたのは自分の不徳の致すところである。学生の折は、単著の出版など夢物語としか思っていなかったが、無事こうして上梓できることをまずは喜びたい。

最後に私事ではあるが、大方の期待?を裏切り、趣味の延長線上にも等しい、歴史を専門に学ぶ道に進むことを許してくれただけでなく、大学院修了後も大阪・静岡・宮城と各地を転々とし、未だ安定した職に就けず迷惑をかけている私を、長く見守り続けていてくれる両親と家族に、感謝を込めて本書を捧げたい。

二〇一七年一〇月

長澤伸樹

〔付記〕本書刊行にあたっては、日本学術振興会科学研究費補助金（研究成果公開促進費、ＪＰ１７ＨＰ５０８０）の交付を受けた。

初出一覧

序　章　原題「楽市楽座令研究の軌跡と課題」（『都市文化研究』一六号、二〇一四年）

第一部

第一章　原題「富士大宮楽市令の再検討」（『年報中世史研究』四一号、二〇一六年）

第二章　原題「小山楽市令をめぐって」（『六軒丁中世史研究』一七号、二〇一七年）

第三章　原題「松永久秀と楽市」

（天野忠幸編『松永久秀――歪められた戦国の〝梟雄〟の実像――』宮帯出版社、二〇一七年）

第四章　新稿

第二部

第一章　新稿

第二章　新稿

第三章　原題「羽柴秀吉と淡河楽市」（『ヒストリア』二三二号、二〇一二年）

第四章　新稿

第五章　新稿

終　章　原題「「楽市」再考――中近世移行期における歴史的意義をめぐって――」（『市大日本史』一八号、二〇一六年）

本書収録にあたり、適宜加筆・修正をおこなった。

索　引

【人名】

ま行

ら行

【事項】

あ・か・さ行

た行

は・ま・ら行

【地名】

あ行

か行

◎著者略歴◎

長澤伸樹（ながさわ・のぶき）

1983年山形県生．東北学院大学大学院文学研究科アジア文化史専攻博士後期課程修了，博士（文学）．日本学術振興会特別研究員（PD），静岡市観光交流文化局歴史文化課学芸員を経て，現在仙台市博物館嘱託．

〔主要論文〕

「材木調達からみた柴田勝家の越前支配」（『織豊期研究』13，2011年）

「羽柴秀吉と淡河楽市」（『ヒストリア』232，2012年）

「信長の流通・都市政策は独自のものか」（日本史史料研究会編『信長研究の最前線』2014年）

「「楽市」再考――中近世移行期における歴史的意義をめぐって――」（『市大日本史』19，2016年）

楽市楽座令《らくいちらくざれい》の研究《けんきゅう》

2017（平成29）年11月25日発行

著　者　長澤伸樹

発行者　田中　大

発行所　株式会社　思文閣出版

〒605-0089 京都市東山区元町355

電話 075-533-6860（代表）

装　幀　小林　元

印　刷
製　本　株式会社 図書印刷 同朋舎

ISBN978-4-7842-1908-7　C3021